§ 174 BGB: Zurückweisung der vom Bevollmächtigten vorgenommenen Kündigung eines Arbeitsverhältnisses und ihre Grenzen

Schriften zum deutschen und europäischen Arbeitsrecht

Herausgegeben von Frank Bayreuther

Band 18

PL ACADEMIC RESEARCH

Christian Klostermann-Schneider

174 BGB: Zurückweisung der vom Bevollmächtigten vorgenommenen Kündigung eines Arbeitsverhältnisses und ihre Grenzen

PL ACADEMIC RESEARCH

Bibliografische Information der Deutschen Nationalbibliothek
Die Deutsche Nationalbibliothek verzeichnet diese Publikation in der Deutschen Nationalbibliografie; detaillierte bibliografische Daten sind im Internet über http://dnb.d-nb.de abrufbar.

Zugl.: Passau, Univ., Diss., 2015

D 739
ISSN 1865-634X
ISBN 978-3-631-66555-8 (Print)
E-ISBN 978-3-653-05904-5 (E-Book)
DOI 10.3726/978-3-653-05904-5

PL Academic Research ist ein Imprint der Peter Lang GmbH.

Peter Lang – Frankfurt am Main · Bern · Bruxelles · New York · Oxford · Warszawa · Wien

Diese Publikation wurde begutachtet.

www.peterlang.com

Vorwort

Diese Arbeit wurde im März 2015 als Dissertation an der Juristischen Fakultät der Universität Passau angenommen.

Mein besonderer Dank gilt in erster Linie meinem Doktorvater, Herrn Professor Dr. Frank Bayreuther für seine gute Betreuung, die Ermöglichung dieser Dissertation und der wissenschaftlichen sowie menschlichen Förderung. Herrn Professor Dr. Dr. h.c. Wolfgang Hromadka danke ich für die zügige Erstellung des Zweitgutachtens. Danken möchte ich auch Herrn Professor Dr. Rainer Sieg, der mir stets den Gang in die Betriebswirklichkeit ermöglichte.

Meiner Frau Barbara Christine Klostermann danke ich dafür, dass sie mir nicht nur zeitlich den Rücken zur Erstellung der Arbeit frei hielt, sondern in etlichen Diskussionen die Überprüfung meiner Thesen angeregt hat. Schließlich möchte ich Monika Klostermann für die intensive Durchsicht meines Manuskripts und Professor Dr. Josef Klostermann für den regen Erfahrungsaustausch und stetigen Rückhalt danken.

Passau im Juni 2015

Ich widme diese Arbeit meiner Tochter Sophie Klostermann.

Inhaltsübersicht

§ 1. Einleitung 27

A. Problemstellung und Gegenstand der Untersuchung 27

B. Gang der Untersuchung 30

1. Teil: Kündigungsberechtigung

§ 2. Arten der Kündigungsberechtigung 43

A. Kündigungsrecht als originäre Kündigungsberechtigung der Vertragsparteien 43

B. Kündigungsberechtigung kraft rechtsgeschäftlicher Vertretungsmacht 43

C. Kündigungsberechtigung kraft organschaftlicher bzw. gesetzlicher Vertretungsmacht 50

D. Zusammenfassung zu § 2 und Bedeutung für das Arbeitsrecht 53

§ 3. Kündigung bei zweifelhafter Kündigungsberechtigung 55

A. Vertretung ohne Vertretungsmacht 55

B. Vertretung ohne Vorlage der Vollmachtsurkunde 62

C. Zusammenfassung zu § 3 64

2. Teil: Anwendungsbereich und Anwendbarkeitsvoraussetzungen des § 174 BGB

§ 4. Anwendungsbereich des § 174 BGB 67

A. Allgemeiner Anwendungsbereich 67

B. Anwendungsbereich im arbeitsrechtlichen Kontext 70

§ 5. Bevollmächtigung als Anwendbarkeitsvoraussetzung 73

A. Vertreter ohne Vertretungsmacht im Anwendungsbereich des § 174 BGB 73

B. Gesetzlicher Normalfall: Handeln eines Bevollmächtigten 77

C. Sonderfälle 79

D. Ergebnis zu § 5 105

3. Teil: Zurückweisungsrecht nach § 174 S. 1 BGB

§ 6. Vorlage der Vollmachtsurkunde 109

A. Vollmachtsurkunde 109

B. Elektronischer Vollmachtsnachweis 119

C. Blankovollmachtsurkunde und Inhaberurkunde als Vollmachtsurkunde 136

D. Anforderungen an die Vorlage der Vollmachtsurkunde 158

E. Nachweis der Vollmacht (Prokura) beim Prokuristen 169

F. Nachweis der Vertretungsmacht bei der Gesellschaft bürgerlichen Rechts 175

G. Nachweis der Vertretungsmacht bei alleinvertretungsberechtigtem Gesamtvertreter im Falle von im Register publizierten Vertretungsverhältnissen 188

H. Nachweis der Vertretungsmacht beim Unterbevollmächtigten 188

I. Zusammenfassung zu § 6 189

§ 7. Geltendmachung des Zurückweisungsrechts 191

A. Unverzüglichkeit der Zurückweisung 191

B. Anforderungen an die Zurückweisungserklärung 196

C. Zusammenfassung zu § 7 206

4. Teil: Ausschluss des Zurückweisungsrechts

§ 8. **Grundsätze der Inkenntnissetzung** 211

A. Form und Zeitpunkt der Inkenntnissetzung 212

B. Informationslastverteilung: Handeln durch den Vollmachtgeber 216

C. Unmittelbarkeit der in Kenntnis setzenden Mitteilung 218

D. Zulässigkeit der Vertretung bei der Inkenntnissetzung und in Kenntnis setzende Vertretungsanzeige 220

E. Zusammenfassung zu § 8 223

§ 9. **Möglichkeiten der Inkenntnissetzung** 225

A. Inkenntnissetzung durch Kundgabe der Bevollmächtigung im Arbeitsvertrag 225

B. Inkenntnissetzung durch Berufung in eine Stellung 228

C. Inkenntnissetzung durch Verweis auf vom Arbeitgeber bereitgestellte Wahrnehmungswege 250

D. Inkenntnissetzung durch Eintragung eines Prokuristen in das Handelsregister und die dortige Bekanntmachung 261

E. Inkenntnissetzung durch vom Vertreter vorgelegte formell unzureichende „Vollmachtsurkunden“ 273

F. Ausnahmsweise mittelbare Inkenntnissetzung, insbesondere durch Attribut-Zertifikate 274

G. Inkenntnissetzung durch Mitteilung auf der Mitarbeiterversammlung und im Rahmen ähnlicher betrieblicher Foren 275

H. Konzernweite Inkenntnissetzung 277

I. Konkurrenz zwischen verschiedenen in Kenntnis setzenden Informationen 278

§ 10. Die Treuwidrigkeit der Zurückweisung nach § 242 BGB 281

5. Teil: Zusammenfassung der Einzelergebnisse in Thesen

Arten der Kündigungsberechtigung 287

Kündigung bei zweifelhafter Kündigungsberechtigung 287

Anwendungsbereich des § 174 BGB 288

Bevollmächtigung als Anwendbarkeitsvoraussetzung 288

Vorlage der Vollmachtsurkunde 290

Geltendmachung des Zurückweisungsrechts 294

Grundsätze der Inkenntnissetzung 295

Möglichkeiten der Inkenntnissetzung 296

Treuwidrigkeit der Zurückweisung nach § 242 BGB 304

Literaturverzeichnis 305

Rechtsprechungsverzeichnis 323

Abkürzungsverzeichnis 335

Inhaltsverzeichnis

§ 1. Einleitung 27

A. Problemstellung und Gegenstand der Untersuchung 27

B. Gang der Untersuchung 30

1. Teil: Kündigungsberechtigung

§ 2. Arten der Kündigungsberechtigung 43

A. Kündigungsrecht als originäre Kündigungsberechtigung der Vertragsparteien 43

B. Kündigungsberechtigung kraft rechtsgeschäftlicher Vertretungsmacht 43

I. Anforderungen an eine wirksame Stellvertretung 44

1. Zulässigkeit der Vertretung 44
2. Abgabe einer eigenen Willenserklärung 44
3. Handeln im Namen des Vertretenen 45
4. Vertretungsmacht 45
5. Zusammenfassung zu I 46

II. Erteilung rechtsgeschäftlicher Vertretungsmacht (Vollmacht) 46

III. Beseitigung erteilter rechtsgeschäftlicher Vertretungsmacht (Vollmacht) 48

C. Kündigungsberechtigung kraft organschaftlicher bzw. gesetzlicher Vertretungsmacht 50

D. Zusammenfassung zu § 2 und Bedeutung für das Arbeitsrecht 53

§ 3. Kündigung bei zweifelhafter Kündigungsberechtigung 55

A. Vertretung ohne Vertretungsmacht 55

I. Grundsätze der Vertretung ohne Vertretungsmacht 55

1. Vertretung ohne Vertretungsmacht bei Verträgen 56

2. Vertretung ohne Vertretungsmacht bei einseitigen Rechtsgeschäften 56
a. Kenntnis vom Fehlen der Vertretungsmacht als Voraussetzung der Genehmigungsmöglichkeit nach § 180 S. 2 BGB 57
aa. Historische Gesichtspunkte 57
bb. Systematische Gesichtspunkte 59
b. Voraussetzungen der Beanstandung 60
II. Vertretung ohne Vertretungsmacht bei der Kündigung 61
B. Vertretung ohne Vorlage der Vollmachtsurkunde 62
I. Unterschied zur Konstellation des § 180 BGB 62
II. Schutzzweck des § 174 BGB 63
C. Zusammenfassung zu § 3 64

2. Teil: Anwendungsbereich und Anwendbarkeitsvoraussetzungen des § 174 BGB

§ 4. Anwendungsbereich des § 174 BGB 67
A. Allgemeiner Anwendungsbereich 67
B. Anwendungsbereich im arbeitsrechtlichen Kontext 70

§ 5. Bevollmächtigung als Anwendbarkeitsvoraussetzung 73
A. Vertreter ohne Vertretungsmacht im Anwendungsbereich des § 174 BGB 73
I. Rolle der Vertretungsmacht für den Anwendungsbereich 73
II. Sonderkonstellationen 75
1. Vorlage der Vollmachtsurkunde durch den aktuell Nicht-Bevollmächtigten 76
2. Zurückweisung trotz fehlender Bevollmächtigung bzw. Beanstandung trotz Bevollmächtigung 76
III. Ergebnis zu A 76
B. Gesetzlicher Normalfall: Handeln eines Bevollmächtigten 77

C. Sonderfälle 79
I. Prokura: Anwendbarkeit des § 174 BGB auf einseitige Rechtsgeschäfte des Prokuristen 79
1. Wortlaut des § 174 BGB und systematische Gesichtspunkte 80
2. Gesetzliche Regelung des Umfangs der Prokura und Eintragungspflicht 81
a. Nicht in das Handelsregister eingetragene Prokura 81
b. In das Handelsregister eingetragene und dort bekannt gemachte Prokura 83
aa. Meinungsstand 83
(1) Rechtsprechung 83
(2) Literatur, insbesondere Ansicht *Kliemts* 84
bb. Eigene Stellungnahme 85
(1) Vergleichbarkeit zur gesetzlichen bzw. organschaftlichen Vertretungsmacht 85
(2) Einsehbarkeitsaspekt 85
(3) Wortlaut des § 174 BGB und charakteristische Gesichtspunkte 86
(4) Systematik und Zweck des § 174 BGB 86
(5) § 15 Abs. 2 HGB als lex specialis 87
(6) Teleologische Reduktion des § 174 BGB 89
(7) Zusammenfassung zu bb 89
3. Unechte Gesamtvertretung 89
4. Ergebnis zu I 90
II. Gesellschaft bürgerlichen Rechts 90
1. Grundlagen der Gesellschaft bürgerlichen Rechts 91
a. Charakteristik und Begründung der Gesellschaft bürgerlichen Rechts 92
b. Folge der Anerkennung der Rechtsfähigkeit der Gesellschaft bürgerlichen Rechts 94
2. Vertretung bei der Gesellschaft bürgerlichen Rechts 94
3. Anwendbarkeit des § 174 BGB auf die Vertretung der Gesellschaft bürgerlichen Rechts bei der Kündigung durch ihre Gesellschafter 97

a. Entsprechende Anwendung des § 174 BGB (h.A.) bei Handeln der Gesellschaft durch einen Teil ihrer Gesellschafter 97
b. Entsprechende Anwendung des § 174 BGB bei gemeinsamem Handeln aller Gesellschafter 98
c. Voraussetzungen der analogen Anwendung des § 174 BGB auf die Gesellschaft bürgerlichen Rechts 99
aa. Bestehen einer Regelungslücke 99
bb. Planwidrigkeit der Regelungslücke 99
cc. Vergleichbare Interessenlage 101
dd. Ergebnis zu c 102
4. Ergebnis zu II 102
III. Zur Alleinvertretung ermächtigte Gesamtvertreter bei im Register publizierten Vertretungsverhältnissen 102
IV. Untervollmacht 104
D. Ergebnis zu § 5 105

3. Teil: Zurückweisungsrecht nach § 174 S. 1 BGB

§ 6. Vorlage der Vollmachtsurkunde 109
A. Vollmachtsurkunde 109
I. Begriff der Vollmachtsurkunde 109
II. Formanforderungen an die Vollmachtsurkunde 111
1. Formbedürftigkeit der Vollmachtsurkunde 111
2. Schriftform oder Textform 111
a. Charakteristika der Schriftform 112
b. Charakteristika der Textform 112
c. Form der Vollmachtsurkunde i.S.d. § 174 S. 1 BGB 113
aa. Historische Betrachtung 114
bb. Verwendung des Begriffs der Urkunde 115
cc. Systematische und teleologische Gesichtspunkte 116
d. Ergebnis zu 2 119
III. Zusammenfassung zu A 119

B. Elektronischer Vollmachtsnachweis ... 119
I. Schriftformersetzung durch elektronische Form ... 120
1. Charakteristika der elektronischen Form ... 120
2. Voraussetzungen der elektronischen Form ... 120
a. Elektronisches Dokument mit hinzugefügtem Ausstellernamen ... 120
b. Qualifizierte elektronische Signatur nach dem Signaturgesetz (SigG) ... 121
aa. Arten von Signaturen ... 121
bb. Funktionsweise von Signaturen mit Signaturschlüssel ... 122
(1) Fortgeschrittene elektronische Signatur ... 122
(2) Qualifizierte elektronische Signatur ... 122
cc. Attribute, insbesondere bzgl. Vertretungsmacht ... 123
3. Voraussetzungen für die Ersetzbarkeit der Schriftform im Hinblick auf die Vollmachtsurkunde i.S.d. § 174 S. 1 BGB ... 124
a. Ausschluss wegen Verwendung des Begriffs der Urkunde ... 125
b. Ausschluss wegen Vorlageerfordernis ... 126
c. Ausschluss wegen des Zwecks der Schriftformbedürftigkeit ... 126
d. Ausschluss wegen des Schutzzwecks des § 174 BGB ... 128
e. Ausschluss im konkreten Einzelfall aufgrund des Aspekts der Freiwilligkeit ... 130
f. Ergebnis zu 3 ... 132
II. Verwendung von Unterschriftenpads zur eigenhändigen Unterzeichnung eines elektronischen Vollmachtsnachweises ... 132
1. Das Unterschriftenpad und seine Funktionsweise ... 132
2. Wahrung des Formerfordernisses der Vollmachtsurkunde ... 133
a. Einhaltung der Schriftform ... 133
b. Einhaltung der elektronischen Form ... 133
c. Teleologische Extension zu §§ 126, 126a BGB ... 134
3. Ergebnis zu II ... 135
III. Zusammenfassung zu B ... 135

C. Blankovollmachtsurkunde und Inhaberurkunde als Vollmachtsurkunde 136
I. Blankourkunde als Vollmachtsurkunde i.S.d. § 174 S. 1 BGB 136
1. Entstehen einer Vollmachtsurkunde aus einer Blankovollmachtsurkunde 138
2. Die Form der Ausfüllungsermächtigung 139
a. Grundsatz der Formfreiheit 139
b. Ausnahme der Formbedürftigkeit 140
aa. Grundsätze der h.A. zu Grundstückserwerbs- bzw. Grundstücksveräußerungsgeschäften 141
bb. Grundsätze der h.A. zu Blankobürgschaftsverpflichtungen 142
cc. Eigene Stellungnahme 144
dd. Zusammenfassung zu b 145
c. Formanforderungen an die Ausfüllungsermächtigung zur Vervollständigung einer Blankovollmachtsurkunde 146
3. Auswirkungen einer formwidrigen Ausfüllungsermächtigung und einer unwirksamen Blankovollmachtsurkunde auf das Entstehen der Vollmachtsurkunde 148
a. Offene Blankettlage 148
aa. Zurechnung der Wirkungen an den Blankettgeber 149
bb. Auswirkungen einer formnichtigen Ausfüllungsermächtigung 150
cc. Folgen für § 174 S. 1 BGB 151
b. Verdeckte Blankettlage 152
aa. Zurechnung der Wirkungen an den Blankettgeber 153
bb. Auswirkungen einer formnichtigen Ausfüllungsermächtigung 153
cc. Folgen für § 174 S. 1 BGB 155
4. Ergebnis zu I 155
II. Inhaberurkunde als Vollmachtsurkunde i.S.d. § 174 S. 1 BGB 156
III. Zusammenfassung zu C. und Folgerungen für die Kündigung durch den Vertreter des Arbeitgebers 157

D. Anforderungen an die Vorlage der Vollmachtsurkunde 158
I. Begriff der Vorlage und Akt des Vorlegens 158
II. Konkreter Vorlagegegenstand 159
1. Erfordernis des Originals der Vollmachtsurkunde 159
2. Analoges Vorlageerfordernis bzgl. der Ausfüllungsermächtigung bei der Blankovollmachtsurkunde 160
III. Vorlagezeitpunkt 161
1. Nachgereichte Vollmachtsurkunde zwischen Vornahme des Rechtsgeschäfts und Zurückweisung 162
a. Ansicht *Becks* 162
b. Eigene Stellungnahme 162
aa. Wortlaut des § 174 S. 1 BGB 163
bb. Historische Betrachtung 163
cc. Aspekte des Schutzzwecks des § 174 BGB 164
dd. Systematische Erwägungen 164
c. Ergebnis zu 1 165
2. Vorlage unmittelbar vor der Vornahme des Rechtsgeschäfts 165
IV. Exkurs: Vorlage eines elektronischen Vollmachtsnachweises 166
V. Ergebnis zu D 168
E. Nachweis der Vollmacht (Prokura) beim Prokuristen 169
I. Vorlage einer (beglaubigten) Abschrift bzw. eines (amtlichen) Ausdrucks des Handelsregisters 170
II. Anzeige eines elektronisch vom Registergericht übermittelten Dokuments (offline-Anzeige) 173
III. Online-Einsicht in das Handelsregister 173
IV. Ergebnis zu E. und Folgerungen für die Kündigung durch den Prokuristen 174
F. Nachweis der Vertretungsmacht bei der Gesellschaft bürgerlichen Rechts 175
I. Nachweisprobleme der organschaftlichen Vertretungsmacht der Gesellschafter 175
1. Vorlage des Gesellschaftsvertrags 175

2. Vorlage der von allen Gesellschaftern unterzeichneten Erklärung der Gesamtvertretungsberechtigung („Bestätigungserklärung“) ... 180
3. Vorlage der Ermächtigungsurkunde für den Alleinvertreter / Vorlage der „Bestätigungserklärung“ für den Einzelvertreter ... 183
4. Ergebnis zu I. und daraus folgende Konsequenzen für die Anwendbarkeit des § 174 BGB (analog) ... 184
II. Lösungsansätze ... 185
1. Lösungsansatz von *T. Körber* und *Effer-Uhe*: Nutzen von Eintragungsmöglichkeiten ... 185
2. Eigener Lösungsansatz: Nachweis der Vertretungsverhältnisse mittels Nachweiskette ... 185
III. Ergebnis zu F ... 187
G. Nachweis der Vertretungsmacht bei alleinvertretungsberechtigtem Gesamtvertreter im Falle von im Register publizierten Vertretungsverhältnissen ... 188
H. Nachweis der Vertretungsmacht beim Unterbevollmächtigten ... 188
I. Zusammenfassung zu § 6 ... 189

§ 7. Geltendmachung des Zurückweisungsrechts ... 191
A. Unverzüglichkeit der Zurückweisung ... 191
B. Anforderungen an die Zurückweisungserklärung ... 196
I. Zurückweisungsgrund ... 196
1. Gesetzeswortlaut: *„aus diesem Grunde“* ... 196
2. Problematik des Vertreters ohne Vertretungsmacht ... 197
a. Exklusivität zwischen Nichtvorlage der Vollmachtsurkunde und mangelnder Vertretungsmacht ... 197
b. Folgerungen für den Grund der Zurückweisung bei vollmachtlosem Handeln aus der Exklusivität ... 199
II. Inhaltliche Anforderungen an die Zurückweisungserklärung ... 199
1. E.A.: Beanstandung enthält keine Zurückweisung ... 201
2. A.A.: Beanstandung enthält eine Zurückweisung ... 202

3. Eigene Stellungnahme 202
4. Sonderproblem: Die Zurückweisung des einseitigen Rechtsgeschäfts eines Vertreters ohne Vertretungsmacht 204
a. Meinungsstand 204
b. Eigene Stellungnahme 205
C. Zusammenfassung zu § 7 206

4. Teil: Ausschluss des Zurückweisungsrechts

§ 8. Grundsätze der Inkenntnissetzung 211
A. Form und Zeitpunkt der Inkenntnissetzung 212
I. Form der Inkenntnissetzung 212
II. Zeitpunkt der Inkenntnissetzung 213
1. Inkenntnissetzung vor bzw. nach der Vornahme des Rechtsgeschäfts 213
2. Inkenntnissetzung bei Vornahme des Rechtsgeschäfts 213
a. Erforderlichkeit einer (aktualisierten) Inkenntnissetzung im Vornahmezeitpunkt 214
b. Möglichkeit der erstmaligen Inkenntnissetzung im Vornahmezeitpunkt 215
B. Informationslastverteilung: Handeln durch den Vollmachtgeber 216
I. Zufällige Kenntniserlangung 217
II. Informationslast des Vollmachtgebers und ihre Grenzen 217
C. Unmittelbarkeit der in Kenntnis setzenden Mitteilung 218
I. Anforderungen an die Unmittelbarkeit 218
II. Kundgabe der Bevollmächtigung durch öffentliche Bekanntmachung 219
D. Zulässigkeit der Vertretung bei der Inkenntnissetzung und in Kenntnis setzende Vertretungsanzeige 220
I. Ausschluss der Vertretung 221
II. Anforderungen an den Nachweis der Legitimation des zur Inkenntnissetzung bevollmächtigten Vertreters 221

1. Gewissheitsinteresse des Erklärungsempfängers 221
2. Vornahme der Inkenntnissetzung in Vertretung durch den das einseitige Rechtsgeschäft vornehmenden Vertreter, insbesondere Unterzeichnung „i.V.“ 222
III. Inkenntnissetzung unter Zuhilfenahme eines Erklärungsboten 223
IV. Ergebnis zu D 223
E. Zusammenfassung zu § 8 223

§ 9. Möglichkeiten der Inkenntnissetzung 225
A. Inkenntnissetzung durch Kundgabe der Bevollmächtigung im Arbeitsvertrag 225
I. AGB-Kontrolle bzgl. Inkenntnissetzungsklauseln 225
II. Umsetzung der Kundgabe der Bevollmächtigung im Arbeitsvertrag 225
1. Namentliche Benennung des Kündigungsbevollmächtigten 226
2. Widmung einer Stellung zu einer zur Kündigung berechtigenden 226
B. Inkenntnissetzung durch Berufung in eine Stellung 228
I. Grundsätze zur Inkenntnissetzung durch die Berufung in eine „üblicherweise zur Kündigung berechtigende Stellung“ 230
1. H.A.: Inkenntnissetzung durch die Berufung in eine „üblicherweise zur Kündigung berechtigende Stellung“ 230
2. A.A.: Keine Inkenntnissetzung durch die Berufung in eine „üblicherweise zur Kündigung berechtigende Stellung“ 231
3. Stellungnahme zur Inkenntnissetzung durch die Berufung in eine „üblicherweise zur Kündigung berechtigende Stellung“ 233
a. Stellungnahme zur h.A. und der an ihr ergangenen Kritik 233
b. Beurteilung der Ausführungen *Ulricis* 234
aa. Anscheinsvollmacht und Vertrauensschutz 234
(1) Vertrauen des Erklärungsempfängers auf das tatsächliche Bestehen der Vertretungsmacht 235
(2) Kein Vertrauen des Erklärungsempfängers auf das tatsächliche Bestehen der Vertretungsmacht 235

(3) Pflicht zum Vertrauen auf den Anschein der Bevollmächtigung 236
(4) Konfusion durch Verkehrung des Vertrauensschutzes 237
bb. Ergebnis zu b 238
c. Eigener Lösungsansatz 238
aa. Praktischer Aspekt 239
bb. Teleologischer Aspekt 240
cc. Historischer Aspekt 241
d. Ergebnis zu 3 241
II. „Üblicherweise zur Kündigung berechtigende Stellung“ 241
1. Charakteristik der „üblicherweise zur Kündigung berechtigenden Stellung“ 242
a. Grundproblematik am Beispiel des Niederlassungsleiters 242
b. Kriterienkatalog anhand einer gesamtheitlichen Rechtsprechungsanalyse 243
2. Folgen für Personalleiter, Prokuristen, General- und Handlungsbevollmächtigte sowie Niederlassungsleiter 245
a. Personalleiter 245
b. Prokurist 246
c. Generalbevollmächtigter 246
d. Handlungsbevollmächtigter 246
e. Niederlassungsleiter 247
III. Inkenntnissetzung durch Mitteilung der Stelleninhaberschaft in der Kündigungserklärung bei einer „üblicherweise zur Kündigung berechtigenden Stellung“ oder einer gewidmeten Stellung 248
IV. Exkurs: Inkenntnissetzung von der Bevollmächtigung zur Inkenntnissetzung durch Berufung in eine „üblicherweise zur Inkenntnissetzung berechtigende Stellung“ 249
C. Inkenntnissetzung durch Verweis auf vom Arbeitgeber bereitgestellte Wahrnehmungswege 250
I. Verweis auf den Wahrnehmungsweg 252
1. Grundanforderungen 252

2. Zeitliche Anforderungen, insbesondere Aktualität der Information 253
II. Einzelne Wahrnehmungswege 256
1. Generelle Anforderungen an einen Wahrnehmungsweg, insbesondere Zumutbarkeit 256
2. Konkrete Wahrnehmungswege 257
a. Das „Schwarze Brett“ und Aushangflächen im Betrieb 257
b. Intranet und Internet 259
c. Der leicht erreichbare Vorgesetzte 259
III. Inkenntnissetzung bei Konkurrenz zwischen mehreren Wahrnehmungswegen 260

D. Inkenntnissetzung durch Eintragung eines Prokuristen in das Handelsregister und die dortige Bekanntmachung 261
I. H.A.: Inkenntnissetzung durch Eintragung und Bekanntmachung 263
II. A.A.: Keine Inkenntnissetzung durch Eintragung und Bekanntmachung 264
III. Eigene Stellungnahme 265
IV. Auswege aus dem „Inkenntnissetzungsdilemma“ 266
1. Inkenntnissetzung durch Vorlage des Ausdrucks des Handelsregistereintrags 267
2. Inkenntnissetzung durch den Verweis des Arbeitgebers auf die Einsichtnahme in das Handelsregister 270
3. Ausweg: Inkenntnissetzung durch Mitteilung über die Berufung eines Prokuristen 271
V. Ergebnis zu D 272

E. Inkenntnissetzung durch vom Vertreter vorgelegte formell unzureichende „Vollmachtsurkunden“ 273

F. Ausnahmsweise mittelbare Inkenntnissetzung, insbesondere durch Attribut-Zertifikate 274

G. Inkenntnissetzung durch Mitteilung auf der Mitarbeiterversammlung und im Rahmen ähnlicher betrieblicher Foren 275

H. Konzernweite Inkenntnissetzung 277

I. Konkurrenz zwischen verschiedenen in Kenntnis setzenden Informationen 278
I. Grundsatz der Spezialität 278
II. Grundsatz der Aktualität 279
III. Widerruf einer, mehrerer oder aller Informationen 279

§ 10. Die Treuwidrigkeit der Zurückweisung nach § 242 BGB 281

5. Teil: Zusammenfassung der Einzelergebnisse in Thesen

Arten der Kündigungsberechtigung 287
Kündigung bei zweifelhafter Kündigungsberechtigung 287
Anwendungsbereich des § 174 BGB 288
Bevollmächtigung als Anwendbarkeitsvoraussetzung 288
Vorlage der Vollmachtsurkunde 290
Geltendmachung des Zurückweisungsrechts 294
Grundsätze der Inkenntnissetzung 295
Möglichkeiten der Inkenntnissetzung 296
Treuwidrigkeit der Zurückweisung nach § 242 BGB 304

Literaturverzeichnis 305

Rechtsprechungsverzeichnis 323

Abkürzungsverzeichnis 335

§ 1. Einleitung

A. Problemstellung und Gegenstand der Untersuchung

Einer Arbeit nachzugehen bedeutet vor allem, seine Existenz sichern zu können. Jedem Arbeitsverhältnis liegt ein Vertrag zugrunde. Durch diesen verpflichtet sich der Arbeitnehmer gegenüber dem Arbeitgeber zur unselbstständigen und weisungsgebundenen Erfüllung von Diensten gegen Entgelt. Kündigt der Arbeitgeber dem Arbeitnehmer, bedeutet das für diesen häufig eine enorme Beschränkung der Lebensqualität bis hin zur Existenzgefährdung. Häufig folgen der Kündigung psychische Probleme[1] und eine gesellschaftliche Degradierung[2] des Arbeitnehmers. Überdies sind die Chancen, eine neue Beschäftigung zu finden, bei Fremdgekündigten deutlich geringer als bei einer Eigenkündigung.[3] Gerade deshalb ist es für den Arbeitnehmer von besonderer Bedeutung zu wissen, wann eine Kündigung wirksam ist. Der Arbeitgeber hat ein großes Interesse daran, sich von Arbeitnehmern – unabhängig vom Kündigungsgrund – rechtssicher trennen zu können. Im Falle der außerordentlichen Kündigung nach § 626 BGB muss er dabei zudem eine Zwei-Wochen-Frist für die Erklärung der Kündigung einhalten (§ 626 Abs. 2 S. 1 BGB). Lässt er die Frist ungenutzt oder unzureichend genutzt verstreichen, kann er dem Arbeitnehmer nicht mehr aus dem zugrunde liegenden Kündigungsgrund fristlos kündigen. Zumindest bis zum Ablauf einer etwaigen ordentlichen Kündigungsfrist muss er den unliebsam gewordenen Arbeitnehmer dann weiterbeschäftigen. Die Situation spitzt sich weiter zu, wenn das ordentliche Kündigungsrecht ausgeschlossen ist. Dann kann sich der Arbeitgeber von einem Arbeitnehmer, dessen Beschäftigung ihm unzumutbar geworden ist, nicht trennen. Um solchen Schwierigkeiten zu entgehen, muss der Arbeitgeber wissen, wie er seine Kündigungen wirksam gestalten kann.

Zu den Wirksamkeitsanforderungen an die Kündigung gehört auch die Kündigungsberechtigung. Dass der Vertragspartner – also der Arbeitgeber – Kündigungen aussprechen darf, ist der gesetzliche Normalfall. In der Praxis werden Kündigungen jedoch vorrangig von Vertretern des Arbeitgebers ausgesprochen.[4]

1 Vgl. *Faust*, Die Arbeitslosigkeit und ihre psychosozialen Folgen; *Morgenroth*, in: Aus Politik und Zeitgeschichte B 6–7/2003, S. 18.

2 *Oschmiansky*, in: Aus Politik und Zeitgeschichte B 6–7/2003, S. 10 ff.

3 *Bielenski/J. Hartmann/Pfarr/Seifert*, AuR 2003, 81 (89).

4 Kittner/Däubler/Zwanziger/*Däubler*, §§ 164–181 BGB Rn. 1; *Kliemt*, Formerfordernisse, S. 214.

Gemäß der §§ 164 ff. BGB ist die Vertretung bei der Kündigungserklärung zulässig. Da die Kündigung ein einseitiges Rechtsgeschäft i.S.d § 174 BGB ist, kann der Arbeitnehmer die Kündigung jedoch unverzüglich zurückweisen, wenn der Vertreter keine Vollmachtsurkunde vorlegt. Diese Norm wird in der Praxis trotz ihrer Wirkung häufig übersehen.[5] Das ist misslich: führt doch die Zurückweisung zur Unwirksamkeit der Kündigung mit der Folge, dass diese erneut vorgenommen werden muss. Viele Kündigungen könnten danach schon allein wegen der Nichtvorlage der Vollmachtsurkunde durch den Vertreter „zu Fall gebracht werden“[6]. Auf den eigentlichen Kündigungsgrund käme es dann gar nicht mehr an. Erschwerend kommt hinzu, dass in der Praxis nicht zwangsläufig „der Stellvertreter“ des Arbeitgebers handelt. Es kündigen Prokuristen, zur Alleinvertretung ermächtigte Gesamtvertreter und auch Unterbevollmächtigte. Ebenso kann eine Gesellschaft, etwa eine Gesellschaft bürgerlichen Rechts, Arbeitgeber sein. In all diesen Fällen stellt sich die Frage, ob § 174 BGB anwendbar ist und – falls ja – wie der erforderliche Nachweis der Vertretungsmacht erbracht und dem Schutzzweck des § 174 BGB genüge getan werden kann.

Das Zurückweisungsrecht des Arbeitnehmers ist gemäß § 174 S. 2 BGB ausgeschlossen, wenn der Arbeitgeber diesen von der Bevollmächtigung des Vertreters in Kenntnis gesetzt hatte. Nach der Rechtsprechung genügt für eine Inkenntnissetzung nach § 174 S. 2 BGB, dass der Arbeitgeber eine Person in eine Stellung berufen hat, die üblicherweise mit einer Kündigungsberechtigung verbunden ist.[7] Was „üblicherweise“ bedeutet, welche konkreten Kriterien einzuhalten sind und aus welcher Sichtweise die „Üblichkeit“ festzustellen ist, bleibt jedoch unklar. Exemplarisch dafür ist die Frage, ob die Stellung eines Niederlassungsleiters „üblicherweise“ mit einer Kündigungsberechtigung verbunden ist. Nach Ansicht des LAG Hessen[8] hat ein Niederlassungsleiter zumindest gegenüber gewerblichen Arbeitnehmern eine solche Stellung. Dem widerspricht bspw. das LAG Köln[9]. Das LAG Berlin[10] wiederum sieht in der Stellung des Niederlassungsleiters keine Kündigungsberechtigung gegenüber nicht gewerblichen Arbeitnehmern begründet. In Ermangelung klarer Leitlinien für die Annahme,

5 *Deggau*, JZ 1982, 796; *Kliemt*, Formerfordernisse, S. 214; vgl. *Raif*, ArbRAktuell 2013, 587.

6 *Kliemt*, Formerfordernisse, S. 214.

7 Siehe aus der st. Rspr. zuletzt: BAG, Urt. v. 26.9.2013 – 2 AZR 843/12, juris Rn. 47.

8 LAG Hessen, Urt. v. 20.6.2000 – 9 Sa 1899/99, NZA-RR 2000, 585.

9 LAG Köln, Urt.v. 30.3.2004 – 5 (13) Sa 1380/03, juris Rn. 32.

10 LAG Berlin, Urt. v. 28.6.2006 – 15 Sa 632/06, NZA-RR 2007, 15 (16).

wann eine Stelle üblicherweise mit einer Kündigungsberechtigung verbunden ist, entsteht eine enorme Rechtsunsicherheit für den Rechtsanwender.

Am 14.4.2011 wurde die Frage danach, wann das Zurückweisungsrecht des Arbeitnehmers ausgeschlossen ist, erneut aktuell. Das BAG[11] hatte einen Fall zu entscheiden, in dem ein Niederlassungsleiter einem Arbeitnehmer ohne die Vorlage einer Vollmachtsurkunde eine Kündigung erklärte. Im Arbeitsvertrag war festgelegt worden, dass eine Kündigung auch durch den Objektleiter/Niederlassungsleiter ausgesprochen werden kann. Der Arbeitnehmer kannte den Niederlassungsleiter nicht und wies die Kündigung gemäß § 174 S. 1 BGB zurück. Das BAG stellte in seinem Urteil die Anforderungen an die Inkenntnissetzung nach § 174 S. 2 BGB klar. Danach reiche eine bloße Übertragung einer solchen Funktion – hier als Niederlassungsleiter – nicht aus. Vielmehr sei erforderlich, dass der Erklärungsempfänger davon in Kenntnis gesetzt werde, dass der Erklärende diese Stellung tatsächlich innehat. Der Arbeitgeber könne dem Arbeitnehmer einen Weg aufzeigen, auf dem dieser vor Zugang der Kündigung immer unschwer erfahren könne, welche Person die Position innehat, mit der nach dem Arbeitsvertrag die Kündigungsberechtigung verbunden ist. Dem Arbeitnehmer müsse der aufgezeigte Weg dabei zumutbar und der Zugang zu der Information über die bevollmächtigte Person auch tatsächlich gewährleistet sein. Kriterien für die Zumutbarkeit stellt das BAG nicht auf. Auch ist nicht geklärt, wie ein solcher Weg beschaffen sein muss, damit der Arbeitnehmer immer unschwer erfahren kann, welche Person die kündigungsberechtigende Position innehat. Die daraus folgende Rechtsunsicherheit[12] hat erhebliche Bedeutung für die Kündigungspraxis und ist nicht rein wissenschaftlicher Art. Schließlich ist die Unwirksamkeit der Kündigung wegen § 174 BGB der in der Praxis wichtigste Unwirksamkeitsgrund.[13]

Vom Fall der Nichtvorlage der Vollmachtsurkunde sind Kündigungen von Vertretern ohne Vertretungsmacht zu unterscheiden. Erklärt ein Vertreter ohne Vertretungsmacht die Kündigung, ist diese nach § 180 S. 1 BGB unwirksam. Hat der Arbeitnehmer die Vertretungsmacht jedoch nicht beanstandet, kann der Arbeitgeber diese gemäß § 180 S. 2 BGB i.V.m. § 177 Abs. 1 BGB genehmigen. Die Frage danach, ob der Vertreter Vertretungsmacht hat, ist für den Arbeitnehmer im Zweifel aber nicht erkennbar. Daher stellt sich die Frage, ob seine Zurückweisungserklärung

---

11 BAG, Urt. v. 14.4.2011 – 6 AZR 727/09, NZA 2011, 683.

12 *Grobys/von Steinau-Steinrück*, NJW-Spezial 2011, 402 (403); a.A. *Boemke*, jurisPR-ArbR 35/2011 Anm. 4, der die Auswirkungen für die Praxis gering einschätzt, jedoch die vom BAG aufgezeigten Wege als bedenklich einstuft.

13 *Willer*, Auswirkungen der Reform, S. 72.

nach § 174 S. 1 BGB auch eine Beanstandung des Fehlens der Vertretungsmacht i.S.v. § 180 S. 2 BGB enthalten kann bzw. umgekehrt und welche Voraussetzungen hieran zu stellen sind. Dies ist entscheidend dafür, ob die Erklärung des Arbeitnehmers die Kündigung tatsächlich zu Fall bringen kann.[14]

Die vorliegende Arbeit setzt sich umfassend mit § 174 BGB für den Bereich der arbeitgeberseitigen Kündigung von Arbeitsverhältnissen auseinander. Es gilt eine klare Konturierung der Norm zu schaffen, die eine den Schutzzweck sichernde Handhabung ermöglicht, ohne den Rechtsverkehr unnötig zu beschweren.

B. Gang der Untersuchung

Der **1. Teil** der Arbeit gibt zunächst einen komprimierten Überblick über die verschiedenen Arten der Kündigungsberechtigung und die Grundsätze der Stellvertretung. Anschließend wird die notwendige Unterscheidung zwischen der Vertretung ohne Vertretungsmacht gemäß § 180 BGB und der Vertretung ohne Vorlage der Vollmachtsurkunde gemäß § 174 BGB dargestellt. Diese Unterscheidung ist vor allem im Hinblick auf die unterschiedlichen Reaktionsmöglichkeiten des Arbeitnehmers (Beanstandung oder Zurückweisung), deren Verhältnis zueinander und die sich anschließenden Rechtsfolgen wichtig. Überdies wird in diesem Rahmen auch der Schutzzweck des § 174 BGB aufgezeigt, auf den im weiteren Verlauf der Arbeit immer wieder zurückzugreifen sein wird.

Im **2. Teil** der Arbeit werden zunächst der allgemeine und der arbeitsrechtlich relevante Anwendungsbereich des § 174 BGB aufgezeigt. Es folgt eine ausführliche Analyse des vom Wortlaut des § 174 BGB geforderten Tatbestandsmerkmals der *Bevollmächtigung* dahingehend, ob sie Anwendbarkeitsvoraussetzung ist. Bei dieser wird untersucht, ob ein Vertreter ohne Vertretungsmacht dem Anwendungsbereich der Norm unterfallen kann und mit welchen Konsequenzen dieses Ergebnis verbunden ist. Sodann wird auf die organschaftliche und gesetzliche Vertretungsmacht eingegangen. Die organschaftliche Vertretung ist für das Arbeitsrecht von besonderer Bedeutung: Man denke bloß an die Aktiengesellschaften, die im DAX gelistet sind und die massenhaft Mitarbeiter (3,66 Mio. Mitarbeiter im Jahr 2012 bei den DAX-30-Unternehmen)[15] beschäftigen. Soll stellvertretend für Gesellschaften rechtsgeschäftlich gehandelt – insbesondere gekündigt – werden, bedarf es der Mitwirkung organschaftlicher Vertreter. Wird

---

14 *Meyer/Reufels*, NZA 2011, 5 (8 f.).

15 Ernst & Young, Entwicklung der Dax-30-Unternehmen im Geschäftsjahr 2012. Eine Analyse wichtiger Bilanzkennzahlen, S. 2.

der Arbeitgeber, bspw. eine Aktiengesellschaft, organschaftlich vertreten, ist zu beachten, dass die Normen der §§ 164 ff. BGB ggf. gar nicht oder nur partiell anwendbar sind.

Im Anschluss wird die Anwendbarkeit des § 174 BGB auf folgende Sonderfälle überprüft: Prokura, Gesellschaft bürgerlichen Rechts, zur Alleinvertretung ermächtigter Gesamtvertreter bei im Register publizierter Vertretungslage und Untervollmacht.

Hintergrund der Anwendbarkeitsfrage ist bei der Prokura – unabhängig von ihrer Eintragung in das Handelsregister – sowie bei der Alleinvertretungsmacht zunächst die Frage danach, ob es sich bei der jeweiligen Vertretungsmacht um eine rechtsgeschäftliche handelt und diese dann dem Regime des BGB unterliegen kann. So ist die Prokura in den §§ 48 ff. HGB geregelt und die Einordnung der Alleinvertretungsmacht eines originär mit organschaftlicher Gesamtvertretungsmacht ausgestatteten Vertreters umstritten[16].

Ob die Norm des § 174 BGB auf den in das Handelsregister eingetragenen und dort bekannt gemachten Prokuristen anwendbar ist, wird unterschiedlich beurteilt. Die Rechtsprechung des BAG lässt keine Zweifel an der Anwendbarkeit des § 174 BGB erkennen.[17] In der Literatur hat sich bei einigen Stimmen Widerstand gegen die Anwendbarkeit gebildet.[18] Nach der Ansicht von *Kliemt*[19] ist § 174 BGB auf den in das Handelsregister eingetragenen und dort bekannt gemachten Prokuristen wegen § 15 Abs. 2 S. 1 HGB nämlich nicht anwendbar.[20] Für die Vertretung durch die Organe der Gesellschaft bürgerlichen Rechts stellt sich die Anwendbarkeitsfrage aus einem anderen Grund. Nach der heute h.A.[21]

16 Ausführlich zu den vertretenen Ansichten zur Rechtsnatur der sog. „Gesamtvertreterermächtigung“ (Einwilligung, Handlungsvollmacht/Untervollmacht/rechtsgeschäftliche Vertretung, organschaftliche Vertretungsmacht, Einzelvertretungsmacht): *G. C. Schwarz*, NZG 2001, 529 (530 ff.) m.w.N.

17 St. Rspr.: BAG, Urt. v. 11.7.1991 – 2 AZR 107/91, NZA 1992, 449 (450 ff.); BAG, Urt. v. 21.5.2008 – 8 AZR 84/07, NZA 2008, 753 (754); BAG, Urt. v. 14.4.2011 – 6 AZR 727/09, NZA 2011, 683 (685).

18 Vgl. *Kliemt*, Formerfordernisse, S. 225 f.; i.E. auch *Jakobs*, Anm. zu BAG, Urt. v. 30.5.1972 – 2 AZR 298/71, AP Nr. 1 zu § 174 BGB unter 1., der davon ausgeht, dass der Anwendungsbereich generell nicht für Personen eröffnet ist, die eine „„allgemeine Vertreterstellung“‘ innehaben und für die „es nicht üblich ist“, „Erklärungen unter Nachweis“ ihrer „Bevollmächtigung“ abzugeben.

19 *Kliemt*, Formerfordernisse, S. 225 f.

20 So auch ohne weitere Begründung APS/*Preis*, 1. Teil D. Rn. 80.

21 St. Rspr.: BGH, Urt. v. 14.2.2005 – II ZR 11/03, DStR 2005, 614; BGH, Beschl. v. 20.1.2011 – V ZB 266/10, DNotZ 2011, 361 (362 und 363); Siehe i.Ü. MüKo-BGB/*Ulmer*/*Schäfer*,

wird die Vertretungsmacht als organschaftliche Vertretungsmacht charakterisiert. Infolgedessen wäre § 174 BGB nicht anwendbar. Gleichwohl fehlt es – anders als im Falle der juristischen Personen und der Personengesellschaften nach dem HGB – an einem Register, das die Vertretungsverhältnisse dokumentiert. Ob aus dieser Unterschiedlichkeit eine Anwendbarkeit des § 174 BGB – wie sie der BGH im seinem Urteil vom 9.11.2001[22] statuiert[23] – trotz organschaftlicher Vertretung bei der Gesellschaft bürgerlichen Rechts geboten ist, ist gesondert zu untersuchen. Gerade vor der Annahme einiger Autoren, dass die Norm des § 174 BGB dort nicht anzuwenden sei, wo ein Register bestünde, das Auskunft über die Vertretungsmacht gibt,[24] stellt sich die Anwendbarkeitsfrage für die Gesellschaft bürgerlichen Rechts umso mehr. Aus der Darstellung grundsätzlich ausgenommen ist die Vertretung der Gesellschaft bürgerlichen Rechts durch von den Gesellschaftern bevollmächtigte Dritte. Schließlich stellt sich die Frage der Anwendbarkeit des § 174 BGB auch dort, wo der Bevollmächtigte wiederum selbst im Wege der Unterbevollmächtigung einen Vertreter einsetzt. Auf die in ihrer Zulässigkeit umstrittene[25] Konstellation, ob der eigentliche (Haupt-)Vertreter einen anderen auch mit Wirkung für und gegen sich und damit nicht unmittelbar gegen den Geschäftsherrn einschalten kann (Vertreter des Vertreters), wird in der vorliegenden Arbeit nicht eingegangen.

Der **3. Teil** der Arbeit befasst sich mit den Details zum Zurückweisungsrecht des § 174 S. 1 BGB. Zunächst wird erarbeitet, wie dem Erfordernis der Vorlage einer Vollmachtsurkunde nachgekommen werden kann. Dazu wird geklärt, was

---

§ 705 BGB Rn. 255; MüKo-BGB/*Schäfer*, § 714 BGB Rn. 12 und 16–17; Soergel/*Hadding/Kießling*, § 714 BGB Rn. 3 und 7; *T. Körber/Effer-Uhe*, DNotZ 2009, 92 (92 und 100); *Wertenbruch*, DB 2003, 1099 (1099 und 1101); *ders.*, NZG 2005, 462.

22 BGH, Urt. v. 9.11.2001 – LwZR 4/01, NJW 2002, 1194 (1195); zuvor schon BAG, Urt. v. 18.12.1980 – 2 AZR 980/78, AP Nr. 4 zu § 174 BGB bzgl. alleinvertretungsberechtigter Gesamtvertreter.

23 Dem im Anschluss an den BGH, Urt. v. 9.11.2001 – LwZR 4/01, NJW 2002, 1194 ff. folgend: BGH, Urt. v. 20.2.2014 – III ZR 443/13, MDR 2014, 452; OLG Brandenburg, Urt. v. 23.10.2012 – 6 U 29/12, juris Rn. 45.

24 *Gravenhorst*, Anm. zu LAG Hamburg, Urt. v. 30.9.2003 – 3 Sa 56/02, jurisPR-ArbR 32/2004 Anm. 3; *Wagner/Mann*, BB 2012, 2842 f.; in diese Richtung tendieren auch *Brehsan/Gohrke/Opolony*, ZIP 2001, 773 (780); *Jentsch/Lostermann*, AuA 2012, 90; *S. Müller*, FA 2013, 37 (38); *Pusch*, RdA 2005, 170 (173), wenngleich diese Autoren die Eintragung und Bekanntmachung als Inkenntnissetzung i.S.d. § 174 S. 2 BGB begreifen, was einer faktischen Unanwendbarkeit der Norm in diesen Fällen gleichkommt.

25 Siehe dazu: Bamberger/Roth/*Valenthin*, § 167 BGB Rn. 27 m.z.N.

unter einer Vollmachtsurkunde zu verstehen ist und welcher Form sie bedarf: Schriftform gemäß § 126 BGB oder Textform gemäß § 126b BGB.

Aufbauend auf die hier vetretene Ansicht, dass die Vollmachtsurkunde schriftformbedürftig ist, wird die Anschlussfrage gestellt, ob zur Vereinfachung und Anpassung an den modernen Geschäftsverkehr elektronische Nachweise der Vollmacht denkbar sind. Analysiert wird zum einen die Ersetzbarkeit der Schriftform durch die elektronische Form gemäß § 126a BGB. Zum anderen wird auf die Verwendung von Unterschriftenpads eingegangen. Diese erfüllen nicht die Voraussetzungen des § 126a BGB. Mit ihrer Hilfe kann ein elektronisches Dokument jedoch eigenhändig unterzeichnet werden.

Untersucht wird weiter, ob der Einsatz von Blankovollmachtsurkunden und Inhaberurkunden Erleichterungen für die Kündigungspraxis im Zusammenhang mit § 174 BGB bringen kann: Da der Vertreter des Arbeitgebers bei jeder Kündigung die Originalvollmachtsurkunde vorlegen muss, müsste der Arbeitgeber ggf. – bei mehreren zeitgleichen Kündigungen – mehrere Vollmachtsurkunden ausstellen. In der Praxis ist dies misslich, sodass empfohlen wird, Urkunden schon „im Vorfeld zu fertigen und mit Originalunterschriften zu hinterlegen“[26]. Der Einsatz von Blankovollmachts- und Inhaberurkunden zielt in die gleiche Richtung. Mit Hilfe von Blankovollmachtsurkunden könnte der Arbeitgeber seinen vertretungsberechtigten Funktionsträgern Vollmachtsurkunden auf Vorrat aushändigen. Insbesondere wenn die Vollmachtsurkunde zusammen mit der schriftlichen Kündigungserklärung an den Arbeitnehmer übergeben oder versendet wird, ist genau diese Urkunde (zumindest temporär) nicht mehr für den Vertreter nutzbar. Eine Vorratslösung erleichtert daher die Kündigungspraxis, da sie die bedarfsgerechte Verwendung von Vollmachtsurkunden ermöglicht und Rücksprachen zwischen Arbeitgeber und Vertreter auf ein notwendiges Minimum begrenzt. Dies ist vor allem i.R.v. Massenentlassungen zweckmäßig. Durch Inhaberurkunden könnte insbesondere die Neuausstellung von Vollmachtsurkunden bei Personal- oder Funktionswechseln überflüssig werden. Besonderes Augenmerk wird bei dieser Untersuchung darauf gerichtet, ob die Ausfüllungsermächtigung für eine Blankovollmachtsurkunde formbedürftig ist. Schlimmstenfalls würde trotz ordnungsgemäßer Ausfüllung der eigenhändig durch den Blankettgeber unterzeichneten Blankovollmachtsurkunde das Entstehen der Vollmachtsurkunde allein an der Formwidrigkeit der Ausfüllungsermächtigung scheitern. In diesem Rahmen werden die Grundsätze zur teleologischen Reduktion des § 167 Abs. 2 BGB anhand von Grundstückserwerbs- bzw. Grund-

26 *Jentsch/Lostermann*, AuA 2012, 90 (92).

stücksveräußerungsgeschäften und Bürgschaftsblanketten in gebotener Kürze dargestellt. In einem zweiten Schritt sollen diese Grundsätze – soweit möglich – für die teleologische Reduktion i.R.d. Ausfüllungsermächtigung bei der Blankovollmachtsurkunde fruchtbar gemacht werden. Es wird zudem untersucht, welche Auswirkungen die Formwidrigkeit der Ausfüllungsermächtigung und die unwirksame Blankovollmachtsurkunde auf das Vertrauen eines Dritten in die aus der Blankourkunde entstandene „Vollmachtsurkunde" hat. Das Verhältnis zwischen Blankettgeber und Blankettnehmer bleibt insoweit genauso außerhalb der Betrachtung wie die Konstellation des mit dem Blankettnehmer personenidentischen Dritten. Weiter wird auf die Darstellung derjenigen umstrittenen dogmatischen Hintergründe verzichtet, die für die vorliegende Untersuchung nur untergeordnete Bedeutung im Zusammenspiel mit § 174 BGB haben.[27] Es sei darauf hingewiesen, dass sich die bisherigen Abhandlungen zu Blanketterklärungen ausschließlich mit solchen Blanketten befassen, die im Zusammenhang mit zwei- oder mehrseitigen Rechtsgeschäften stehen. Im hier darzustellenden Kontext geht es um Blankette bei der Vollmachtskundgabe – einer geschäftsähnlichen Handlung[28] – und deren Fernwirkungen für § 174 BGB. Die Bearbeitung der Fragen rund um die Blankovollmachtsurkunde folgt den dogmatischen Erkenntnissen der h.A. in Rechtsprechung und Schrifttum.

Nach der Ausarbeitung potentiell geeigneter Dokumente zum Nachweis der Vertretungsmacht bzw. Vollmacht werden die Anforderungen an die Vorlage selbiger herausgearbeitet. Neben dem Akt des Vorlegens ist vor allem der Vorlagezeitpunkt relevant. Zum einen wird geklärt, ob eine nach der Vornahme des Rechtsgeschäfts, aber noch vor der Zurückweisung des Erklärungsempfängers vorgelegte Vollmachtsurkunde (nachgereichte Vollmachtsurkunde) den Anforderungen des § 174 S. 1 BGB genügt. Zum anderen wird geprüft, ob eine Vollmachtsurkunde noch bei der Vornahme des Rechtsgeschäfts vorgelegt ist, wenn sie unmittelbar vor der Vornahme des Rechtsgeschäfts vorgelegt wird. Es schließt sich ein Exkurs dazu an, inwieweit die Vorlage eines potentiellen

27 Umstritten, aber ohne weitergehende Relevanz i.R.d. § 174 BGB sind insbesondere: die Anfechtbarkeit des (missbräuchlich ausgefüllten) Blanketts durch den Blankettgeber, die Rechtsnatur der Ausfüllungsermächtigung des Blankettnehmers und die dogmatischen Hintergründe der Haftung des Blankettgebers.

28 Soergel/*Leptien*, § 172 BGB Rn. 1 und § 171 BGB Rn. 4; Staudinger/*Schilken*, § 171 BGB Rn. 2; MüKo-BGB/*Schramm*, § 171 BGB Rn. 3a; Bamberger/Roth/*Valenthin*, § 171 BGB Rn. 6; a.A. *Flume*, AT 2 (1979), § 49 2a, 2c, S. 825 ff.; *ders.*, § 51 9, S. 857; *Pawlowski*, JZ 1996, 125 (127), die die Kundgabe wegen eines Legitimationszwecks als Willenserklärung ansehen.

elektronischen Vollmachtsnachweises den Anforderungen an die Vorlage i.S.d. § 174 S. 1 BGB gerecht werden kann.

Sodann wird analysiert, ob und wie für die bereits erarbeiteten Sonderfälle (Prokura, Gesellschaft bürgerlichen Rechts, alleinvertretungsberechtigter Gesamtvertreter bei im Register publizierter Vertretungsmacht und Untervollmacht) ein Nachweis der Vertretungsmacht möglich bzw. zu führen ist. Bei der Gesellschaft bürgerlichen Rechts ergibt die Untersuchung, dass weder der Gesellschaftsvertrag noch eine Bestätigungs- bzw. Ermächtigungserklärung anderer Gesellschafter tauglich ist, um die Vertretungsverhältnisse wirksam nachweisen zu können. Daher wird ein Lösungsansatz für einen rechtssichereren Nachweis der Vertretungsverhältnisse bei der Gesellschaft bürgerlichen Rechts aufgezeigt, der das Institut der Gesellschaft bürgerlichen Rechts unberührt lässt.

Das nächste Kapitel befasst sich mit der Geltendmachung des Zurückweisungsrechts. Das vom Bevollmächtigten ohne Vorlage der Vollmachtsurkunde vorgenommene einseitige Rechtsgeschäft ist nach dem Wortlaut des § 174 S. 1 BGB dann unwirksam, wenn der Erklärungsempfänger „das Rechtsgeschäft *aus diesem Grunde unverzüglich zurückweist*". Zum einen wird der unterschiedlich beantworteten Frage nachgegangen, was unter Unverzüglichkeit der Zurückweisung zu vertstehen ist. Zum anderen stellt sich die Frage nach dem Zurückweisungsgrund. In diesem Zusammenhang erweist sich vor allem die Abgrenzung des Handelns des Vertreters ohne Vertretungsmacht vom Handeln eines Vertreters mit Vertretungsmacht, der keine Vollmachtsurkunde vorlegt, als problematisch.[29] Der Erklärungsempfänger kann im Vorfeld der Rechtswahrnehmung zumeist nicht erkennen, ob der Vertreter Vertretungsmacht hat. Infolgedessen kann er auch nicht erkennen, wie er auf den Mangel reagieren muss, um den einschlägigen Mangel (der Vertretungsmacht selbst oder ihrer Dokumentation) wirksam zu rügen und die Erklärung unwirksam zu machen. Umstritten ist in diesem Kontext, ob die Beanstandung nach § 180 BGB die Zurückweisung nach § 174 BGB enthält. Nach einer neueren Entscheidung des BGH[30] ist es möglich, dass eine Erklärung neben einer Beanstandung auch eine Zurückweisung enthält. Nicht gesagt ist aber, dass die Zurückweisung auch in der Beanstandung enthalten ist. Die Lösung dieser Problematik wird über die Auslegung der Erklärung (Rüge) und eine Analyse der Charakteristik der Beanstandung als Institut gefunden.

29 Siehe zu dieser Problematik instruktiv: *Meyer/Reufels*, NZA 2011, 5 (8).

30 BGH, Beschl. v. 25.10.2012 – V ZB 5/12, NJW 2013, 297.

Dass die Rüge nach § 174 S. 1 BGB i.R.d. Dreiwochenfrist des § 4 S. 1 KSchG geltend gemacht werden muss, wird für die Bearbeitung vorausgesetzt und nicht weiter vertieft. Nach der momentan h.A.[31] handelt es sich beim Mangel der Vorlage der Vollmachtsurkunde um einen Unwirksamkeitsgrund i.S.d. §§ 4 S. 1, 13 Abs. 3 KSchG.

Der **4. Teil** der Arbeit befasst sich mit dem Ausschluss des Zurückweisungsrechts gemäß § 174 S. 2 BGB. Zunächst werden die Anforderungen an Form und Zeitpunkt der Inkenntnissetzung herausgearbeitet. Sodann wird die Informationslastverteilung dargestellt: Das Gesetz spricht davon, dass das Zurückweisungsrecht ausgeschlossen ist, wenn der „*Vollmachtgeber den anderen von der Bevollmächtigung in Kenntnis gesetzt hatte*". Es fordert demnach ein Handeln des Vollmachtgebers. Klärungsbedürftig ist vor allem, ob es erforderlich ist, dass der Arbeitgeber die Inkenntnissetzung in Person vornehmen muss. Daher wird der Aspekt aufgegriffen, ob eine Vertretung bei der Inkenntnissetzung zulässig sein kann. Eine weitere Anforderung an die Inkenntnissetzung ist das Erfordernis der Unmittelbarkeit. In diesem Zusammenhang wird insbesondere auf die Kundgabe der Bevollmächtigung durch öffentliche Bekanntmachung eingegangen.

Anschließend werden einzelne konkrete Möglichkeiten der Inkenntnissetzung analysiert. Zunächst kann eine Inkenntnissetzung – unter Einhaltung gewisser aufzustellender Anforderungen – durch Kundgabe der Bevollmächtigung im Arbeitsvertrag erfolgen. Kritisch zu sehen ist die Annahme der h.A.[32], nach der es für eine Inkenntnissetzung genügen soll, dass der Arbeitgeber einen Mitarbeiter in eine Stellung beruft, mit der eine Kündigungsberechtigung verbunden zu sein pflegt. Es werden insoweit die Grundsätze zur Inkenntnissetzung durch die Berufung in eine „üblicherweise zur Kündigung berechtigende Stellung" erörtert. Nach Skizzierung der ins Feld geführten Gegenargumente folgt eine eigene Stellungnahme zu den Ansichten der h.A. und der Gegenansicht, insbesondere

---

31 APS/*Hesse*, § 4 KSchG Rn. 10c; ErfK/*Kiel*, § 4 KSchG Rn. 4; *Bender/Schmidt*, NZA 2004, 358 (362); *Fornasier/Werner*, NJW 2007, 2729 (2733); *Meyer/Reufels*, NZA 2011, 5.

32 St. Rspr.: BAG, Urt. v. 30.5.1972 – 2 AZR 298/71, AP Nr. 1 zu § 174 BGB (II 2 der Gründe); BAG, Urt. v. 11.7.1991 – 2 AZR 107/91, NZA 1992, 449 (450 f.); BAG, Urt. v. 29.10.1992 – 2 AZR 460/92, NZA 1993, 307; BAG, Urt. v. 20.9.2006 – 6 AZR 82/06, NZA 2007, 377 (380 f.); BAG, Urt. v. 9.9.2010 – 2 AZR 582/09, ZTR 2011, 113 (114); BAG, Urt. v. 14.4.2011 – 6 AZR 727/09, NZA 2011, 683 (685). Aus der Literatur: KR/*Friedrich*, § 13 KSchG Rn. 345; Soergel/*Leptien*, § 174 BGB Rn. 4; Schaub ArbR-Hb/*Linck*, § 123 Rn. 22; ErfK/*Müller-Glöge*, § 620 BGB Rn. 24; APS/*Preis*, 1. Teil D. Rn. 81; Staudinger/*Schilken*, § 174 BGB Rn. 11; MüKo-BGB/*Schramm*, § 174 BGB Rn. 8; Bamberger/Roth/*Valenthin*, § 174 BGB Rn. 11; *Schmiegel/Yalçin*, ZTR 2011, 395 (399 ff.).

zur Argumentation *Ulricis*[33], nach dessen Auffassung die h.A. zur „üblicherweise zur Kündigung berechtigenden Stellung“ als Konsequenz der Anerkennung des Instituts der Anscheinsvollmacht tragfähig ist. Schließlich wird eine eigene Lösung vorgeschlagen, mit deren Hilfe die Anforderungen des § 174 S. 2 BGB und die Besonderheiten des Arbeitsrechts in Einklang gebracht werden können. Im Übrigen wird sich der Frage zugewandt, was die Charakteristik einer „üblicherweise zur Kündigung berechtigenden Stellung“ ist, d.h. wann eine solche anzunehmen ist. In diesem Rahmen wird ein Kriterienkatalog fortentwickelt, nach dem eine Stellung im Einzelfall zu einer üblicherweise zur Kündigung berechtigenden zu qualifizieren sein kann. Dieser Katalog wird im Anschluss auf Personalleiter, Prokuristen, General- und Handlungsbevollmächtigte sowie Niederlassungsleiter angewendet, um zu beurteilen, ob es sich bei diesen Stellungen um „üblicherweise zur Kündigung berechtigenden Stellungen“ handelt. Sodann wird die Zulässigkeit des weiter denkbaren Szenarios überprüft, dass der kündigende Vertreter (erst) in der Kündigungserklärung darüber unterrichtet, dass er Stelleninhaber einer „üblicherweise zur Kündigung berechtigenden Stellung“ ist. Schließlich wird darauf eingegangen, dass es – um den Erfordernissen des Arbeitslebens gerecht zu werden – möglich sein muss, bei der Inkenntnissetzung durch den Vertreter Erleichterungen zu schaffen. In diesem Rahmen wird eine Inkenntnissetzung von der Bevollmächtigung zur Inkenntnissetzung durch Berufung in eine „üblicherweise zur Inkenntnissetzung berechtigende Stellung“ entwickelt.

Eine weitere Möglichkeit der Inkenntnissetzung stellt der Verweis auf vom Arbeitgeber bereitgestellte Wahrnehmungswege dar, mittels derer sich die Belegschaft über die Vertretungsverhältnisse informieren kann. Es werden die Grundanforderungen herausgearbeitet, die an einen derartigen Weg zu stellen sind, damit den Anforderungen des § 174 S. 2 BGB überhaupt genügt werden kann. Entscheidend kommt es auf die Frage an, ob die Inkenntnissetzung bereits durch den reinen Verweis auf den Wahrnehmungsweg ausgelöst wird oder ob eine Inkenntnissetzung nur dann erfolgen kann, wenn die aktuelle Information zeitlich gesehen zumutbar durch den Arbeitnehmer hätte wahrgenommen werden können. Sodann werden einzelne Wahrnehmungswege wie das Schwarze Brett bzw. Aushangflächen, Intranet und Internet sowie der leicht erreichbare Vorgesetzte auf ihre Vereinbarkeit mit § 174 BGB überprüft. Abschließend wird der Frage

33 *Ulrici*, jurisPR-ArbR 25/2013 Anm. 1 und jurisPR-ArbR 17/2013 Anm. 1. Die Überlegungen *Ulricis* beruhen auf seinem Beitrag in: *Boemke/Luke/Ulrici*, Fallsammlung zum Schwerpunktbereich Arbeitsrecht, S. 236.

nachgegangen, ob eine Inkenntnissetzung erfolgen kann, wenn der Arbeitgeber seine Arbeitnehmer alternativ auf mehrere Wahrnehmungswege verwiesen hat und diese widersprüchliche Informationen enthalten.

Im weiteren Verlauf der Arbeit wird analysiert, ob eine Inkenntnissetzung durch Eintragung eines Prokuristen in das Handelsregister mit anschließender Bekanntmachung möglich ist. Große Teile der Literatur[34] und die Rechtsprechung[35] haben sich dafür ausgesprochen. Gegen diese Sicht hat sich Widerstand gebildet.[36] Nach Darstellung der Ansichten wird ein eigener Lösungsansatz aufgezeigt. In diesem Rahmen wird insbesondere die Tauglichkeit der Vorlage des Handelsregisterausdrucks sowie des Verweises des Arbeitgebers, das Handelsregister einzusehen, als in Kenntnis setzende Informationen untersucht.

Eine weitere praxisrelevante Situation kann sich daraus ergeben, dass der Vertreter bei Vornahme des Rechtsgeschäfts i.S.v. § 174 S. 1 BGB eine „Vollmachtsurkunde" vorlegt, diese jedoch formell unzureichend ist – bspw. keine Unterschrift des Arbeitgebers aufweist oder nur eine Kopie ist. Hier ist fraglich, ob in einer solchen unzureichenden Urkunde, die den Anforderungen des

---

34 KR/*Friedrich*, § 13 KSchG Rn. 345; EBJS/*Gehrlein*, § 15 HGB Rn. 18, der jedoch nicht klar macht, ob er § 174 BGB überhaupt anwenden will; Baumbach/Hopt/*Hopt*, § 49 HGB Rn. 1; Staub/*Joost*, § 48 HGB Rn. 66; Soergel/*Leptien*, § 174 BGB Rn. 2; ErfK/*Müller-Glöge*, § 620 BGB Rn. 27; Koller/Roth/Morck/*Roth*, § 15 HGB Rn. 18; Staudinger/*Schilken*, § 174 BGB Rn. 11; MüKo-BGB/*Schramm*, § 174 BGB Rn. 4 und 7 f.; Bamberger/Roth/*Valenthin*, § 174 BGB Rn. 11; *Brehsan/Gohrke/Opolony*, ZIP 2001, 773 (780); *Diller*, FA 1999, 106 (107); *Jentsch/Lostermann*, AuA 2012, 90 (91); *Joost*, Anm. zu BAG, Urt. v. 11.7.1991 - 2 AZR 107/91, EWiR 1992, 541 (542); *Lohr*, MDR 2000, 620 (622); *S. Müller*, FA 2013, 37 (38); *Springer*, BB 2012, 1477 (1479). Nicht ganz eindeutig äußert sich hierzu *Hohmeister*, ArbuR 1992, 143 (146), ob er § 174 BGB überhaupt auf den Prokuristen anwenden will, indem er in Bezugnahme organschaftlicher/gesetzlicher Vertreter Folgendes konstatiert: „Die obigen Ausführungen müssen im übrigen auch für die Prokura gelten.". In diese Richtung tendierte wohl auch *Flume*, AT 2 (1979), § 49 2b, S. 824 f.

35 St. Rspr.: BAG, Urt. v. 11.7.1991 - 2 AZR 107/91, NZA 1992, 449 (450 ff.); BAG, Urt. v. 18.10.2000 - 2 AZR 627/99, NZA 2001, 219 (220); BAG, Urt. v. 20.9.2006 - 6 AZR 82/06, NZA 2007, 377 (383); BAG, Urt. v. 21.5.2008 - 8 AZR 84/07, NZA 2008, 753 (754); BAG 14.4.2011 - 6 AZR 727/09, NZA 2011, 683 (685). Schon angedeutet, aber noch offen gelassen hatte dies das BAG in seinem Urt. v. 9.5.1985 - 2 AZR 355/84, juris Rn. 48 ff., insbesondere Rn. 52.

36 *Beck*, Erklärung von Kündigung und Abmahnung, S. 73 ff.; *Boecken*, Anm. zu BAG, Urt. v. 11.7.1991 - 2 AZR 107/91, EzA § 174 BGB Nr. 9, S. 15 ff.; *Klostermann-Schneider*, in: *Uffmann/Dahm* (Hrsg.), Vielfalt oder Chaos, 2013, S. 145 (158 ff.); *Lux*, NZA-RR 2008, 393 (398).

S. 1 nicht genügt, eine Inkenntnissetzung i.S.d. S. 2 gesehen werden kann. Des Weiteren wird der Frage nachgegangen, ob eine mittelbare Inkenntnissetzung, d.h. eine Inkenntnissetzung, an der der Arbeitgeber nur mittelbar beteiligt ist, den Anforderungen des § 174 S. 2 BGB genügt. Relevanz weist diese Konstellation vor allem bei der Verwendung von Attribut-Zertifikaten durch den Verteter in seiner Signatur auf, in denen er als kündigungsberechtigt ausgewiesen wird. Hier handelt nur der Vertreter direkt gegenüber dem Arbeitnehmer, nicht aber der Vollmachtgeber selbst.

Immer wieder ist zu lesen, dass eine Inkenntnissetzung auch dadurch erreicht werden kann, dass der Arbeitgeber den Kündigungsberechtigten auf einer Mitarbeiterversammlung vorstellt bzw. „einführt“.[37] Bei einer Inkenntnissetzung durch Mitteilung auf Versammlungen müssen jedoch Besonderheiten beachtet werden, sofern der Arbeitgeber bzw. die Geschäftsleitung nicht in persona auftreten. Diese Besonderheiten werden auf Grundlage der zuvor erarbeiteten Ergebnisse bzgl. der Vertretung bei der Inkenntnissetzung, Wahrnehmungswegen und „üblicherweise zur Kündigung berechtigenden Stellungen“ dargestellt und einer Lösung zugeführt. Die Problematik abwesender Arbeitnehmer wird dabei einbezogen. Schließlich werden auch die Anforderungen herausgearbeitet, die zu erfüllen sind, wenn man bereits die Einladung zu einer Betriebsversammlung bei *bestehender Teilnahmemöglichkeit* für eine Inkenntnissetzung genügen lassen will[38].

Am 25.2.2014 lehnte das LAG Schleswig-Holstein[39] eine Inkenntnissetzung durch den Konzernarbeitgeber des Kündigungsberechtigten gegenüber einem mit dem Konzernarbeitgeber nicht in einem Arbeitsverhältnis stehenden konzernunternehmensangehörigen Arbeitnehmer ab. Diese Entscheidung wird auf Grundlage der in der Arbeit gefundenen Ergebnisse auf ihre Richtigkeit überprüft.

Den Abschluss zur Inkenntnissetzung bildet die Untersuchung, wie Konkurrenzen zwischen verschiedenen in Kenntnis setzenden Informationen zu lösen sind. Solche können entstehen, wenn sich der Arbeitgeber entscheidet, seine

---

37 Vgl. BAG, Urt. v. 28.10.2010 – 2 AZR 392/08, AP Nr. 48 zu § 23 KSchG 1969 (II 3 a der Gründe); LAG Köln, Urt. v. 7.7.1993 – 2 Sa 280/93, NZA 1994, 419 (420); LAG Baden-Württemberg, Urt. v. 15.11.2012 – 18 Sa 68/12, juris Rn. 75; ErfK/*Müller-Glöge*, § 620 BGB Rn. 24; KR/*Friedrich*, § 13 KSchG Rn. 345; Tschöpe/*Schulte*, Teil 3 D Rn. 58a; *Schmiegel/Yalçin*, ZTR 2011, 395 (401).

38 LAG Baden-Württemberg, Urt. v. 15.11.2012 – 18 Sa 68/12, juris Rn. 75; *Schmiegel/Yalçin*, ZTR 2011, 395 (401).

39 LAG Schleswig-Holstein, Urt. v. 25.2.2014 – 1 Sa 252/13, juris.

Arbeitnehmer auf verschiedenen Wegen über die Bevollmächtigungslage in Kenntnis zu setzen. Sich widersprechende Informationen führen zur Ungewissheit hinsichtlich der tatsächlichen Bevollmächtigungslage. Die Lösung etwaiger Konkurrenzen gelingt mit Hilfe der Grundsätze der Spezialität und der Aktualität. Überdies wird untersucht, wie der Widerruf einer, mehrerer oder aller Informationen über die Bevollmächtigungslage zu erfolgen hat.

Am Ende des 4. Teils wird die Treuwidrigkeit der Geltenmachung des Zurückweisungsrechts untersucht. Dabei wird insbesondere auf ein Urteil des LAG Schleswig-Holstein[40] aus dem Jahr 2010 eingegangen: Einem Arbeitnehmer wurde in einem Vorprozess hinsichtlich einer Kündigung die Vollmacht des Vertreters durch Vorlage der Originalvollmachtsurkunde nachgewiesen. Bei der darauf folgenden zweiten Kündigung durch denselben Vertreter wurde nur eine Fotokopie der Vollmachtsurkunde vorgelegt. Der Arbeitnehmer wies diese Kündigung wegen Nichtvorlage einer (Original-)Vollmachtsurkunde zurück. Das LAG urteilte, dass die Zurückweisung treuwidrig sei. Abschließend wird sich mit der Annahme von *Beck* auseinandergesetzt, dass ein Berufen auf die Zurückweisungsmöglichkeit ausgeschlossen ist, wenn der Arbeitnehmer nicht die ihm zumutbare Aufklärung über die Berechtigung zur Kündigung vorgenommen hat.[41]

Die Arbeit schließt mit einem **5. Teil**, in dem die Einzelergebnisse der gesamten Arbeit als Gesamtergebnis in Thesen zusammengefasst dargestellt sind.

40 Vgl. aber LAG Schleswig-Holstein, Urt. v. 27.1.2010 – 3 Sa 285/09, juris Rn. 34.
41 *Beck*, Erklärung von Kündigung und Abmahnung, S. 83 ff., insbesondere S. 84.

1. Teil: Kündigungsberechtigung

§ 2. Arten der Kündigungsberechtigung

Die Kündigungsberechtigung umschreibt das Recht, Verträge durch eine einseitige Willenserklärung zu beenden. Die Frage danach, wer kündigungsberechtigt ist, bedarf der Untersuchung im Einzelfall. Zu unterscheiden ist dabei das Kündigungsrecht als die originäre Kündigungsberechtigung der Vertragsparteien (A.) von der Kündigungsberechtigung kraft rechtsgeschäftlicher Vertretungsmacht (B.) und der Kündigungsberechtigung kraft organschaftlicher bzw. gesetzlicher Vertretungsmacht (C.).

A. Kündigungsrecht als originäre Kündigungsberechtigung der Vertragsparteien

Das Recht zur Kündigung von Vertragsverhältnissen im Allgemeinen und von Arbeitsverhältnissen im Speziellen ist das originäre Recht der Vertragsparteien. Dies folgt schon aus dem Grundsatz der Privatautonomie. Nach diesem wird neben der Vertragsabschlussfreiheit und der Freiheit der Vertragsgestaltung auch die Vertragsbeendigungsfreiheit der Parteien geschützt.[42] Da das Kündigungsrecht ein höchstpersönliches Recht ist[43] und höchstpersönliche Rechte nicht übertragbar sind, ist auch das Kündigungsrecht selbst nicht auf andere Personen übertragbar[44].

B. Kündigungsberechtigung kraft rechtsgeschäftlicher Vertretungsmacht

Trotz der Unübertragbarkeit des Kündigungsrechts kann die Kündigungsberechtigung kraft rechtsgeschäftlich eingeräumter Vertretungsmacht auf einen anderen als den originär Kündigungsberechtigten übertragen werden.[45] Der eigentlich Kündigungsberechtigte lässt sich in diesem Fall bei der Vornahme der Kündigung durch einen anderen vertreten. Die Rechtsfolgen der durch den Vertreter abgegebenen Erklärung treffen nur den Vertretenen und seinen

---

42 MüKo-BGB/*Busche*, Vor § 145 BGB Rn. 2; Jauernig/*Mansel*, Vor § 145 BGB Rn. 8; *Boemke*, NZA 1993, 532 (532, 537 f.); *Fikentscher/Heinemann*, Schuldrecht (2006), § 20 Rn. 110–116.

43 APS/*Preis*, 1. Teil D. Rn. 74.

44 ErfK/*Müller-Glöge*, § 620 BGB Rn. 23.

45 ErfK/*Müller-Glöge*, § 620 BGB Rn. 23; APS/*Preis*, 1. Teil D. Rn. 74.

Erklärungsempfänger, nicht jedoch den Vertreter selbst, § 164 Abs. 1 S. 1 BGB. Dies setzt voraus, dass die Anforderungen an eine wirksame Stellvertretung erfüllt sind.

I. Anforderungen an eine wirksame Stellvertretung

Eine wirksame Stellvertretung und damit die Wirksamkeit des Vertretergeschäfts setzt gemäß §§ 164 ff. BGB voraus, dass die Vertretung zulässig ist (1.), der Vertreter eine eigene Willenserklärung abgibt (2.) und er bei Abgabe dieser Willenserklärung im Namen des Vertretenen (3.) sowie mit Vertretungsmacht (4.) handelt.

1. Zulässigkeit der Vertretung

Die Vertretung ist grundsätzlich bei allen Rechtsgeschäften zulässig. Ausgeschlossen ist sie bei Realakten.[46] Die Vertretungsmöglichkeit kann auch durch Gesetz oder bei einem schon geschlossenen Vertrag durch vertragliche Vereinbarung der Parteien ausgeschlossen werden.[47] Ein gesetzlicher Ausschluss der Vertretungsmöglichkeit besteht bei „höchstpersönlichen" Rechtsgeschäften.[48] Das Kündigungsrecht ist zwar, wie oben festgestellt[49], ein höchstpersönliches Recht der Vertragsparteien. Die Kündigung als einseitiges Rechtsgeschäft ist jedoch kein höchstpersönliches Rechtsgeschäft. Daher ist die Vertretung bei der Kündigungserklärung zulässig, soweit die Vertretungsmöglichkeit nicht durch vertragliche Vereinbarung ausgeschlossen ist.

2. Abgabe einer eigenen Willenserklärung

Der Vertreter muss gemäß § 164 Abs. 1 S. 1 BGB eine eigene Willenserklärung abgeben. Er bildet und erklärt einen eigenen Willen, der dann für und gegen den Vertretenen wirkt. Die dem Vertreter eingeräumte Vertretungsmacht (siehe dazu unter 4.) begrenzt diese eigene Willensbildung und -erklärung gemäß § 164 Abs. 1 S. 1 BGB. Der Vertreter des Arbeitgebers muss diesen allgemeinen Grundsätzen folgend seinen eigenen Kündigungswillen rechtsgeschäftlich erklären.

---

46 Soergel/*Leptien*, § 164 BGB Rn. 9 m.w.N.

47 Soergel/*Leptien*, Vor § 164 BGB Rn. 84; MüKo-BGB/*Schramm*, Vor § 164 BGB Rn. 71–73; *Lorenz*, JuS 2010, 382.

48 Soergel/*Leptien*, Vor § 164 BGB Rn. 48; *Lorenz*, JuS 2010, 382.

49 Siehe oben § 2 A.

3. *Handeln im Namen des Vertretenen*

Gemäß § 164 Abs. 1 S. 1 BGB ist vorausgesetzt, dass der Vertreter die Willenserklärung im Namen des Vertretenen abgibt. Der Vertreter dokumentiert nach außen, dass die Wirkungen der Willenserklärung den Rechtsbereich des Vertretenen betreffen (Offenheitsgrundsatz).[50] Dem Erklärungsempfänger wird sein Vertragspartner bzw. der Vertretene bekannt gegeben. Dies ist i.S.d. Rechtsklarheit und des Verkehrsschutzes auch interessengerecht. Schließlich hat der Vertragspartner bzw. Erklärungsempfänger des Vertretenen ein schutzwürdiges Interesse daran, zu erfahren, wer ihm rechtlich verbindlich gegenübertritt.[51] Legt der Vertreter nicht offen, dass er für einen anderen handelt, treffen ihn die Wirkungen des Geschäfts, § 164 Abs. 2 BGB.

Gemäß § 164 Abs. 1 S. 2 BGB ist der Offenlegung des Handelns für einen anderen Genüge getan, wenn die Umstände ergeben, dass die Erklärung im Namen des Vertretenen erfolgen soll. Nur in Ausnahmefällen braucht der Vertreter nicht offenzulegen, ob er im eigenen oder im fremden Namen handelt. Immer dann, wenn es dem Geschäftspartner gleichgültig ist, wer sein Erklärungsempfänger ist bzw. wird – der Handelnde oder ein anderer –, entfällt seine Schutzbedürftigkeit, den Vertragspartner offengelegt zu bekommen (Geschäft für den, den es angeht).[52]

Bei der Kündigung von Arbeitsverhältnissen handelt es sich um einseitige Rechtsgeschäfte, bzgl. deren Wirksamkeit der andere Teil ein besonderes Interesse hat. Es ist für die Beendigungswirkung der Kündigung von elementarer Bedeutung, ob der Vertreter für den Arbeitgeber des zu Kündigenden tätig wird. Handelt er für einen anderen als den Arbeitgeber, ist die Kündigung gemäß § 180 S. 1 BGB unwirksam. Folglich muss der Vertreter im Falle der Kündigung auch offenlegen, für wen er handelt.

4. *Vertretungsmacht*

Damit der Vertreter für den Vertretenen wirksam handeln kann, muss er gemäß § 164 Abs. 1 S. 1 BGB Vertretungsmacht haben. Unter Vertretungsmacht versteht man die „besondere Rechtsmacht“[53], „die ihrem Träger für und gegen den

---

50 Soergel/*Leptien*, Vor § 164 BGB Rn. 21, § 164 BGB Rn. 12; MüKo-BGB/*Schramm*, § 164 BGB Rn. 14.

51 Soergel/*Leptien*, Vor § 164 BGB Rn. 22; MüKo-BGB/*Schramm*, § 164 BGB Rn. 14; *Lorenz*, JuS 2010, 382; *K. Schmidt*, JuS 1987, 425 (426).

52 Soergel/*Leptien*, Vor § 164 BGB Rn. 29; MüKo-BGB/*Schramm*, § 164 BGB Rn. 48 f.

53 Soergel/*Leptien*, Vor § 164 BGB Rn. 15.

Vertretenen zu einem bestimmten rechtlichen Können verhilft“[54]. Die Vertretungsmacht kann rechtsgeschäftlich durch den Vertretenen erteilt werden (Vollmacht, § 166 Abs. 2 BGB), auf Gesetz beruhen (gesetzliche Vertretungsmacht) oder sich aus der Verfassung juristischer Personen bzw. Personengesellschaften ergeben (organschaftliche Vertretungsmacht). Wegen ihrer Besonderheiten und ihrer Bedeutung für die Wirksamkeit der vom Vertreter vorgenommenen Rechtsgeschäfte wird sie im Folgenden ausführlich dargestellt (siehe dazu II. und III.).

5. *Zusammenfassung zu I.*

Die Vertretung bei der Vornahme einer Kündigung ist zulässig. Es handelt sich dabei nicht um eine unzulässige Kündigungsrechtsübertragung. Der Arbeitgeber räumt dem Vertreter zwar die Rechtsmacht zur Vornahme der Kündigung ein. Die Wirkung der durch den Vertreter vorgenommenen Kündigung trifft jedoch gemäß § 164 Abs. 1 S. 1 BGB den Arbeitgeber. Diese so vermittelte Kündigungsberechtigung ist lediglich eine vom Kündigungsrecht des Vertretenen abgeleitete „Kündigungsvornahmeberechtigung“. Der Vertreter bildet dabei einen eigenen Kündigungswillen und tut diesen anstelle des (originär kündigungsberechtigten) Arbeitgebers innerhalb der von diesem gesetzten Grenzen (Vertretungsmacht) kund.

II. Erteilung rechtsgeschäftlicher Vertretungsmacht (Vollmacht)

Die rechtsgeschäftliche Vertretungsmacht kann auf drei Arten erteilt werden: durch rechtsgeschäftliche Erklärung gegenüber dem zu Bevollmächtigenden (§ 167 Abs. 1 Alt. 1 BGB), gegenüber dem Dritten, dem gegenüber die Vertretung stattfinden soll (§ 167 Abs. 1 Alt. 2 BGB) und durch Erklärung des Vollmachtgebers an die Öffentlichkeit[55]. Die Erteilung der Vollmacht durch rechtsgeschäftliche Erklärung bedarf nach § 167 Abs. 2 BGB keiner besonderen Form. Sie kann sowohl ausdrücklich als auch konkludent[56] erfolgen.

Von der Erteilung der Vollmacht durch Erklärung an die Öffentlichkeit oder an einen Dritten ist die durch besondere Mitteilung oder öffentliche Bekanntmachung kundgegebene Vollmacht i.S.v. § 171 BGB zu trennen. Im ersten Fall wird durch die rechtsgeschäftliche Erklärung an den Dritten oder die Öffentlichkeit

---

54 Soergel/*Leptien*, Vor § 164 BGB Rn. 15 m.w.N.

55 MüKo-BGB/*Schramm*, § 167 BGB Rn. 11 m.w.N.

56 MüKo-BGB/*Schramm*, § 167 BGB Rn. 37 m.w.N.; Ausnahme bzgl. der Prokura gemäß § 48 Abs. 2 HGB.

die Vertretungsmacht konstituiert.[57] Im letzten Fall wird durch besondere Mitteilung an einen Dritten oder öffentliche Bekanntmachung nur bekanntgegeben, dass der Vollmachtgeber einen Vertreter bevollmächtigt hat.[58] Bereits bestehende Vertretungsmacht kann zudem gemäß § 172 Abs. 1 BGB kundgegeben bzw. mitgeteilt werden, indem der Vollmachtgeber dem Vertreter eine Vollmachtsurkunde aushändigt, die dieser dann dem Dritten vorlegt. Dies steht der besonderen Mitteilung nach § 171 BGB gleich.

Die Vollmacht ist strikt vom ihr ggf. zugrunde liegenden Rechtsgeschäft zu trennen. Etwaige Beschränkungen im Innenverhältnis – zwischen Vertreter und Vollmachtgeber – sind nach außen hin grundsätzlich unbeachtlich, d.h. sie schlagen gegenüber dem Geschäftspartner nur ausnahmsweise durch.[59] Beachtlich ist jedoch ein Missbrauch der Vertretungsmacht. Dieser ist gegeben, wenn der Geschäftspartner die Beschränkungen des Innenverhältnisses kennt (Evidenz) oder mit dem Vertreter in Kenntnis der Beschränkung(en) bewusst zum Nachteil des Vertretenen zusammenwirkt (Kollusion).[60]

Der Umfang der Vertretungsmacht bestimmt sich grundsätzlich nach dem Inhalt der Bevollmächtigung – also der Vollmacht selbst. Wird in dieser der Wille des Vertretenen, den Vertreter zur Vertretung zu berechtigen, nicht ausdrücklich und zweifelsfrei kundgetan, ist die Vollmacht auszulegen. Die Auslegung folgt den Grundsätzen des § 133 BGB (subjektive Auslegung) bzw. der §§ 133, 157 BGB (objektive Auslegung nach dem Empfängerhorizont). Für die Auslegung des Umfangs der Vollmacht sind etwaige Begleitumstände der Vollmachterteilung, ihr Zweck und das der Erteilung ggf. zugrunde liegende Rechtsgeschäft mit zu berücksichtigen. Dabei ist je nach der Art der Erteilung der Vollmacht – gegenüber dem Vertreter (Innenvollmacht) oder dem Dritten (Außenvollmacht) – und ihrer ggf. erfolgten Kundgabe unterschiedlich zu verfahren. Maßgebend ist das Verständnis des (verständigen) Erklärungsempfängers: Bei einer Innenvollmacht kommt es daher auf das Verständnis des Vertreters an. Bei einer Außenvollmacht, einer nach außen kundgegebenen sowie in einer Vollmachtsurkunde verkörperten Vollmacht ist das Verständnis des Dritten für den Umfang der

---

57 Staudinger/*Schilken*, § 171 BGB Rn. 1; Bamberger/Roth/*Valenthin*, § 171 BGB Rn. 3.

58 Vgl. Soergel/*Leptien*, § 171 BGB Rn. 1, der die Kundgabe insoweit als deklaratorisch charakterisiert.

59 Soergel/*Leptien*, Vor § 164 BGB Rn. 39; *ders.*, § 164 BGB Rn. 27; MüKo-BGB/*Schramm*, § 164 BGB Rn. 74, 96 f. und 105.

60 Soergel/*Leptien*, § 177 BGB Rn. 15; Jauernig/*Mansel*, § 164 BGB Rn. 8 m.w.N.; MüKo-BGB/*Schramm*, § 164 BGB Rn. 107 und 110, wobei im Einzelnen vieles umstritten ist, siehe dazu Rn. 108–128a; Bamberger/Roth/*Valenthin*, § 167 Rn. 46–48 m.w.N.

Vollmacht maßgeblich.[61] Überschreitet der Vertreter seine Vertretungsmacht, so handelt er insoweit ohne Vertretungsmacht i.S.d. §§ 177 ff. BGB.[62]

Für die Vertretung des Arbeitgebers folgt daraus zunächst, dass er einen Vertreter seiner Wahl nach den allgemeinen Grundsätzen bevollmächtigen kann. Beschränkungen, die sich aus dem der Vertretung zugrunde liegenden Rechtsgeschäft ergeben, haben im Außenverhältnis grundsätzlich keine Relevanz. Bei der Vollmachterteilung sollte der Arbeitgeber seinen Vertreter ausdrücklich und zweifelsfrei zu den von ihm gewollten Rechtsgeschäften bevollmächtigen. Soll der Vertreter auch zu Kündigungen von Arbeitsverhältnissen berechtigt sein, muss der Arbeitgeber daher insbesondere beachten, dass je nachdem zu welcher Kündigung der Vertreter berechtigt sein soll – nur zur ordentlichen oder auch zur außerordentlichen –, sein dahin gehender Wille zweifelsfrei in der Vollmacht zum Ausdruck kommt. Auch welchen Belegschaftsgruppenangehörigen der Vertreter kündigen können soll, sollte in der Vollmacht geregelt sein. Andernfalls gerät die Kündigung in die Gefahr, nach Auslegung der Vollmacht als unwirksam befunden zu werden, weil die Vertretung ohne Vertretungsmacht (siehe dazu unten: § 3 A.) erfolgte.

III. Beseitigung erteilter rechtsgeschäftlicher Vertretungsmacht (Vollmacht)

Eine rechtsgeschäftlich erteilte Vertretungsmacht kann aus verschiedenen Gründen erlöschen. Wann bzw. unter welchen Voraussetzungen die Vollmacht erlischt, kann sich zunächst aus der Vollmacht selbst ergeben.[63] Sollte sich aus der Vollmacht weder ausdrücklich noch durch Auslegung ermitteln lassen, wie lange die Vollmacht wirksam ist, findet § 168 BGB Anwendung.[64] Im Übrigen gelten auch für die Erteilung der Vollmacht die allgemeinen Regeln zur Anfechtung (§§ 119, 123, 142 f. BGB).[65]

---

61 Vgl. BGH, Urt. v. 18.3.1970 – V ZR 84/67, DB 1970, 1126; BGH, Urt. v. 9.7.1991 – XI ZR 218/90, NJW 1991, 3141; BAG, Urt. v. 31.8.1979 – 7 AZR 674/77, AP Nr. 3 zu § 174 BGB (I 2 a der Gründe); Staudinger/*Schilken*, § 167 Rn. 84 m.w.N.; Bamberger/Roth/*Valenthin*, § 167 BGB Rn. 22–24.

62 Statt Vieler: *Lorenz*, JuS 2010, 383 f.

63 Soergel/*Leptien*, § 168 BGB Rn. 1; MüKo-BGB/*Schramm*, § 168 BGB Rn. 1 und 3 ff.; *Lorenz*, JuS 2010, 771 (773).

64 Soergel/*Leptien*, § 168 BGB Rn. 3 f.

65 Soergel/*Leptien*, § 167 BGB Rn. 7; Staudinger/*Schilken*, § 167 Rn. 77; MüKo-BGB/*Schramm*, § 167 BGB Rn. 107; *Lorenz*, JuS 2010, 771 (773).

Gemäß § 168 S. 1 BGB richtet sich das Erlöschen nach dem der Vollmachterteilung zugrunde liegenden Rechtsverhältnis. Unabhängig davon kann die Vollmacht widerrufen werden, wenn das der Vollmachterteilung zugrunde liegende Rechtsgeschäft keinen Widerrufsausschluss vorsieht, § 168 S. 2 BGB. Der Vollmachtgeber kann den Widerruf dem Vertreter oder dem Dritten gegenüber erklären, § 168 S. 3 i.V.m. § 167 Abs. 1 BGB. Nach verbreiteter Ansicht[66] soll der Widerruf auch durch Erklärung an die Öffentlichkeit in analoger Anwendung des § 171 Abs. 2 BGB möglich sein.

Ein wirksamer Widerruf führt grundsätzlich zum Erlöschen der Vollmacht mit ex-nunc-Wirkung.[67] Jedoch sind aus Rechtsscheingesichtspunkten die Besonderheiten der §§ 170–172 BGB zu beachten. Eine einem Dritten gegenüber erteilte Vollmacht (Außenvollmacht) bleibt diesem gegenüber gemäß § 170 BGB solange in Kraft[68], bis dem Dritten das Erlöschen durch den Vollmachtgeber angezeigt wird. Eine öffentlich oder einem Dritten gegenüber kundgegebene Erteilung der Vollmacht kann gemäß § 171 Abs. 2 BGB widerrufen werden. Die Vertretungsmacht erlischt, wenn der Widerruf dem Adressatenkreis der Kundgebung gegenüber in gleicher Weise kundgegeben wird. Im Falle einer dem Vertreter ausgehändigten Vollmachtsurkunde erlischt dessen Vertretungsmacht mit der Rückgabe dieser Urkunde oder wenn die Vollmachtsurkunde für kraftlos erklärt wurde (vgl. § 172 Abs. 2 BGB). Kannte der Dritte jedoch bei Vornahme des Rechtsgeschäfts das Erlöschen der Vertretungsmacht oder musste er es kennen, gelten die Vorschriften der §§ 170, 171 Abs. 2 und 172 Abs. 2 BGB gemäß § 173 BGB nicht.

---

66 Palandt/*Ellenberger*, § 168 BGB Rn. 5; Soergel/*Leptien*, § 168 BGB Rn. 19; Staudinger/*Schilken*, § 168 BGB Rn. 5.

67 Soergel/*Leptien*, § 168 BGB Rn. 21; *Lorenz*, JuS 2010, 771 (773).

68 Umstritten ist, ob das Inkraftbleiben eine Rechtsscheinvollmacht oder eine echte Vollmacht zu Tage fördert: für Rechtsscheinvollmacht: Soergel/*Leptien*, § 170 BGB Rn. 2; Bamberger/Roth/*Valenthin*, § 170 BGB Rn. 7; für echte Vollmacht: Staudinger/*Schilken*, § 170 BGB Rn. 9.

C. Kündigungsberechtigung kraft organschaftlicher bzw. gesetzlicher Vertretungsmacht

Neben der in den §§ 164 ff. BGB geregelten Möglichkeit rechtsgeschäftlicher Vertretungsmacht kann Vertretungsmacht auch auf organschaftlicher[69] oder gesetzlicher Grundlage beruhen.[70]

Unter organschaftlicher Vertretungsmacht versteht man die Rechtsmacht von Organen juristischer Personen bzw. den Gesellschaftern von Personengesellschaften.[71] Juristische Personen haben zwar eigene Rechts- und Parteifähigkeit.[72] Sie sind vom Bestand ihrer Mitglieder unabhängig.[73] Handlungsfähig sind sie allein jedoch nicht, sodass sie nur durch ihre Organe am Rechtsverkehr teilnehmen können.[74] Bei Personengesellschaften ist – anders als bei juristischen Personen – eine Lösung vom Bestand ihrer Mitglieder nicht charakteristisch.[75] Auch sie sind jedoch erst durch ihre Gesellschafter handlungsfähig.[76] Daher bedürfen juristische Personen bzw. Personengesellschaften der Mitwirkung ihrer Organe bzw. Gesellschafter.[77] Welches Organ bei juristischen Personen im

---

69 Kritisch zum Begriff der „organschaftlichen Stellvertretung“: *Beuthien*, NJW 1999, 1142–1146; *ders.*, NJW 2005, 855 (857).

70 Vgl. nur *Pawlowski*, JZ 1996, 125 (130 f.).

71 Baumbach/Hopt/*Roth*, § 125 HGB Rn. 2; Soergel/*Leptien*, Vor § 164 BGB Rn. 18; MüKo-BGB/*Schramm*, Vor § 164 BGB Rn. 7 f.; Bamberger/Roth/*Valenthin*, § 164 BGB Rn. 2; *Helm*/ *Wagner*, BB 1979, 225 (228); a.A. *Leßmann*, JURA 2004, 367 (368), der die organschaftliche Vertretung nur bei Körperschaften anerkennen will.

72 Statt Vieler: *Plate*, Examensrelevantes Zivilrecht (2011), S. 29 f.; *Markgraf/Kießling*, JuS 2010, 312.

73 Statt Vieler: *Plate*, Examensrelevantes Zivilrecht (2011), S. 29.

74 BGH, Urt. v. 9.11.2001 – LwZR 4/01, NJW 2002, 1194 (1195); BAG, Urt. v. 10.2.2005 – 2 AZR 584/03, AP Nr. 18 zu § 174 BGB (B I 1 c aa der Gründe); BayObLG, Beschl. v. 25.3.1975 – BReg 2 Z 10/75, BayObLGZ 1975, 137 (140); MüKo-BGB/*Schramm*, Vor § 164 BGB Rn. 7; *Köhl*, NZG 2005, 197; *Leßmann*, JURA 2004, 367 (368 f.); *Pawlowski*, JZ 1996, 125 (130); *B. Schaub*, MittBayNot 1999, 539 (540).

75 Die Abgrenzung zwischen juristischer Person und Personengesellschaft ist in neuerer Zeit wieder in den Fokus gerückt und erweist sich als äußerst diffizil. Vgl. dazu eingehend: *Rühlicke*, ZWE 2007, 261 (264 ff.).

76 MüKo-BGB/*Schramm*, Vor § 164 BGB Rn. 7; *Pawlowski*, JZ 1996, 125 (130); *Steinbeck*, JuS 2012, 105; *Wertenbruch*, NZG 2005, 462.

77 BGH, Urt. v. 20.2.2014 – III ZR 443/13, MDR 2014, 452; MüKo-BGB/*Schramm*, Vor § 164 BGB Rn. 7–9; *Köhl*, NZG 2005, 197; *Pawlowski*, JZ 1996, 125 (130); *B. Schaub*, MittBayNot 1999, 539 (544).

Einzelfall vertretungsberechtigt ist, bestimmt das Gesetz.[78] Die die Rechtsmacht letztlich ausübende natürliche Person wird in einem gesonderten Vorgang von dem dafür zuständigen Organ bestellt[79]. Bei den Personengesellschaften ist die Vertretungsberechtigung der einzelnen Gesellschafter ebenso dem Gesetz[80] zu entnehmen. Eine weitere Besonderheit organschaftlicher Vertretungsmacht ist – mit Ausnahme bei der Gesellschaft bürgerlichen Rechts[81] und beim Verein[82] – darin zu sehen, dass die Vertretungsmacht durch das Gesetz nach außen hin als unbeschränkbar normiert wird.[83] Die so entstehenden Vertretungsverhältnisse juristischer Personen und Personengesellschaften sind – erneut mit Ausnahme der Gesellschaft bürgerlichen Rechts und des Vereins[84] – zur Eintragung in das Handelsregister anzumelden.[85] Dort werden sie im Unterschied zur rechtsgeschäftlichen Vertretungsmacht (mit Ausnahme der Prokura) für jeden gemäß § 9 HGB einsehbar publiziert.

Unter gesetzlicher Vertretungsmacht versteht man die sich unmittelbar aus dem Gesetz ergebende oder aufgrund des Gesetzes durch staatlichen Hoheitsakt vergebene Vertretungsmacht.[86] Sie greift dort Platz, wo der Vertretene bei der

---

78 Vgl. § 26 Abs. 1 S. 2, Abs. 2 BGB: Der Vorstand vertritt als Organ den Verein; § 78 Abs. 1 S. 1 AktG: Der Vorstand vertritt als Organ die AG; § 35 Abs. 1 S. 1 GmbHG: Der/die Geschäftsführer vertritt/vertreten als Organ die GmbH; § 24 Abs. 1 S. 1 GenG: Der Vorstand vertritt als Organ die Genossenschaft.

79 Beim Verein: die Mitgliederversammlung (§ 27 Abs. 1 BGB); bei der AG: der Aufsichtsrat (§ 84 Abs. 1 S. 1 AktG); bei der GmbH: die Gesellschafterversammlung (§ 46 Nr. 5 GmbHG); bei der Genossenschaft: die Generalversammlung (§ 24 Abs. 2 S. 1 GenG).

80 Vgl. § 714 BGB: Im Zweifel haben die Geschäftsführer der GbR im Umfang ihrer Geschäftsführungsbefugnis Vertretungsmacht; § 125 Abs. 1 HGB: Jeder Gesellschafter der OHG hat Vertretungsmacht, es sei denn, dass er von der Vertretung ausgeschlossen ist.

81 *Kindl*, Anm. zu OLG Stuttgart, Urt. v. 9.11.2001 – 2 U 138/01, WuB II J. § 705 BGB 3.02; *Specks*, NZG 2009, 293 (295); vgl. § 714 BGB, nach dem im Zweifel ein Gleichlauf von Geschäftsführungsbefugnis und Vertretungsmacht gilt; näher dazu unten: § 4 C. II. 2.

82 § 26 Abs. 1 S. 2 BGB.

83 Vgl. § 82 Abs. 1 AktG für die AG; § 37 Abs. 2 S. 1 GmbHG für die GmbH; § 27 Abs. 2 S. 1 GenG für die Genossenschaft; § 126 Abs. 2 HGB für die OHG.

84 Insoweit besteht jedoch ein Vereinsregister, in das der Verein (e.V., §§ 21, 55 ff. BGB) einzutragen ist. Daneben besteht auch die Möglichkeit, einen Verein zu gründen, der nicht in das Vereinsregister einzutragen ist (nicht eingetragener Verein, § 22 BGB).

85 §§ 106 Abs. 1, Abs. 2 Nr. 1 und 4, 107 HGB für die OHG; §§ 7, 8 Abs. 1 Nr. 1 und 2, 39 Abs. 1 GmbHG für die GmbH; §§ 36 Abs. 1, 37 Abs. 3 Nr. 2, 81 Abs. 1 AktG für die AG; §§ 11 Abs. 1, Abs. 3, 12 Abs. 2 Nr. 4, § 28 GenG für die Genossenschaft.

86 Soergel/*Leptien*, Vor § 164 BGB Rn. 17; MüKo-BGB/*Schramm*, Vor § 164 BGB Rn. 5; Bamberger/Roth/*Valenthin*, § 164 BGB Rn. 2.

Wahrnehmung eigener Angelegenheiten hilfs- und schutzbedürftig ist.[87] Dabei steht nicht der Wille des Vertretenen im Vordergrund[88]. Vielmehr soll durch einen Akt der Fremdbestimmung durch den gesetzlichen Vertreter sichergestellt werden, dass im Interesse des Vertretenen am Rechtsverkehr partizipiert werden kann.[89]

Die Anwendbarkeit der §§ 164 ff. BGB auf die gesetzliche und organschaftliche Vertretung ist trotz aller Unterschiede zur rechtsgeschäftlichen Vertretung nicht gänzlich ausgeschlossen. In jedem Fall muss dabei jedoch die anzuwendende gesetzliche Regelung im Lichte der Spezifitäten der jeweiligen Vertretungsmacht gesehen werden.[90] Denn im Unterschied zu rechtsgeschäftlicher Vertretung beruht organschaftliche und gesetzliche Vertretung nicht auf dem Prinzip der gewillkürten Arbeitsteilung. Gerade das Prinzip der gewillkürten Arbeitsteilung unter Zuhilfenahme eines Vertreters ist aber der ausdrücklich geregelte Anwendungsfall der §§ 164 ff. BGB. Ein weiterer Unterschied der organschaftlichen bzw. gesetzlichen Vertretungsmacht besteht darin, dass es bei dieser keinen Vollmachtgeber gibt. Dies ist bei der Anwendung der §§ 164 ff. BGB und damit insbesondere auch des § 174 BGB stets im Auge zu behalten. Vorab sei schon an dieser Stelle darauf hingewiesen, dass § 174 BGB nach verbreiteter Ansicht[91] nicht auf die organschaftliche bzw. gesetzliche Vertretungsmacht anwendbar ist.

---

87 MüKo-BGB/*Schramm*, Vor § 164 BGB Rn. 5; Bamberger/Roth/*Valenthin*, § 164 BGB Rn. 2.

88 BGH, Urt. v. 9.11.2001 – LwZR 4/01, NJW 2002, 1194 (1195); BGH, Urt. v. 20.2.2014 – III ZR 443/13, MDR 2014, 452.

89 MüKo-BGB/*Schramm*, Vor § 164 BGB Rn. 5.

90 Vgl. Mot. I. Allgemeiner Theil, S. 223; Soergel/*Leptien*, Vor § 164 BGB Rn. 20; Baumbach/Hopt/*Roth*, § 125 HGB Rn. 2.

91 RG, Urt. v. 12.10.1910 – III 60/10, RGZ 74, 263 (265 ff.) – zur gesetzlichen Vertretung durch einen Vormund; BGH, Urt. v. 9.11.2001 – LwZR 4/01, NJW 2002, 1194 (1195); BAG, Urt. v. 10.2.2005 – 2 AZR 584/03, AP Nr. 18 zu § 174 BGB (B I 1 c aa der Gründe) m.w.N.; BAG, Urt. v. 20.9.2006 – 6 AZR 82/06, AP Nr. 19 zu § 174 BGB (II 2 a bb ccc und ddd der Gründe) m.w.N.; BGH, Urt. v. 20.2.2014 – III ZR 443/13, MDR 2014, 452; Soergel/*Leptien*, § 174 BGB Rn. 8; MüKo-BGB/*Schramm*, § 174 BGB Rn. 10; Bamberger/Roth/*Valenthin*, § 174 BGB Rn. 5.

D. Zusammenfassung zu § 2 und Bedeutung für das Arbeitsrecht

Die Berechtigung, Arbeitsverhältnisse zu kündigen, ist das originäre Recht der Vertragsparteien. Auf Arbeitgeberseite ist demnach zunächst der Arbeitgeber selbst kündigungsberechtigt. Er muss sich jedoch aufgrund gesetzlicher Anordnung oder organschaftlicher Bestellung bzw. kann sich aufgrund Rechtsgeschäfts von einem anderen bei der Vornahme der Kündigung vertreten lassen. Die wirksame Kündigung durch einen rechtsgeschäftlichen Vertreter des Arbeitgebers setzt voraus, dass die Stellvertretung zulässig ist, der Vertreter Vertretungsmacht (Vollmacht) hat und er eine eigene Willenserklärung im Namen des Arbeitgebers abgibt. Die Vollmacht ist regelmäßig widerruflich, anfechtbar und bei Zweifeln hinsichtlich ihres Inhalts als einseitige Willenserklärung auslegungsfähig. Bei der Bevollmächtigung eines Vertreters ist es von entscheidender Bedeutung für die Beseitigung der Vollmachtswirkung (Vertretungsmacht), wem gegenüber der Arbeitgeber die Vollmacht durch Erklärung erteilt bzw. wem gegenüber er sie kundgibt. Je nachdem, ob er die Vollmachterteilung einem Dritten oder dem zu Bevollmächtigenden erklärte oder ob er die Bevollmächtigung einem Dritten oder der Öffentlichkeit kundgegeben hat, werden andere Anforderungen an die Beseitigung der Vollmacht und vor allem an die Beseitigung ihrer Wirkung (§§ 170–172 BGB) gestellt. Erfüllt der Arbeitgeber diese Anforderungen nicht, bleibt die Vollmacht dem Rechtsverkehr gegenüber in Kraft. Gerade im Bereich der Kündigung durch einen rechtsgeschäftlichen Vertreter des Arbeitgebers ist die Vollmacht inhaltlich klar zu gestalten, um Zweifeln über ihren Umfang vorzubeugen. Andernfalls ist die Vollmacht auszulegen, mit der Gefahr, dass die Kündigung von einem nicht zu (diesen) Kündigungen berechtigten Vertreter vorgenommen wird und unwirksam ist. Der Arbeitgeber muss daher vor allem zweifelsfrei und ausdrücklich in der Vollmacht festlegen, welche Rechte sein Vertreter haben soll, um eine Unwirksamkeit der durch den Vertreter erklärten Kündigung im Hinblick auf § 180 BGB auszuschließen.

§ 3. Kündigung bei zweifelhafter Kündigungsberechtigung

Kündigt der Arbeitgeber dem Arbeitnehmer selbst, also in persona, dann wird der Arbeitnehmer keine Zweifel an dessen Kündigungsberechtigung haben können. Zweifel an der Kündigungsberechtigung können jedoch dort entstehen, wo anstelle des Arbeitgebers ein anderer – sei er bevollmächtigt oder vollmachtlos – die Kündigung vornimmt. Insoweit ist die Konstellation des Vertreters ohne Vertretungsmacht (A.) von der Konstellation des Vertreters, der bei der Kündigung keine Vollmachtsurkunde vorlegt (B.), zu unterscheiden. Je nach Konstellation ergeben sich unterschiedliche Reaktionsmöglichkeiten des Arbeitnehmers und an diese geknüpfte Rechtsfolgen.

A. Vertretung ohne Vertretungsmacht

Hat der Vertreter schon gar keine Vertretungsmacht vom Vertretenen eingeräumt bekommen, ist sie erloschen oder nicht wirksam entstanden, ist er Vertreter ohne Vertretungsmacht (falsus procurator).[92] Daneben ist derjenige Vertreter ohne Vertretungsmacht, der zwar in irgendeiner Form vertretungsberechtigt ist, dem zur Vornahme des konkreten Geschäfts jedoch die (konkrete) Rechtsmacht fehlt (Überschreiten der Vertretungsmacht).[93]

Von besonderem Interesse ist bei der Vertretung ohne Vertretungsmacht die Frage, wen die Folgen der rechtsgeschäftlichen Erklärungen des Vertreters treffen (I.) und was daraus speziell für die Vertretung ohne Vertretungsmacht bei der Kündigung von Arbeitsverhältnissen folgt (II.).

I. Grundsätze der Vertretung ohne Vertretungsmacht

Das Gesetz beantwortet die Frage nach den Rechtsfolgen der Vertretung ohne Vertretungsmacht in den §§ 177 ff. BGB. Für einen Vertragsschluss durch den Vertreter ohne Vertretungsmacht sind dabei die §§ 177–179 BGB maßgeblich. Einseitige Rechtsgeschäfte des Vertreters ohne Vertretungsmacht werden

92 Soergel/*Leptien*, § 177 BGB Rn. 3–8; *ders.*, § 180 BGB Rn. 1; MüKo-BGB/*Schramm*, § 177 BGB Rn. 9; Bamberger/Roth/*Valenthin*, § 177 BGB Rn. 5.

93 RG, Urt. v. 11.3.1937 – IV 308/36, JW 1937, 2036; Soergel/*Leptien*, § 177 BGB Rn. 7; MüKo-BGB/*Schramm*, § 177 BGB Rn. 10; Bamberger/Roth/*Valenthin*, § 177 BGB Rn. 6.

speziell von § 180 BGB erfasst. Für beide Konstellationen gelten flankierend die §§ 182 ff. BGB.

1. Vertretung ohne Vertretungsmacht bei Verträgen

Nach § 177 Abs. 1 BGB hängt die Wirksamkeit eines Vertrags, der durch den Vertreter ohne Vertretungsmacht geschlossen wurde, von der Genehmigung des Vertretenen ab. Genehmigt der Vertretene, kommt der Vertrag zwischen ihm und dem anderen Teil zustande. Verweigert er die Genehmigung, so treffen die Folgen des Vertragsschlusses nicht ihn, sondern grundsätzlich den Vertreter selbst. Vor der Genehmigung oder der Verweigerung der Genehmigung ist der Vertrag in Bezug auf den vollmachtlos Vertretenen schwebend unwirksam.[94]

Die Genehmigung wirkt auf den Zeitpunkt der Vornahme des Rechtsgeschäfts durch den Vertreter gemäß § 184 Abs. 1 BGB zurück. Bis zur Genehmigung kann der (potentielle) Vertragspartner seine Erklärung zum Abschluss des Vertrags gemäß § 178 S. 1 BGB widerrufen. Kannte er bei Abschluss des Vertrags den Mangel der Vertretungsmacht, ist das Widerrufsrecht jedoch gemäß § 178 S. 1 BGB a.E. ausgeschlossen. Der Widerruf kann dem Vertretenen und dem Vertreter gegenüber erklärt werden, § 178 S. 2 BGB.

2. Vertretung ohne Vertretungsmacht bei einseitigen Rechtsgeschäften

Bei einseitigen Rechtsgeschäften geht das Gesetz einen anderen Weg als bei Verträgen. Nach § 180 S. 1 BGB ist die Vertretung ohne Vertretungsmacht unzulässig und das Rechtsgeschäft damit unwirksam[95]. Das hat zur Folge, dass der Vertretene das Vertretergeschäft grundsätzlich nicht genehmigen kann.[96] Gemäß § 180 S. 2 BGB finden jedoch die Vorschriften über Verträge auf einseitige Rechtsgeschäfte entsprechende Anwendung, wenn der Empfänger der einseitigen Erklärung die behauptete Vertretungsmacht bei Vornahme des Rechtsgeschäfts nicht beanstandet hat oder mit ihr einverstanden war. Die Genehmigungsfähigkeit setzt – wie im Folgenden unter a. herausgearbeitet wird – die Kenntnis des Erklärungsempfängers vom Mangel der Vertretungsmacht voraus.

---

94 Soergel/*Leptien*, § 177 BGB Rn. 1; Bamberger/Roth/*Valenthin*, § 177 BGB Rn. 18.

95 Soergel/*Leptien*, § 177 BGB Rn. 1; *ders.*, § 180 BGB Rn. 1; MüKo-BGB/*Schramm*, § 180 BGB Rn. 1.

96 Soergel/*Leptien*, § 180 BGB Rn. 1; MüKo-BGB/*Schramm*, § 177 BGB Rn. 1.

a. *Kenntnis vom Fehlen der Vertretungsmacht als Voraussetzung der Genehmigungsmöglichkeit nach § 180 S. 2 BGB*

Eine Genehmigung nach § 180 S. 2 BGB ist sehr selten möglich. Dies resultiert aus dem Verhältnis des § 180 S. 1 zu S. 2 BGB sowie der historischen Konzeption der Norm. Bisher wird ohne weitere Begründung davon ausgegangen, dass eine Genehmigung des Rechtsgeschäfts immer dann möglich ist, wenn das Einverständnis des Erklärungsempfängers vorliegt oder dieser den Mangel der Vertretungsmacht nicht bzw. nicht rechtzeitig beanstandet hat.[97] Dies ist aber entschieden zu kurz gedacht: Nach hier vertretener Auffassung setzt die Genehmigungsmöglichkeit nach S. 2 die Kenntnis des Erklärungsempfängers vom Fehlen der Vertretungsmacht voraus.[98] Dies folgt für die Einverständnisvariante schon zwangslogisch daraus, dass man nur mit bekannten Sachverhalten einverstanden sein kann. Dass die Nichtbeanstandung der Vertretungsmacht nur bei Kenntnis des Erklärungsempfängers zur Genehmigungsmöglichkeit führen kann, ergibt sich hingegen aus der Entstehungsgeschichte der Norm und systematischen Gesichtspunkten:

aa. Historische Gesichtspunkte

So sah der 1. Entwurf des Bürgerlichen Gesetzbuches eine Genehmigungsmöglichkeit nur für den Fall des Einverständnisses des Erklärungsempfängers vor. Die Beanstandung bzw. Nichtbeanstandung war nicht geregelt. Wörtlich lautete die Regelung zu einseitigen Rechtsgeschäften des Vertreters ohne Vertretungsmacht:

> *„Ein einseitiges Rechtsgeschäft kann von einem Anderen ohne Vertretungsmacht nicht wirksam vorgenommen werden. Ist jedoch die Wirksamkeit des einseitigen Rechtsgeschäfts davon abhängig, daß dasselbe gegenüber einem Betheiligten vorgenommen wird, so finden wenn der Betheiligte mit der Vornahme sich einverstanden erklärt, die für Verträge geltenden Vorschriften entsprechende Anwendung."*[99]

---

97 BAG, Urt. v. 16.12.2010 – 2 AZR 485/08, NZA 2011, 571 (572); BAG, Urt. v. 13.12.2012 – 6 AZR 608/11, AP Nr. 23 zu § 620 BGB Kündigungserklärung (VI. 1. c) dd) (3.) (c) (bb) der Gründe); MüKo-BGB/*Schramm*, § 180 BGB Rn. 10; Bamberger/Roth/*Valenthin*, § 180 BGB Rn. 6.

98 A.A. Bamberger/Roth/*Valenthin*, § 180 BGB Rn. 6, der sogar die mangelnde Kenntnis von der Vertretungsmacht für eine wirksame Beanstandung fordert.

99 *Mugdan*, Bd. I, S. XCI.

In den Motiven zu diesem Entwurf wurde dann klargestellt, dass eine Genehmigung nur dort in Betracht komme, wo keine Rücksicht auf die Belange des Erklärungsempfängers zu nehmen sei[100]:

> *„Von dieser Rücksichtnahme kann nur Umgang genommen werden, wenn der Betheiligte mit der Vornahme des Rechtsgeschäfts sich einverstanden erklärt und damit den etwaigen nachtheiligen Folgen sich unterwirft. Der Vornahme des Rechtsgeschäfts durch einen nicht ermächtigten Vertreter (...) schon dann Wirkungen beizulegen, wenn der Betheiligte dasselbe nicht unverzüglich zurückweist, würde zu weit gehen (...).“*[101]

Im 2. Entwurf des Bürgerlichen Gesetzbuches kam die fragliche Beanstandungsvariante überhaupt erst in das Gesetz. So wie dort gefasst, ist die Regelung auch heute noch Gesetz. § 148 dieses Entwurfes lautete (auszugsweise) wie folgt:

> *„Bei einem einseitigen Rechtsgeschäfte ist Vertretung ohne Vertretungsmacht unzulässig. Hat jedoch derjenige, welchem gegenüber ein solches Rechtsgeschäft vorzunehmen war, die vom Vertreter behauptete Vertretungsmacht bei der Vornahme nicht beanstandet oder ist er damit einverstanden gewesen, daß der Vertreter ohne Vertretungsmacht handle, so finden die Vorschriften über Verträge entsprechende Anwendung. (...).“*[102]

Die Änderung der Fassung des 1. Entwurfes hin zur Fassung des 2. Entwurfes und damit des heutigen Gesetzes ist misslungen. Dies ergibt sich im Wesentlichen aus den Protokollen zum heutigen § 180 BGB. Die ursprüngliche Konzeption wurde geändert, um dem *Bähr*schen Gegenentwurf Rechnung zu tragen. In diesem erblickte die Kommission eine angemessene Ergänzung.[103]

Nach *Bähr* könne derjenige, der einen anderen als Vertreter stillschweigend angenommen habe, sich nicht beklagen, wenn er, sobald der Vertretene die Handlung genehmigt, auch daran festgehalten werde.[104]

Die Kommission vertrat jedoch mehrheitlich die Auffassung, *„es entspreche den im Verkehre herrschenden Anschauungen nicht, demjenigen, dem gegenüber von irgend einem Unbefugten Namens eines Anderen eine Erklärung abgegeben werde, die Zurückweisung derselben zuzumuten, widrigenfalls er sich bis zur Entscheidung des Vertretenen dem Zustande der Ungewißheit über seine Rechtslage unterwerfen müsse.“*[105]

---

100 Mot. I. Allgemeiner Theil, S. 245.
101 Mot. I. Allgemeiner Theil, S. 245.
102 *Mugdan*, Bd. I, S. XCI.
103 *Mugdan*, Bd. I, S. 758.
104 Zitiert nach *Zeller*, Bd. I, S. 196.
105 *Mugdan*, Bd. I, S. 757 f.

Nimmt man dies in den Blick, wird klar, dass die Kommission zu keiner Zeit die Nichtbeanstandung ausreichen lassen wollte, um eine Genehmigungsmöglichkeit für den Vertretenen zu statuieren. Vielmehr sollte es beim Regelfall bleiben, dass derjenige, der nicht weiß, dass der Vertreter ohne Vertretungsmacht handelt, sich auf die Unwirksamkeit des Rechtsgeschäfts berufen können soll. Denn das Erfordernis einer Beanstandungserklärung durch den Erklärungsempfänger würde letztlich zu einer unzumutbaren Verlagerung der Wirksamkeitsrisiken auf den Empfänger führen. Das war aber ersichtlich zu keiner Zeit gewollt. Aus der Änderung der Konzeption resultiert daher, dass nur derjenige, der Kenntnis vom Mangel der Vertretungsmacht hat, seine Schutzbedürftigkeit und damit die Wirkung des § 180 S. 1 BGB verlieren kann.

bb. Systematische Gesichtspunkte

Nach § 180 S. 1 BGB wird die Unwirksamkeit des einseitigen Rechtsgeschäfts als Regelfall angeordnet. Ließe man es für die (ausnahmsweise) Genehmigungsmöglichkeit schon genügen, dass keine Beanstandung erfolgt, wäre die Unwirksamkeit die Ausnahme. Denn im Regelfall ist es gerade die Unkenntnis des Erklärungsempfängers über das Bestehen der Vertretungsmacht, die ihn zur Passivität zwingt. Gerade diese Unkenntnis versucht § 180 S. 1 BGB abzusichern.[106] Bedenkt man weiter, dass die Beanstandung bei Vornahme des Rechtsgeschäfts zu erfolgen hat, wäre der Tatbestand des § 180 S. 1 BGB ein wirkungsloser Programmsatz. Die Genehmigungsmöglichkeit würde jedes einseitige Rechtsgeschäft nach Ablauf der Beanstandungsfrist („bei Vornahme des Rechtsgeschäfts“) in eine Schwebelage bringen. Allein der Vertretene könnte diese noch beseitigen. Dies wiederum widerspricht der Fassung des S. 2 selbst. Durch die Anordnung der Beanstandungsfrist soll zügig Rechtssicherheit geschaffen werden.[107] Dann aber kann eine Schwebelage nur ausnahmsweise zuzulassen sein.

Nach alledem führt die Regelung des § 180 BGB – anders als der Wortlaut des § 180 S. 2 BGB es vermuten lässt – nicht zu einer Genehmigungsmöglichkeit für den Fall der kenntnislosen Nichtbeanstandung. Die Nichtbeanstandung schafft i.d.R. keine weitere Genehmigunsgmöglichkeit. Die Schutzwürdigkeit, die § 180 S. 1 BGB im Blick hat, geht daher nur dann verloren, wenn trotz Kenntnis

---

106 MüKo-BGB/*Schramm*, § 180 BGB Rn. 1; Bamberger/Roth/*Valenthin*, § 180 BGB Rn. 1.

107 Vgl. MüKo-BGB/*Schramm*, § 180 BGB Rn. 1; Bamberger/Roth/*Valenthin*, § 180 BGB Rn. 1.

vom Mangel der Vertretungsmacht Einverständnis mit dem Handeln besteht bzw. dieses nicht beanstandet wird.

Für die Beanstandungsvariante verbleibt daher nach hier vertretener Ansicht nur dort Platz, wo der Erklärungsempfänger den Mangel der Vertretungsmacht kennt, er aber nicht mit der Vornahme des Rechtsgeschäfts einverstanden ist und dieses deshalb rügen will.

b. Voraussetzungen der Beanstandung

Will der Erklärungsempfänger die Vornahme des Rechtsgeschäfts wegen Fehlens der Vertretungsmacht beanstanden, muss er die Charakteristik der Erklärung beachten. Die Beanstandung der Vertretungsmacht ist der Zurückweisung i.S.d. § 174 BGB ähnlich.[108] Rechtstechnisch gesehen ist die Beanstandung eine Willenserklärung.[109] Sie muss gemäß § 180 S. 2 BGB *bei Vornahme des Rechtsgeschäfts* erklärt werden. Daher muss der Erklärungsempfänger ein einseitiges Rechtsgeschäft unter Anwesenden sofort wegen der behaupteten Vertretungsmacht beanstanden. Ein unter Abwesenden vorgenommenes einseitiges Rechtsgeschäft ist dagegen trotz des Wortlauts des § 180 S. 2 BGB nicht sofort, sondern unverzüglich zu beanstanden.[110] Der Erklärungsempfänger ist nämlich nicht in der Lage, die Erklärung dem Abwesenden gegenüber sofort zu beanstanden.[111] Er muss die Beanstandung schließlich selbst erst auf den Weg bringen, sodass ihr Zugang beim Vertreter ohne Vertretungsmacht oder beim Vertretenen regelmäßig nicht mehr *bei* der Vornahme des Rechtsgeschäfts erfolgt. Unverzüglich ist eine Beanstandung, wenn sie ohne schuldhaftes Zögern i.S.v. § 121 Abs. 1 S. 1 BGB vorgenommen wurde. Inhaltlich muss die Beanstandungserklärung erkennen lassen, dass sie das Fehlen der vom Vertreter behaupteten Vertretungsmacht rügt und das Geschäft deshalb nicht gelten soll. Eine Beanstandung aus anderen Gründen genügt hingegen nicht.[112]

---

108 Vgl. zur Zurückweisung unten: § 7.

109 Soergel/*Leptien*, § 180 BGB Rn. 9; Staudinger/*Schilken*, § 180 BGB Rn. 7 i.V.m. § 174 BGB Rn. 7; MüKo-BGB/*Schramm*, § 180 BGB Rn. 8 i.V.m. § 174 BGB Rn. 5.

110 Staudinger/*Schilken*, § 180 BGB Rn. 7; MüKo-BGB/*Schramm*, § 180 BGB Rn. 9; a.A. Soergel/*Leptien*, § 180 BGB Rn. 9, der sowohl unter Anwesenden als auch unter Abwesenden eine „unverzügliche“ Beanstandung als ausreichend ansieht.

111 Soergel/*Leptien*, § 180 BGB Rn. 9; Staudinger/*Schilken*, § 180 BGB Rn. 7.

112 BGH, Urt. v. 12.7.1968 – V ZR 161/66, BB 1969, 293; Soergel/*Leptien*, § 180 BGB Rn. 9; Staudinger/*Schilken*, § 180 BGB Rn. 7; a.A. MüKo-BGB/*Schramm*, § 180 BGB Rn. 8, der auch die Rüge der Nichtvorlage der Vollmachtsurkunde als Beanstandung ausreichen lässt.

II. Vertretung ohne Vertretungsmacht bei der Kündigung

Hat der Arbeitgeber dem kündigenden Vertreter keine Vollmacht erteilt und nimmt der Vertreter die Kündigung vor, ist die Kündigung gemäß § 180 S. 1 BGB grundsätzlich unwirksam. Nur bei der Nichtbeanstandung durch den Arbeitnehmer oder dessen Einverständnis mit der Vornahme des Rechtsgeschäfts durch den Vertreter ohne Vertretungsmacht hat der Arbeitgeber nach bestrittener Ansicht[113] die Möglichkeit, die Kündigung zu genehmigen, §§ 180 S. 2, 177 Abs. 1 BGB.[114] Dies setzt aber – wie gezeigt – die Kenntnis des Arbeitnehmers vom Mangel der Vertretungsmacht voraus.

Die Genehmigung wirkt auch bei der Kündigung auf den Zeitpunkt ihrer Vornahme zurück.[115] Besonderheiten ergeben sich jedoch insoweit, als bei der außerordentlichen Kündigung die Genehmigung zugunsten der Rechtsklarheit und Rechtssicherheit innerhalb der zweiwöchigen Ausschlussfrist des § 626 Abs. 2 S. 1 BGB erklärt werden muss.[116] Bei der ordentlichen Kündigung muss die Genehmigung innerhalb der Kündigungsfrist erfolgen. Andernfalls würde ihre rückwirkende Kraft die Kündigungsfristen zulasten des Arbeitnehmers verkürzen.[117]

Hat der Arbeitgeber dem kündigenden Vertreter eine Vollmacht zur Vornahme von Rechtsgeschäften erteilt, muss diese auch die Kündigungsvornahmeberechtigung umfassen. Wie oben gezeigt, richtet sich der Umfang der Vollmacht nach dem Willen des Vertretenen und – sofern dieser nicht (eindeutig) hervortritt

---

113 Vgl. BGH, Urt. v. 29.5.1991 – VIII ZR 214/90, BGHZ 114, 360 (366); BGH, Urt. v. 22.10.1999 – V ZR 401/98, BGHZ 143, 42 (46); LAG Köln, Urt. v. 16.11.2005 – 8 Sa 832/05, LAGE § 180 BGB 2002 Nr. 1, S. 8.

114 BAG, Urt. v. 26.3.1986 – 7 AZR 585/84, AP Nr. 2 zu § 180 BGB (II der Gründe); BAG, Urt. v. 11.12.1997 – 8 AZR 699/96, ArbuR 1998, 202; ErfK/*Müller-Glöge*, § 620 BGB Rn. 29; APS/*Preis*, 1. Teil D. Rn. 68; MüKo-BGB/*Schramm*, § 180 BGB Rn. 12; *Zimmermann*, ZTR 2007, 119 (121–123, 127); offen gelassen: BAG, Urt. v. 10.2.2005 – 2 AZR 584/03, AP Nr. 18 zu § 174 BGB (B II 3 a der Gründe).

115 BAG, Urt. v. 26.3.1986 – 7 AZR 585/84, AP Nr. 2 zu § 180 BGB (II der Gründe); ErfK/*Müller-Glöge*, § 620 BGB Rn. 29; APS/*Preis*, 1. Teil D. Rn. 68; MüKo-BGB/*Schramm*, § 180 BGB Rn. 12; a.A. *Hirsch*, BGB Allgemeiner Teil (2012), S. 392 Rn. 1084.

116 BAG, Urt. v. 26.3.1986 – 7 AZR 585/84, AP Nr. 2 zu § 180 BGB (II der Gründe); Staudinger/*Schilken*, § 180 BGB Rn. 6; MüKo-BGB/*Schramm*, § 180 BGB Rn. 12; *Zimmermann*, ZTR 2007, 119 (124, 127).

117 Staudinger/*Schilken*, § 180 BGB Rn. 6; einschränkend: MüKo-BGB/*Schramm*, § 180 BGB Rn. 12; *Zimmermann*, ZTR 2007, 119 (124 f.), die eine zeitlich unbegrenzte Rückwirkung der Genehmigung annimmt.

– nach dem durch Auslegung ermittelten Inhalt.[118] Ergibt die Auslegung, dass die Vollmacht nicht zur Vornahme von Kündigungen berechtigt, handelt der Kündigende ohne Vertretungsmacht. Ergibt sie, dass zwar ordentliche Kündigungen vom Vertreter vorgenommen werden können, außerordentliche hingegen nicht, handelt der Kündigende bei der Vornahme außerordentlicher Kündigungen ebenfalls ohne Vertretungsmacht. Allgemein anerkannt ist, dass die Erteilung der Prokura[119] und der Generalvollmacht[120] auch die Erteilung der Kündigungsvornahmeberechtigung umfassen.[121] Ist die Kündigung gemäß § 180 S. 1 BGB unwirksam, muss sie erneut vorgenommen werden.

B. Vertretung ohne Vorlage der Vollmachtsurkunde

Von der Vertretung ohne Vertretungsmacht ist die in § 174 BGB geregelte Vertretung ohne Vorlage der Vollmachtsurkunde zu unterscheiden. Nach § 174 S. 1 BGB ist ein einseitiges Rechtsgeschäft, das ein Bevollmächtigter einem anderen gegenüber vornimmt, unwirksam, wenn er (bei der Vornahme) eine Vollmachtsurkunde nicht vorlegt und der andere das Rechtsgeschäft aus diesem Grunde unverzüglich zurückweist. Das Zurückweisungsrecht des Erklärungsempfängers ist jedoch nach § 174 S. 2 BGB ausgeschlossen, wenn ihn der Vollmachtgeber von der Bevollmächtigung in Kenntnis gesetzt hatte.

I. Unterschied zur Konstellation des § 180 BGB

Die von § 174 BGB erfasste Konstellation unterscheidet sich von der des Vertreters ohne Vertretungsmacht insoweit, als die Regelung des § 174 BGB nach ihrem Wortlaut nur den Vertreter mit Vertretungsmacht betrifft (siehe dazu unten: § 5 A.). Insoweit stellt sich insbesondere die Frage, ob derjenige, der nach § 174 S. 1 BGB zurückweist, gleichzeitig auch den Fall fehlender Vertretungsmacht rügt (§ 180 S. 2 BGB) und welche Anforderungen an die Beanstandungs- bzw. Zurückweisungserklärung zu stellen sind (siehe dazu unten: § 7). Im Anwendungsbereich des § 174 BGB dokumentiert der berechtigte Vertreter

---

118 Siehe oben: § 2 B. II.

119 St. Rspr.: BAG, Urt. v. 30.5.1972 – 2 AZR 298/71, AP Nr. 1 zu § 174 BGB (II 2 der Gründe); BAG, Urt, v. 9.10.1975 – 2 AZR 332/74, AP Nr. 8 zu § 626 BGB Ausschlußfrist (I 2 e der Gründe); BAG, Urt. v. 14.4.2011 – 6 AZR 727/09, NZA 2011, 683 (685).

120 BAG, Urt. v. 30.5.1972 – 2 AZR 298/71, AP Nr. 1 zu § 174 BGB (II 2 der Gründe); BAG, Urt. v. 14.4.2011 – 6 AZR 727/09, NZA 2011, 683 (685); Küttner/*Eisemann*, Kündigung, allgemein, Rn. 44.

121 Siehe zur Handlungsvollmacht unten: § 9 B. II. 2. d.

seine Berechtigung zur Vornahme des Rechtsgeschäfts nicht hinreichend nach außen. Im Falle des § 180 BGB ist der Vertreter schon gar nicht zur Vornahme des Rechtsgeschäfts berechtigt.

II. Schutzzweck des § 174 BGB

Mit der Regelung des § 174 BGB wird der Schutz des Erklärungsempfängers bezweckt. Der Erklärungsempfänger soll im Falle ihm ungewisser und unklarer Vertretungsverhältnisse die Wirksamkeit des einseitigen Rechtsgeschäfts selbst bedingen können und die Vertretungsverhältnisse nicht erst selbst erforschen müssen.[122] Somit dient § 174 BGB dem Gewissheitsinteresse des Erklärungsempfängers. Die Schutzbedürftigkeit des Erklärungsempfängers folgt aus der Besonderheit einseitiger Rechtsgeschäfte gegenüber zwei- oder mehrseitigen Rechtsgeschäften. Sie besteht darin, dass einseitige Rechtsgeschäfte für ihre Wirksamkeit kein Zutun eines Empfängers erfordern. Sie wirken unvermittelt auf dessen Rechte ein. Diese Wirkung erfordert es, dass der Empfänger weiß, ob dieser Erklärende (personenbezogene Kenntnis) dieses Rechtsgeschäft (umfangsbezogene Kenntnis) wirksam vornehmen kann. Schließlich muss sich der Erklärungsempfänger auf die durch das einseitige Rechtsgeschäft eintretenden Rechtsfolgen – wenn er sie schon nicht beeinflussen kann – einstellen und sich ggf. neu ausrichten können.[123] Nach der gesetzlichen Konzeption ist der Vollmachtgeber informationsbelastet hinsichtlich der Legitimität der Vertretung und damit der Wirksamkeit des konkreten Rechtsgeschäfts. Diese gesetzliche Informationslast kann er zum einen durch Ausstellung einer Vollmachtsurkunde und Hingabe dieser an den Vertreter erfüllen, § 174 S. 1 BGB. Insoweit informiert der Vollmachtgeber nur mittelbar. Zusätzlich bedarf es nämlich der Vorlage der Urkunde durch den Vertreter. Zum anderen kann der Vertretene/Vollmachtgeber gemäß § 174 S. 2 BGB den Erklärungsempfänger auch unmittelbar und selbst von der Bevollmächtigung des Vertreters in Kenntnis setzen (siehe zu den Anforderungen an die Inkenntnissetzung unten: § 8). Eine Genehmigung des zurückgewiesenen Rechtsgeschäfts sieht das Gesetz jedoch nicht vor.[124] Insoweit

---

122 Vgl. Mot. I. Allgemeiner Theil, S. 240; BAG, Urt. v. 20.9.2006 – 6 AZR 82/06, NZA 2007, 377 (380); BAG, Urt. v. 14.4.2011 – 6 AZR 727/09, NZA 2011, 683 (684 f.); BAG, Urt. v. 13.12.2012 – 6 AZR 348/11, NZA 2013, 669 (676); Soergel/*Leptien*, § 174 BGB Rn. 1; vgl. *Schmiegel*/*Yalçin*, ZTR 2011, 395 (395, 399).

123 MüKo-BGB/*Schramm*, § 174 BGB Rn. 1.

124 Soergel/*Leptien*, § 174 BGB Rn. 6; MüKo-BGB/*Schramm*, § 174 BGB Rn. 11; Bamberger/Roth/*Valenthin*, § 174 BGB Rn. 10.

kann der Erklärungsempfänger durch Zurückweisung die Ungewissheit über die Wirksamkeit des Rechtsgeschäfts beseitigen. Gleichwohl schafft die Zurückweisung keine Gewissheit über die Vertretungsverhältnisse, sondern nur über die Unwirksamkeit des Rechtsgeschäfts. Die Vorschrift entspricht insoweit der „billigen Rücksichtnahme", ohne dass durch sie eine Erschwerung des Rechtsverkehrs zu befürchten sein soll.[125] Bei Unwirksamkeit der Kündigung infolge wirksamer Zurückweisung muss zur Beendigung des Arbeitsverhältnisses erneut gekündigt werden.

C. Zusammenfassung zu § 3

Die Folge einer vom Vertreter ohne Vertretungsmacht vorgenommenen Kündigung eines Arbeitsverhältnisses ist gemäß § 180 S. 1 BGB die Unwirksamkeit der Kündigung. Ausnahmsweise, wenn der Arbeitnehmer die Kündigung des Vertreters ohne Vertretungsmacht trotz Kenntnis des Mangels der Vertretungsmacht nicht rechtzeitig beanstandet hat oder mit ihr einverstanden ist, kann der Arbeitgeber diese gemäß § 180 S. 2 BGB genehmigen. Die Genehmigung hat rückwirkende Kraft und muss bei der außerordentlichen Kündigung innerhalb der Zwei-Wochen-Frist des § 626 Abs. 2 S. 1 BGB erteilt werden. Bei der ordentlichen Kündigung muss die Genehmigung innerhalb der Kündigungsfrist erteilt werden, um diese nicht unzulässig zu verkürzen.

§ 174 BGB schützt das Gewissheitsinteresse des Arbeitnehmers. Dabei liegt die Informationslast bzgl. der Legitimität der Vertretung und damit der Wirksamkeit der Kündigung beim Arbeitgeber. Die Folge einer vom Bevollmächtigten vorgenommenen Kündigung ohne Vorlage der Vollmachtsurkunde bei Vornahme des Rechtsgeschäfts ist gemäß § 174 S. 1 BGB die Unwirksamkeit der Kündigung, wenn der Arbeitnehmer die Kündigung aus diesem Grunde unverzüglich zurückgewiesen hat. Eine Genehmigung des zurückgewiesenen Rechtsgeschäfts durch den vertretenen Arbeitgeber ist nicht möglich. Ausnahmsweise scheidet eine Zurückweisung gemäß § 174 S. 2 BGB aus, wenn der vertretene Arbeitgeber den Arbeitnehmer von der Bevollmächtigung in Kenntnis gesetzt hatte.

125 Mot. I. Allgemeiner Theil, S. 240.

2. Teil: Anwendungsbereich und Anwendbarkeitsvoraussetzungen des § 174 BGB

§ 4. Anwendungsbereich des § 174 BGB

Die Regelung des § 174 BGB ist nach dem eindeutigen Wortlaut ausschließlich auf einseitige Rechtsgeschäfte anwendbar. Dabei kann es sich sowohl um Rechtsgeschäfte im privat(rechtlich)en Bereich als auch im öffentlichen Dienst handeln. Auch bei Arbeitnehmern öffentlicher Arbeitgeber besteht das Bedürfnis nach Gewissheit über die Legitimation des Vertreters und damit danach, ob das einseitige Rechtsgeschäft Wirkungen entfalten kann.[126] Grundsätzlich ist aber vorausgesetzt, dass der Vertreter seine Rechtsmacht aus einer rechtsgeschäftlichen Bevollmächtigung herleitet.[127] Von diesem Grundsatz haben sich mit der Zeit einige Ausnahmen und Problemkreise herausgebildet (siehe dazu unten unter: § 5).

Zunächst wird der Blick aber ganz generell darauf gerichtet, wann § 174 BGB im Regelfall anzuwenden ist und insbesondere bei welchen Arten von Geschäften oder Erklärungen im Rechtsverkehr eine Anwendung ausscheidet (A.). Im Anschluss wird auf den Anwendungsbereich der Norm im arbeitsrechtlichen Kontext eingegangen (B.).

A. Allgemeiner Anwendungsbereich

Nach allgemeiner Meinung[128] ist die Norm des § 174 BGB direkt (nur) auf einseitige empfangsbedürftige Rechtsgeschäfte anwendbar. Darunter fallen die praktisch wichtigen Rechtsgeschäfte wie Anfechtung, Rücktritt und Kündigung. Auf die von einem Boten überbrachten einseitigen Rechtsgeschäfte soll § 174 BGB zwar keine direkte, aber entsprechende Anwendung finden. In diesen

---

126 BAG, Urt. v. 29.6.1988 – 7 AZR 180/87, NVwZ 1988, 1165 (1167); BAG, Urt. v. 29.6.1989 – 2 AZR 482/88, NZA 1990, 63 f.; BAG, Urt. v. 20.9.2006 – 6 AZR 82/06, NZA 2007, 377 (379); KR/*Friedrich*, § 13 KSchG Rn. 342; Soergel/*Leptien*, § 174 BGB Rn. 7; *Beck*, Erklärung von Kündigung und Abmahnung, S. 39; *Kliemt*, Formerfordernisse, S. 215; *Leder*, Beendigung von Arbeitsverhältnissen, S. 37; *Schmiegel*/*Yalçin*, ZTR 2011, 395; a.A. LAG Hamm, Urt. v. 10.7.1991 – 2 Sa 588/90, LAGE § 174 BGB Nr. 4 – nur für den Fall nicht rechtsgeschäftlich erteilter Vertretungsmacht.

127 BAG, Urt. v. 20.9.2006 – 6 AZR 82/06, NZA 2007, 377 (379); ErfK/*Müller-Glöge*, § 620 BGB Rn. 23 und 25; Staudinger/*Schilken*, § 174 BGB Rn. 1 und 6; vgl. Bamberger/Roth/*Valenthin*, § 174 BGB Rn. 5 m.w.N.; *Wertenbruch*, DB 2003, 1099 (1100); *Wolff*/*Lahr*, Anm. zu LAG Berlin, Urt. v. 28.6.2006 – 15 Sa 632/06, DB 2007, 470.

128 Soergel/*Leptien*, § 174 BGB Rn. 7; Staudinger/*Schilken*, § 174 BGB Rn. 1; Bamberger/Roth/*Valenthin*, § 174 BGB Rn. 2; *Kliemt*, Formerfordernisse, S. 213; *Brehsan*/*Gohrke*/*Opolony*, ZIP 2001, 773 (777); *Deggau*, JZ 1982, 796; *Lohr*, MDR 2000, 620 ff.

Fällen könne dem Erklärungsempfänger ein Zurückweisungsrecht zustehen. Das Zurückweisungsrecht sei aber – neben den Fällen der vorherigen Inkenntnissetzung durch den Auftraggeber des Boten – ausgeschlossen, wenn der Bote sich per Botenmachtsurkunde als legitimiert ausweisen kann.[129] Nach hier vertretener Ansicht ist § 174 BGB jedoch dann nicht auf das vom Boten überbrachte Rechtsgeschäft anwendbar, wenn es eigenhändig vom Erklärenden unterzeichnet ist. Die Hingabe der schriftlichen Erklärung an den Boten und die eigenhändige Unterzeichnung des Rechtsgeschäfts schließen die Ungewissheit an der Legitimation des Boten aus. Da der Bote anders als der Vertreter das Rechtsgeschäft inhaltlich nicht beeinflusst, ist die Anwendung des § 174 BGB in diesen Fällen nicht geboten.

Die Anwendbarkeit des § 174 BGB auf einseitige *rechtsgeschäftsähnliche* Handlungen wie Mahnungen, Fristsetzungen und die Abmahnung ist im Grundsatz allgemeine Ansicht.[130] Umstritten ist die analoge Anwendung hingegen für die wettbewerbsrechtliche Abmahnung.[131] Für den Fall der mit einer Unterwerfungserklärung gekoppelten Abmahnung hat sich der BGH[132] gegen die Anwendbarkeit des § 174 BGB ausgesprochen. Es handele sich um ein Vertragsangebot (bzw. eine invitatio ad offerendum), auf das (bzw. die) § 174 BGB weder direkt noch analog anwendbar sei.[133] Dem ist zu folgen. Ein Vertragsangebot ist kein einseitiges Rechtsgeschäft, sondern Bestandteil eines zweiseitigen Rechtsgeschäfts, auf das § 174 BGB keine Anwendung findet.[134] Umstritten war lange Zeit die Anwendbarkeit des § 174 BGB auf die Geltendmachung von

---

129 BGH, Urt. v. 10.10.2006 – KZR 26/05, NJW-RR 2007, 1705 (1706); Soergel/*Leptien*, § 174 BGB Rn. 7; Staudinger/*Schilken*, § 174 BGB Rn. 4 m.w.N.; Bamberger/Roth/*Valenthin*, § 174 BGB Rn. 3.

130 BGH, Urt. v. 25.11.1982 – III ZR 92/81, NJW 1983, 1542 – Mahnung; BGH, Urt. v. 17.10.2000 – X ZR 97/99, NJW 2001, 289 (290); BAG, Urt. v. 13.12.2012 – 6 AZR 348/11, NZA 2013, 669 (676); BAG, Urt. v. 25.4.2013 – 6 AZR 49/12, juris Rn. 131; Bamberger/Roth/*Valenthin*, § 174 BGB Rn. 2 m.z.N.

131 Bamberger/Roth/*Valenthin*, § 174 BGB Rn. 2 m.z.N. zum Meinungsstreit.

132 BGH, Urt. v. 19.5.2010 – I ZR 140/08, NJW-RR 2011, 335 (336).

133 Vgl. BGH, Urt. v. 19.5.2010 – I ZR 140/08, NJW-RR 2011, 335 (336) m.z.N.; *OLG Brandenburg*, Urt. v. 27.7.2000 – 6 W 18/00, BeckRS 2005, 14686; OLG Hamburg, Urt. v. 19.7.2007 – 3 U 241/06, GRUR-RR 2008, 370 (371); Köhler/Bornkamm/*Bornkamm*, § 12 UWG Rn. 1.27a; Bamberger/Roth/*Valenthin*, § 174 BGB Rn. 2; *Busch*, GRUR 2006, 477 (479 f.); *Pfister*, WRP 2002, 799 (800); *Ulrich*, WRP 1998, 258 (262).

134 *OLG Brandenburg*, Urt. v. 27.7.2000 – 6 W 18/00, BeckRS 2005, 14686; vgl. Soergel/*Leptien*, § 174 BGB Rn. 7; *Brehsan/Gohrke/Opolony*, ZIP 2001, 773 (777); *Busch*, GRUR 2006, 477 (479 f.); *Pfister*, WRP 2002, 799 (800); a.A. wohl OLG Nürnberg,

Reisevertragsansprüchen. Mit dem Zweiten Gesetz zur Änderung reiserechtlicher Vorschriften vom 23.6.2001[135] ist dieser Streit[136] ausdrücklich zugunsten der Unanwendbarkeit des § 174 BGB entschieden worden, § 651g Abs. 1 S. 2 BGB.

In dem Fall, dass der Vertreter ein nicht ihm gegenüber erklärtes Vertragsangebot für den Vertretenen annehmen will, ist § 174 BGB bzgl. der Annahme des Vertragsangebots entsprechend heranzuziehen.[137]

Nach wie vor umstritten ist, ob § 174 BGB auch auf die Prozessvollmacht eines Anwalts Anwendung finden kann. Dies wird von der wohl herrschenden Meinung zumindest für den Fall, dass sich der Rechtsanwalt innerhalb seiner Vertretungsmacht hält, damit verneint, dass die §§ 78 ff. ZPO ein Sonderrecht bilden und § 174 BGB nur insoweit Anwendung finden kann, als auf ihn verwiesen wird.[138]

Auch i.R.d. Vertretung bei der Stimmabgabe in einer Wohnungseigentümergemeinschaft[139] ist die Anwendung des § 174 BGB immer wieder diskutiert worden. Es ist nach überwiegender Auffassung von einer (zumindest)

Beschl. v. 4.1.1991 – 3 W 3523/90, NJW-RR 1991, 1393 (1394); OLG Düsseldorf, Urt. v. 21.11.2006 – I-20 U 22/06, 20 U 22/06, ZUM-RD 2007, 579 (580 f.).

135 BGBl. I 2001 S. 1658.

136 Vgl. dazu MüKo-BGB/*Tonner*, § 651g BGB Rn. 14 f. m.w.N.

137 Angedeutet von BGH, Urt. v. 10.10.2006 – KZR 26/05, NJW-RR 2007, 1705 (1706) m.z.N.; ausdrücklich für die Annahme durch den Vertreter Soergel/*Leptien*, § 174 BGB Rn. 7; Staudinger/*Schilken*, § 174 BGB Rn. 2; MüKo-BGB/*Schramm*, § 174 BGB Rn. 2; Bamberger/Roth/*Valenthin*, § 174 BGB Rn. 4; *Brehsan/Gohrke/Opolony*, ZIP 2001, 773 (777); *Deggau*, JZ 1982, 796; *Wertenbruch*, DB 2003, 1099 (1100).

138 Gegen eine Anwendung des § 174 BGB: BGH, Urt. v. 18.12.2002 – VIII ZR 72/02, NJW 2003, 963 (964 f.); BGH, Urt. v. 26.3.2003 – IV ZR 222/02, NJW 2003, 1594 (1595) – offenbar generell für die Prozessvollmacht, unabhängig davon, ob der Rechtsanwalt sich innerhalb seiner Prozessvollmacht hält; OLG Brandenburg, Urt. v. 23.10.2012 – 6 U 29/12, juris Rn. 69 f.; *Soergel/Leptien*, § 174 BGB Rn. 4; Staudinger/*Schilken*, § 174 BGB Rn. 2; *Beck*, Erklärung von Kündigung und Abmahnung, S. 63 ff., für den Fall der Kündigung in einem Schriftsatz oder der mündlichen Verhandlung; *Rimmelspacher*, Anm. zu *BAG, Urt. v. 10.8.1977 – 5 AZR 394/76*, AP Nr. 2 zu § 81 ZPO; a.A., nach der § 174 BGB bei einer über die Prozessvollmacht hinausgehenden Vertretungsmacht des Vertreters anwendbar ist und eine Lösung über § 174 S. 2 BGB gefunden wird: *BAG*, Urt. v. 10.8.1977 – 5 AZR 394/76, AP Nr. 2 zu § 81 ZPO; *Diller*, FA 1999, 106 (107).

139 Vgl. für die Stimmrechtsvertretung i.R.e. Hauptversammlung einer AG und die Rolle des § 174 BGB: LG Frankfurt, Urt. v. 26.8.2008 – 3-5 O 339/07, BB 2008, 2141 (2142); LG Frankfurt, Urt. v. 28.10.2008 – 3-5 O 113/08, BB 2009, 406 (407); *Bunke*, AG 2002, 57 (66 f.).

entsprechenden Anwendung der Norm auszugehen.[140] Eine Anwendbarkeit des § 174 BGB besteht auch auf einseitige Rechtsgeschäfte des Verwalters im Namen der Wohnungseigentümergemeinschaft auf Grundlage von Beschlüssen und Vereinbarungen i.S.v. § 27 Abs. 3 S. 1 Nr. 7 WEG.[141]

Nicht zu übersehen ist, dass die Zurückweisungserklärung selbst, ebenso wie die Beanstandungserklärung nach § 180 BGB, dem Anwendungsbereich des § 174 BGB unterfällt,[142] wenn sich der Erklärungsempfänger bei seiner Zurückweisung bzw. Beanstandung vertreten lässt.[143]

B. Anwendungsbereich im arbeitsrechtlichen Kontext

Neben diesen ganz allgemeinen Anwendungsfeldern des § 174 BGB findet die Norm im arbeitsrechtlichen Kontext nicht minder relevante Betätigungsfelder. Den wohl wichtigsten Anwendungsfall bildet dabei die Kündigung eines Arbeitnehmers, bei deren Vornahme sich der Arbeitgeber vertreten lässt. Daneben ist anerkannt, dass § 174 BGB dann anwendbar ist, wenn der Betriebsrat einer Kündigung widerspricht und der Arbeitgeber seiner Pflicht zur Zuleitung einer Abschrift der Stellungnahme des Betriebsrats nach § 102 Abs. 4 BetrVG nicht nachkommt.[144] Die Anwendbarkeit des § 174 BGB auf das Zustimmungsersuchen

---

140 Für die entsprechende/analoge Anwendung des § 174 BGB: LG Mainz, Beschl. v. 15.8.2011 – 306 T 129/08, ZWE 2011, 462 (464); Bärmann/*Merle*, § 25 WEG Rn. 65; Staudinger/*Schilken*, § 174 BGB Rn. 2 m.w.N.; *Becker*, ZWE 2012, 297 (298); für die direkte Anwendung des § 174 BGB: AG Hannover, Urt. v. 26.10.2010 – 483 C 3145/10, ZWE 2011, 145 (146); *Häublein*, ZMR 2012, 849 (850) – zum Untervertreter; *Kümmel*, ZWE 2000, 292 f.; *Merle*, ZWE 2007, 125 (131 f.); unklar, i.E. aber zumindest die gleichen rechtlichen Abwägungen wie bei § 174 BGB treffend: OLG München, Beschl. v. 11.12.2007 – 34 Wx 91/07, NJW-RR 2008, 245 (246); erhebliche Zweifel an der Anwendbarkeit des § 174 BGB bestehen bei: *Lüke*, ZWE 2012, 193 (198 und 200 f.).

141 BGH, Urt. v. 20.2.2014 – III ZR 443/13, MDR 2014, 452 f.

142 BAG, Urt. v. 8.12.2011 – 6 AZR 354/10, NZA 2012, 495 (497); KR/*Friedrich*, § 13 KSchG Rn. 349; ErfK/*Müller-Glöge*, § 620 BGB Rn. 26; Staudinger/*Schilken*, § 174 BGB Rn. 2; *Kliemt*, Formerfordernisse, S. 214; *Brehsan/Gohrke/Opolony*, ZIP 2001, 773 (779); *Meyer/Reufels*, NZA 2011, 5 (6); *Nies*, NZM 1998, 221 (222); *Wagner/Mann*, BB 2012, 2842 (2843).

143 Siehe zu den Spezifitäten der Zurückweisung unten: § 7.

144 *Schütte*, NZA 2011, 263 (266).

des Vertreters des Arbeitgebers beim Betriebsrat gemäß § 103 Abs. 1 BetrVG ist unbestritten.[145]

Streit besteht jedoch darüber, ob § 174 BGB auch auf die Unterrichtung des Betriebsrats durch den Vertreter des Arbeitgebers nach § 102 Abs. 1 BetrVG[146] anwendbar ist. Bestritten wird die Anwendbarkeit des § 174 BGB mit dem Argument, dass dem Betriebsrat ein Interesse fehle, unverzüglich klare Verhältnisse zu schaffen. Ungewissheit bestehe für den Betriebsrat nur dahingehend, ob er mittels Ausübung seiner Beteiligungsrechte reagieren könne.[147] Schlimmstenfalls wäre die Reaktion des Betriebsrats überflüssig.[148] Überdies reiche das Gebot der vertrauensvollen Zusammenarbeit i.S.d. § 2 Abs. 1 BetrVG aus, um den Betriebsrat zu schützen.[149] Für die Anwendbarkeit spricht nach der überzeugenderen Ansicht jedoch, dass die Unterrichtung Rechtsfolgen auslöst bzw. auslösen kann, auf die sich der Betriebsrat einstellen bzw. auf die er rechtzeitig reagieren muss, nämlich die Verfristung und damit Fiktion seiner Zustimmung.[150] Darüber hinaus dokumentiert das Anhörungsverfahren die Ernsthaftigkeit des Kündigungsentschlusses des Arbeitgebers. Handelt er jedoch nicht selbst oder ist unklar, ob sein

---

145 LAG Hessen, Beschl. v. 29.1.1998 – 5 TaBV 122/97, BeckRS 1998, 30448584; KR/*Etzel*, § 103 BetrVG Rn. 65; Richardi/*Thüsing*, § 103 BetrVG Rn. 42; Gross/Thon/Ahmad/Woitaschek/*Woitaschek*, § 103 BetrVG Rn. 13; *Lohr*, MDR 2000, 620.

146 Für eine Anwendung des § 174 BGB: LAG Baden-Württemberg, Urt. v. 12.5.2011 – 21 Sa 119/10, juris Rn. 50 ff.; LAG Berlin-Brandenburg, Urt. v. 29.6.2011 – 15 Sa 735/11, juris Rn. 54 ff.; LAG Baden-Württemberg, Urt. v. 28.3.2012 – 20 Sa 47/11, BeckRS 2012, 69167; HaKo-KSchR/*Nägele*, § 102 BetrVG Rn. 52; *Kirsch/Strybny*, BB 2005, Beilage Nr. 14, S. 10 (11); *S. Müller*, FA 2013, 37 (39); a.A. BAG, Urt. v. 13.12.2012 – 6 AZR 348/11, AP Nr. 166 zu § 102 BetrVG 1972 (C IV 3 a bb der Gründe); BAG, Urt. v. 25.4.2013 – 6 AZR 49/12, AP Nr. 1 zu § 343 InsO (C V 2 a bb der Gründe); LAG Hessen, Urt. v. 31.10.2011 – 17 Sa 8/11, BeckRS 2012, 68410.

147 Vgl. BAG, Urt. v. 13.12.2012 – 6 AZR 348/11, AP Nr. 166 zu § 102 BetrVG 1972 (C IV 3 a der Gründe); LAG Hessen, Urt. v. 31.10.2011 – 17 Sa 8/11, BeckRS 2012, 68410.

148 LAG Hessen, Urt. v. 25.7.2011 – 17 Sa 116/11, BeckRS 2011, 78179; LAG Hessen, Urt. v. 31.10.2011 – 17 Sa 8/11, BeckRS 2012, 68410.

149 BAG, Urt. v. 25.4.2013 – 6 AZR 49/12, AP Nr. 1 zu § 343 InsO (C V 2 a bb (3) (a) der Gründe).

150 Vgl. LAG Baden-Württemberg, Urt. v. 12.5.2011 – 21 Sa 119/10, juris Rn. 56; LAG Berlin-Brandenburg, Urt. v. 29.6.2011 – 15 Sa 735/11, juris Rn. 57; LAG Baden-Württemberg, Urt. v. 28.3.2012 – 20 Sa 47/11, BeckRS 2012, 69167; *S. Müller*, FA 2013, 37 (39).

Vertreter legitimerweise für ihn handelt, fehlt dem Betriebsrat die diesbezügliche Gewissheit.[151]

Schließlich wird die Anwendbarkeit des § 174 BGB auf die Geltendmachung von Ansprüchen zur Wahrung einer tariflichen Ausschlussfrist nach bestrittener Ansicht[152] verneint. Sie ist auf die durch Tarifvertrag angeordnete Rechtsfolge und nicht auf die Herbeiführung einer Rechtsfolge mittels rechtsgeschäftlichen Willens gerichtet.

---

151 LAG Baden-Württemberg, Urt. v. 28.3.2012 – 20 Sa 47/11, BeckRS 2012, 69167; *S. Müller*, FA 2013, 37 (39).

152 BAG, Urt. v. 14.8.2002 – 5 AZR 341/01, AP Nr. 16 zu § 174 BGB (II 2 b der Gründe); Staudinger/*Schilken*, § 174 BGB Rn. 2; MüKo-BGB/*Schramm*, § 174 BGB Rn. 3a; *Schmiegel/Yalçin*, ZTR 2011, 395 (396); *Schumann*, Anm. zu BAG, Urt. v. 14.8.2002 – 5 AZR 341/01, EWiR 2003, 145 (146); *a.A. LAG München, Urt. v. 19.12.1997 – 8 Sa 733/96, juris Rn. 40 ff.; Lohr, MDR 2000, 620; Ulrici,* Anm. zu BAG, Urt. v. 14.08.2002 – 5 AZR 341/01, *BB 2003, 51 (52).*

§ 5. Bevollmächtigung als Anwendbarkeitsvoraussetzung

Die Vollmacht wird vom Gesetz in § 166 Abs. 2 S. 1 BGB als rechtsgeschäftlich erteilte Vertretungsmacht legaldefiniert. Ausgehend vom Wortlaut des § 174 BGB, der die Bevollmächtigung fordert, sind zwei Aspekte in den Blick zu nehmen: Zunächst drängt sich die Frage auf, ob für die Anwendbarkeit des § 174 BGB vorausgesetzt wird, dass dem Vertreter tatsächlich rechtsgeschäftliche *Vertretungsmacht* (Vollmacht) eingeräumt wurde oder ob die Anwendung auch dann denkbar ist, wenn ein Vertreter ohne Vertretungsmacht ein einseitiges Rechtsgeschäft vornimmt (A.). Des Weiteren ist zu klären, ob der so verfasste Wortlaut eine Anwendbarkeit der Norm auf *nicht rechtsgeschäftliche* Vertretungsverhältnisse ausschließt oder ob eine Anwendung – namentlich in den Fällen der gesetzlichen und/oder organschaftlichen Vertretung – denkbar ist (B.). Zudem stellt sich die Frage der (Nicht-)Anwendbarkeit des § 174 BGB bzgl. der Sonderfälle der Prokura (C. I.), der Gesellschaft bürgerlichen Rechts (C. II.), des alleinvertretungsberechtigten Gesamtvertreters bei im Register publizierten Vertretungsverhältnissen (C. III.) sowie der Untervollmacht (C. IV.).

A. Vertreter ohne Vertretungsmacht im Anwendungsbereich des § 174 BGB

I. Rolle der Vertretungsmacht für den Anwendungsbereich

Häufig ist zu lesen, dass die Zurückweisung nach § 174 S. 1 BGB die Unwirksamkeit des einseitigen Rechtsgeschäfts herbeiführt, unabhängig vom Bestehen der Vollmacht[153] bzw. ohne dass es auf die tatsächliche Bevollmächtigung ankommt.[154] Diese Annahme legt folgenden Schluss nahe: Wenn es für die Unwirksamkeitsfolge nicht darauf ankomme, ob eine Bevollmächtigung vorlag oder nicht, könne es auch für die Anwendung des § 174 BGB insgesamt keinen Unterschied machen, ob der Vertreter Vertretungsmacht hatte oder aber eben nicht.

---

153 Vgl. bspw. BAG, Urt. v. 10.2.2005 – 2 AZR 584/03, AP Nr. 18 zu § 174 BGB (B I 1 c aa der Gründe); BAG, Urt. v. 20.9.2006 – 6 AZR 82/06, NZA 2007, 377 (379); Moll/*Vossen*, § 42 Rn. 26; *Beck*, Erklärung von Kündigung und Abmahnung, S. 27 und 68; *Genenger*, RdA 2010, 274 (279); *Schmiegel/Yalçin*, ZTR 2011, 395.

154 Vgl. bspw. MüKo-BGB/*Schramm*, § 174 BGB Rn. 11; Bamberger/Roth/*Valenthin*, § 174 BGB Rn. 10; *Kliemt*, Formerfordernisse, S. 213; *Deggau*, JZ 1982, 796.

Folglich wäre die Bevollmächtigung selbst nicht Tatbestandsvoraussetzung für die Anwendung des § 174 BGB.

Würde der Anwendungsbereich des § 174 BGB auf einseitige Rechtsgeschäfte eines Vertreters ohne Vertretungsmacht erstreckt, würde eine Zurückweisung nach § 174 S. 1 BGB immer auch den Mangel der Vertretungsmacht selbst rügen können.[155] Ginge man hingegen davon aus, dass § 174 BGB die Bevollmächtigung tatbestandlich voraussetzt,[156] wäre im Falle mangelnder Vertretungsmacht allein § 180 BGB anzuwenden. § 174 BGB hätte seinen eigenen Anwendungsbereich nur im Falle vorhandener, aber nicht ordnungsgemäß nachgewiesener rechtsgeschäftlicher Vertretungsmacht (Vollmacht). Nur letztere Annahme lässt sich mit dem Gesetz rechtfertigen. Der Wortlaut des Gesetzes spricht ausdrücklich von einem einseitigen Rechtsgeschäft, das ein *Bevollmächtigter* einem anderen gegenüber vornimmt. Schon nach diesem Wortlaut ist die Norm nicht auf Vertreter ohne Vertretungsmacht anwendbar. Auch systematisch ergeben sich Bedenken. Das Gesetz trifft in § 180 BGB eine eigenständige Regelung über das rechtliche Schicksal einseitiger Rechtsgeschäfte, die durch einen Vertreter ohne Vertretungsmacht vorgenommen werden.[157] Nach § 180 S. 1 BGB ist das einseitige Rechtsgeschäft im Regelfall unwirksam: Im Falle des § 174 BGB wird es nur unwirksam, wenn eine ordnungsgemäße Zurückweisung erfolgt ist.

Der oben angedeutete Schluss erweist sich daher als Trugschluss. Die immer wieder zu lesende Formulierung, dass es für die Unwirksamkeit nach § 174 S. 1 BGB auf die Bevollmächtigung nicht ankomme, ist anders zu verstehen. Nach dem Sinn und Zweck des § 174 BGB soll der Erklärungsempfänger vor der Ungewissheit über die Wirksamkeit des Vertretergeschäfts geschützt werden.[158] In dem Moment, in dem er die Zurückweisung des einseitigen Rechtsgeschäfts erklärt, hat er Zweifel daran, dass der Vertreter zum Handeln berechtigt ist – von den Fällen der Treuwidrigkeit einmal abgesehen. Ihm ist weder klar, ob das einseitige Rechtsgeschäft durch den Handelnden wirksam ist, noch ob es unwirksam ist. Hierin wird der von § 180 BGB verschiedene Regelungsbereich

---

155 Dies ist wiederum äußerst umstritten, wobei sich der Streit auf die Ebene der Auslegung der Zurückweisungs- bzw. Beanstandungserklärung bezieht. Siehe dazu unten: § 7 B. II.

156 RG, Urt. v. 2.11.1907 – V 6/07, RGZ 66, 430 (431 f.); KR/*Friedrich*, § 13 KSchG Rn. 348; ErfK/*Müller-Glöge*, § 620 BGB Rn. 23; HWK/*Quecke*, § 1 KSchG Rn. 31; *Molitor*, Kündigung (1951), S. 80 Fn. 7; *Bender/Schmidt*, NZA 2004, 358 (362); *Lux*, NZA-RR 2008, 393 (394).

157 Siehe oben: § 3 A.

158 Siehe oben: § 3 B. II.

des § 174 BGB deutlich. Beim Handeln ohne Vertretungsmacht sieht das Gesetz grundsätzlich die unheilbare Unwirksamkeit des einseitigen Rechtsgeschäfts vor, § 180 S. 1 BGB. Da der Erklärungsempfänger bei Zweifeln an der Vertretungsmacht des Handelnden nicht weiß, ob dieser Vertreter ohne oder mit Vertretungsmacht ist, hilft ihm § 174 BGB weiter. Denn schon das Gewissheitsinteresse allein löst den Schutz des Erklärungsempfängers aus. Auch die Norm des § 174 S. 1 BGB macht das einseitige Rechtsgeschäft unwirksam, in diesem Falle jedoch, obwohl die Vertretungsmacht des Handelnden besteht. Fehlt die Vertretungsmacht tatsächlich und liegt damit ein Fall des § 180 BGB vor, ist das einseitige Rechtsgeschäft schon unabhängig von einem Handeln des Erklärungsempfängers unwirksam.

Vor diesem Hintergrund lässt sich die oben dargelegte Annahme erhellen. Die Unwirksamkeit des einseitigen Rechtsgeschäfts tritt i.R.d. § 174 BGB – unabhängig von der Frage des Bestehens der Vertretungsmacht – schon wegen der mangelnden Vorlage der Vollmachtsurkunde ein. Ein Mangel der Vertretungsmacht ist folglich insoweit „nicht einmal" vorausgesetzt.[159] Im Anwendungsbereich des § 174 BGB tritt die Unwirksamkeit des Rechtsgeschäfts damit ein, obwohl der Vertreter Vertretungsmacht hat. Denkt man in dieser Richtung weiter, ergibt sich auch für die Ausgangsfrage, ob der Anwendungsbereich des § 174 BGB die Bevollmächtigung voraussetzt, eine sachgerechte Lösung. Die Anwendbarkeit des § 174 BGB setzt die Bevollmächtigung des Handelnden voraus. Hat der Handelnde keine Vertretungsmacht, handelt es sich um einen Fall des § 180 BGB, der hierfür spezielle Regelungen trifft.[160]

II. Sonderkonstellationen

Nicht geklärt sind damit aber die Fälle, in denen ein Nicht-Bevollmächtigter eine Vollmachtsurkunde vorlegt (1.) und die Fälle, in denen trotz Nichtbestehens einer Vollmacht durch den Erklärungsempfänger nach § 174 BGB zurückgewiesen bzw. trotz Bestehens einer Vollmacht nach § 180 BGB beanstandet wird (2.).

---

159 So wohl auch: Soergel/*Leptien*, § 174 BGB Rn. 6; Bamberger/Roth/*Valenthin*, § 174 BGB Rn. 10; *Meyer/Reufels*, NZA 2011, 5 (8); *Schmiegel/Yalçin*, ZTR 2011, 395.

160 Siehe dazu detailliert oben: § 3.

1. *Vorlage der Vollmachtsurkunde durch den aktuell Nicht-Bevollmächtigten*

§ 174 BGB hilft dem Erklärungsempfänger in diesem Falle nicht weiter. Die Vorlage der Vollmachtsurkunde führt zur Kundgabe (§ 172 BGB) der Vertretungsmacht. Vertraut der Erklärungsempfänger auf diese, kann er sich gemäß § 172 Abs. 2 BGB auf das Bestehen der Vertretungsmacht und damit die Wirksamkeit der Vertretung berufen. Mängel hinsichtlich der Vertretungsmacht gehen allein zulasten des Vertretenen. Legt der vermeintliche Vertreter eine Vollmachtsurkunde vor, kann das Rechtsgeschäft daher nicht wegen der Nichtvorlage zurückgewiesen werden. Denn es wurde ja eine den Vertreter legitimierende Urkunde vorgelegt. Das Zurückweisungsrecht ist *wegen* Vorlage der Vollmachtsurkunde ausgeschlossen. Bezweifelt der Erklärungsempfänger die Vertretungsmacht, d.h. vertraut er nicht auf sie, kann er sich auf § 180 S. 1 BGB berufen. Die Grundsätze der Rechtsscheinvollmacht (§ 172 Abs. 2 BGB) schlagen insoweit nicht durch.

2. *Zurückweisung trotz fehlender Bevollmächtigung bzw. Beanstandung trotz Bevollmächtigung*

Diese Fallgruppe erweist sich als problematisch. Sie ist vor dem Hintergrund zu sehen, dass der Erklärungsempfänger nicht weiß, ob der Vertreter Vertretungsmacht hat oder nicht. Er weiß damit nicht, ob ein Fall des § 174 BGB oder des § 180 BGB vorliegt. Infolgedessen wäre der Erklärungsempfänger dem Zufall ausgesetzt, ob eine etwaige Zurückweisung (bzw. Beanstandung) tatsächlich durchschlägt oder vielmehr ein Fall des § 180 BGB (bzw. § 174 BGB) vorliegt.[161] Dies ist jedoch keine Frage des Anwendungsbereichs des § 174 BGB. Vielmehr hängt die Lösung dieser Problematik davon ab, ob eine Zurückweisung nach § 174 S. 1 BGB auch eine Beanstandung nach § 180 BGB enthalten kann oder umgekehrt (siehe dazu unten: § 7 B. II.).

III. Ergebnis zu A.

Die Anwendbarkeit des § 174 BGB setzt die Bevollmächtigung des Vertreters voraus. Dies gilt auch im Arbeitsrecht uneingeschränkt. Infolgedessen fällt eine

---

161 Diese Problematik erkennen zutreffend, wenn auch im Zusammenhang mit der Klagefrist des § 4 KSchG: ErfK/*Kiel*, § 4 KSchG Rn. 6; *Fornasier*, NJW 2007, 2729 (2733); *Meyer/Reufels*, NZA 2011, 5 (8); *Raab*, RdA 2004, 321 (324 f.); *Ulrici*, DB 2004, 250 (251); *ders.*, Anm. zu BAG, Urt. v. 26.3.2009 – 2 AZR 403/07, BB 2009, 2151 (2152).

Kündigung, die durch einen Vertreter ohne Vertretungsmacht vorgenommen wird, nicht in den Anwendungsbereich des § 174 BGB. Der Arbeitnehmer hat insoweit kein Zurückweisungsrecht nach § 174 S. 1 BGB, sondern die Möglichkeit sich auf die Unwirksamkeit des Rechtsgeschäfts zu berufen bzw. ein Beanstandungsrecht nach § 180 BGB.

B. Gesetzlicher Normalfall: Handeln eines Bevollmächtigten

Ist geklärt, dass für die Anwendung des § 174 BGB – in Abgrenzung zum Vertreter ohne Vertretungsmacht – die Bevollmächtigung des Handelnden vorausgesetzt wird, stellt sich eine weitere entscheidende Frage: Setzt § 174 BGB, indem ausdrücklich der Terminus „*Bevollmächtigung*" verwendet wird, rechtsgeschäftlich erteilte Vertretungsmacht voraus oder findet die Norm auch auf organschaftliche oder gesetzliche Vertretungsverhältnisse Anwendung?

Unter gesetzlicher Vertretungsmacht versteht man die durch das Gesetz angeordnete oder aufgrund Gesetzes verliehene Vertretungsmacht.[162] Für diese ist die Anwendbarkeit des § 174 BGB nach allgemeiner Ansicht[163] ausgeschlossen. Die Nichtanwendbarkeit folgt daraus, dass die Erteilung gesetzlicher Vertretungsmacht – anders als bei der rechtsgeschäftlich erteilten Vertretungsmacht – nicht auf der Willensentscheidung des Vertretenen, sondern auf dem Gesetz beruht.[164] Ein Nachweis gesetzlicher Vertretungsmacht ist durch eine Vollmachtsurkunde nicht möglich. Die dadurch ggf. eintretende Unsicherheit des Erklärungsempfängers, ob der Handelnde zur Vertretung berechtigt ist, wird diesem zugemutet.[165] Schließlich wurde eine Anregung, den Anwendungsbereich des § 174 BGB auf gesetzliche Vertreter auszudehnen, schon bei der Konzeption des BGB

162 Siehe oben: § 2 C.

163 RG, Urt. v. 12.10.1910 – III 60/10, RGZ 74, 263 (265 ff.) – zur gesetzlichen Vertretung durch einen Vormund; BGH, Urt. v. 9.11.2001 – LwZR 4/01, NJW 2002, 1194 (1195); BAG, Urt. v. 10.2.2005 – 2 AZR 584/03, AP Nr. 18 zu § 174 BGB (B I 1 c aa der Gründe) m.w.N.; BAG, Urt. v. 20.9.2006 – 6 AZR 82/06, AP Nr. 19 zu § 174 BGB (II 2 a bb ccc und ddd der Gründe) m.w.N.; BGH, Urt. v. 20.2.2014 – III ZR 443/13, MDR 2014, 452; Soergel/*Leptien*, § 174 BGB Rn. 8; MüKo-BGB/*Schramm*, § 174 BGB Rn. 10; Bamberger/Roth/*Valenthin*, § 174 BGB Rn. 5.

164 BGH, Urt. v. 9.11.2001 – LwZR 4/01, NJW 2002, 1194 (1195); BAG, Urt. v. 10.2.2005 – 2 AZR 584/03, AP Nr. 18 zu § 174 BGB (B I 1 c aa der Gründe); BAG, Urt. v. 20.9.2006 – 6 AZR 82/06, NZA 2007, 377 (379); KR/*Friedrich*, § 13 KSchG Rn. 343b; *Lux*, NZA-RR 2008, 393 (394); *Merle*, ZWE 2007, 125 (132).

165 BGH, Urt. v. 9.11.2001 – LwZR 4/01, NJW 2002, 1194 (1195); BAG, Urt. v. 10.2.2005 – 2 AZR 584/03, AP Nr. 18 zu § 174 BGB (B I 1 c aa der Gründe); BAG, Urt. v. 20.9.2006 –

abgelehnt.[166] Für eine analoge Anwendung auf gesetzliche Vertreter ist nach alledem kein Raum.

Auch für die Fälle, in denen ein Vertreter kraft organschaftlicher Vertretungsmacht einseitige Rechtsgeschäfte vornimmt, wird eine Anwendbarkeit des § 174 BGB verneint.[167] Unter organschaftlicher Vertretung versteht man die notwendige Vertretung zur Vornahme rechtsgeschäftlicher Handlungen von juristischen Personen und Personengesellschaften.[168] Die Nichtanwendbarkeit des § 174 BGB auf organschaftliche Vertretungsverhältnisse folgt neben dem Wortlaut schon aus der systematischen Stellung („Titel 5. Vertretung und Vollmacht“) und dem Zweck der Norm.[169] Organschaftliche Vertretungsmacht beruht wie die gesetzliche Vertretungsmacht gerade nicht auf einer Willensentscheidung eines Vertretenen und kann nicht durch eine Vollmachtsurkunde nachgewiesen werden.[170] Schließlich wird der Rechtsverkehr bei der organschaftlichen Vertretungsmacht durch die Eintragung der Vertreter in die jeweiligen öffentlichen Register[171] bzw. durch die gesetzlich angeordnete Unbeschränkbarkeit[172] der Vertretungsmacht nach außen geschützt[173]. Ein Schutz vor Ungewissheit, wie ihn § 174 BGB im Blick hat, ist infolgedessen unnötig.

---

6 AZR 82/06, NZA 2007, 377 (379); *Brehsan/Gohrke/Opolony*, ZIP 2001, 773 (774); *Lux*, NZA-RR 2008, 393 (394).

166 *Jakobs/Schubert*, Beratung des BGB, AT/2 S. 920.

167 Siehe die in Fn. 163 Genannten; a.A. *Diller*, FA 1999, 106 (107), der in der Registereintragung und -bekanntmachung eine Kundgabe i.S.d. § 174 S. 2 BGB erblickt, die aber gerade eine Anwendbarkeit des § 174 BGB voraussetzt.

168 Siehe oben: § 2 C.

169 BAG, Urt. v. 10.2.2005 – 2 AZR 584/03, AP Nr. 18 zu § 174 BGB (B I 1 c aa der Gründe), stellt dies zwar für die gesetzliche Vertretung fest, wendet diese Grundsätze dann auch auf die organschaftliche Vertretung an; *Kliemt*, Formerfordernisse, S. 215; *Leder*, Beendigung von Arbeitsverhältnissen, S. 49; *Lohr*, MDR 2000, 620 (621).

170 BGH, Urt. v. 9.11.2001 – LwZR 4/01, NJW 2002, 1194 (1195); BAG, Urt. v. 10.2.2005 – 2 AZR 584/03, AP Nr. 18 zu § 174 BGB (B I 1 c aa der Gründe); *Beck*, Erklärung von Kündigung und Abmahnung, S. 32 f.; *Brehsan/Gohrke/Opolony*, ZIP 2001, 773 (775).

171 BGH, Urt. v. 9.11.2001 – LwZR 4/01, NJW 2002, 1194 (1195); LAG Hessen, Urt. v. 23.5.2011 – 16 Sa 36/11, NZA-RR 2011, 519 f.; KR/*Friedrich*, § 13 KSchG Rn. 343c; MüKo-BGB/*Schramm*, § 174 BGB Rn. 10; *Beck*, Erklärung von Kündigung und Abmahnung, S. 34; *Kliemt*, Formerfordernisse, S. 215 f.; *Leder*, Beendigung von Arbeitsverhältnissen, S. 50; *Wertenbruch*, DB 2003, 1099 (1101).

172 Siehe dazu oben Fn. 83.

173 Vgl. *Pusch*, RdA 2005, 170 (172).

Grundsätzlich ist § 174 BGB damit weder auf die gesetzliche noch organschaftliche Vertretung anwendbar.

C. Sonderfälle

Für gewisse Vertretungsfälle wird die unter (B.) dargestellte Ausgangslage nicht immer opportun sein. Insbesondere für die Prokura (I.), für die Vertretung bei der Gesellschaft bürgerlichen Rechts (II.), für mit Alleinvertretungsmacht ausgestattete Gesamtvertreter bei im Register publizierten Vertretungsverhältnissen (III.) und schließlich bei der Untervollmacht (IV.) stellt sich die Frage der (Nicht-)Anwendbarkeit des § 174 BGB erneut.

I. Prokura: Anwendbarkeit des § 174 BGB auf einseitige Rechtsgeschäfte des Prokuristen

Prokuristen haben im Arbeitsrecht eine besondere Stellung, was schon daraus folgt, dass sie in einem Unternehmen bzw. Betrieb „quasi die Stellung eines ‚Minigeschäftsführers' erlangt"[174] haben bzw. erlangen. Die Prokura gilt als „Statussymbol innerhalb der unternehmensinternen Hierarchie"[175].[176] Sie soll sogar „die wichtigste Vollmacht im Wirtschaftsleben"[177] sein. Des Weiteren ist die Prokura nach § 5 Abs. 3 S. 2 Nr. 2 BetrVG Indiz dafür, dass es sich bei einem mit Prokura ausgestatteten Mitarbeiter um einen leitenden Angestellten i.S.d. BetrVG handelt.[178] Schließlich ist das der Prokura zugrunde liegende Rechtsgeschäft zumeist selbst ein Arbeitsverhältnis.[179]

Die beschriebene besondere Bedeutung kommt der Prokura und damit dem Prokuristen selbst jedoch insbesondere wegen ihres Umfangs zu. Zwar sind Geschäfte zur Veräußerung und Belastung eines Grundstücks von der Prokura gemäß § 49 Abs. 2 HGB nicht gedeckt. Nach § 49 Abs. 1 HGB ermächtigt die Prokura jedoch zu allen Arten von gerichtlichen und außergerichtlichen Geschäften bzw. Rechtshandlungen, die der Betrieb eines Handelsgewerbes mit sich

---

174 *Hohmeister*, ArbuR 1992, 143 (146).

175 Oetker/*Schubert*, § 48 HGB Rn. 6.

176 Vgl. MüKo-HGB/*Krebs*, § 48 HGB Rn. 1 und 3; EBJS/*Weber*, § 48 HGB Rn. 3; *Orlowski*, Stellung des Prokuristen, S. 1 f.

177 *Hromadka/Maschmann*, ArbR 1 (2012), § 3 Rn. 72.

178 BAG, Beschl. v. 25.3.2009 – 7 ABR 2/08, NJW 2010, 313 (315 f.); Baumbach/Hopt/*Hopt*, § 48 HGB Rn. 1; *Hromadka/Sieg*, § 5 BetrVG Rn. 26.

179 Oetker/*Schubert*, § 48 HGB Rn. 34; *Hofmann/Fladung/van Ghemen*, Prokurist (2007), S. 4 und 159; *Orlowski*, Stellung des Prokuristen, S. 35; *Wank*, JA 2007, 321 (323).

bringt. Sie ist daher umfassende Rechtsmacht[180] und erfasst insbesondere alle Arten von Kündigungen eines Arbeitsverhältnisses.[181] Insoweit drängt sich die Frage der Anwendbarkeit des § 174 BGB auf eine vom Prokuristen ausgesprochene Kündigung auf.

1. Wortlaut des § 174 BGB und systematische Gesichtspunkte

Für die Anwendbarkeit des § 174 BGB auf einseitige Rechtsgeschäfte des Prokuristen spricht schon der Wortlaut des § 174 BGB, der einseitige Rechtsgeschäfte eines *Bevollmächtigten* erfasst. Das sind gemäß der §§ 167 Abs. 1, 166 Abs. 2 S. 1 BGB Rechtsgeschäfte von Vertretern, die ihre Vertretungsmacht durch rechtsgeschäftliche Erklärung des Vertretenen erhalten haben.[182] Die Prokura ist ein Sonderfall der rechtsgeschäftlichen Vertretungsmacht.[183] Sie richtet sich nach den §§ 48 ff. HGB und ist gemäß § 53 Abs. 1 HGB in das Handelsregister einzutragen. Sie wird wie alle rechtsgeschäftlichen Vollmachten durch rechtsgeschäftliche Erklärung erteilt (§ 48 Abs. 1 HGB) und kommt nicht durch gesetzliche Anordnung zustande. Sie muss gemäß § 48 Abs. 1 HGB jedoch in jedem Fall ausdrücklich erteilt werden. Die Erteilung der Prokura ist konstitutiv und nicht etwa ihre Eintragung in das Handelsregister.[184] Die Entstehung der Prokura durch rechtsgeschäftliche Erteilung entspricht wiederum der Regelung des § 167 Abs. 1 BGB, wonach die Erteilung der Vollmacht durch Erklärung gegenüber dem zu Bevollmächtigenden oder dem Dritten erfolgen kann.[185] Infolgedessen ist auch der Prokurist wegen § 48 Abs. 1 HGB Bevollmächtigter i.S.d. § 174 BGB, womit er nach dessen Wortlaut auch unter den Anwendungsbereich des § 174 BGB fällt.

---

180 Vgl. Baumbach/Hopt/*Hopt*, § 49 HGB Rn. 1; Oetker/*Schubert*, § 49 HGB Rn. 2 und 5; EBJS/*Weber*, § 49 HGB Rn. 1.

181 BAG, Urt. v. 9.10.1975 – 2 AZR 332/74, AP Nr. 8 zu § 626 BGB Ausschlußfrist (I 2 e cc der Gründe); BAG, Urt. v. 11.7.1991 – 2 AZR 107/91, NZA 1992, 449 (450); Staub/*Joost*, § 49 HGB Rn. 11 und 14; MüKo-HGB/*Krebs*, § 49 HGB Rn. 18.

182 Siehe dazu oben: § 5 B.

183 Baumbach/Hopt/*Hopt*, Einleitung vor § 48 HGB Rn. 1 ff.; MüKo-HGB/*Krebs*, § 48 HGB Rn. 1; Oetker/*Schubert*, § 48 HGB Rn. 1; EBJS/*Weber*, § 48 HGB Rn. 1; *v. Westphalen*, DStR 1993, 1186.

184 Staub/*Joost*, § 48 HGB Rn. 60; *ders.*, § 53 HGB Rn. 1; MüKo-HGB/*Krebs*, § 48 HGB Rn. 52; EBJS/*Weber*, § 48 HGB Rn. 25; *Bärwaldt*, NJW 1997, 1404 (1405).

185 Baumbach/Hopt/*Hopt*, § 48 HGB Rn. 3; Staub/*Joost*, § 48 HGB Rn. 55; EBJS/*Weber*, § 48 HGB Rn. 23; a.A. Oetker/*Schubert*, § 48 HGB Rn. 32 m.w.N, der die Erteilung der Prokura nicht auf einzelne Dritte erstrecken will.

Auch aus systematischen Gesichtspunkten spricht nichts gegen die Anwendbarkeit des § 174 BGB auf die Prokura bzw. den Prokuristen. Die Prokura ist zwar im HGB verortet. Jedoch sind wegen Art. 2 Abs. 1 EGHGB die §§ 164 ff. BGB insoweit auf die Prokura anzuwenden, als das HGB keine spezielleren Regelungen bereithält.[186]

2. *Gesetzliche Regelung des Umfangs der Prokura und Eintragungspflicht*

Zweifel an der Anwendbarkeit des § 174 BGB ergeben sich jedoch daraus, dass die Prokura in ihrem Umfang gemäß § 49 HGB gesetzlich geregelt ist und sie gemäß § 53 HGB in das Handelsregister einzutragen ist. Die Eintragung rechtsgeschäftlicher Vertretungsmacht ist in den übrigen Fällen weder nötig noch möglich.[187]

Üblicherweise kann der Vertretene den Umfang der rechtsgeschäftlichen Vertretungsmacht selbst festlegen und ist nicht an das Gesetz gebunden. Das ist bei der Prokura anders, denn für den Umfang der Vertretungsmacht schreibt das Gesetz vor (§ 50 Abs. 1 HGB), dass eine Beschränkung Dritten gegenüber unwirksam ist. Es sind diese Besonderheiten, die im Bezug auf § 174 BGB eine differenzierte Betrachtung nötig machen. So ist die Situation eines nicht in das Handelsregister eingetragenen Prokuristen (a.) eine andere als die eines in das Handelsregister eingetragenen und dort bekannt gemachten Prokuristen (b.).

a. *Nicht in das Handelsregister eingetragene Prokura*

Ist die Prokura noch nicht in das Handelsregister eingetragen und nimmt der Prokurist ein einseitiges Rechtsgeschäft vor, ergeben sich – abgesehen vom gesetzlich vorgegebenen Umfang der Prokura und ihrer Erteilung – keine Abweichungen zu der nach den §§ 164 ff. BGB erteilten BGB-Vollmacht. Das HGB selbst hält für den noch nicht in das Handelsregister eingetragenen Prokuristen keine Regelungen über die Publizität seiner Vertretungsmacht bereit. Infolgedessen sind die §§ 164 ff. BGB auch auf die Prokura anzuwenden. Nicht ungesehen bleiben darf jedoch, dass über § 15 Abs. 1 HGB dem Erklärungsempfänger einer Erklärung des Prokuristen dessen tatsächliche, aber nicht im Register publizierte Prokura nicht entgegengehalten werden darf.

---

186 Baumbach/Hopt/*Hopt*, Einleitung vor § 48 HGB Rn. 4; Staub/*Joost*, Vor § 48 HGB Rn. 5; Oetker/*Schubert*, § 48 HGB Rn. 1 und 5.

187 EBJS/*B. Schaub*, § 8 HGB Rn. 79 m.w.N.; *Hromadka/Maschmann*, ArbR 1 (2012), § 3 Rn. 73.

Ihre Grenze findet diese Sperre jedoch nach dem ausdrücklichen Wortlaut des § 15 Abs. 1 HGB in der Kenntnis des Erklärungsempfängers.

Konsequenterweise ist auch der Anwendungsbereich des § 174 BGB eröffnet.[188] Der Prokurist, dessen Prokura nicht in das Handelsregister eingetragen ist, muss dem Empfänger bei der Vornahme eines einseitigen Rechtsgeschäfts daher eine Vollmachtsurkunde vorlegen (§ 174 S. 1 BGB). Andernfalls ist die Zurückweisung des Rechtsgeschäfts nur vermeidbar, wenn der Prinzipal den Erklärungsempfänger (zuvor)[189] von der Bevollmächtigung des Prokuristen in Kenntnis gesetzt hat (§ 174 S. 2 BGB). Diese Sichtweise ist auch nach dem Telos des § 174 BGB geboten. Der Schutzzweck der Norm ist nur dann erfüllt, wenn der Erklärungsempfänger im Zeitpunkt der Vornahme des Rechtsgeschäfts auch Gewissheit hat, dass *genau dieser Vertreter* ihm gegenüber zum Handeln berechtigt ist (personenbezogene Kenntnis). Die Kenntnis über den Umfang der Vertretungsmacht ergibt sich bei der Prokura aus dem Gesetz[190] (umfangsbezogene Kenntnis). Die Kenntnis von der Person des Prokuristen fehlt ohne einen entsprechenden Nachweis. Daran ändert sich auch nichts dadurch, dass das Gesetz in § 50 Abs. 1 HGB den Umfang der Prokura gegenüber Dritten als unveränderlich statuiert. Schließlich ist es gerade die Kenntnis über Vertreter *und* Vertretungsmacht (personen- und umfangsbezogene Kenntnis), die gewissheitsbringend ist.[191] Diese Gewissheit verschafft dem Erklärungsempfänger im Falle der noch nicht eingetragenen und noch nicht bekannt gemachten Prokura allein die Vorlage der Vollmachtsurkunde oder

---

188 Hiervon geht scheinbar auch die allgemeine Ansicht aus. Deren Vertreter befassen sich zumeist einzig mit dem in das Handelsregister eingetragenen und dort bekannt gemachten Prokuristen und erblicken eine Inkenntnissetzung in der Eintragung und Bekanntmachung, was die Anwendbarkeit für den nicht eingetragenen Prokuristen e contrario suggeriert. Vgl. zur allgemeinen Ansicht: BAG, Urt. v. 11.7.1991 – 2 AZR 107/91, NZA 1992, 449 (450); BAG, Urt. v. 21.5.2008 – 8 AZR 84/07, NZA 2008, 753 (754); BAG, Urt. v. 14.4.2011 – 6 AZR 727/09, NZA 2011, 683 (685); EBJS/*Gehrlein*, 15 HGB Rn. 18; Baumbach/Hopt/*Hopt*, § 49 HGB Rn. 1; Staub/*Joost*, § 48 HGB Rn. 66; MüKo-HGB/*Krebs*, § 15 HGB Rn. 67; Soergel/*Leptien*, § 174 BGB Rn. 2; MüKo-BGB/*Schramm*, § 174 BGB Rn. 4 und 7; *Joost*, Anm. zu BAG, Urt. v. 11.7.1991 – 2 AZR 107/91, EWiR 1992, 541 (542); *Lohr*, MDR 2000, 620 (622); *Lux*, NZA-RR 2008, 393 (394 ff. und 398).

189 Siehe ausführlich zum Zeitpunkt der Inkenntnissetzung unten: § 8 A.

190 § 49 HGB.

191 Siehe dazu oben: § 3 B. II.

das Inkenntnissetzen von der Bevollmächtigung durch den Vertretenen[192] (Prinzipal).

b. In das Handelsregister eingetragene und dort bekannt gemachte Prokura

Ob die Norm des § 174 BGB auf den in das Handelsregister eingetragenen und dort bekannt gemachten Prokuristen anwendbar ist, wird unterschiedlich beurteilt.

aa. Meinungsstand

In der Rechtsprechung und der Literatur hat sich keine Diskussion um die Anwendbarkeit des § 174 BGB entwickelt. Folgender Befund lässt sich jedoch darstellen:

(1) Rechtsprechung

Das BAG wendet § 174 BGB auf den in das Handelsregister eingetragenen und dort bekannt gemachten Prokuristen an, sofern dieser ein einseitiges Rechtsgeschäft vornimmt.[193] Zweifel an der Anwendbarkeit des § 174 BGB lässt die Rechtsprechung des BAG nicht erkennen. Vielmehr nimmt es eine Lösung mittels § 174 S. 2 BGB vor. Dabei macht sich die Rechtsprechung die Regelung des § 15 Abs. 2 HGB fruchtbar, um in der Handelsregistereintragung und der Bekanntmachung eine die Zurückweisung ausschließende Inkenntnissetzung zu erblicken. Dieses noch kritisch zu hinterfragende Vorgehen[194] macht deutlich, dass die Anwendbarkeit des § 174 BGB vorausgesetzt wird. Andernfalls wäre eine Lösung über § 174 S. 2 BGB nicht geboten.

Soweit ersichtlich, hat sich neben dem BAG und über dessen Befassung hinaus bisher allein das LG München I[195] im Jahre 1973 mit der Anwendbarkeit des § 174 BGB auf den Prokuristen konkret auseinandersetzen müssen. Es hat sich insoweit jedoch – anders als das BAG – nicht mit der Rolle des § 15 Abs. 2 HGB und seinen Folgen für § 174 BGB befasst. Vielmehr hat das LG München I eine Anwendbarkeit des § 174 BGB auf den Prokuristen angenommen und festgestellt,

---

192 Zur Vertretung bei der Inkenntnissetzung siehe unten: § 8 D.

193 St. Rspr.: BAG, Urt. v. 11.7.1991 – 2 AZR 107/91, NZA 1992, 449 (450 ff.); BAG, Urt. v. 21.5.2008 – 8 AZR 84/07, NZA 2008, 753 (754); BAG, Urt. v. 14.4.2011 – 6 AZR 727/09, NZA 2011, 683 (685).

194 Siehe unten: § 9 B. IV.

195 LG München I, Urt. v. 14.11.1973 – 25 O 246/73, juris.

dass die Vorlage eines Handelsregisterauszugs zumutbar ist, um der Wirkung des § 174 S. 1 BGB zu entgehen.[196]

(2) Literatur, insbesondere Ansicht *Kliemts*

In der Literatur hat sich nur bei wenigen Stimmen Widerstand gegen die Anwendbarkeit des § 174 BGB auf den in das Handelsregister eingetragenen und dort bekannt gemachten Prokuristen gebildet.[197] Die Kommentierungen zu § 174 BGB und die vereinzelt anzutreffenden Stellungnahmen gehen hingegen über die Anwendbarkeitsproblematik hinweg und setzen der Rechtsprechung folgend eine Anwendbarkeit voraus.[198]

Gleichwohl ist insbesondere die Ansicht von *Kliemt* gehaltvoll und diskussionswürdig. Nach *Kliemt*[199] ist § 174 BGB auf den in das Handelsregister eingetragenen und dort bekannt gemachten Prokuristen (wegen § 15 Abs. 2 S. 1 HGB) nicht anwendbar.[200] Als Spezialnorm verdränge § 15 Abs. 2 S. 1 HGB den allgemeineren § 174 BGB. Es bestehe ähnlich wie bei gesetzlichen Vertretungsvorschriften kein Bedürfnis für die Anwendung des § 174 BGB. Die Prokura berechtige zu allen Arten von außerordentlichen Rechtsgeschäften, die der Betrieb eines Handelsgewerbes mit sich bringt, § 49 Abs. 1 HGB. Gegenüber Dritten sei eine Beschränkung der Prokura unwirksam. Der Erklärungsempfänger könne sich durch Einsicht in das Handelsregister über die Stellung des Prokuristen informieren. Wegen der Besonderheiten der §§ 49, 50 HGB könne keine

196 LG München I, Urt. v. 14.11.1973 – 25 O 246/73, juris Rn. 42.

197 Vgl. *Kliemt*, Formerfordernisse, S. 225 f.; i.E. auch *Jakobs*, Anm. zu BAG, Urt. v. 30.5.1972 – 2 AZR 298/71, AP Nr. 1 zu § 174 BGB unter 1., der davon ausgeht, dass der Anwendungsbereich generell nicht für Personen eröffnet ist, die eine „‚allgemeine Vertreterstellung'" innehaben und für die „es nicht üblich ist", „Erklärungen unter Nachweis" ihrer „Bevollmächtigung" abzugeben.; wohl auch *Flume*, AT 2 (1979), § 49 2b, S. 825.

198 Vgl. KR/*Friedrich*, § 13 KSchG Rn. 345; EBJS/*Gehrlein*, § 15 HGB Rn. 18, der jedoch nicht klar macht, ob er § 174 BGB überhaupt anwenden will; Baumbach/Hopt/*Hopt*, § 49 HGB Rn. 1; Staub/*Joost*, § 48 HGB Rn. 66; Soergel/*Leptien*, § 174 BGB Rn. 2; ErfK/*Müller-Glöge*, § 620 BGB Rn. 27; MüKo-BGB/*Schramm*, § 174 BGB Rn. 4 und 7 f.; Bamberger/Roth/*Valenthin*, § 174 BGB Rn. 11; *Boecken*, Anm. zu BAG, Urt. v. 11.7.1991 – 2 AZR 107/91, EzA § 174 BGB Nr. 9, S. 15 ff.; *Brehsan/Gohrke/Opolony*, ZIP 2001, 773 (780); *Jentsch/Lostermann*, AuA 2012, 90 (91); *Joost*, Anm. zu BAG, Urt. v. 11.7.1991 – 2 AZR 107/91, EWiR 1992, 541 (542); *Lohr*, MDR 2000, 620 (622); *Lux*, NZA-RR 2008, 393 ff.; *S. Müller*, FA 2013, 37 (38); *Springer*, BB 2012, 1477 (1479).

199 *Kliemt*, Formerfordernisse, S. 225 f.

200 So auch ohne weitere Begründung APS/*Preis*, 1. Teil D. Rn. 80.

Unsicherheit über das Bestehen und den Umfang der Vertretungsmacht auf Seiten des Erklärungsempfängers entstehen. Die Zurechnung der Registerlage folge direkt aus § 15 Abs. 2 S. 1 HGB. Diese Norm sei schließlich auch bei einseitigen Rechtsgeschäften eines Prokuristen und im Verhältnis zwischen Arbeitgeber und Arbeitnehmer anwendbar.

bb. Eigene Stellungnahme

(1) Vergleichbarkeit zur gesetzlichen bzw. organschaftlichen Vertretungsmacht

Der Ansicht von *Kliemt* ist zuzugeben, dass der Umfang der Prokura durch das Gesetz statuiert wird (§ 49 HGB) und Beschränkungen (dem) Dritten gegenüber nicht wirken (§ 50 Abs. 1 HGB). Das hat tatsächlich zur Folge, dass keine Ungewissheit über den Umfang der Prokura entstehen kann. Bezüglich der Gewissheit darüber, ob die konkrete Person tatsächlich Prokurist ist, vermag hingegen nicht das Gesetz, sondern nur das Register Auskunft zu geben. Die Prokura ist in das Handelsregister einzutragen (§ 53 HGB), was bedeutet, dass gemäß § 43 Nr. 5 HRV auch Familienname, Vorname, Geburtsdatum und Wohnort des Prokuristen sowie die jeweils sich darauf beziehenden Änderungen anzugeben sind. Infolgedessen enthält das Register die entscheidenden Informationen über die Person des Vertreters. Insoweit ist die Prokura der gesetzlichen bzw. organschaftlichen Vertretungsmacht durchaus vergleichbar. Daher wäre es nur konsequent, mit *Kliemt* zu sagen, dass sich der Erklärungsempfänger nicht auf § 174 BGB berufen kann.

(2) Einsehbarkeitsaspekt

Ein weiterer Aspekt streitet für das von *Kliemt* gefundene Ergebnis: Auch im Anwendungsbereich des § 174 BGB muss dem Erklärungsempfänger durch die Vorlage der Vollmachtsurkunde nur die *Möglichkeit* gegeben werden, diese tatsächlich *einsehen zu können* und sich dadurch Gewissheit zu verschaffen.[201] Verlangt man nun, wie das Gesetz in § 15 Abs. 2 HGB, keine tatsächliche Registereinsicht durch den Dritten, besteht allein in der Einsehbarkeit des Registers schon die Möglichkeit zur Einsicht der Vertretungsregeln. Diese Möglichkeit gibt es für andere Fälle rechtsgeschäftlicher Vertretungsmacht nicht.

---

201 Siehe dazu unten: § 6 D. I.

(3) Wortlaut des § 174 BGB und charakteristische Gesichtspunkte

Für die Anwendbarkeit des § 174 BGB auch auf die Fälle des in das Handelsregister eingetragenen und dort bekannt gemachten Prokuristen spricht zunächst schon der Wortlaut der Norm: Die Prokura ist eine rechtsgeschäftliche Vertretungsmacht und der Prokurist folglich Bevollmächtigter i.S.d. § 174 BGB. Des Weiteren bleibt die Prokura charakteristisch und systematisch trotz aller Nähe zu den organschaftlichen und gesetzlichen Vertretungsverhältnissen immer rechtsgeschäftliche Vertretungsmacht: Im Gegensatz zur organschaftlichen oder gesetzlichen Vertretungsmacht ist bei der Prokura der Vollmachtgeber der Erteilende. Die gesetzliche und organschaftliche Vertretungsmacht ist hingegen Voraussetzung für die Handlungsfähigkeit der jeweiligen gesetzlich zu Vertretenden bzw. juristischen Personen/Personengesellschaften.[202] Die Prokura erleichtert dem Prinzipal lediglich, seine Interessen wahrzunehmen, sich insbesondere durch Arbeitsteilung eine effektivere Handlungsstruktur einzurichten. Seine generelle Handlungsfähigkeit ist davon nicht abhängig.

(4) Systematik und Zweck des § 174 BGB

Bedient sich der Prinzipal eines Prokuristen für die Abwicklung seiner Geschäfte, ist nicht einzusehen, warum diese von ihm gewählte Arbeitserleichterung zulasten der Erklärungsempfänger und deren Schutzwürdigkeit bzgl. ihrer Gewissheitsinteressen gehen soll. Dies widerspricht Systematik und Zweck der Norm: Die Informationslast hinsichtlich der Vertretungsmacht liegt beim Vollmachtgeber (bzw. mittelbar bei seinem Vertreter). Eine Verlagerung auf den Erklärungsempfänger soll gerade nicht erfolgen dürfen.[203] Soll der Erklärungsempfänger aber im Rahmen rechtsgeschäftlicher Vertretungsverhältnisse nicht nach der Information über die Vertretungsmacht suchen müssen, verbleibt i.R.d. Prokura die Informationslast über die Erteilung der Prokura auf Seiten des Vollmachtgebers (Vertretenen). Nur ausnahmsweise – nämlich bei nicht rechtsgeschäftlich erteilter Vertretungsmacht – wird die Verlagerung des Gewissheitsrisikos, aber auch der Informationslast zulasten des Erklärungsempfängers in Kauf genommen.[204]

In der Konstellation des § 174 BGB kommt erschwerend hinzu, dass der Erklärungsempfänger nur eine Passivrolle einnimmt. Gerade deshalb ist nur dort

202 Siehe dazu oben: § 2 C.

203 Siehe dazu oben: § 3 B. II.

204 BGH, Urt. v. 9.11.2001 – LwZR 4/01, NJW 2002, 1194 (1195); BAG, Urt. v. 10.2.2005 – 2 AZR 584/03, AP Nr. 18 zu § 174 BGB (B I 1 c aa der Gründe).

das Risiko der Gewissheit auf den Erklärungsempfänger zu verlagern, wo es unvermeidbar ist, um die gesetzlich angeordnete Informationslast mit der (schützenswerten) Situation des Informationsempfängers sinnvoll auszutarieren.

(5) § 15 Abs. 2 HGB als lex specialis

Zweifel wirft die Annahme *Kliemts* auf, dass § 15 Abs. 2 HGB als speziellere Norm die Norm des § 174 BGB verdränge. Er selbst führt dazu nichts Konkretes aus und verweist auch insoweit nicht auf etwaige Quellen, die seine These stützen könnten.[205] Vor allem methodisch vermag der Ansatz nicht zu überzeugen: Eine Norm ist spezieller als eine andere, wenn sie dieselben Tatbestandsmerkmale der allgemeinen Norm und darüber hinaus mindestens ein weiteres Tatbestandsmerkmal enthält. Ist eine Norm spezieller, überlagert sie die allgemeine Norm und kommt insoweit ausschließlich zur Anwendung.[206]

Der Vergleich der beiden Tatbestände (§ 174 BGB und § 15 Abs. 2 HGB) zeigt jedoch, dass eine Spezialität in diesem Sinne nicht vorliegt. In diesem methodischen Sinne kann die These von *Kliemt* daher nicht gemeint sein. Nimmt man *Kliemt* jedoch nicht beim Wort, sondern hinterfragt den Kontext seiner Aussage, liegt die Vermutung nahe, dass nach seiner Auffassung die Prokura bzw. der Prokurist ein von § 174 BGB nicht gemeinter „Spezialfall" sei und dass die Regelung des § 15 Abs. 2 HGB den Anforderungen, die § 174 BGB an den Nachweis der Bevollmächtigung stellt, für den in das Handelsregister eingetragenen und dort bekannt gemachten Prokuristen die Grundlage nehme.

Dagegen spricht aber schon, dass § 174 S. 1 BGB die Vorlage der Vollmachtsurkunde fordert, damit der Vertreter seine Rechtsmacht wirksam dokumentieren kann. Nicht jedwede Dokumentation oder gar ein Verweis auf die Existenz einer Vollmachtsurkunde genügen diesen Anforderungen. Geschützt wird dabei das Gewissheitsinteresse des Erklärungsempfängers.[207] Im Falle des § 15 Abs. 2 HGB wird die Kenntnis über eine eingetragene und bekannt gemachte Tatsache fingiert.[208] Zweck der Norm ist dabei eine vertrauenswürdige Information des

205 *Kliemt*, Formerfordernisse, S. 225.

206 *Bydlinski*, Methodenlehre (1991), S. 465; *Larenz*, Methodenlehre (1991), S. 267 ff. m.w.N.

207 Siehe dazu oben: § 3 B. II.

208 BAG, Urt. v. 11.7.1991 – 2 AZR 107/91, NZA 1992, 449 (451); BAG, Urt. v. 14.4.2011 – 6 AZR 727/09, NZA 2011, 683 (685); EBJS/*Gehrlein*, § 15 HGB Rn. 18; so auch *Kliemt* selbst: Formerfordernisse, S. 226; *Bartholomä*, Anm. zu BAG, Urt. v. 14.4.2011 – 6 AZR 727/09, BB 2011, 2236 (2239); *Joost*, Anm. zu BAG, Urt. v. 11.7.1991 – 2 AZR

Rechtsverkehrs über die jeweilige Tatsache.[209] Insoweit ist zwar auch die Handelsregistereintragung und ihre Bekanntmachung die Kundgabe einer Information an den Rechtsverkehr.[210] Dabei handelt es sich aber gerade nicht um die Kundgabe *mittels einer Vollmachtsurkunde* wie sie § 174 S. 1 BGB fordert. Sieht man in der Handelsregistereintragung und der Bekanntmachung eine Information an den Rechtsverkehr und damit an die Öffentlichkeit, kommt ein Weiteres hinzu: Nach den Protokollen zum BGB wurde ein Antrag, eine Information an die Öffentlichkeit als Nachweis i.S.d. § 174 BGB genügen zu lassen, zurückgezogen.[211] Das wiederum impliziert, dass schon bei der Schaffung des BGB davon ausgegangen wurde, dass eine Information an die Öffentlichkeit allein kein ausreichender Nachweis der Bevollmächtigung i.S.d. § 174 BGB ist. Andernfalls wäre der Antrag wohl gar nicht erst gestellt worden.[212]

Darüber hinaus dient die Regelung des § 15 Abs. 2 HGB vor allem der Entlastung des Unternehmers bzw. Prinzipals[213], nicht aber den Gewissheitsinteressen des Dritten. Infolgedessen ist von einer *Interessengegenläufigkeit* der beiden Normen auszugehen. Konsequenterweise ist es dann auch nicht denkbar, dass ein Tatbestand wie § 15 Abs. 2 HGB eine Kenntnis auslösen kann, die eine Anwendung des § 174 BGB überflüssig macht, mithin die Norm verdrängt.[214]

107/91, EWiR 1992, 541 (542); *Lux*, NZA-RR 2008, 393 (397 f.); *Springer*, BB 2012, 1477 (1479).

209 BAG, Urt. v. 11.7.1991 – 2 AZR 107/91, NZA 1992, 449 (451); vgl. auch Baumbach/Hopt/*Hopt*, § 15 HGB Rn. 2; MüKo-HGB/*Krebs*, § 15 HGB Rn. 62 f.; Oetker/*Preuß*, § 15 HGB Rn. 33 und 38 f.

210 BAG, Urt. v. 11.7.1991 – 2 AZR 107/91, NZA 1992, 449 (451); vgl. auch EBJS/*Gehrlein*, § 15 HGB Rn. 18; Oetker/*Preuß*, § 15 HGB Rn. 38.

211 *Jakobs/Schubert*, Beratung des BGB, AT/2, S. 930.

212 Wie hier auch schon: *Beck*, Erklärung von Kündigung und Abmahnung, S. 75; *Boecken*, Anm. zu BAG, Urt. v. 11.7.1991 – 2 AZR 107/91, EzA § 174 Nr. 9, S. 16.

213 Vgl. Staub/*Koch*, § 15 HGB Rn. 81 f.; MüKo-HGB/*Krebs*, § 15 HGB Rn. 7 und 62 f.; Oetker/*Preuß*, § 15 HGB Rn. 33; *C. Körber/P. Schaub*, JuS 2012, 303 (306).

214 So i.E. auch schon: *Beck*, Erklärung von Kündigung und Abmahnung, S. 75, 77; *Klostermann-Schneider*, in: *Uffmann/Dahm* (Hrsg.), Vielfalt oder Chaos, 2013, S. 145 (160); vgl. darüber hinaus *Boecken*, Anm. zu BAG, Urt. v. 11.7.1991 – 2 AZR 107/91, EzA § 174 Nr. 9, S. 16, wenngleich im Kontext des § 174 S. 2 BGB. Siehe zum Problem um die öffentliche Bekanntmachung als ausreichende Inkenntnissetzung i.S.d. § 174 S. 2 BGB unten: § 8 C. II.; vgl. schließlich auch *Lux*, NZA-RR 2008, 393 (398), der sich zwar auf die Darstellung des Verhältnisses des § 15 Abs. 2 HGB zu § 174 S. 2 BGB beschränkt (siehe dazu unten: § 9 D.), gleichwohl andeutet, dass es der Anwendung des § 174 BGB generell trotz § 15 Abs. 2 HGB bedarf:

(6) Teleologische Reduktion des § 174 BGB

Bliebe letztlich zur Aufrechterhaltung der These, dass § 174 BGB nicht auf den in das Handelsregister eingetragenen und dort bekannt gemachten Prokuristen anwendbar ist, die Möglichkeit einer teleologischen Reduktion der Norm. Die Grundlage einer solchen teleologischen Reduktion des Anwendungsbereichs des § 174 BGB könnte in der Nähe der Prokura zur organschaftlichen und gesetzlichen Vertretungsmacht erblickt werden. Lehnt man dies – wie hier – ab, könnte man in § 15 HGB allenfalls einen speziellen Anwendungsfall (*keine Spezialität*) zu § 174 S. 2 BGB sehen, was aber noch genau zu untersuchen sein wird.[215]

(7) Zusammenfassung zu bb.

§ 174 BGB ist auf den in das Handelsregister eingetragenen und dort bekannt gemachten Prokuristen anzuwenden. Neben dem Wortlaut des § 174 BGB sprechen vor allem Sinn und Zweck der Regelung für die Anwendung. Insbesondere ist eine Anwendbarkeit nicht durch § 15 Abs. 2 HGB ausgeschlossen. Bei § 15 Abs. 2 HGB handelt es sich nicht um eine speziellere Regelung, die § 174 BGB verdrängt. Auch bedarf es trotz der Nähe der Prokura zur organschaftlichen und gesetzlichen Vertretungsmacht der Anwendung des § 174 BGB. Zwar kann eine Ungewissheit über den Vertretungsumfang nicht bestehen, gleichwohl liegen die Informationslast hinsichtlich der Person des Prokuristen (personenbezogene Kenntnis) und der Erteilung der Prokura sowie das damit einhergehende Risiko der Ungewissheit beim Vollmachtgeber. Eine andere Frage ist es hingegen, ob die Zurückweisung des Erklärungsempfängers wegen der Wirkung des § 15 Abs. 2 HGB nach § 174 S. 2 BGB ausgeschlossen ist (siehe dazu unten: § 9 D.).

3. *Unechte Gesamtvertretung*

Um § 174 BGB im konkreten Einzelfall anwenden zu können, muss der Prokurist aufgrund rechtsgeschäftlicher Vertretungsmacht gehandelt haben. Wenn der Prokurist gemeinsam mit einem Geschäftsführer oder Vorstand handelt, geht die gemeinsame Vertretungsmacht auf die des Geschäftsführers oder Vorstands

---

„Die Kenntnisfiktion würde dem Erklärungsempfänger (…) den besonderen Schutz wieder nehmen, den (…) § 174 BGB eben einräumt.“.

215 Siehe dazu unten: § 9 B. IV.

zurück.[216] Im Falle dieser unechten Gesamtvertretung liegt daher gesetzliche bzw. organschaftliche Vertretungsmacht vor[217], die eine Anwendung des § 174 BGB ausschließt.[218]

4. *Ergebnis zu I.*

Sowohl auf den Prokuristen, der nicht in das Handelsregister eingetragen wurde, als auch auf denjenigen, der in das Handelsregister eingetragen ist und dort (länger als 15 Tage) bekannt gemacht wurde, ist § 174 BGB anwendbar. Daran ändert vor allem die Regelung des § 15 Abs. 2 HGB nichts. Im Falle unechter Gesamtvertretung ist § 174 BGB nicht anwendbar.

II. Gesellschaft bürgerlichen Rechts

Der BGH[219] hat im Jahr 2001 entschieden, dass die Norm des § 174 BGB auf die Gesellschaft bürgerlichen Rechts anwendbar ist. Diese Annahme ist mittlerweile h.A.[220] geworden. Dies hat auch Folgen für das Arbeitsrecht, denn hunderttausende Arbeitnehmer sind bei Gesellschaften bürgerlichen Rechts

216 RG, Beschl. v. 22.12.1931 – II B 30/31, RGZ 134, 303 (306); BGH, Urt. v. 31.3.1954 – II ZR 57/53, NJW 1954, 1158; Fissenewert/*Güther*, S. 53; vgl. auch *Bärwaldt*, NJW 1997, 1404 (1405); *Köhl*, NZG 2005, 197 (199).

217 *Hofmann/Fladung/van Ghemen*, Prokurist (2007), S. 119 f.

218 Fissenewert/*Güther*, S. 53 f.; vgl. auch oben § 2 C.

219 BGH, Urt. v. 9.11.2001 – LwZR 4/01, NJW 2002, 1194.

220 BGH, Urt. v. 9.11.2001 – LwZR 4/01, NJW 2002, 1194; BGH, Urt. v. 20.2.2014 – III ZR 443/13, MDR 2014, 452; OLG Stuttgart, Urt. v. 29.9.2010 – 9 U 35/10, BeckRS 2011, 04084, das diese Grundsätze auch auf die KG erstrecken will; OLG Brandenburg, Urt. v. 23.10.2012 – 6 U 29/12, BeckRS 2012, 24712; LAG Hessen, Urt. v. 23.5.2011 – 16 Sa 36/11, NZA-RR 2011, 519 (520); ErfK/*Müller-Glöge*, § 620 BGB Rn. 25; Bamberger/Roth/*Valenthin*, § 174 BGB Rn. 11; *Berghoff*, Organschaftliche Vertretung, S. 122; *S. Müller*, FA 2013, 37 (38); wohl auch *Häublein*, NJW 2002, 1398; *Wertenbruch*, Anm. zu BGH, Urt. v. 9.11.2001 – LwZR 4/01, WuB II J. § 705 BGB 1.02; *ders.*, DB 2003, 1099 (1101) – alle für die Anwendbarkeit für den Fall, dass ein alleinvertretungsberechtigter GbR-Gesellschafter handelt; LG München I, Urt. v. 13.10.2004 – 9 O 17631/04, BeckRS 2007, 01298, das § 174 BGB sogar direkt anwenden will; Staudinger/*Schilken*, § 174 BGB Rn. 6 m.z.N.; MüKo-BGB/*Schramm*, § 174 BGB Rn. 10; Palandt/*Sprau*, § 714 BGB Rn. 1 – wohl alle für die Anwendbarkeit für jeden Fall, in dem einseitige Rechtsgeschäfte für die GbR durch die Gesellschafter vorgenommen werden; a.A. aber LG Paderborn, Urt. v. 25.1.2008 – 2 O 10/08, BeckRS 2009, 21027, für den Fall, dass die Vertretungsregeln im Internet einsehbar sind und der Erklärungsempfänger darauf hingewiesen ist; *Lohr*, MDR 2000, 620 (621), insoweit mit Bezug auf LAG

beschäftigt.[221] Dadurch, dass die Gesellschaft Arbeitgeberin sein kann,[222] kann sie auch Kündigungen aussprechen. Es ist denkbar – wenn auch wenig praktisch –, dass alle Gesellschafter der Gesellschaft bürgerlichen Rechts einem Arbeitnehmer gemeinschaftlich kündigen (§§ 709, 714 BGB: im Zweifel herrscht Gesamtvertretung). Weiter kann es vorkommen, dass alle Gesellschafter oder einzelne von ihnen mit Einzelvertretungsmacht ausgestattet sind und ein solcher organschaftlicher Einzelvertreter einem Arbeitnehmer allein kündigt. Schließlich ist es denkbar, dass einer der Gesellschafter – bei (vereinbarter bzw. gesetzlich angeordneter) Gesamtvertretung – einem Arbeitnehmer allein kündigt und er dazu wirksam ermächtigt worden ist (zur Alleinvertretung ermächtigter Gesamtvertreter).

Wegen der (charakteristischen) Besonderheiten der Gesellschaft bürgerlichen Rechts, insbesondere des Fehlens eines Registers, das die Vertretungsverhältnisse publiziert, stellt sich die Frage nach der Anwendbarkeit des § 174 BGB auf das Handeln der Gesellschafter im Arbeitsrecht und dort insbesondere im Zusammenhang mit Kündigungen schon naturgemäß.

1. Grundlagen der Gesellschaft bürgerlichen Rechts

Befasst man sich mit der Gesellschaft bürgerlichen Rechts, begegnet man nicht selten Ungereimtheiten und Schwierigkeiten im Zusammenhang mit ihrer rechtlichen Konturierung. Zwar ist das Recht der Gesellschaft bürgerlichen Rechts in den §§ 705 ff. BGB geregelt. Gleichwohl sind Analogien im Zusammenhang mit der Gesellschaft bürgerlichen Rechts immer wieder anzutreffen.[223] Das hat seinen Grund u.a. in der Entwicklung des Rechts der Gesellschaft bürgerlichen

---

Hessen, Urt. v. 25.3.1997 – 9 Sa 2097/96 und der Argumentation, dass sich die Vertretung der Gesellschafter aus dem Gesetz ergebe.

221 *Diller*, NZA 2003, 401.

222 BAG, Urt. v. 1.12.2004 – 5 AZR 597/03, NJW 2005, 1004 f., wobei die Arbeitgeberfähigkeit der GbR ohne nähere Auseinandersetzung angenommen wird; BAG, Urt. v. 30.10.2008 – 8 AZR 397/07, AP Nr. 358 zu § 613a BGB (B III 1 der Gründe); ErfK/*Preis*, § 611 BGB Rn. 184; Palandt/*Sprau*, § 705 BGB Rn. 24a; Palandt/*Weidenkaff*, Einf. v. § 611 BGB Rn. 6; *Diller*, NZA 2003, 401 (402 f.); *Willemsen*, Anm. zu BAG, Urt. v. 30.10.2008 – 8 AZR 397/07, AP Nr. 358 zu § 613a BGB.

223 *Wertenbruch*, DB 2003, 1099 (1101); vgl. aber auch MüKo-BGB/*Ulmer*/*Schäfer*, Vor § 705 BGB Rn. 26–33, die insoweit eine Reform des Rechts der Gesellschaft bürgerlichen Rechts anregen.

Rechts: Lange Zeit wurde ihr die Rechtsfähigkeit abgesprochen.[224] Diese Annahme ist mittlerweile überholt. Heute gilt, dass die Gesellschaft bürgerlichen Rechts dort, wo sie als Außengesellschaft am Rechtsverkehr partizipiert, (eigenständige) Rechtsfähigkeit besitzt.[225] Nur auf diese teilrechtsfähige (Außen-)Gesellschaft bürgerlichen Rechts wird im Folgenden eingegangen.

a. Charakteristik und Begründung der Gesellschaft bürgerlichen Rechts

Die Gesellschaft bürgerlichen Rechts ist ihrer Charakteristik nach eine Personengesellschaft,[226] nicht etwa juristische Person.[227] Sie wird durch den Abschluss eines Gesellschaftsvertrags begründet.[228] Dieser bedarf grundsätzlich keiner bestimmten Form[229] und kann auch konkludent geschlossen werden.[230]

---

224 BGH, Urt. v. 14.2.1957 – VII ZR 250/56, NJW 1957, 750 (751); BGH, Urt. v. 26.3.1981 – VII ZR 160/80, NJW 1981, 1953 (1954); BAG, Urt. v. 16.10.1974 – 4 AZR 29/74, AP Nr. 1 zu § 705 BGB (II 2 der Gründe) m.w.N.; Palandt/*Sprau*, § 705 BGB Rn. 24; MüKo-BGB/*Ulmer*/*Schäfer*, § 705 BGB Rn. 296–302.

225 Vgl. aus der st. Rspr. des BGH: BGH, Urt. v. 29.1.2001 – II ZR 331/00, NJW 2001, 1056; BGH, Urt, v. 24.2.2003 – II ZR 385/99, NJW 2003, 1445 (1446); BGH, Urt. v. 25.1.2008 – V ZR 63/07, NJW 2008, 1378 (1379); vgl. außerdem: BVerfG, Beschl. v. 2.9.2002 – 1 BvR. 1103/02, NJW 2002, 3533; vgl. aus der arbeitsrechtlichen Rspr.: BAG, Urt. v. 1.12.2004 – 5 AZR 597/03, NJW 2005, 1004; BAG, Urt. v. 30.10.2008 – 8 AZR 397/07, AP Nr. 358 zu § 613a BGB; Vgl. schließlich zur h.L.: Soergel/*Hadding*/*Kießling*, Vor § 705 BGB Rn. 20; *dies.*, § 718 BGB Rn. 3; Palandt/*Sprau*, § 705 BGB Rn. 24 und 33; MüKo-BGB/*Ulmer*/*Schäfer*, § 705 BGB Rn. 253–255 und 299–302.

226 Soergel/*Hadding*/*Kießling*, Vor § 705 BGB Rn. 14 und 20; Palandt/*Sprau*, § 705 BGB Rn. 1; MüKo-BGB/*Ulmer*/*Schäfer*, Vor § 705 BGB Rn. 1; *dies.*, § 705 BGB Rn. 60 und 307–309.

227 Vgl. BGH, Urt. v. 29.1.2001 – II ZR 331/00, NJW 2001, 1056; BGH, Urt. v. 23.10.2001 – XI ZR 63/01, NJW 2002, 368; BGH, Beschl. v. 4.12.2008 – V ZB 74/08, NJW 2009, 594 (595); Soergel/*Hadding*/*Kießling*, Vor § 705 BGB Rn. 14; Palandt/*Sprau*, § 705 BGB Rn. 4 und 24; MüKo-BGB/*Ulmer*/*Schäfer*, Vor § 705 BGB Rn. 2 und 12–13; *dies.*, § 705 BGB Rn. 307–309 – m.w.N. und Nachw. zur Gegenansicht.

228 Soergel/*Hadding*/*Kießling*, § 705 BGB Rn. 1 und 4; Palandt/*Sprau*, § 705 BGB Rn. 1 und 10; MüKo-BGB/*Ulmer*/*Schäfer*, § 705 BGB Rn. 1.

229 Soergel/*Hadding*/*Kießling*, § 705 BGB Rn. 8; Palandt/*Sprau*, § 705 BGB Rn. 12; MüKo-BGB/*Ulmer*/*Schäfer*, § 705 BGB Rn. 1 und 32 – vgl. aber zu den Ausnahmen von der Formfreiheit: MüKo-BGB/*Ulmer*/*Schäfer*, § 705 BGB Rn. 33–51.

230 Soergel/*Hadding*/*Kießling*, § 705 BGB Rn. 7; Palandt/*Sprau*, § 705 BGB Rn. 11; MüKo-BGB/*Ulmer*/*Schäfer*, § 705 BGB Rn. 1 und 25–28.

Inhaltlich gesehen müssen sich mindestens zwei Gesellschafter[231] in dem Gesellschaftsvertrag dazu verpflichten, die Erreichung eines gemeinsamen Zwecks zu fördern und die vereinbarten Beiträge zu leisten (§ 705 BGB). Den Gesellschaftern ist häufig gar nicht bewusst, dass sie i.R.e. Gesellschaft bürgerlichen Rechts miteinander verbunden sind.[232] Dies ist aber für die Gründung nicht weiter schädlich, da es für diese allein eines über das reine Zusammenwirken hinausgehenden Rechtsbindungswillens bedarf.[233]

Im Hinblick auf den durch die Gesellschafter verfolgten Zweck gibt es nur wenige Vorgaben: Der Zweck muss erlaubt sein, kann auch ein ideeller und zeitlich gesehen ein nur vorübergehender sein.[234] Dass die Gesellschafter den jeweiligen Zweck gemeinsam verfolgen müssen, bedeutet nicht mehr, als dass jeder vom anderen Gesellschafter bzw. von den anderen Gesellschaftern die Förderung des Zwecks verlangen können muss.[235]

Die Gesellschaft bürgerlichen Rechts kann einen (ausdrücklichen) von den Gesellschaftern gewählten Namen führen. Dieser kann aus den Namen aller oder einiger Gesellschafter bestehen. Führt die Gesellschaft keinen ausdrücklichen Namen, bleibt ihre Individualisierung insoweit möglich, als sie durch die Anführung ihrer Gesellschafter bezeichnet wird.[236] Bei der Gesellschaft bürgerlichen Rechts gibt es – anders als bei der offenen Handelsgesellschaft, der Aktiengesellschaft oder Gesellschaft mit beschränkter Haftung – kein Register, das die Gesellschaft(er) dokumentiert. Hieraus resultiert im Vergleich zu den anderen Gesellschaften ein „Publizitätsdefizit“[237].

---

231 Soergel/*Hadding/Kießling*, § 705 BGB Rn. 1 und 18; Palandt/*Sprau*, § 705 BGB Rn. 11 spricht insoweit von „einander entsprechenden Willenserklärungen mehrerer“; MüKo-BGB/*Ulmer/Schäfer*, § 705 BGB Rn. 60.

232 Palandt/*Sprau*, § 705 BGB Rn. 36.

233 Vgl. BGH, Urt. v. 5.3.1963 – VI ZR 123/62, NJW 1963, 1099, wonach eine gemeinschaftliche Teilnahme an einer „Zuverlässigkeitsfahrt“ nicht als Abschluss eines Gesellschaftsvertrags gesehen werden kann; siehe i.Ü. Palandt/*Sprau*, § 705 BGB Rn. 11; ähnlich Soergel/*Hadding/Kießling*, § 705 BGB Rn. 7.

234 BGH, Urt. v. 2.6.1997 – II ZR 81/96, NJW 1997, 2592 m.w.N.; Soergel/*Hadding/Kießling*, § 705 BGB Rn. 35; Palandt/*Sprau*, § 705 BGB Rn. 20; MüKo-BGB/*Ulmer/Schäfer*, § 705 BGB Rn. 144.

235 BGH, Urt. v. 15.4.1965 – II ZR 73/62, BeckRS 1965, 31177225 m.w.N.; Palandt/*Sprau*, § 705 BGB Rn. 21.

236 BGH, Beschl. v. 4.12.2008 – V ZB 74/08, NJW 2009, 594 (597); Soergel/*Hadding/Kießling*, § 705 BGB Rn. 68; Palandt/*Sprau*, § 705 BGB Rn. 25; MüKo-BGB/*Ulmer/Schäfer*, § 705 BGB Rn. 270–271 m.w.N.

237 *Wertenbruch*, DB 2003, 1099.

b. *Folge der Anerkennung der Rechtsfähigkeit der Gesellschaft bürgerlichen Rechts*

Folge der Anerkennung der Rechtsfähigkeit der Gesellschaft bürgerlichen Rechts ist, dass sie selbst Trägerin von Rechten und Pflichten ist bzw. sein kann.[238] Infolgedessen können die Vertreter die Gesellschaft nach außen mit unmittelbarer Wirkung gegenüber Dritten verpflichten.[239] Nehmen die Gesellschafter für die Gesellschaft am Rechtsverkehr teil, werden die (übrigen) Gesellschafter nicht – wie früher von der h.M. angenommen – automatisch, etwa kraft Vollmacht mitverpflichtet (Doppelverpflichtungstheorie)[240].[241] Vielmehr haften sie akzessorisch und damit (unbeschränkt) persönlich – also mit ihrem Privatvermögen – für die Gesellschaftsverbindlichkeiten (Akzessoritätstheorie).[242] Insoweit gelten die Grundsätze der Haftung der Gesellschafter der offenen Handelsgesellschaft gemäß der §§ 128 ff. HGB entsprechend.[243] Die Gesellschaft bürgerlichen Rechts ist nach alledem selbst rechtsfähig. Sie kann unter ihrem Namen klagen und verklagt werden. Darüber hinaus kann sie auch Arbeitgeberin sein.

2. *Vertretung bei der Gesellschaft bürgerlichen Rechts*

Die Vertretung bei der Gesellschaft bürgerlichen Rechts durch die Gesellschafter i.S.v. § 714 BGB ist organschaftliche Vertretung.[244] Die Vertretung richtet sich dabei wegen § 714 BGB im Zweifel nach der jeweiligen Geschäftsführungsbefugnis. Die Geschäftsführungsbefugnis wiederum steht den Gesellschaftern

---

238 Soergel/*Hadding*/*Kießling*, § 714 BGB Rn. 3; Palandt/*Sprau*, § 714 BGB Rn. 1.

239 Soergel/*Hadding*/*Kießling*, § 714 BGB Rn. 3; MüKo-BGB/*Schäfer*, § 714 BGB Rn. 1 und 13–16; Palandt/*Sprau*, Vorb. v. § 709 BGB Rn. 2; *ders.*, § 714 BGB Rn. 1.

240 Ausführlich zur Doppelverpflichtungstheorie: Soergel/*Hadding*/*Kießling*, § 714 BGB Rn. 9–11.

241 Zur damals h.M.: BGH, Urt. v. 30.4.1979 – II ZR 137/78, NJW 1979, 1821 m.w.N.; MüKo-BGB/*Schäfer*, § 714 BGB Rn. 2–6 m.w.N.; MüKo-BGB/*Ulmer*/*Schäfer*, Vor § 705 BGB Rn. 9.

242 St. Rspr.: BGH, Urt. v. 29.1.2001 – II ZR 331/00, NJW 2001, 1056 (1061); BGH, Urt. v. 24.2.2003 – II ZR 385/99, NJW 2003, 1445 (1446); BGH, Urt. v. 8.2.2011 – II ZR 263/09, NJW 2011, 2040 (2042); Siehe i.Ü. Palandt/*Sprau*, § 714 BGB Rn. 1 und 11–22; MüKo-BGB/*Ulmer*/*Schäfer*, Vor § 705 BGB Rn. 11; MüKo-BGB/*Schäfer*, § 714 BGB Rn. 2–6 m.w.N.

243 BGH, Urt. v. 3.5.2007 – IX ZR 218/05, NJW 2007, 2490 (2492) m.w.N.; MüKo-BGB/*Schäfer*, § 714 BGB Rn. 6; Palandt/*Sprau*, § 714 BGB Rn. 12; *Wertenbruch*, DB 2003, 1099 – kritisch zu dieser Analogie: *Canaris*, ZGR 2004, 69 ff.

244 Siehe die in Fn. 21 Genannten.

gemäß § 709 Abs. 1 BGB gemeinschaftlich zu (Gesamtgeschäftsführung). Infolgedessen ist der einzelne Gesellschafter nach der gesetzlichen Konzeption der §§ 709, 714 BGB ohne die Zustimmung bzw. die Mitwirkung der anderen nicht befugt, die Geschäfte allein für die Gesellschaft zu führen. Im Zweifel steht auch die Vertretungsberechtigung allen Gesellschaftern gemeinsam zu (Gesamtvertretung).

Die so verstandene Vertretungslage bei der Gesellschaft bürgerlichen Rechts ist jedoch keine starre. Vielmehr können die Gesellschafter im Gesellschaftsvertrag eine andere Regelung hinsichtlich der Geschäftsführungsbefugnis (vgl. § 710 BGB) und damit reflexiv im Zweifel auch mit Geltung für die Vertretung[245] vorsehen. So ist es gemäß § 710 S. 1 BGB möglich, die Geschäftsführung auf einen Gesellschafter zu konzentrieren. Ein solches Vorgehen kann sich entsprechend auf die Vertretungsberechtigung auswirken, wenn im Gesellschaftsvertrag hierzu nichts Abweichendes geregelt ist (§ 714 BGB). Denkbar ist es weiter, dass zwar mehrere Gesellschafter – nach dem Gesellschaftsvertrag – (nebeneinander) zur Geschäftsführung befugt und zur Vertretung berechtigt sind, sie gleichwohl allein, also ohne Mitwirkung der anderen (geschäftsführungsbefugten Gesellschafter) handeln können (Einzelgeschäftsführungsbefugnis bzw. Einzelvertretungsberechtigung). Den übrigen Gesellschaftern steht dann für die jeweilige Geschäftsführungsmaßnahme ein Widerspruchsrecht gemäß § 711 S. 1 BGB zu. Besteht zwar wegen § 714 BGB reflexiv zur Einzelgeschäftsführungsbefugnis im Zweifel Einzelvertretungsberechtigung, wirkt sich der Widerspruch gegen die Geschäftsführungsmaßnahme nach h.A. nicht auch auf die Vertretung aus.[246] Liegt ein wichtiger Grund vor, steht Geschäftsführern wie den übrigen Gesellschaftern ein Kündigungsrecht bzw. ein Recht zur Entziehung der Geschäftsführungsbefugnis (§ 712 BGB) und der Vertretungsberechtigung (§ 714 BGB)[247] zu. Nach Entziehung der Geschäftsführungsbefugnis ist der betroffene Gesellschafter nach umstrittener Ansicht[248] aber weiter im Umfang des § 709 Abs. 1 BGB zu beteiligen, soweit der Gesellschaftsvertrag für diesen Fall nichts anderes regelt.

---

245 MüKo-BGB/*Schäfer*, § 714 BGB Rn. 1; Palandt/*Sprau*, § 714 BGB Rn. 3.

246 BGH, Urt. v. 10.3.1955 – II ZR 309/53, NJW 1955, 825 (826); BGH, Urt. v. 19.6.2008 – III ZR 46/06, NJW-RR 2008, 1484 (1488); Soergel/*Hadding*/*Kießling*, § 711 BGB Rn. 5 f.; MüKo-BGB/*Schäfer*, § 711 BGB Rn. 15 m.w.N.; *ders.*, § 714 BGB Rn. 20; Palandt/*Sprau*, § 714 BGB Rn. 4.

247 Statt Vieler: Soergel/*Hadding*/*Kießling*, § 712 BGB Rn. 4.

248 Dafür u.a.: BGH, Urt. v. 11.2.2008 – II ZR 67/06, NJW-RR 2008, 704 (706); Palandt/*Sprau*, § 712 BGB Rn. 2; dagegen u.a.: MüKo-BGB/*Schäfer*, § 712 BGB Rn. 5–6 und 20 m.w.N.

Im Falle der Kündigung des Geschäftsführers nach § 712 Abs. 2 BGB endet mit der Wirksamkeit der Kündigung im Zweifel auch die Vertretungsberechtigung.[249] Des Weiteren gilt die Norm des § 712 Abs. 1 BGB über § 715 BGB auch für die Entziehung der Vertretungsmacht.

Die Regelung des § 714 BGB sieht zwar im Zweifel den Gleichlauf von Geschäftsführungsbefugnis und Vertretungsberechtigung vor. Die Vertretungsberechtigung kann aber von der Geschäftsführungsbefugnis abstrahiert werden. So ist es möglich, abweichende Regelungen durch den Gesellschaftsvertrag allein für die Vertretung vorzusehen.[250] Es ist daher nicht gesagt, dass der geschäftsführungsbefugte Gesellschafter auch vertretungsberechtigt bzw. der vertretungsberechtigte Gesellschafter geschäftsführungsbefugt ist.[251] Weiter ist es möglich, für einzelne Rechtsgeschäfte von der gesetzlich oder gesellschaftsvertraglich vorgesehenen Gesamtvertretung abzuweichen und einen Gesellschafter zur alleinigen Vornahme eines Rechtsgeschäfts zu ermächtigen (zur Alleinvertretung ermächtigter Gesamtvertreter).[252] Nach überwiegender Ansicht wird allein die Gesellschaft bürgerlichen Rechts – vorbehaltlich der Wirksamkeit der Vertretung – durch das rechtsgeschäftliche Auftreten ihrer Organe (Vertreter) für sie verpflichtet.[253] Auf die Vertretung der Gesellschaft durch ihre Organe finden die §§ 164 ff. BGB ergänzend Anwendung.[254] Daher berechtigt und verpflichtet auch nur ein solches rechtsgeschäftliches Handeln gemäß § 164 Abs. 1 S. 1 BGB die Gesellschaft, das in ihrem Namen erfolgte.[255]

---

249 Soergel/*Hadding/Kießling*, § 715 BGB Rn. 6; Palandt/*Sprau*, § 712 BGB Rn. 3.

250 Vgl. Soergel/*Hadding/Kießling*, § 714 BGB Rn. 12; MüKo-BGB/*Schäfer*, § 714 BGB Rn. 21; Palandt/*Sprau*, § 714 BGB Rn. 3.

251 Soergel/*Hadding/Kießling*, § 714 BGB Rn. 13; MüKo-BGB/*Schäfer*, § 714 BGB Rn. 21; Palandt/*Sprau*, § 714 BGB Rn. 3.

252 Sehr anschaulich wird diese Möglichkeit in einer Entscheidung des BGH behandelt: BGH, Urt. v. 14.2.2005 – II ZR 11/03, DStR 2005, 614 (615), in der einer von zwei Gesellschaftern trotz Gesamtvertretung 95% der Geschäfte der Gesellschaft im Außenverhältnis allein vornahm, was der BGH billigte. Siehe i.Ü.: MüKo-BGB/*Schäfer*, § 714 BGB Rn. 22 und 27; Palandt/*Sprau*, § 714 BGB Rn. 3.

253 Vgl. die in Fn. 239 Genannten.

254 Soergel/*Hadding/Kießling*, § 714 BGB Rn. 19; MüKo-BGB/*Schäfer*, § 714 BGB Rn. 26; Palandt/*Sprau*, § 714 BGB Rn. 1.

255 Soergel/*Hadding/Kießling*, § 714 BGB Rn. 19 und 23; MüKo-BGB/*Schäfer*, § 714 BGB Rn. 26; Palandt/*Sprau*, § 714 BGB Rn. 5.

3. *Anwendbarkeit des § 174 BGB auf die Vertretung der Gesellschaft bürgerlichen Rechts bei der Kündigung durch ihre Gesellschafter*

§ 174 BGB ist auf organschaftliche und gesetzliche Vertretungsverhältnisse nicht anwendbar.[256] Auch ist die Vertretung der Gesellschaft bürgerlichen Rechts organschaftliche Vertretung.[257] Gleichwohl bestehen im Zusammenhang mit der Anwendung des § 174 BGB auf die Gesellschaft bürgerlichen Rechts Unsicherheiten. Diese ergeben sich in erster Linie daraus, dass die Vertretungsmacht und der Bestand der Gesellschafter sich bei der Gesellschaft bürgerlichen Rechts nicht aus einem Register ergeben.

a. *Entsprechende Anwendung des § 174 BGB (h.A.) bei Handeln der Gesellschaft durch einen Teil ihrer Gesellschafter*

Die h.A. geht davon aus, dass die Norm des § 174 BGB auf die Vertretung der Gesellschaft bürgerlichen Rechts entsprechend anzuwenden ist.[258] Das habe seinen Grund darin, dass – anders als sonst bei den Gesellschaften üblich – eine Registereintragung der Vertreter nicht erfolgt.[259] Wer Vertreter ist, folge vielmehr aus dem (u.U. sogar formfrei geschlossenen) Gesellschaftsvertrag.[260] Soweit die Gesellschaft nicht durch alle ihre Gesellschafter handele, liege auch bei Teilnahme der Gesellschaft bürgerlichen Rechts am Rechtsverkehr eine Situation vor, die der von § 174 BGB entspreche.[261] Der Empfänger einer für die Gesellschaft abgegebenen Erklärung habe vielfach weder Kenntnis von der Existenz der Gesellschaft noch von deren Vertretungsverhältnissen.[262] Zum Nachweis der Vertretungsmacht könne der Gesellschaftsvertrag oder aber eine den bzw. die

---

256 Vgl. die in Fn. 163 Genannten.

257 Henssler/Strohn/*Servatius,* § 714 BGB Rn. 2; vgl. auch oben: § 2 C.

258 Vgl. die in Fn. 220 Genannten.

259 BGH, Urt. v. 9.11.2001 – LwZR 4/01, NJW 2002, 1194 (1195); ErfK/*Müller-Glöge*, § 620 BGB Rn. 25; Staudinger/*Schilken*, § 174 BGB Rn. 6; MüKo-BGB/*Schramm*, § 174 BGB Rn. 10; *Wertenbruch*, Anm. zu BGH, Urt. v. 9.11.2001 – LwZR 4/01, WuB II J. § 705 BGB 1.02; *ders.*, DB 2003, 1099 (1101).

260 BGH, Urt. v. 9.11.2001 – LwZR 4/01, NJW 2002, 1194 (1195); *Wertenbruch*, Anm. zu BGH, Urt. v. 9.11.2001 – LwZR 4/01, WuB II J. § 705 BGB 1.02.

261 BGH, Urt. v. 9.11.2001 – LwZR 4/01, NJW 2002, 1194 (1195); wohl auch *Wertenbruch*, Anm. zu BGH, Urt. v. 9.11.2001 – LwZR 4/01, WuB II J. § 705 BGB 1.02.

262 BGH, Urt. v. 9.11.2001 – LwZR 4/01, NJW 2002, 1194 (1195); angedeutet auch von *Wertenbruch*, Anm. zu BGH, Urt. v. 9.11.2001 – LwZR 4/01, WuB II J. § 705 BGB 1.02, der insoweit einen Vergleich zur OHG vornimmt.

handelnden Gesellschafter legitimierende Erklärung aller Gesellschafter vorgelegt werden.[263]

b. Entsprechende Anwendung des § 174 BGB bei gemeinsamem Handeln aller Gesellschafter

Aus der Argumentation der h.A. wird ersichtlich, dass in erster Linie dann von einer Analogie des § 174 BGB auszugehen ist, wenn die Gesellschaft nicht durch alle ihre Gesellschafter handelt. Ohne diese Einschränkung vorzunehmen wird aber immer wieder vertreten, dass § 174 BGB auf die Gesellschaft bürgerlichen Rechts anwendbar sei.[264] Hieraus kann dann aber nur der Schluss gezogen werden, dass auch das gemeinsame Handeln aller Gesellschafter unter den Anwendungsbereich des § 174 BGB fallen soll.[265]

Kündigen alle Gesellschafter einer Gesellschaft bürgerlichen Rechts einem Arbeitnehmer gemeinsam, erscheint die Anwendbarkeit des § 174 BGB auf den ersten Blick abwegig, ist es doch so, dass § 174 BGB auf die organschaftliche Vertretung per se keine Anwendung findet.[266] Entspricht die Vertretungsmacht beim Handeln aller Gesellschafter der gesetzlich für Zweifelsfälle vorbestimmten Gesamtvertretung (§§ 709, 714 BGB) und handeln die Gesellschafter im Sinne dieser gesetzlichen Anordnung für den Zweifelsfall, ergibt sich die Vertretungsmacht schon aus dem Gesetz[267], was wiederum gegen die Anwendbarkeit des § 174 BGB spricht.

Auf den zweiten Blick erhellt sich jedoch, dass selbst dann, wenn alle Gesellschafter einer Gesellschaft bürgerlichen Rechts gemeinsam kündigen, für den Arbeitnehmer keine Gewissheit darüber bestehen kann, dass die Handelnden auch zum Handeln berechtigt sind: Selbst in diesem Falle ist nämlich nicht gesagt bzw. ist es für den Arbeitnehmer nicht nachvollziehbar, aus welchen Gesellschaftern die Gesellschaft aktuell besteht, geschweige denn, dass sie überhaupt noch besteht.[268] Da es kein Register gibt, dass die Gesellschafter der Gesellschaft

---

263 BGH, Urt. v. 9.11.2001 – LwZR 4/01, NJW 2002, 1194 (1195); Staudinger/*Schilken*, § 174 BGB Rn. 6; MüKo-BGB/*Schramm*, § 174 BGB Rn. 10; *Häublein*, NJW 2002, 1398, der den Gesellschaftsvertrag als „untunlich" zum Nachweis einstuft; *Wertenbruch*, Anm. zu BGH, Urt. v. 9.11.2001 – LwZR 4/01, WuB II J. § 705 BGB 1.02; *ders*,. DB 2003, 1099 (1101), der den Gesellschaftsvertrag nicht ausreichen lässt.

264 Siehe die in Fn. 220 Genannten.

265 Dies erkennt auch *Berghoff*, Organschaftliche Vertretung, S. 123 zutreffend.

266 Siehe oben: § 2 C.

267 Siehe oben: § 2 C.

268 So wohl auch Staudinger/*Schilken*, § 174 BGB Rn. 6; Palandt/*Sprau*, § 714 BGB Rn. 1.

aktualisiert und fortlaufend mit einer gewissen Zuverlässigkeit publiziert, fehlt es insoweit an einer die Vertretungslage zertifizierenden Stelle, auf die sich der Arbeitnehmer verlassen könnte.[269] Die mangelnde Existenz eines Registers bei der Gesellschaft bürgerlichen Rechts mag bei zweiseitigen Rechtsgeschäften noch hinnehmbar sein, kann in diesen Situationen der jeweilige Vertragspartner doch selbst entscheiden, ob er mit der Gesellschaft ein Geschäft eingeht. Bei einseitigen Rechtsgeschäften, insbesondere Kündigungen, die von der Gesellschaft vorgenommen werden, ist der Erklärungsempfänger einer etwaigen Gestaltungswirkung des Rechtsgeschäfts jedoch ausgeliefert. Er bedarf daher eines anderen Schutzes als im Rahmen zweiseitiger Rechtsgeschäfte mit der Gesellschaft bürgerlichen Rechts.[270]

Es liegt daher nahe – wie es die h.A. auch annimmt –, mit Hilfe einer analogen Anwendung des § 174 BGB das schutzwürdige Interesse des Erklärungsempfängers hinsichtlich des wirksamen Auftretens der Handelnden abzusichern.[271]

c. *Voraussetzungen der analogen Anwendung des § 174 BGB auf die Gesellschaft bürgerlichen Rechts*

Sowohl für das Handeln aller Gesellschafter der Gesellschaft bürgerlichen Rechts als auch nur eines Teils von ihnen müssen für eine entsprechende Anwendung des § 174 BGB die Voraussetzungen einer Analogie erfüllt sein.

aa. Bestehen einer Regelungslücke

Eine Analogie setzt zunächst voraus, dass eine gesetzliche Regelungslücke besteht. Indem der Gesetzgeber keine Regelung für einseitige Rechtsgeschäfte der Gesellschaft bürgerlichen Rechts getroffen hat, besteht eine Regelungslücke.[272]

bb. Planwidrigkeit der Regelungslücke

Dass der Gesetzgeber keine Regelung getroffen hat, müsste planwidrig – also unbewusst – geschehen sein. Gegen die Planwidrigkeit sprechen jedoch folgende Gesichtspunkte: Der Gesetzgeber hat im Jahr 2009 mit dem ERVGBG eine Regelung geschaffen, um u.a. die Schwierigkeiten i.R.d. organschaftlichen Vertretung der Gesellschaft bürgerlichen Rechts bei Grundstücksgeschäften zu

269 Vgl. die in Fn. 220 Genannten.
270 Siehe oben: § 3 B. II.
271 Vgl. die in Fn. 220 Genannten.
272 Statt Vieler: Palandt/*Ellenberger*, § 174 BGB Rn. 4.

überwinden.[273] Am 18.8.2009 trat das ERVGBG in Kraft und durch dieses die § 899a BGB und § 47 Abs. 2 GBO.[274] Vergleicht man diese neu geschaffenen Regelungen und ihre Implikationen mit der Situation bei der Vertretung der Gesellschaft im Rahmen einseitiger Rechtsgeschäfte, ist eine Planwidrigkeit der Regelungslücke nicht ohne Weiteres anzunehmen. Für die Fälle des Erwerbs eines Rechts an Grundstücken durch eine Gesellschaft bürgerlichen Rechts wurde mit § 47 Abs. 2 GBO eine Regelung geschaffen, die Gewissheit für den Rechtsverkehr im Zusammenhang mit einer Gesellschaft bürgerlichen Rechts bringt. Erwirbt die Gesellschaft bürgerlichen Rechts bspw. ein Grundstück, wird sie als Eigentümerin und neben ihr auch alle Gesellschafter in das Grundbuch eingetragen. Die Eintragung der Gesellschafter bewirkt dabei die Identifizierbarkeit der Gesellschaft und aller ihrer Gesellschafter. Darüber hinaus beseitigt sie die praktischen Schwierigkeiten beim Nachweis der Vertretungsberechtigung der Gesellschafter der Gesellschaft bürgerlichen Rechts.[275]

Hinzu kommt, dass die Eintragung der Gesellschafter den Anwendungsbereich der Vorschriften über den redlichen Erwerb von Rechten an Grundstücken bzw. Rechten an solchen Rechten (§§ 899a, 892 ff. BGB) eröffnet. Insoweit wird vermutet, dass diejenigen, die im Grundbuch als Gesellschafter eingetragen sind, auch die tatsächlichen Gesellschafter der Gesellschaft sind und weiter, dass die Gesellschaft keine weiteren als die eingetragenen Gesellschafter hat. Schließlich wird vermutet, dass die Gesellschaft überhaupt existiert. Diese Vermutung streitet aber nur dort für die Eingetragenen, wo es um Rechtshandlungen mit unmittelbarem Bezug zum jeweiligen Eintragungsgegenstand geht.[276] Das hat die (gewollte) Folge, dass das Grundbuch keinen Registerersatz hinsichtlich der Gesellschaft bürgerlichen Rechts darstellt. Die im Grundbuch publizierte Vertretungslage ist folglich nicht automatisch auch sonst im Rechtsverkehr die maßgebliche bzw. gewissheitsstiftende.[277]

Wenn aber der Gesetzgeber davon ausgeht, dass bei der Gesellschaft bürgerlichen Rechts ein Defizit im Zusammenhang mit dem Nachweis ihrer Existenz, ihrer Identifizierbarkeit und letztlich auch hinsichtlich ihrer Vertretungsverhältnisse zu besorgen ist und greift er sehenden Auges nur im Zusammenhang mit dem Erwerb vom Rechten an Grundstücken bzw. Rechten an solchen Rechten regelnd ein,

---

273 Vgl. BT-Drucks. 16/13437 S. 24 li. Sp.

274 BGBl. I 2009 S. 2713.

275 BT-Drucks. 16/13437 S. 24.

276 BT-Drucks. 16/13437 S. 26 f.

277 Vgl. BT-Drucks. 16/13437 S. 26 re. Sp. und S. 27.

spricht dies gegen die Annahme einer planwidrigen Regelungslücke.[278] Im Bewusstsein der Publizitätsproblematik hätte der Gesetzgeber ohne Weiteres eine Regelung auch hinsichtlich einseitiger Rechtsgeschäfte treffen können. Infolgedessen ist die analoge Anwendung des § 174 BGB auf einseitige Rechtsgeschäfte der Gesellschaft bürgerlichen Rechts schon aus diesem Grund nicht geboten.

cc. Vergleichbare Interessenlage

Selbst wenn man jedoch die Planwidrigkeit der Regelungslücke unterstellt, sprechen gewichtige Gründe gegen die Vergleichbarkeit des in § 174 BGB geregelten Sachverhalts und der Vornahme einseitiger Rechtsgeschäfte durch die Gesellschaft bürgerlichen Rechts (Interessenvergleichbarkeit): Zunächst sind die Gesellschafter einer Gesellschaft bürgerlichen Rechts schon gar keine Bevollmächtigten.[279] Wie auch sonst bei organschaftlichen Vertretern können auch die Gesellschafter der Gesellschaft bürgerlichen Rechts keine vom Vollmachtgeber (hier der Gesellschaft bürgerlichen Rechts selbst) ausgestellte Vollmachtsurkunde über ihre organschaftliche Vertretungsmacht vorlegen. Zwar ist immer wieder zu lesen, dass eine Vollmachtsurkunde zum Nachweis der Vertretungsmacht bei der Gesellschaft bürgerlichen Rechts genügen soll.[280] Dies ist jedoch terminologisch gesehen unscharf. Denn es gibt keinen Vollmachtgeber, der eine solche Urkunde ausstellen kann.[281] Es kann damit nur eine von den Gesellschaftern wechselseitig ausgestellte Bestätigung ihrer Vertretungsberechtigung für die Gesellschaft bzw. die Bestätigung der übrigen Gesellschafter hinsichtlich der Alleinvertretungsberechtigung gemeint sein.

Zuzugeben ist jedoch, dass aus Sicht des Erklärungsempfängers des einseitigen Rechtsgeschäfts der Gesellschafter eine Interessenvergleichbarkeit besteht. Bei Vertretung der Gesellschaft ist die Situation mit dem Handeln eines Bevollmächtigten vergleichbar. Denn auch im Fall einseitiger Rechtsgeschäfte der Gesellschaft bürgerlichen Rechts hat der Erklärungsempfänger ein entsprechendes Interesse, zu

---

278 Dies sieht *Lautner*, DNotZ 2009, 650 (661) für den Fall des Erwerbs durch die GbR jedoch anders.

279 Siehe oben: 2.

280 Vgl. bspw. BGH, Urt. v. 9.11.2001 – LwZR 4/01, NJW 2002, 1194 (1195); BGH, Urt. v. 20.2.2014 – III ZR 443/13, MDR 2014, 452; Palandt/*Ellenberger*, § 174 BGB Rn. 4; Staudinger/*Schilken*, § 174 BGB Rn. 6; MüKo-BGB/*Schramm*, § 174 BGB Rn. 10; *Häublein*, NJW 2002, 1398 (1399).

281 Siehe oben: § 2 C.; vgl. speziell für die Gesellschaft bürgerlichen Rechts und § 174 BGB nur: *Wertenbruch*, Anm. zu BGH, Urt. v. 9.11.2001 – LwZR 4/01, WuB II J. § 705 BGB 1.02; *ders.*, DB 2003, 1099 (1101).

wissen, ob das Rechtsgeschäft ihm gegenüber wirksam ist. Ohne einen irgendwie gearteten Nachweis bleiben ihm die Vertretungslage und auch die Wirksamkeit des Rechtsgeschäfts verborgen.[282]

dd. Ergebnis zu c.

Nach alledem sind die Voraussetzungen der analogen Anwendung des § 174 BGB auf einseitige Rechtsgeschäfte durch die Gesellschafter der Gesellschaft bürgerlichen Rechts nach hier vertretener Ansicht zwar schon wegen Fehlens einer planwidrigen Regelungslücke nicht gegeben. Gleichwohl soll wegen der nur geringen Überzeugungskraft dieses Arguments und der grundsätzlichen Interessenvergleichbarkeit ein Blick auf die Möglichkeiten des Nachweises und ihrer Folgen für den Erklärungsempfänger geworfen werden (siehe dazu: § 6 F.).

4. Ergebnis zu II.

Die Vertretung der Gesellschaft bürgerlichen Rechts durch ihre Gesellschafter ist organschaftliche Vertretung. § 174 BGB ist auf die Vertretung der Gesellschaft durch alle ihre Gesellschafter oder einzelne direkt nicht anwendbar. Wegen des bestehenden Defizits hinsichtlich der Publizität der Gesellschaftsverhältnisse (Existenz, Identität, Gesellschafterbestand und Vertretungslage) wendet die h.A.[283] § 174 BGB analog auf einseitige Rechtsgeschäfte der Gesellschaft bürgerlichen Rechts an. Gegen eine Analogie spricht jedoch das Fehlen einer planwidrigen Regelungslücke.

III. Zur Alleinvertretung ermächtigte Gesamtvertreter bei im Register publizierten Vertretungsverhältnissen

Immer wieder kommt es dazu, dass nach dem Handelsregister (nur) gesamtvertretungsberechtigte Vertreter einer Gesellschaft einen oder mehrere von ihnen zur Alleinvertretung ermächtigen (zur Alleinvertretung ermächtigter Gesamtvertreter). Das zeigt schon ein Blick in die Rechtsprechung.[284] Vorteil einer solchen Ermächtigung ist die dadurch entstehende Flexibilität des Handelns. Die Vertreter müssen dann nicht mehr gemeinsam handeln, sondern können sich

---

282 Gerade daraus folgert die h.A. die Anwendbarkeit des § 174 BGB – siehe die in Fn. 220 Genannten.

283 Siehe die in Fn. 220 Genannten.

284 Siehe bspw. BGH, Urt. v. 12.12.1960 – II ZR 255/59, BGHZ 34, 27; BGH, Urt. v. 25.11.1985 – II ZR 115/85, NJW-RR 1986, 778.

effektiv und zeitsparend am Rechtsverkehr beteiligen.[285] Diese Möglichkeit ist vom Gesetz bspw. in §§ 125 Abs. 2 S. 2 HGB, 78 Abs. 4 AktG, 25 Abs. 3 GenG vorgesehen. Danach können einzelne Gesamtvertreter zur Alleinvornahme bestimmter Geschäfte oder bestimmter Arten von Geschäften ermächtigt werden. Die Grenze einer solchen Ermächtigung liegt darin, dass sie nicht i.S.e. Generalermächtigung zu einer faktischen Alleinvertretung der Gesellschaft durch den Vertreter führen darf.[286]

Eine solche Ermächtigung zur Alleinvornahme eines Rechtsgeschäfts stellt eine (gesetzlich zulässige) Abweichung von der im Register publizierten Vertretungs- und Rechtslage dar. Umstritten ist zwar die Rechtsnatur einer solchen Ermächtigung.[287] Unabhängig davon ist jedoch die Anwendbarkeit des § 174 BGB auf die Ermächtigung anerkannt.[288] Nimmt man diese Konstellation in den Blick und misst sie an den Grundsätzen zu § 174 BGB, ist dessen Anwendbarkeit folgerichtig: Nach der Norm des § 174 BGB soll der Erklärungsempfänger Gewissheit darüber haben, dass das Rechtsgeschäft ihm gegenüber wirksam ist und damit, ob der Handelnde tatsächlich zum Handeln berechtigt ist.[289] In Fällen der organschaftlichen Vertretung ist die Vorlage eines Legitimationsnachweises über die Vertreterstellung nicht erforderlich (und nicht möglich), kann sich der

---

285 Vgl. nur *G. C. Schwarz*, NZG 2001, 529 (530).

286 BGH, Urt. v. 12.12.1960 – II ZR 255/59, BGHZ 34, 27 (31); BGH, Urt. v. 25.11.1985 – II ZR 115/85, NJW-RR 1986, 778; MüKo-BGB/*Schramm*, § 164 BGB Rn. 88; MüKo-AktG/*Spindler*, § 78 AktG Rn. 68; MüKo-GmbHG/*Stephan*/*Tieves*, § 35 GmbHG Rn. 157.

287 Siehe dazu: BGH, Urt. v. 6.3.1975 – II ZR 80/73, NJW 1975, 1117 (1118); BAG, Urt. v. 18.12.1980 – 2 AZR 980/78, NJW 1981, 2374 m.w.N.; Oetker/*Boesche*, § 125 HGB Rn. 30 m.w.N.; vgl. MüHb-GesellschaftsR/*v. Ditfurth*, § 54 HGB Rn. 28 m.w.N.; MüKo-BGB/*Schramm*, § 164 BGB Rn. 88 m.w.N.; MüKo-GmbHG/*Stephan*/*Tieves*, § 35 GmbHG Rn. 156 m.w.N.; *Morhard*, MittBayNot 1987, 17 (19) m.w.N.

288 BAG, Urt. v. 18.12.1980 – 2 AZR 980/78, NJW 1981, 2374 f.; BAG, Urt. v. 10.2.2005 – 2 AZR 584/03, AP Nr. 18 zu § 174 BGB (B I 1 c aa der Gründe); Baumbach/Hopt/*Roth*, § 125 HGB Rn. 16; Soergel/*Leptien*, § 164 BGB Rn. 29; *ders.*, § 174 BGB Rn. 7; ErfK/*Müller-Glöge*, § 620 BGB Rn. 25; MüKo-BGB/*Schramm*, § 164 BGB Rn. 91; *ders.*, § 174 BGB Rn. 2; Bamberger/Roth/*Valenthin*, § 174 BGB Rn. 3; *Beck*, Erklärung von Kündigung und Abmahnung, S. 38; *Berghoff*, Organschaftliche Vertretung, S. 120 f.; *Brehsan*/*Gohrke*/*Opolony*, ZIP 2001, 773 (775); *Hohmeister*, ArbuR 1992, 143 (145); *Leuering*, NZG 2004, 120 (121 f. und 123), für den Fall, dass der Aufsichtsrat eines seiner Mitglieder zum alleinigen Vertreter ermächtigt; *Lohr*, MDR 2000, 620 (621); *Klostermann-Schneider*, in: *Uffmann*/*Dahm* (Hrsg.), Vielfalt oder Chaos, 2013, S. 145 (161 f.); *S. Müller*, FA 2013, 37 (38).

289 Siehe oben: § 3 B. II.

Erklärungsempfänger durch Einsicht der jeweiligen Register doch Gewissheit verschaffen. Die Ermächtigung selbst wird jedoch nicht in das Register eingetragen.[290] Sie stellt eine Abweichung von der im Handelsregister/Genossenschaftsregister ausgewiesenen Lage dar. Wird aber von der Registerlage abgewichen, entsteht auf Seiten des Erklärungsempfängers erneut eine Ungewissheit. Dass der ausweislich des Registers (nur) zur Gesamtvertretung Berechtigte allein handeln kann, ist dem Erklärungsempfänger nicht gewiss, kann er doch nur die Registerlage einsehen. Diese jedoch schweigt zur Frage der Alleinvertretung. Im Vergleich zur rechtsgeschäftlichen Vertretung steigt die Ungewissheit über die Vertretungsberechtigung des Ermächtigten daher sogar an. Denn die im Register verlautbarte Lage führt zunächst zu einer Gewissheit auf Seiten des Erklärungsempfängers („es besteht Gesamtvertretungsmacht"). Der Ermächtigte setzt sich sodann beim alleinigen Handeln in Widerspruch zu dieser (gewissen) Registerlage, mit der Folge, dass die einstige (registerbedingte) Gewissheit zerstört wird bzw. die Gewissheit darüber, dass nur alle Gesamtvertreter zusammen handeln dürfen, in Zweifel gezogen wird.[291]

Diese Lage entspricht derjenigen, die § 174 BGB regelt. Nach alledem ergibt sich auch für die arbeitsrechtliche Kündigung durch einen zur Alleinvertretung ermächtigten Gesamtvertreter bei im Register publizierten Vertretungsverhältnissen mit der analogen Anwendung des § 174 BGB eine interessengerechte Lösung. Etwas anderes gilt für zur Alleinvertretung ermächtigte Gesamtvertreter bei der Gesellschaft bürgerlichen Rechts, was u.a. aus dem Fehlen eines Registers folgt.[292]

IV. Untervollmacht

Zur Arbeitserleichterung ist es auch denkbar, dass sich der Bevollmächtigte seinerseits eines Vertreters bedient (Unterbevollmächtigung). Dabei (unter-)bevollmächtigt der Vertreter seinerseits einen anderen zur Vornahme des einseitigen Rechtsgeschäfts. War die Unterbevollmächtigung dem (Haupt-)Vertreter von seinem Vollmachtgeber auch gestattet worden, ist eine solche Einräumung rechtsgeschäftlicher Vertretungsmacht an den Unterbevollmächtigten zulässig. Auf diesen Fall findet § 174 BGB bei der Vornahme eines einseitigen Rechtsgeschäfts durch den Unterbevollmächtigten Anwendung.

---

290 Statt Vieler: *Beck*, Erklärung von Kündigung und Abmahnung, S. 38.

291 Siehe zum Vorstehenden: *Klostermann-Schneider*, in *Uffmann/Dahm* (Hrsg.), Vielfalt oder Chaos, 2013, S. 145 (161 f.).

292 Siehe oben: II. 3. und unten: § 6 F.

D. Ergebnis zu § 5

§ 174 BGB setzt die Bevollmächtigung tatbestandlich voraus und ist somit grundsätzlich nur auf rechtsgeschäftliche Vertretungsverhältnisse anwendbar. Auf die organschaftliche und gesetzliche Vertretung findet § 174 BGB keine Anwendung. Ist der Vertreter Prokurist, dann ist § 174 BGB auf seine einseitigen Rechtsgeschäfte anwendbar. Das folgt schon daraus, dass die Prokura rechtsgeschäftliche Vertretungsmacht ist. Auch die Eintragung der Prokura in das Handelsregister vermag trotz § 15 Abs. 2 HGB nichts an der Anwendbarkeit der Norm zu ändern. Es handelt sich bei § 15 Abs. 2 HGB nicht um eine Spezialnorm zu § 174 BGB, die diese Norm verdrängen könnte. Auf einseitige Rechtsgeschäfte aller oder einzelner Gesellschafter einer Gesellschaft bürgerlichen Rechts ist § 174 BGB nicht anwendbar. Es handelt sich insoweit um organschaftliche Vertretung. Eine planwidrige Regelungslücke, die eine analoge Anwendung des § 174 BGB rechtfertigen könnte, liegt nach hier vertretener Ansicht nicht vor. Auf zur Alleinvertretung ermächtigte Gesamtvertreter juristischer Personen oder von Personenhandelsgesellschaften ist eine analoge Anwendung des § 174 BGB interessengerecht. Von den im Register verlautbarten Vertretungsverhältnissen (Gesamtvertretung) wird abgewichen. Die daraus resultierende Ungewissheit für den Empfänger eines einseitigen Rechtsgeschäfts ist der Ungewissheit im Rahmen registerloser rechtsgeschäftlicher Vertretung vergleichbar. Schließlich ist § 174 BGB auch dann anwendbar, wenn ein zulässigerweise bevollmächtigter Untervertreter ein einseitiges Rechtsgeschäft vornimmt.

3. Teil: Zurückweisungsrecht nach § 174 S. 1 BGB

§ 174 S. 1 BGB gibt dem Empfänger eines einseitigen Rechtsgeschäfts ein Zurückweisungsrecht, wenn der Bevollmächtigte keine Vollmachtsurkunde vorlegt. Die wirksame Zurückweisung hat die Folge, dass das Rechtsgeschäft unwirksam ist. Entscheidend kommt es zum einen darauf an, welche Anforderungen an einen wirksamen Vollmachtsnachweis sowie an dessen Vorlage zu stellen sind (§ 6). Zum anderen ist die Geltendmachung des Zurückweisungsrechts ausschlaggebend für die Wirksamkeit des Rechtsgeschäfts (§ 7).

Im Zusammenhang mit der Vollmachtsurkunde werden insbesondere etwaige Formanforderungen analysiert (§ 6 A.). Anschließend wird geprüft, ob elektronische Vollmachtsnachweise denkbar sind (§ 6 B.). Sodann wird beleuchtet, ob die Verwendung von Blankourkunden und Inhaberurkunden als Vollmachtsnachweis in Betracht kommt (§ 6 C.). Danach werden die Anforderungen an die *Vorlage* des Vollmachtsnachweises aufgezeigt (§ 6 D.). Abschließend wird der Blick dem Nachweis der Vertretungsmacht für die Sondersituationen Prokurist (§ 6 E.), Gesellschaft bürgerlichen Rechts (§ 6 F.), zur Alleinvertretung ermächtigter Gesamtvertreter bei im Register publizierten Vertretungsverhältnissen (§ 6 G.) sowie Unterbevollmächtigter (§ 6 H.) zugewandt.

Im Rahmen der Geltendmachung des Zurückweisungsrechts werden das Erfordernis der Unverzüglichkeit (§ 7 A.) sowie die Anforderungen an eine wirksame Zurückweisungserklärung (§ 7 B.) dargestellt.

§ 6. Vorlage der Vollmachtsurkunde

Für das Entstehen des Zurückweisungsrechts kommt es entscheidend darauf an, was konkret unter einer Vollmachtsurkunde zu verstehen ist und welche Anforderungen an ihre Vorlage zu stellen sind.

A. Vollmachtsurkunde

Die Vollmachtsurkunde ist kein exklusives Merkmal des § 174 S. 1 BGB. Auch § 172 BGB setzt die Vollmachtsurkunde tatbestandlich voraus. Beide Vorschriften stehen begrifflich und systematisch durch ihre Stellung unter demselben Titel („Titel 5. Vertretung und Vollmacht“) in engem Zusammenhang. § 174 S. 1 BGB kann daher nicht isoliert von der Regelung des § 172 BGB erfasst werden.[293] Legt der Vertreter dem (potentiellen) Geschäftspartner die ihm ausgehändigte Vollmachtsurkunde vor, steht dies der Kundgabe der Bevollmächtigung durch besondere Mitteilung gemäß §§ 172 Abs. 1, 171 BGB gleich. Für den (potentiellen) Geschäftspartner gelten die Rechtsscheinwirkungen des § 172 Abs. 2 BGB.[294]

I. Begriff der Vollmachtsurkunde

Die Vollmachtsurkunde ist ihrem Namen nach eine Urkunde über die Bevollmächtigung des Vertreters. Sie dokumentiert die Vertretungsmacht (Vollmacht) des Vertreters nach außen.[295]

Der Begriff der Urkunde ist gesetzlich zwar nicht definiert, wird vom Gesetz jedoch immer wieder verwendet.[296] Unter einer Urkunde versteht man allgemein eine menschliche Gedankenerklärung, die schriftlich verkörpert ist, ihren Aussteller erkennen lässt und dazu bestimmt und geeignet ist, im Rechtsverkehr

---

293 Vgl. nur die zahlreichen Verweise in den Kommentaren in Ansehung der Vollmachtsurkunde i.R.d. § 174 BGB auf § 172 BGB; vgl. auch *Beck*, Erklärung von Kündigung und Abmahnung, S. 40.

294 Siehe oben: § 2 B. III.

295 Soergel/*Leptien*, § 172 BGB Rn. 2; MüKo-BGB/*Schramm*, § 172 BGB Rn. 2; vgl. Bamberger/Roth/*Valenthin*, § 172 BGB Rn. 4; *Beck*, Erklärung von Kündigung und Abmahnung, S. 40.

296 Vgl. bspw. §§ 126, 126b, 172, 174, 793, 810 BGB.

Beweis zu erbringen.[297] Urkunden sind daher körperliche Gegenstände i.S.d. § 90 BGB, mit der Besonderheit, dass sie ein Recht oder Rechte verkörpern.[298]

Dass die Gedankenerklärung schriftlich (verkörpert) sein muss, bedeutet nicht mehr, als dass sie in Schriftzeichen dargestellt sein muss, was weit verstanden wird. So genügt es, dass die menschliche Gedankenerklärung mit dem Computer geschrieben wird.[299] Entscheidend ist vielmehr, dass die Gedankenerklärung in Schriftzeichen auf der Verkörperungsgrundlage dauerhaft festgehalten werden kann.[300] An das Trägermaterial werden dabei nicht allzu hohe Anforderungen gestellt. Das Reichsgericht ließ es bspw. genügen, dass die Gedankenerklärung mit Kreide auf einer Schiefertafel manifestiert wurde.[301] Der aus Schriftzeichen bestehende urkundliche Text muss so abgefasst sein, dass er zumindest durch eine Übersetzung allgemein verständlich zu machen ist.[302]

Die Vollmachtsurkunde muss die Bevollmächtigung des Vertreters für das konkrete Rechtsgeschäft eindeutig kenntlich machen. Insoweit muss sie zwar inhaltlich klar und leserlich sein.[303] Es genügt jedoch, wenn sich der Vollmachtsumfang[304] und die Person des Vertreters durch Auslegung der Vollmachtsurkunde ermitteln lassen.[305] Auch aus der Zusammenschau mit § 171 BGB ergibt sich dieser notwendige Inhalt der Vollmachtsurkunde. Für die Kundgabe der Bevollmächtigung durch besondere Mitteilung, die der „Kundgabe durch

---

297 Spindler/Schuster/*Anton*, § 126 BGB Rn. 2; Erman/*Arnold*, § 126 BGB Rn. 3 ff.; Bamberger/Roth/*Wendtland*, § 126 BGB Rn. 3.

298 Bamberger/Roth/*Fritzsche*, § 90 BGB Rn. 36; Staudinger/*Jickeli*/*Stieper*, § 90 BGB Rn. 54 f.

299 Spindler/Schuster/*Anton*, § 126 BGB Rn. 2; Erman/*Arnold*, § 126 BGB Rn. 3; MüKo-BGB/*Einsele*, § 126 BGB Rn. 6; Staudinger/*Hertel*, § 126 BGB Rn. 109; Bamberger/Roth/*Wendtland*, § 126 BGB Rn. 3.

300 Erman/*Arnold*, § 126 BGB Rn. 3; MüKo-BGB/*Einsele*, § 126 BGB Rn. 6; Staudinger/*Hertel*, § 126 BGB Rn. 108; Bamberger/Roth/*Wendtland*, § 126 BGB Rn. 3; *Binding*, Elektronische Form, S. 36.

301 RG, Urt. v. 17.2.1910 – IV 241/09, DJZ 15 (1910), 594 f.; ähnlich BGH, Urt. v. 3.2.1967 – III ZB 14/66, BGHZ 47, 68 zu einer mittels Blaupause erstellten Urkunde.

302 MüKo-BGB/*Einsele*, § 126 BGB Rn. 6; vgl. Staudinger/*Hertel*, § 126 BGB Rn. 108; *Binding*, Elektronische Form, S. 36.

303 BAG, Urt. v. 31.8.1979 – 7 AZR 674/77, AP Nr. 3 zu § 174 BGB (I 2 a der Gründe); Soergel/*Leptien*, § 174 BGB Rn. 2; vgl. Erman/*Maier-Reimer*, § 174 BGB Rn. 5; Staudinger/*Schilken*, § 174 BGB Rn. 3; MüKo-BGB/*Schramm*, § 174 BGB Rn. 4; *Kliemt*, Formerfordernisse, S. 217.

304 Siehe oben: § 2 B. II.

305 Soergel/*Leptien*, § 172 BGB Rn. 2; MüKo-BGB/*Schramm*, § 172 BGB Rn. 2 f.; Bamberger/Roth/*Valenthin*, § 172 BGB Rn. 4.

Vorlage einer Vollmachtsurkunde" gleichsteht (§ 172 Abs. 1 BGB), ist es nämlich allgemein anerkannt, dass die Kundgabe immer die Person des Vertreters und den Umfang der Vertretungsmacht erkennen lassen muss.[306] Infolgedessen enthält eine tatbestandsgemäße Vollmachtsurkunde inhaltlich immer eine Information sowohl über die *Person des Vertreters* als auch über seine *Rechtsmacht.* Auch die Vorlage von Verträgen des Vertretenen, aus denen sich die Bevollmächtigung des Vertreters ergibt, genügt den Anforderungen an eine so verstandene Vollmachtsurkunde.[307]

Eine Vollmachtsurkunde ist nach alledem die schriftliche Verkörperung der Bevollmächtigung (eines Vertreters durch den Vertretenen) zur Vornahme eines bestimmten Rechtsgeschäfts/bestimmter Rechtsgeschäfte, die den Vertretenen als Aussteller erkennen lässt und zur Beweiserbringung bestimmt und geeignet ist.

II. Formanforderungen an die Vollmachtsurkunde

1. Formbedürftigkeit der Vollmachtsurkunde

In Abhängigkeit vom Urkundsbegriff ist fraglich, ob die Vollmachtsurkunde eigenhändig durch den Vollmachtgeber i.S.v. § 126 BGB zu unterzeichnen ist. Obwohl von der Aushändigung und der Vorlage der Vollmachtsurkunde für den Rechtsverkehr und den Vollmachtgeber erhebliche Wirkungen ausgehen, ist die Beantwortung dieser Frage weder durch § 172 BGB noch durch § 174 BGB vorgezeichnet.[308] Das Gesetz fordert in §§ 172, 174 BGB einzig eine Verkörperung der Erklärung in einer Urkunde.

2. Schriftform oder Textform

Der Begriff der Urkunde wird in zwei wesentlichen, voneinander scharf zu trennenden Formvorschriften des Allgemeinen Teils des BGB verwendet. So ist der Urkundsbegriff sowohl (ein) Tatbestandsmerkmal für die Schriftform gemäß § 126 BGB als auch für die Textform gemäß § 126b Alt. 1 BGB. Infolgedessen stellt sich die Frage, welcher Formvorschrift die Vollmachtsurkunde

---

306 RG, Urt. v. 14.6.1929 – VII 561/28, RGZ 124, 383 (386); Soergel/*Leptien*, § 171 BGB Rn. 3; Staudinger/*Schilken*, § 171 BGB Rn. 6; MüKo-BGB/*Schramm*, § 171 BGB Rn. 7; Bamberger/Roth/*Valenthin*, § 171 BGB Rn. 7.

307 Vgl. nur *Langner/Gotham*, GmbHR 2004, 891 (892). Zu beachten ist aber, dass die Formanforderungen, die an die Vollmachtsurkunde zu stellen sind, auch für den die Bevollmächtigung enthaltenden Vertrag gelten müssen.

308 Vgl. MüKo-BGB/*Schramm*, § 172 BGB Rn. 2.

i.S.d. § 174 S. 1 BGB unterliegt. Würde man für sie Schriftform fordern, hätte dies zur Konsequenz, dass jede Vollmachtsurkunde auch vom Vollmachtgeber eigenhändig zu unterzeichnen wäre (§ 126 Abs. 1 BGB). Das Fehlen der eigenhändigen Namensunterzeichnung würde dann gegen § 126 Abs. 1 BGB verstoßen. Eine Vollmachts*urkunde i.S.d. § 174 BGB* wäre somit nicht vorgelegt. Der Erklärungsempfänger hätte bei Vorlage einer solchen Urkunde – vorbehaltlich der weiteren Voraussetzungen des § 174 BGB – ein Zurückweisungsrecht. Ließe man hingegen die Textform für die Vollmachtsurkunde genügen, käme es auf die eigenhändige Unterzeichnung des Vollmachtgebers (§ 126b BGB) nicht an. Nur diejenigen schriftlichen Erklärungen über die Bevollmächtigung, die nicht der Urkundsvariante der Textform entsprächen, würden zu einem Formverstoß führen. Die Vorlage einer Vollmachtsurkunde i.S.d. § 174 S. 1 BGB erfüllt zwangsautomatisch auch die Textform nach § 126b Alt. 1 BGB; handelt es sich doch in jedem Fall um eine Urkunde. Ob Textform für die Vollmachtsurkunde genügt oder ob sie der eigenhändigen Unterzeichnung bedarf, richtet sich nach der Auslegung der formanordnenden Vorschrift (§§ 172, 174 BGB).

a. Charakteristika der Schriftform

Nicht überall dort, wo das Gesetz Schriftform vorschreibt, ordnet es diese auch ausdrücklich an. So soll bspw. überall dort, wo das Gesetz einen Anspruch auf eine Urkunde einräumt bzw. die Ausstellung einer Urkunde fordert, auch § 126 BGB Anwendung finden.[309] Das gesetzliche Schriftformerfordernis dient vorrangig dem Übereilungsschutz (Warnfunktion) und der (Rechts-)Klarheit und hat darüber hinaus Abschluss-, Beweis- und Zuordnungsfunktion.[310]

b. Charakteristika der Textform

Die Textform hingegen hat in ihrer Urkundsvariante (§ 126b Alt. 1 BGB) – und nur auf diese kann in der folgenden Analyse abgehoben werden – bis auf das Erfordernis der eigenhändigen Unterzeichnung durch den Aussteller dieselben Voraussetzungen wie die Schriftform.[311] Gerade aber das Fehlen der eigenhändigen

---

309 Vgl. Erman/*Arnold*, § 126 BGB Rn. 1; Staudinger/*Hertel*, § 126 BGB Rn. 4 ff. und 20 ff.; Bamberger/Roth/*Wendtland*, § 126 BGB Rn. 2.

310 Vgl. BT-Drucks. 14/4987 S. 16 li. Sp.; MüKo-BGB/*Einsele*, § 126 BGB Rn. 1; *dies.*, § 125 Rn. 8–11; Palandt/*Ellenberger*, § 125 Rn. 2–4; *ders.*, § 126 BGB Rn. 6; Staudinger/*Hertel*, § 126 BGB Rn. 6 und 125 f.; *Binding*, Elektronische Form, S. 41.

311 Vgl. BT-Drucks. 14/4987 S. 10 re. Sp.; Erman/*Arnold*, § 126b BGB Rn. 1; MüKo-BGB/*Einsele*, § 126b BGB Rn. 1; Palandt/*Ellenberger*, § 126b BGB Rn. 1; Bamberger/Roth/*Wendtland*, § 126b BGB Rn. 1.

Unterzeichnung bei der Textform relativiert ihren Schutzzweck gegenüber demjenigen der Schriftform nach § 126 Abs. 1 BGB. Durch den Verzicht auf die eigenhändige Unterzeichnung werden bei der Textform insbesondere Abstriche in Bezug auf die Beweis- und Warnfunktion in Kauf genommen.[312] In Sachverhalten, bei denen üblicherweise die Textform genügen soll, besteht keine oder nur eine geringe Fälschungsgefahr. Im Vordergrund steht das Interesse an einer in Schriftzeichen zur dauerhaften Wiedergabe geeigneten Manifestation der Erklärung. Die Erklärung soll in erster Linie nicht flüchtig sein und durch die Verwendung der Textform nach außen dokumentiert werden.[313]

c. Form der Vollmachtsurkunde i.S.d. § 174 S. 1 BGB

Nach allgemeiner Ansicht ist die Formfrage zugunsten der Schriftformbedürftigkeit gemäß § 126 BGB zu beantworten.[314] Der Hauptgrund für die Schriftformbedürftigkeit der in der Vollmachtsurkunde enthaltenen Bevollmächtigungserklärung soll in den Gefahren liegen, die aus der Aushändigung der Urkunde an den Vertreter folgen.[315] Denn eine Aushändigung der Vollmachtsurkunde an den Vertreter erzeugt einen gegen den Vertretenen wirkenden Rechtsschein und zudem ist der Vertretene auch immer der Missbrauchsgefahr durch den Vertreter ausgesetzt.[316]

Schramm vertrat hingegen noch 1993, ohne seine Annahme dezidiert zu begründen, die Meinung, dass auf die Vollmachtsurkunde bzw. auf die Erklärung über die Bevollmächtigung die §§ 126 ff. BGB nicht anwendbar seien. Vielmehr bedürfe die Vollmachtsurkunde nicht der eigenhändigen Unterzeichnung. Es genüge, wenn sich der Aussteller, die Ernsthaftigkeit und Endgültigkeit der Erklärung anderweitig aus der Urkunde ergeben.[317]

---

312 BT-Drucks. 14/4987 S. 12 re. Sp., S. 18 re. Sp., S. 19 li. Sp.; Erman/*Arnold*, § 126b BGB Rn. 1; MüKo-BGB/*Einsele*, § 126b BGB Rn. 1; Palandt/*Ellenberger*, § 126b BGB Rn. 1; Bamberger/Roth/*Wendtland*, § 126b BGB Rn. 1; *Boente/Riehm*, JURA 2001, 793 (795); *Einsele*, in GS Sonnenschein, S. 117 (125); *Röger*, NJW 2004, 1764 (1766).

313 BT-Drucks. 14/4987 S. 12 re. Sp., S. 19 li. Sp.; MüKo-BGB/*Einsele*, § 126b BGB Rn. 1; Bamberger/Roth/*Wendtland*, § 126b BGB Rn. 1.

314 Soergel/*Leptien*, § 172 BGB Rn. 2; Erman/*Maier-Reimer*, § 172 BGB Rn. 4; Jauernig/*Mansel*, §§ 170–173 BGB Rn. 8; Staudinger/*Schilken*, § 172 BGB Rn. 1; MüKo-BGB/*Schramm*, § 172 BGB Rn. 2; Bamberger/Roth/*Valenthin*, § 172 BGB Rn. 4; *Beck*, Erklärung von Kündigung und Abmahnung, S. 40.

315 Staudinger/*Schilken*, § 172 BGB Rn. 1; MüKo-BGB/*Schramm*, § 172 BGB Rn. 2.

316 Soergel/*Leptien*, § 172 BGB Rn. 3.

317 MüKo-BGB/*Schramm*, 3. Aufl. 1993, § 172 BGB Rn. 2; dem folgend: *Kümmel*, ZWE 2000, 292 (293).

aa. Historische Betrachtung

Der historische Gesetzgeber ordnete, als er das BGB und damit den heutigen § 174 S. 1 BGB schuf, die Vorlage der Vollmachtsurkunde durch den Bevollmächtigten bei einseitigen Rechtsgeschäften an. Die Norm hat sich ihrem äußeren Anschein nach bis heute nicht verändert.[318] Einziger Bezugspunkt des Urkundsbegriffs i.R.d. § 174 S. 1 BGB konnte damals die Schriftform sein.[319] Die notarielle Beurkundung gemäß § 128 BGB bezog und bezieht sich nur auf – soweit gesetzlich vorgeschrieben – zu beurkundende Verträge.[320] Die öffentliche Beglaubigung gemäß § 129 BGB war auch damals schon nur in den gesetzlich vorgeschriebenen Konstellationen vorzunehmen.[321]

Mit dem „Gesetz zur Anpassung der Formvorschriften des Privatrechts und anderer Vorschriften an den modernen Rechtsgeschäftsverkehr (FormVorschrAnpG)[322]" vom 13.7.2001 wurden die Formvorschriften des BGB geändert. Ziel der Änderung der Formvorschriften war die Vereinfachung des Rechtsverkehrs. In vielen Fällen, in denen das Gesetz die Schriftform vorschrieb, war diese nicht mehr opportun. Neue Kommunikationsformen und Technologien erforderten eigenständige, auf sie bezogene Formvorschriften. Die Reglung des § 174 BGB blieb zwar unverändert. Jedoch zog mit dem FormVorschrAnpG in Gestalt der Textform eine weitere Formvorschrift in das BGB ein, die die Urkunde zum Tatbestandsmerkmal hat (§ 126b Alt. 1 BGB).

Hieraus allein kann nicht automatisch der Schluss gezogen werden, dass überall dort, wo die Urkunde Voraussetzung ist, die Textform genügt und damit die eigenhändige Unterzeichnung obsolet ist. Dies folgt zunächst schon aus der Entstehung der letztlich kodifizierten Fassung des § 126b BGB. Nach dem Regierungsentwurf vom 14.12.2000[323] lautete § 126b BGB Reg-E noch wie folgt:

> *„Ist durch Gesetz Textform vorgeschrieben, so muss die Erklärung einem anderen gegenüber so abgegeben werden, dass sie in Schriftzeichen lesbar, die Person des Erklärenden angegeben und der Abschluss der Erklärung in geeigneter Weise erkennbar gemacht ist."*[324]

---

318 Siehe dazu: Das Bürgerliche Gesetzbuch von *Krückmann* von 1901, § 174 BGB; LAG Hamm, Urt. v. 11.1.1999 – 17 Sa 2007/98, juris Rn. 197–200.

319 Siehe dazu: Bürgerliches Gesetzbuch i.d.F. v. 1.1.1900, §§ 126–129 BGB.

320 Siehe dazu: Bürgerliches Gesetzbuch i.d.F. v. 1.1.1900, § 128 BGB.

321 Siehe dazu: Bürgerliches Gesetzbuch i.d.F. v. 1.1.1900, § 129 BGB.

322 Abkürzung nach juris; BGBl. I 2001 S. 1542.

323 BT-Drucks. 14/4987.

324 BT-Drucks. 14/4987 S. 5 li. Sp.

In dieser Fassung wurde die Regelung zur Textform aber nicht Gesetz. Erst im Verfahren vor dem Vermittlungsausschuss bekam § 126b BGB seine heutige Fassung[325]:

> *„Ist durch Gesetz Textform vorgeschrieben, so muss die Erklärung in einer Urkunde oder auf andere zur dauerhaften Wiedergabe in Schriftzeichen geeignete Weise abgegeben, die Person des Erklärenden genannt und der Abschluss der Erklärung durch Nachbildung der Namensunterschrift oder anders erkennbar gemacht werden.“*[326]

Die Änderung des Wortlauts vom Regierungsentwurf hin zur kodifizierten Regelung legt den Schluss nahe, dass die ursprüngliche Idee von der Textform nicht allein die Ablösung der eigenhändig zu unterzeichnenden Urkunde im Blick hatte. Vielmehr sollte die Textform ursprünglich eine Darstellung in lesbaren Schriftzeichen ermöglichen, ohne eine gebundene Form wie die Papierform zu erfordern.[327] Gestützt wird diese Annahme weiterhin durch die Begründung des Gesetzesentwurfs der Bundesregierung selbst. Danach muss ausgehend vom nötigen Schutzniveau des jeweiligen formanordnenden Tatbestands in jedem Einzelfall gesondert ermittelt werden, welche Formvorschrift einschlägig ist.[328] Danach ist auch durch die Einführung der neuen Formvorschriften nicht automatisch vorgezeichnet, dass auf die eigenhändige Unterzeichnung durch den Vollmachtgeber zu verzichten ist.

bb. Verwendung des Begriffs der Urkunde

Allein durch die Verwendung des Begriffs der Urkunde in einer Norm oder durch die Anordnung der „Ausstellung einer Urkunde“ kann das Schriftformerfordernis nicht angenommen werden.[329] Denn auch die Textform selbst ordnet als eine Variante die in einer Urkunde verkörperte schriftliche Gedankenerklärung an. Ist Textform vorgeschrieben und würde sich der „Formschuldner“ für die Urkundsvariante entscheiden, müsste er diese ausstellen und unterläge damit zwangsläufig der Regelung des § 126 Abs. 1 BGB. Er müsste die Urkunde i.S.d. § 126b Alt. 1 BGB eigenhändig unterzeichnen, um der Textform zu genügen.

---

325 Vgl. Verh. d. BR, Plenarprotokoll 765, S. 312 B; Verh. d. BT, 14. Wahlp., S. 17393; BR-Drucks. 497/01.

326 BGBl. I 2001 S. 1542.

327 Vgl. BT-Drucks. 14/4987 S. 18.

328 BT-Drucks. 14/4987 S. 18 re. Sp.

329 So aber scheinbar: Erman/*Arnold*, § 126 BGB Rn. 1; Erman/*Maier-Reimer*, § 172 BGB Rn. 4; Staudinger/*Hertel*, § 126 BGB Rn. 4 ff. und 20 ff.; Bamberger/Roth/*Wendtland*, § 126 BGB Rn. 2.

Diese Textformvariante liefe folglich leer und hätte keinen eigenen Anwendungsbereich mehr. Auch dort, wo die Ausstellung einer Urkunde verlangt wird, kann nicht automatisch auf die Schriftformbedürftigkeit geschlossen werden. Schließlich folgt aus dem Ausnahmecharakter von Formvorschriften, der sich unmittelbar aus dem Grundsatz der Formfreiheit ergibt, dass in jedem Einzelfall gesondert zu prüfen ist, ob die Schriftform i.S.d. § 126 BGB tatsächlich einschlägig ist.[330]

cc. Systematische und teleologische Gesichtspunkte

Für die Anerkennung der Schriftformbedürftigkeit sprechen systematische und teleologische Gesichtspunkte. Vor allem mit Blick auf die mit der Ausstellung, der Aushändigung und der Vorlage der Vollmachtsurkunde verbundenen Rechtsscheinwirkungen (§ 172 Abs. 2 BGB)[331] erscheint die Forderung nach der eigenhändigen Unterzeichnung des Vollmachtgebers zweckmäßig und geboten.[332] Insoweit darf jedoch nicht unbesehen bleiben, dass die Kundgabe durch besondere Mitteilung, der sie ja „gleichsteht" (§ 172 Abs. 1 BGB), und die Kundgabe durch öffentliche Bekanntmachung formfrei erfolgen können[333]. Alle Kundgabearten erzeugen einen Rechtsschein gegenüber Dritten. Allen ist gemein, dass der Rechtsschein erst dort endet, wo er durch Widerruf der Kundgabe bzw. Rückgabe oder Kraftloserklärung der Vollmachtsurkunde beseitigt ist (§ 173 BGB). Für den Vollmachtgeber ist bei allen Kundgabeformen die gleiche Folge angeordnet: das Vertrauendürfen des Rechtsverkehrs in das Bestehen der kundgegebenen Vertretungsmacht.[334] Ein Auseinanderfallen der Formbedürftigkeit der einzelnen Kundgabeformen begegnet systematischen Bedenken.

Im Gegensatz zu den anderen Formen der Kundgabe der Bevollmächtigung gibt der Vollmachtgeber bei Aushändigung der Vollmachtsurkunde das potentiell rechtsscheinbegründende Element jedoch aus der Hand. Der Vertreter ist nun in der Lage, einen Rechtsschein überall dort zu erzeugen, wo er die Urkunde vorlegt. Dies ist bei den übrigen Kundgabeformen anders. Bei diesen bestimmt allein der Vollmachtgeber, wem gegenüber ein Rechtsschein entstehen kann.[335]

---

330 Vgl. BT-Drucks. 14/4987 S. 18 re. Sp.; *Röger*, NJW 2004, 1764 (1766); vgl. für die Textform auch: MüKo-BGB/*Einsele*, § 126b BGB Rn. 3.

331 Siehe oben: § 2 B. III.

332 Staudinger/*Schilken*, § 172 BGB Rn. 1; MüKo-BGB/*Schramm*, § 172 BGB Rn. 2.

333 Soergel/*Leptien*, § 171 BGB Rn. 3; MüKo-BGB/*Schramm*, § 171 BGB Rn. 3 und 10; Bamberger/Roth/*Valenthin*, § 171 BGB Rn. 6.

334 Vgl. §§ 171, 172 Abs. 2 und 173 BGB.

335 Vgl. Soergel/*Leptien*, § 172 BGB Rn. 1.

Diese Besonderheit gebietet es, den Vollmachtgeber besonders zu schützen. Durch die Schriftform soll der Erklärende vor „Kurzschlusshandlungen" (unüberlegt) und „Schnellschusshandlungen" (übereilt) gewarnt und geschützt werden (Übereilungsschutz).[336] Indem der Erklärende seine Urkunde eigenhändig unterzeichnet, ermahnt er sich selbst, die Ernsthaftigkeit seiner Erklärung zu hinterfragen. Bringt er sie sodann unterschrieben in den Rechtsverkehr, publiziert er die Ernsthaftigkeit diesem gegenüber.[337] Daher ist seine eigenhändige Unterzeichnung schon aus diesen Gründen zweckmäßig.[338]

Darüber hinaus spricht für die Annahme der Schriftformbedürftigkeit der Bevollmächtigungserklärung der durch sie erhöhte Beweiswert[339]. Denn gemäß § 416 ZPO bieten Privaturkunden, die eigenhändig unterzeichnet sind, vollen Beweis darüber, dass der Inhalt der Erklärung vom Unterzeichner stammt. Gemäß § 440 Abs. 2 ZPO wird darüber hinaus für den Text, der oberhalb der eigenhändigen Unterschrift steht, seine Echtheit vermutet, wenn die Echtheit der Namensunterschrift feststeht. Dies ist insbesondere für das Beweissicherungsinteresse des Rechtsverkehrs ausschlaggebend, vor allem, wenn man bedenkt, dass die Schriftform auch dort einzuhalten sein kann, wo sie Rechtsstreitigkeiten vermeiden kann[340] und sie der Rechtsklarheit dient.[341]

Durch die eigenhändige Unterzeichnung wird aber auch eine nur im Entwurfsstadium befindliche Erklärung von einer abschließenden unterscheidbar.[342] Schon die Erstellung der Urkunde selbst ist für den Vertretenen insoweit gefährlich, als die Urkunde ohne sein Zutun (also ohne Aushändigung) in den Verkehr gelangen kann. Nun zu beweisen, dass er diese dem Urkundsbesitzer nicht ausgehändigt hat oder dass diese keine Rechtsverbindlichkeit haben sollte,

---

336 Palandt/*Ellenberger*, § 125 BGB Rn. 2.

337 Mot. I. Allgemeiner Theil, S. 179; MüKo-BGB/*Einsele*, § 126 BGB Rn. 1 i.V.m. § 125 BGB Rn. 8; Staudinger/*Hertel*, § 126 BGB Rn. 126; *Kanzleiter*, DNotZ 2002, 520 (523).

338 Vgl. Staudinger/*Schilken*, § 172 BGB Rn. 1; MüKo-BGB/*Schramm*, § 172 BGB Rn. 2.

339 Vgl. BT-Drucks. 14/4987 S. 16 li. Sp.; MüKo-BGB/*Einsele*, § 126 BGB Rn. 1 i.V.m. § 125 BGB Rn. 9; Palandt/*Ellenberger*, § 125 BGB Rn. 3; Staudinger/*Hertel*, § 126 BGB Rn. 125; *Kanzleiter*, DNotZ 2002, 520 (523).

340 BT-Drucks. 14/4987 S. 19 li. Sp.; BGH, Urt. v. 24.9.1997 – XII ZR 234/95, BGHZ 136, 357 (367); vgl. *Westerhoff*, AcP 184 [1984], 343 (348, 350).

341 BT-Drucks. 14/4987 S. 16 li. Sp.; MüKo-BGB/*Einsele*, § 126 BGB Rn. 1 i.V.m. § 125 BGB Rn. 9; vgl. Palandt/*Ellenberger*, § 125 BGB Rn. 3; Staudinger/*Hertel*, § 126 BGB Rn. 69.

342 BT-Drucks. 14/4987 S. 16 li. Sp.; MüKo-BGB/*Einsele*, § 126 BGB Rn. 10; Staudinger/*Hertel*, § 126 BGB Rn. 126; *Kanzleiter*, DNotZ 2002, 520 (523); *H. Köhler*, AcP 182 [1982], 126 (148).

wird ihm schwer möglich sein.[343] Einem solchen Schutz des Ausstellers dient die Schriftform gemäß § 126 BGB. Was der Vertretene nicht unterzeichnet hat, bleibt für diesen ohne weitergehende rechtliche Wirkung.

Die eigenhändige Unterzeichnung hat aber auch Zuordnungsfunktion. Dabei dient sie dem Schutz des Rechtsverkehrs im Allgemeinen und dem des Erklärungsempfängers im Speziellen. Erklärungen, die eigenhändig mit dem eigenen Namen unterzeichnet sind, lassen sich dem Unterzeichnenden zuordnen. Der Erklärungsempfänger kann daher die Identität des Ausstellers nachvollziehen und weiß konkret, an wen er sich zu wenden hat. Darüber hinaus dokumentiert der Ausstellende durch die Namensunterschrift, dass – abgesehen von Fälschungsfällen – diese Erklärung von ihm stammt und mithin echt ist.[344]

Die Zulassung der Textform i.R.d. § 174 BGB würde nur dann in Betracht kommen, wenn die Vorlage der Urkunde vorrangig zu Dokumentationszwecken erfolgen müsste. Dies ist aber – wie oben aufgezeigt[345] – gerade nicht der Fall. Vielmehr ist bei einseitigen Rechtsgeschäften, bei denen der Erklärungsempfänger zunächst nur passiv ist, ein hohes Interesse an der Sicherheit über die Authentizität der Erklärung und die Identität des Ausstellers anzutreffen. Hinzu kommt, dass aus den genannten Gründen (vor allem aus Rechtsscheingesichtspunkten) die Warn- und Beweisfunktion bei der Ausstellung und dem Inverkehrbringen der Vollmachtsurkunde von hoher Bedeutung für den Vollmachtgeber sind. Diese Funktionen sind gerade nicht diejenigen, die der Textform ihr typisches Gepräge verleihen. Sie soll den Rechtsverkehr vereinfachen und kostengünstigere Abwicklungsmodelle ermöglichen.[346] Die Grenze dieser Abschmelzung des Schutzniveaus der Schriftform zugunsten der Textform liegt in den berechtigten Interessen des Vollmachtgebers und des Rechtsverkehrs. Durch die Zulassung der nur textförmigen Vollmachtsurkunde wäre diese Grenze überschritten.

---

343 Vgl. OLG München, Beschl. v. 10.9.2009 – 34 Wx 44/09, juris Rn. 17, wonach der Besitz der Urkunde regelmäßig, ohne dass es weiterer Beweise bedürfe, belege, dass diese Urkunde dem Bevollmächtigten ausgehändigt wurde; PWW/*Frensch*, § 172 BGB Rn. 7; Erman/*Maier-Reimer*, § 172 BGB Rn. 17.

344 MüKo-BGB/*Einsele*, § 126 BGB Rn. 10; Palandt/*Ellenberger*, § 125 BGB Rn. 3; Staudinger/*Hertel*, § 126 BGB Rn. 125.

345 Siehe oben: § 3 B. II.

346 Vgl. BT-Drucks. 14/4987 S. 10 li. Sp.

d. Ergebnis zu 2.

Die Vollmachtsurkunde i.S.d. § 174 S. 1 BGB bedarf der Schriftform. Die Bevollmächtigungserklärung muss in einer durch den Vollmachtgeber eigenhändig unterzeichneten Urkunde verkörpert sein. Da sich aus der Ausstellung und Aushändigung der Vollmachtsurkunde an den Vertreter erhebliche Folgen für den Vollmachtgeber und den Rechtsverkehr ergeben, vermag allein die Schriftform den Vollmachtgeber effektiv vor Übereilung zu schützen und zu warnen. Der nicht eigenhändig unterzeichneten Vollmachtsurkunde i.S.d. § 126b Alt. 1 BGB fehlt die Warnfunktion der Schriftform.

III. Zusammenfassung zu A.

Nach § 174 S. 1 BGB muss der Vertreter bei Vornahme des einseitigen Rechtsgeschäfts eine ihn legitimierende Vollmachtsurkunde vorlegen. Andernfalls kann der Erklärungsempfänger das Rechtsgeschäft unverzüglich zurückweisen. Eine Vollmachtsurkunde ist dabei die schriftlich verkörperte Bevollmächtigungserklärung des Vollmachtgebers, die diesen als Aussteller erkennen lässt und zur Beweiserbringung geeignet und bestimmt ist. Nach dem Gesetz ist für die in der Vollmachtsurkunde verkörperte Bevollmächtigungserklärung keine Form vorgeschrieben. Gleichwohl ist bei der Vollmachtsurkunde die Schriftform gemäß § 126 Abs. 1 BGB einzuhalten. Der Vollmachtgeber muss die Urkunde daher eigenhändig unterzeichnen. Eine nur textförmige Vollmachtsurkunde i.S.v. § 126b Alt. 1 BGB genügt in Ermangelung einer hinreichenden Warnfunktion nicht.

B. Elektronischer Vollmachtsnachweis

Es ergeben sich verschiedene (zumindest theoretische) Möglichkeiten, die schriftförmige Vollmachtsurkunde durch einen in elektronischer Form gehaltenen Vollmachtsnachweis zu ersetzen. So ist es i.R.e. Kündigung unter Abwesenden denkbar, dass der Vertreter des Arbeitgebers der Kündigung ein Trägermedium (USB-Stick, CD-ROM/DVD, Speicherkarte etc.) beifügt, auf dem sich das elektronische Dokument über die Bevollmächtigung befindet oder dass er im Zusammenhang mit der Kündigung eine ihn als Vertreter legitimierende E-Mail an den Arbeitnehmer sendet. Im Falle der Kündigung unter Anwesenden könnten elektronische Geräte ggf. als Anzeigegeräte (Tablets, Note- und Netbooks etc.) für das elektronische Dokument über die Bevollmächtigung – als Ersatz für die Vollmachtsurkunde – verwendet werden.

I. Schriftformersetzung durch elektronische Form

Nach §§ 126 Abs. 3, 126a Abs. 1 BGB kann die Schriftform durch die elektronische Form ersetzt werden, wenn sich aus dem Gesetz nichts anderes ergibt. Der Gesetzgeber hat die elektronische Form im Zuge der Anpassung der Formvorschriften in das BGB eingeführt.[347] Ziel dieser Einführung war es, einen rationellen Einsatz moderner Technik zu gewährleisten, um zügig und kosteneffizient auch über größere Distanzen handeln zu können.[348]

1. Charakteristika der elektronischen Form

Die elektronische Form zeichnet sich dadurch aus, dass elektronische Dokumente erstellt werden können, die weder eigenhändig zu unterzeichnen sind noch der Papierform bedürfen. Trotz des Verzichts auf die eigenhändige Unterschrift des Erklärenden verlangt auch die elektronische Form einen Nachweis der Identität des Ausstellers und der Echtheit des Dokuments. Dieser wird dadurch erreicht, dass die jeweiligen Dokumente gemäß § 126a Abs. 1 BGB i.V.m. § 2 Nr. 3 SigG qualifiziert elektronisch zu signieren sind.[349] Mittels einer solchen Signatur ist der Empfänger der Erklärung in der Lage, die Identität des Ausstellers zu prüfen. Die Signatur substituiert insoweit als Funktionsäquivalent zur Schriftform die eigenhändige Unterzeichnung durch den Aussteller.[350] Anders als bei der Schriftform benötigt der Empfänger eines elektronischen Dokuments neben der technischen Ausstattung auch die individuelle Fähigkeit, derlei Sachverhalte mit Hilfe der technischen Mittel überhaupt nachvollziehen zu können.[351]

2. Voraussetzungen der elektronischen Form

a. Elektronisches Dokument mit hinzugefügtem Ausstellernamen

Die Erklärung des Ausstellers muss in einem elektronischen Dokument festgehalten werden. Ein solches setzt voraus, dass die Daten in Schriftzeichen lesbar sind und der Schriftträger zur Sicherung der Beweisfunktion eine dauerhafte

---

347 BGBl. I 2001 S. 1542.

348 Vgl. BT-Drucks. 14/4987 S. 10 li. Sp., S. 15 li. Sp.

349 BT-Drucks. 14/4987 S. 16 re. Sp., S. 17 li. Sp.

350 BT-Drucks. 14/4987 S. 12 re. Sp.

351 Vgl. BT-Drucks. 14/4987 S. 15 re. Sp., S. 25 li. Sp.; Jauernig/*Mansel*, § 126a BGB Rn. 1: „Die Verwendung der elektronischen Form bedarf eines erheblichen technischen und (für viele auch intellektuellen) Anwender-Aufwands (…)“.

Wiedergabe ermöglicht.[352] Eine Lesbarkeit der Schriftzeichen auf einem Bildschirm genügt.[353] Die Speicherung auf Datenträgern ist ausreichend zur Sicherung der Beweisfunktion.[354]

Zudem muss der Name des Ausstellers dem Dokument hinzugefügt werden. Hierbei kann die Stelle beliebig gewählt werden. Ein räumlicher Abschluss des Texts durch die Hinzufügung des Namens am Ende des Dokuments ist nicht erforderlich, da das Unterschriftserfordernis und insbesondere die Abschlussfunktion durch die qualifizierte elektronische Signatur und nicht durch die Namenshinzufügung gewährleistet werden.[355]

b. Qualifizierte elektronische Signatur nach dem Signaturgesetz (SigG)

Es bedarf der qualifizierten elektronischen Signatur, um die bei der Schriftform erforderliche eigenhändige Unterschrift ersetzen zu können. Diese ist in § 2 Nr. 3 SigG geregelt. Sie ist demnach eine elektronische Signatur i.S.v. § 2 Nr. 1 SigG, die neben den Anforderungen der fortgeschrittenen elektronischen Signatur i.S.v. § 2 Nr. 2 SigG bestimmte Sicherheitskriterien erfüllen muss.

aa. Arten von Signaturen

Unter einer elektronischen Signatur sind gemäß § 2 Nr. 1 SigG Daten in elektronischer Form zu verstehen, die anderen elektronischen Daten beigefügt oder logisch mit ihnen verknüpft sind und die zur Authentifizierung dienen. Unter diesen Signaturbegriff fallen bspw. eingescannte Unterschriften, aber auch schon der unter eine verfasste E-Mail getippte Vor- und Nachname. Eine (Fälschungs-/Änderungs-)Sicherheit besteht bei einfachen Signaturen nicht.[356] Die fortgeschrittene Signatur gemäß § 2 Nr. 2 SigG verfügt bereits über eine gewisse Sicherheit: Sie muss mit einem Signaturschlüssel erstellt werden. Die Signatur ist ausschließlich dem Signaturschlüsselinhaber zugeordnet. Sie ermöglicht seine Identifizierung. Sie wird mit Mitteln erzeugt, die dieser unter seiner alleinigen Kontrolle halten kann. Und sie ist mit den Daten, auf die sie sich bezieht, so verknüpft, dass eine nachträgliche Veränderung der Daten erkannt werden kann.

---

352 MüKo-BGB/*Einsele*, § 126a BGB Rn. 3; *dies.*, in GS Sonnenschein, S. 117 (130); *Boente/Riehm*, JURA 2001, 793 (796).

353 BT-Drucks. 14/4987 S. 19 re. Sp.; Bamberger/Roth/*Wendtland*, § 126a Rn. 3.

354 MüKo-BGB/*Einsele*, § 126a BGB Rn. 3.

355 Palandt/*Ellenberger*, § 126a Rn. 8; *Boente/Riehm*, JURA 2001, 793 (796); *Einsele*, in GS Sonnenschein, S. 117 (130).

356 *Roßnagel*, NJW 2001, 1817 (1819).

Die qualifizierte elektronische Signatur muss zusätzlich auf einem qualifizierten Zertifikat beruhen und mit einer sicheren Signaturerstellungseinheit erzeugt werden.

bb. Funktionsweise von Signaturen mit Signaturschlüssel

(1) Fortgeschrittene elektronische Signatur

Um eine fortgeschrittene elektronische Signatur erstellen zu können, benötigt man zunächst einen Signaturschlüssel (vgl. § 2 Nr. 4 SigG). Ein Signaturschlüssel ist eine Zeichenfolge, die einem extrem langen Passwort vergleichbar ist.[357] Daneben wird nach einem bekannten Algorithmus aus dem Text des zu signierenden Dokuments eine Art Quersumme, der Hash-Wert, errechnet.[358] Sodann wird der Schlüssel auf diesen Hash-Wert angewendet. Durch diese Verschlüsselung entsteht eine neue Folge von Zeichen, nämlich die Signatur. Für diesen Vorgang wird ein geheimer privater Signaturschlüssel verwendet. Der so verschlüsselte Hash-Wert wird nun mit dem unverschlüsselten Text an den Empfänger gesendet.[359] Der Empfänger wiederum verfügt über einen Gegenschlüssel zum geheimen privaten Signaturschlüssel des Ausstellers – den Signaturprüfschlüssel (vgl. § 2 Nr. 5 SigG) –, der sich vom Signaturschlüssel unterscheidet (asymmetrisches Verfahren) und mit dem keine Daten signiert werden können.[360] Mit diesem öffentlichen Schlüssel (Signaturprüfschlüssel) kann der Empfänger den verschlüsselten Hash-Wert entschlüsseln. Dieser Hash-Wert kann sodann mit dem Hash-Wert verglichen werden, der mit Hilfe des bekannten Algorithmus aus dem unverschlüsselten Text errechnet wird. Bei Übereinstimmung der Werte steht fest, dass der Text nach dem Signieren nicht mehr verändert wurde.[361] Da eine Signatur für jedes Dokument und jeden Schlüssel individuell ist, ist ein sicherer Nachweis gewährleistet, dass der empfangene Text mit einem bestimmten Schlüssel signiert wurde.[362]

(2) Qualifizierte elektronische Signatur

Durch den unter (1) geschilderten Signiervorgang ist jedoch noch nicht die wirkliche Identität des Ausstellers der Nachricht nachprüfbar. Dieses Problem

---

357 *Clanget*, MDÜ 2011, 46.
358 Bamberger/Roth/*Wendtland*, § 126a Rn. 6; *Einsele*, in GS Sonnenschein, S. 117 (131).
359 *Einsele*, in GS Sonnenschein, S. 117 (131).
360 *Clanget*, MDÜ 2011, 46 (47).
361 Bamberger/Roth/*Wendtland*, § 126a Rn. 6; *Einsele*, in GS Sonnenschein, S. 117 (131).
362 *Hochmann*, Elektronische Signatur, S. 21; *Clanget*, MDÜ 2011, 46.

wird erst durch die qualifizierte elektronische Signatur gelöst. Dazu bedarf es eines qualifizierten Zertifikats. Bei dem von § 2 Nr. 3 lit. a SigG geforderten qualifizierten Zertifikat handelt es sich um eine Bescheinigung bestimmter Zertifizierungsstellen darüber, dass ein konkreter öffentlicher Signaturprüfschlüssel tatsächlich einer bestimmten Person zugeordnet ist (vgl. § 2 Nrn. 6 und 7 SigG). Diese Person hatte nach der Überprüfung ihrer Identität durch die Zertifizierungsstelle ein Schlüsselpaar (privater und öffentlicher Schlüssel) zum Signieren erhalten.[363] Die in § 2 Nr. 3 lit. b SigG genannten sicheren Signaturerstellungseinheiten sind in § 2 Nr. 10 SigG definiert. Im Regelfall handelt es sich um ein Kartenlesegerät mit Chipkarte und zugehöriger PIN. Die Signatur wird bei PIN-Eingabe auf dem Chip der Karte erzeugt und danach an den Computer gesendet.[364] So verbleibt der geheime private Schlüssel immer auf der Karte, was ihn gegen ein Ausspionieren schützt.[365] Zudem besteht ein Schutz gegen unberechtigte Nutzung des geheimen privaten Schlüssels, da die Kombination aus Chipkarte mit Kartenlesegerät und PIN Besitz und Wissen erfordert.[366]

Die Überprüfung der Identität des Ausstellers der Nachricht und der Gültigkeit des Zertifikats ist online im Verzeichnisdienst der jeweiligen Zertifizierungsstelle möglich. Dabei kann die Echtheit des Zertifikats entweder durch Online-Eingabe der Zertifikatsnummer geprüft werden oder durch Software anhand von Listen, die heruntergeladen werden können.[367] Ebenso wie die Signaturerzeugung läuft die Überprüfung vollautomatisch ab, sodass ein über die reine Anwendung hinausgehendes Wissen etwa bzgl. mathematischer Prozesse nicht erforderlich ist.[368]

cc. Attribute, insbesondere bzgl. Vertretungsmacht

Attribute sind besondere Angaben zur Person des Inhabers des Zertifikats. Dem für die qualifizierte elektronische Signatur erforderlichen Zertifikat (Hauptzertifikat) können gemäß § 7 Abs. 1 Nr. 9 SigG berufsbezogene Attribute hinzugefügt werden (Attribut im Hauptzertifikat). Ein solches Attribut ist unabänderlicher Bestandteil des Hauptzertifikats und kann als Zertifikatserweiterung mit maximal

363 *Clanget*, MDÜ 2011, 46 (48).
364 *Clanget*, MDÜ 2011, 46 (48).
365 *Clanget*, MDÜ 2011, 46 (48): *Geis*, NJW 1997, 3000 (3001).
366 *Einsele*, in GS Sonnenschein, S. 117 (132); vgl. auch Hoeren/Sieber/Holznagel/*B. Brisch/K. Brisch*, Teil 13.3 Rn. 181.
367 *Hochmann*, Elektronische Signatur, S. 21; Näheres zur Überprüfung des Zertifikats auch bei *Rapp*, Rahmenbedingungen und Formqualität, S. 10.
368 *Rapp*, Rahmenbedingungen und Formqualität, S. 11.

hundert Zeichen[369] nur zusammen mit dem Hauptzertifikat beantragt werden. Als Bestandteil des Hauptzertifikats wird das Attribut bei jedem Signiervorgang beigefügt. Es ist zudem auch möglich, Attribute in ein gesondertes qualifiziertes Zertifikat aufzunehmen (qualifiziertes Attribut-Zertifikat, § 7 Abs. 2 SigG). Dieses verfügt über eine eindeutige Referenz auf das Hauptzertifikat und kann beim jeweiligen Signiervorgang nach Bedarf hinzugefügt werden. Es kann jederzeit beantragt werden und darf maximal tausend Zeichen Textlänge aufweisen.

Neben berufsrechtlichen Angaben kommen als Attribute insbesondere Angaben zur Vertretungsmacht, wie bspw. die Angabe einer Prokura, in Betracht (vgl. § 5 Abs. 2 S. 1 SigG).[370] Im Grunde ist auf diese Weise ein umfassender Nachweis der Vertretungsmacht möglich. Gemäß § 5 Abs. 2 S. 2 und S. 3 SigG dürfen Angaben über die Vertretungsmacht nur bei entsprechender Einwilligung des Vertretenen gegenüber der Zertifizierungsstelle aufgenommen werden.[371] Die Einwilligung des Vollmachtgebers muss als qualifiziert elektronisch signiertes Dokument oder schriftlich vorliegen (§ 3 Abs. 2 S. 1 SigV). Des Weiteren ist der Vollmachtgeber gemäß § 3 Abs. 2 S. 1 SigV in Textform über den Inhalt des qualifizierten Zertifikats zu unterrichten und auf die Möglichkeit der Sperrung des Zertifikats hinzuweisen.

3. Voraussetzungen für die Ersetzbarkeit der Schriftform im Hinblick auf die Vollmachtsurkunde i.S.d. § 174 S. 1 BGB

Gemäß § 126 Abs. 3 BGB kann die Schriftform nur durch die elektronische Form ersetzt werden, wenn sich nicht aus dem Gesetz etwas anderes ergibt. Neben einem ausdrücklichen Ausschluss der Ersetzbarkeit wie bspw. in § 623 BGB a.E. für die Kündigung kann sich auch ein ungeschriebener Ausschluss der Ersetzbarkeit ergeben. Dies ist insbesondere dann der Fall, wenn die elektronische Form im konkreten Einzelfall nicht den Zwecken gerecht werden kann, die mit dem Schriftformerfordernis gewahrt werden sollen.[372]

Die Ersetzung der Schriftform durch die elektronische Form im Hinblick auf die Vollmachtsurkunde i.S.d. § 174 S. 1 BGB wird nicht ausdrücklich durch das

369 *Clanget*, MDÜ 2011, 46 (48) gibt als zulässige Länge 120 Zeichen an.

370 Vgl. auch Hoeren/Sieber/Holznagel/*B. Brisch/K. Brisch,* Teil 13.3 Rn. 207 ff.; Spindler/Schuster/*Gramlich*, § 5 SigG Rn. 10 f.

371 Vgl. auch Hoeren/Sieber/Holznagel/*B. Brisch/K. Brisch,* Teil 13.3 Rn. 209.

372 Vgl. HK-BGB/*Dörner* § 126 BGB Rn. 12.

Gesetz ausgeschlossen.[373] Jedoch könnte sich ein Ausschluss aus der Verwendung bestimmter Begriffe im Normtext (a. und b.), dem Zweck der Schriftformbedürftigkeit (c.) oder auch aus dem Normzweck des § 174 BGB selbst (d.) ergeben. Unabhängig von einem potentiellen generellen Ausschluss der Ersetzbarkeit der Schriftform kann die elektronische Form auch aus Gründen des konkreten Einzelfalls ausgeschlossen sein (e.).

a. Ausschluss wegen Verwendung des Begriffs der Urkunde

Es wird vertreten, dass dort, wo das Gesetz von einer Urkunde spricht, die Schriftform nicht durch die elektronische Form ersetzt werden kann.[374] Argumentiert wird dies zum einen mit dem „traditionellen zivilrechtlichen Sprachgebrauch“[375]. Zum anderen wird darauf abgestellt, dass die Beweisführung durch elektronische Dokumente ausdrücklich den Regelungen zum Augenschein (§ 371 Abs. 1 S. 2 ZPO) und nicht zum Urkundsbeweis unterstellt werden.[376]

Der Ausschluss der elektronischen Form allein durch die Verwendung des Begriffs der Urkunde stößt auf Bedenken. Die Urkunde selbst ist Tatbestandsmerkmal der Schriftform. Lässt nun § 126 Abs. 3 BGB die Abweichung von der Schriftform durch elektronische Form zu, dann wird neben der Abweichung von der eigenhändigen Unterzeichnung auch die Abweichung von der Verkörperung in einer Urkunde impliziert. Dort, wo das Gesetz Schriftform anordnet, bedarf es auch immer einer Urkunde (vgl. § 126 Abs. 1 BGB). Fordert nun schon die formanordnende Vorschrift (bspw. § 174 S. 1 BGB) eine Urkunde, kann grundsätzlich nichts anderes gelten als für die von der Schriftform selbst geforderte Urkunde. Andernfalls liefe die Formvorschrift des § 126a BGB leer. Denn im Falle der Schriftformbedürftigkeit müsste dann konsequenterweise immer am Erfordernis der Urkunde festgehalten werden. Da § 126 Abs. 1 BGB selbst von einer Urkunde spricht, wäre die Ersetzbarkeit durch die elektronische Form immer ausgeschlossen. Dass das nicht im Gesetz angelegt ist, zeigt § 126 Abs. 3 BGB. Anders wäre nur dann zu verfahren, wenn feststünde, dass man unter einer

---

373 Jauernig/*Mansel*, §§ 170–173 BGB Rn. 8 schließt die elektronische Form i.S.d. § 126a BGB „wegen der gesetzlichen Regelung in §§ 172, 174 S. 1, 175, 176“ aus, jedoch ohne eine nähere Begründung.

374 MüKo-BGB/*Einsele*, § 126 BGB Rn. 25; NK-BGB/*Noack*/*Kremer*, § 126 BGB Rn. 55.

375 MüKo-BGB/*Einsele*, § 126 BGB Rn. 25 unter Verweis auf die Literatur zum Wertpapierrecht.

376 MüKo-BGB/*Einsele*, § 126 BGB Rn. 25 unter Verweis auf die BT-Drucks. 14/4987 S. 25 li. Sp.

Urkunde i.S.d. § 126 BGB etwas anderes versteht als sonst im BGB bzw. in der formanordnenden Vorschrift. Das ist jedoch weder für den Fall des § 174 BGB noch allgemein für das BGB ersichtlich.[377]

b. Ausschluss wegen Vorlageerfordernis

Auch aus der Verwendung von Begriffen wie bspw. der „Aushändigung" wird geschlossen, dass eine Ersetzung der Schriftform durch die elektronische Form ausgeschlossen ist.[378] Zur Begründung der Ansicht, dass eine „Aushändigung" zwingend die Übergabe des Dokuments und nicht nur die Versendung eines elektronischen Dokuments voraussetzt, wird beispielhaft die Formvorschrift des § 3 Abs. 4 FernUSG angeführt.[379] Betrachtet man jedoch den Wortlaut dieser Vorschrift („*Dem Teilnehmer ist eine deutlich lesbare Abschrift der Urkunde auszuhändigen.*"), fällt zunächst auf, dass die Regelung nicht von der Aushändigung der Urkunde spricht, sondern von einer deutlich lesbaren Abschrift. Dies impliziert, dass die Norm einen speziellen Schutzzweck für ihren Regelungsbereich verfolgt. Daraus kann jedoch nicht der generelle Schluss gezogen werden, dass allein die Wortwahl „Aushändigung" oder „auszuhändigen" einer Ersetzbarkeit der Schriftform entgegensteht. Dass § 172 Abs. 1 BGB im Zusammenhang mit der Vollmachtsurkunde von „ausgehändigt" spricht, hat daher allein für die Form der Vollmachtsurkunde i.S.d. § 174 S. 1 BGB keine Bedeutung. Vielmehr verbleibt es bei einer Entscheidung im Einzelfall.

In § 174 S. 1 BGB wird die „Vorlage" der Vollmachtsurkunde gefordert. Ein Ausschluss der elektronischen Form durch die Verwendung dieses Begriffs scheidet aus den genannten Gründen aus. Auch das elektronische Dokument kann anderen zugeleitet, überlassen oder vorgezeigt werden.

c. Ausschluss wegen des Zwecks der Schriftformbedürftigkeit

Es ist in jedem Einzelfall anhand des Zwecks der Formanordnung und der Funktionen der elektronischen Form gesondert zu überprüfen, ob es bei der Verkörperung der Erklärung in einer Urkunde zu verbleiben hat.[380] In der vorliegenden Konstellation ist also die Frage danach zu stellen, ob der Regelungsgehalt des

---

377 Vgl. *F. Hartmann*, Moderne Kommunikationsmittel, S. 16 f.; *Binding*, Elektronische Form, S. 48 f., der nur zwischen materiellrechtlichem und prozessrechtlichem Urkundsbegriff differenziert.

378 MüKo-BGB/*Einsele*, § 126 BGB Rn. 25; NK-BGB/*Noack*/*Kremer*, § 126 BGB Rn. 55.

379 MüKo-BGB/*Einsele*, § 126 BGB Rn. 25.

380 Vgl. Staudinger/*Hertel*, § 126 BGB Rn. 166.

§ 174 S. 1 BGB einem Ersatz der schriftförmigen Vollmachtsurkunde durch ein Dokument in elektronischer Form entgegensteht.

Wie oben festgestellt, ist es wegen der Folgen der Aushändigung der Vollmachtsurkunde an den Vertreter notwendig, dass der Vollmachtgeber die Urkunde eigenhändig unterzeichnet. Die Unterzeichnung hat dabei für den Vollmachtgeber in erster Linie Warnfunktion.[381] Die Funktionen der elektronischen Form sind mit denen der schriftlichen Form zwar vergleichbar.[382] Keinesfalls wird aber die der eigenhändigen Unterzeichnung eigene Warnfunktion erreicht.[383] Zwar wird auch der Signierende durch den Signaturakt (bspw. Einlegen seiner Chipkarte in das Kartenlesegerät und Eingabe der PIN) einen Moment mit der Frage konfrontiert sein, was für Folgen seine Signatur hat.[384] Allerdings ist auch mit der passenden bzw. passend konfigurierten Software eine Signierung (einschließlich PIN-Nutzung) und Absendung der Erklärung in nur einem Arbeitsschritt – quasi mit einem Klick – möglich.[385] Zwar muss der Zertifizierungsdiensteanbieter den Antragsteller für ein Zertifikat gemäß § 6 Abs. 2 SigG darüber unterrichten, dass seine qualifizierte elektronische Signatur im Rechtsverkehr die gleiche Wirkung hat wie eine eigenhändige Unterschrift bzw. muss die Zertifizierungsstelle diesem gemäß § 6 Abs. 3 SigG zumindest eine textförmige Belehrung darüber übermitteln. Jedoch ist die eigenhändige Unterzeichnung aufgrund ihrer Tradition und rechtsgeschäftlichen Übung ihrer Charakteristik nach eine Art psychologisches Stoppschild, wodurch sie den Erklärenden in heutiger Zeit *noch* effektiver vor Übereilung schützt.[386] Die Herstellung einer verkörperten Schrifturkunde, die eigenhändig unterzeichnet und sodann auf den Weg zum Erklärungsempfänger gebracht wird, ist sowohl beschwerlicher als

---

381 Siehe oben: A. II. 2. a. und A. II. 2. c. cc.

382 BT-Drucks. 14/4987 S. 16 f.; MüKo-BGB/*Einsele*, § 126a BGB Rn. 22; Palandt/*Ellenberger*, § 126a Rn. 5; Bamberger/Roth/*Wendtland*, § 126a BGB Rn. 1; vgl. ausführlich dazu *Binding*, Elektronische Form, S. 104 ff.; *F. Hartmann*, Moderne Kommunikationsmittel, S. 106 ff.

383 HK-BGB/*Dörner*, § 126 BGB Rn. 12; a.A. *Oberndörfer*, CR 2002, 358 (360).

384 Vgl. BT-Drucks. 14/4987, S. 17 re. Sp.

385 *Noack*, DStR 2001, 1893 (1894); *Sieber/Nöding*, ZUM 2001, 199 (205).

386 BT-Drucks. 14/4987 S. 17 re. Sp.; MüKo-BGB/*Einsele*, § 126a BGB Rn. 25; *Bettendorf*, RNotZ 2005, 277 (285); zweifelnd auch: NK-BGB/*Noack*/*Kremer*, § 126a BGB Rn. 12; *Oertel*, MMR 2001, 419 (421); auch *Gruhn/Wolff-Marting/A. Köhler u. a.*, Elektronische Signaturen, S. 23, die nicht davon ausgehen, dass dem elektronischen Signaturakt die gleiche subjektive Bedeutung wie einer Handunterschrift zugemessen wird; a.A. *Binding*, Elektronische Form, S. 114 ff.; *Leue*, Formvorschriften, S. 129; wohl auch *F. Hartmann*, Moderne Kommunikationsmittel, S. 129 ff.

auch mit längeren Bedenkzeiten verbunden als die Erzeugung einer Erklärung mittels Computer, die unter Einsatz der Signaturutensilien „unterzeichnet" und sodann direkt versendet wird.[387] Aus einer derartigen „Entkörperlichung" von Erklärung, Vorgang der Unterzeichnung und der Übersendung an den Erklärungsempfänger resultiert in psychologischer Hinsicht eine deutlich gesenkte Hemmschwelle.[388] Selbst wenn davon ausgegangen wird, dass Urkunden nicht zwangsläufig vom Unterzeichner selbst erstellt werden, genügt die unterschiedliche Vorgehensweise der Unterzeichnung bei Unterschrift und Signatur, um der Warnfunktion der Schriftform nicht mehr gerecht zu werden. Hinzu kommt, dass die Signatur nur aus aneinandergereihten Zeichen besteht und somit auch vom Erscheinungsbild her keiner eigenhändigen Unterschrift gleicht.[389]

Die für die Schriftform typische Warnfunktion wird (noch) nicht durch die elektronische Form gewährleistet. Dieses Defizit könnte aber in Zukunft durch Verstetigung der selbstverständlichen Nutzung der elektronischen Form abgeschmolzen werden.[390] Aktuell sieht es jedoch nicht danach aus, dass sich die elektronische Form als Alltagsform durchsetzen könnte.[391]

d. Ausschluss wegen des Schutzzwecks des § 174 BGB

Für die Frage, ob die Schriftform, die § 174 S. 1 BGB fordert, durch die elektronische Form zukünftig – also unabhängig vom derzeit nicht erreichten Warnzweck – ersetzt werden kann, kommt es entscheidend darauf an, ob die Verkörperung in einer Urkunde zur Erreichung des Zwecks der Norm und aus systematischen Erwägungen unerlässlich ist.

Unter Verkörperung versteht man, dass die jeweiligen Schriftzeichen in einem körperlichen Substrat fixiert sind.[392] Sie dient i.R.d. § 174 BGB in erster Linie dem effektiven Nachweis der Bevollmächtigung. Indem der Vertreter die

---

387 *Malzer*, DNotZ 1998, 96 (107).

388 *Malzer*, DNotZ 1998, 96 (107 f.).

389 *Rapp*, Rahmenbedingungen und Formqualität, S. 9.

390 Instruktiv dazu *Plewe*, Gesetzliche Formen, S. 173: „(...) resultiert die besondere Warnfunktion der Unterschrift (...) aus ihrer historisch eingeführten Bedeutung, wie es früher für den Handschlag galt (...). Dies bedeutet, daß der Signatur und damit der elektronischen Form um so mehr Warnfunktion zukommt, je mehr das Handeln und die Interaktion am Bildschirm zum Bestandteil des Alltags wird."

391 Spindler/Schuster/*Anton*, § 126a BGB Rn. 1; Staudinger/*Hertel*, § 126a BGB Rn. 37 f.; Jauernig/*Mansel*, § 126a BGB Rn. 2; NK-BGB/*Noack*/*Kremer*, § 126a BGB Rn. 5; Bamberger/Roth/*Wendtland*, § 126a BGB Rn. 1.

392 Erman/*Arnold*, § 126 BGB Rn. 3; *Binding*, Elektronische Form, S. 36, 66.

Urkunde vorlegt, weist er sich hinsichtlich seiner Vertretungsmacht aus. Typisch ist im Zusammenhang mit Urkunden die unmittelbare Wahrnehmbarkeit der Schriftzeichen ohne Hilfsmittel.[393] Der Einsehende braucht keine Spezialkenntnisse, keine besonderen Fähigkeiten oder gar eine technische Ausstattung, um den Inhalt wahrzunehmen. Seine potentielle Ungewissheit über die Berechtigung des Vertreters wird damit im Moment der Einsicht in die Vollmachtsurkunde beseitigt bzw. in eine Echtheitsprüfung umgeleitet.

Elektronische Dokumente sind weder Urkunden noch ihnen vergleichbare Verkörperungen. Das folgt – neben der unterschiedlichen Bezeichnung durch den Gesetzgeber – schon daraus, dass bei ihnen die für Urkunden typische schriftliche Verkörperung der jeweiligen Erklärung fehlt.[394] Für elektronische Dokumente wird zwar dann eine Verkörperung angenommen, wenn sie auf einem Datenträger abgespeichert sind.[395] Zu Recht wird aber die Schriftlichkeit der so fixierten elektronischen Daten abgelehnt, da es sich bei diesen um die Fixierung binärcodierter Inhalte handelt. Diese wiederum sind keine Schriftzeichen i.S.d. § 126 BGB.[396] Das elektronische Dokument kann nicht aus sich heraus wahrgenommen werden, sondern nur unter Zuhilfenahme von Lese-, Anzeige-, Empfangsgeräten und der entsprechenden Software. Im Gegensatz zur Schriftform werden mittels der elektronischen Form somit keine Urkunden im herkömmlichen Sinne erstellt.[397] Die elektronische Form bietet (durch elektronische

---

393 Vgl. BT-Drucks. 14/4987 S. 25 li. Sp.; MüKo-BGB/*Einsele*, § 126a BGB Rn. 3; *Binding*, Elektronische Form, S. 68; vgl. *Bettendorf*, RNotZ 2005, 277 (278); *Fringuelli/Wallhäuser*, CR 1999, 93 (95); *Heun*, CR 1995, 2 (3); *Seidel*, CR 1993, 409 (410); a.A. *F. Hartmann*, Moderne Kommunikationsmittel, S. 41 f.; *Ebbing*, CR 1996, 271 (274), *Oberndörfer*, CR 2002, 358 (359), die die Nutzung eines PC als Hilfsmittel dem Einsatz einer Lampe oder Nutzung einer Lesebrille gleichstellen.

394 BT-Drucks. 14/4987 S. 25 li. Sp.; MüKo-BGB/*Einsele*, § 126 BGB Rn. 6 und 25; *Bettendorf*, RNotZ 2005, 277 (278); *Nöcker*, CR 2000, 176 (177 f.).

395 MüKo-BGB/*Einsele*, § 126a BGB Rn. 3; *Binding*, Elektronische Form, S. 66–68; *Boente/Riehm*, JURA 2001, 793 (796); *Fringuelli/Wallhäuser*, CR 1999, 93 (95); *Hoeren*, in: FS Holzhauer 2005, S. 541; *Malzer*, DNotZ 1998, 96 (103); a.A. *Geis*, CR 1993, 653; *Heun*, CR 1995, 2 (3); *Nöcker*, CR 2000, 176 (177 f.).

396 *Binding*, Elektronische Form, S. 68 f.; *Malzer*, DNotZ 1998, 96 (103); a.A. *Ebbing*, CR 1996, 271 (274).

397 *Hoeren*, in: FS Holzhauer 2005, S. 543; vgl. BT-Drucks. 14/4987 S. 15 re. Sp., S. 25 li. Sp.; Spindler/Schuster/*Anton*, § 126 BGB Rn. 2; MüKo-BGB/*Einsele*, § 126 BGB Rn. 6 und 25; *Binding*, Elektronische Form, S. 68 f., 76 f.; *Heun*, CR 1995, 2 (3); a.A. *F. Hartmann*, Moderne Kommunikationsmittel, S. 43 f.; *Ebbing*, CR 1996, 271 (274); *Oberndörfer*, CR 2002, 358 (361).

Signierung) lediglich ein „Substitut für die eigenhändige Unterschrift“[398], nicht jedoch für die schriftliche Verkörperung.

Nach den Motiven des BGB sollte i.R.d. § 174 S. 1 BGB zwar auf die berechtigten Interessen des Erklärungsempfängers eines einseitigen Rechtsgeschäfts Rücksicht genommen werden, jedoch sollte durch den Vorlageaufwand des Vertreters keine Beengung des Rechtsverkehrs einsetzen[399]. In der nur mittelbar wahrnehmbaren Information des elektronischen Dokuments ist (noch) eine Verzögerung des Wahrnehmungsprozesses und damit eine Beschwer des Verkehrs zu sehen. Auch aus der mangelnden Praktikabilität und des erhöhten Aufwands im Umgang mit Dokumenten in elektronischer Form hat sich diese Form bisher nicht durchsetzen können.[400] Insoweit mangelt es der elektronischen Form i.R.d. § 174 S. 1 BGB an einer vergleichbaren Effektivität für den Wahrnehmenden und den Rechtsverkehr.

Hinzu kommt, dass es dem Erklärungsempfänger *bei Vornahme* des Rechtsgeschäfts möglich sein muss, die Vollmachtsurkunde einzusehen. Dazu, ob es „Vorlagemöglichkeiten“ für elektronische Dokumente gibt, die den Anforderungen des § 174 S. 1 BGB genügen, siehe unter: § 6 D. IV.

e. *Ausschluss im konkreten Einzelfall aufgrund des Aspekts der Freiwilligkeit*

Da die schriftliche Form durch die elektronische Form ersetzt werden *kann*, aber nicht muss, kommt es in erster Linie auf die Akzeptanz der Beteiligten an.[401] Voraussetzung für eine Ersetzung ist daher, dass die am Rechtsgeschäft Beteiligten ausdrücklich oder konkludent, etwa nach bisherigen Geschäftsgepflogenheiten, mit der Nutzung der elektronischen Form einverstanden sind.[402] Maßgeblich ist vor allem das Einverständnis des Empfängers.[403] Ebenso wenig wie ein solches Einverständnis allein aus der Tatsache abgeleitet werden kann, dass jemand Inhaber eines Signaturschlüssels ist, ist eine technische Ausstattung zur Signierung

---

398 BT-Drucks. 14/4987 S. 12 re. Sp.

399 Vgl. Mot. I. Allgemeiner Theil, S. 240.

400 Spindler/Schuster/*Anton* § 126a BGB Rn. 1; Staudinger/*Hertel*, § 126a BGB Rn. 37 f.; Jauernig/*Mansel*, § 126a BGB Rn. 2; NK-BGB/*Noack*/*Kremer*, § 126a BGB Rn. 5; Bamberger/Roth/*Wendtland*, § 126a BGB Rn. 1.

401 *Noack*, DStR 2001, 1893 (1895); vgl. auch *Geschwandtner*/*Titze*, Genossenschafts-Kurier 2003/2, S. 35 ff.

402 BT-Drucks. 14/4987 S. 15 re. Sp.; HK-BGB/*Dörner*, § 126 BGB Rn. 12; Staudinger/*Hertel*, § 126 BGB Rn. 167; *Geschwandtner*/*Titze*, Genossenschafts-Kurier 2003/2, S. 35 ff.

403 Jauernig/*Mansel*, § 126a BGB Rn. 3.

erforderlich, um ein Einverständnis annehmen zu können.[404] Das Lesen und Verifizieren eines elektronischen Dokuments mit elektronischer Signatur ist ohne eigene technische Signaturausstattung wie Chipkarte, Kartenlesegerät, PIN etc. möglich. Einer technischen Grundausstattung, die es möglich macht, elektronische Dokumente zu empfangen, bedarf es jedoch zwingend. Ohne eine derartige Empfangsvorrichtung kann eine elektronische Willenserklärung schon nicht zugehen. Zur Empfangsvorrichtung muss die Bereitschaft zum Gebrauch derselben hinzutreten. Schließlich darf niemand gegen seinen Willen zur Teilnahme am elektronischen Rechtsverkehr gezwungen werden.[405] Aus diesen Gründen bedarf es auch bei einseitigen Rechtsgeschäften des Einverständnisses des Erklärungsempfängers.

Denkbar ist, dass der Arbeitgeber den Arbeitnehmer mittels Ausübung seines Direktionsrechts zu einer Nutzung der elektronischen Form dahingehend verpflichten kann, elektronische Dokumente zu empfangen. Mit Urteil vom 25.9.2013[406] hat das BAG entschieden, dass ein Arbeitgeber von seinem Arbeitnehmer über das Direktionsrecht die Beantragung einer qualifizierten elektronischen Signatur und die Nutzung einer elektronischen Signaturkarte verlangen kann, wenn dies für die Erbringung der vertraglich geschuldeten Arbeitsleistung erforderlich und dem Arbeitnehmer zumutbar ist. Das Direktionsrecht gemäß § 106 GewO gestattet es dem Arbeitgeber, Inhalt, Ort und Zeit der Arbeitsleistung nach billigem Ermessen näher zu bestimmen, soweit diese Arbeitsbedingungen nicht durch den Arbeitsvertrag, Bestimmungen einer Betriebsvereinbarung, eines anwendbaren Tarifvertrags oder gesetzliche Vorschriften festgelegt sind (§ 106 S. 1 GewO). Dies gilt gemäß § 106 S. 2 GewO auch hinsichtlich der Ordnung und des Verhaltens der Arbeitnehmer im Betrieb. Bei Nutzung der elektronischen Form hinsichtlich des Nachweises der Bevollmächtigung i.R.d. Kündigung des Arbeitsverhältnisses liegt jedoch kein Bezug zur Arbeitsleistung oder zu Ordnung oder Arbeitnehmerverhalten im Betrieb vor. Es fehlt mithin gerade an einer Konkretisierung der Arbeitspflicht. Eine Verpflichtung zur Nutzung der elektronischen Form mittels Direktionsrecht scheidet somit aus.

404 BT-Drucks. 14/4987 S. 15 re. Sp.

405 *Geschwandtner/Titze*, Genossenschafts-Kurier 2003/2, S. 35 ff.

406 BAG, Urt. v. 25.9.2013 – 10 AZR 270/12, NJW 2014, 569.

f. Ergebnis zu 3.

Die Ersetzbarkeit der Schriftform durch die elektronische Form im Hinblick auf die Vollmachtsurkunde i.S.d. § 174 S. 1 BGB ist weder durch den Urkundsbegriff noch durch das Vorlageerfordernis ausgeschlossen. Jedoch muss eine Ersetzung durch die elektronische Form wegen des (noch) nicht zu erreichenden Warnzwecks derzeit ausscheiden. Zudem kann die elektronische Form in Ermangelung einer Verkörperung des Dokuments dem Schutzzweck des § 174 BGB nur schwerlich gerecht werden, sodass eine zur Vorlage der Vollmachtsurkunde vergleichbare Vorlagemöglichkeit zu suchen ist. Schließlich muss die Verwendung der elektronischen Form in jedem konkreten Einzelfall mit ausdrücklichem oder konkludentem Einverständnis der Beteiligten erfolgen.

II. Verwendung von Unterschriftenpads zur eigenhändigen Unterzeichnung eines elektronischen Vollmachtsnachweises

Da die Ersetzung der Schriftform der Vollmachtsurkunde durch die elektronische Form derzeit in erster Linie an der mangelnden Warnfunktion scheitert, stellt sich die Frage, ob anstelle der qualifizierten elektronischen Signatur eine eigenhändige Unterschrift mittels eines Unterschriftenpads geleistet werden kann, um den Anforderungen des § 174 S. 1 BGB gerecht zu werden.

1. Das Unterschriftenpad und seine Funktionsweise

Bei einem Unterschriftenpad handelt es sich um eine sensitive Schreibunterlage, auf der mit Hilfe eines speziellen Stifts auf einem LC-Display unterschrieben wird. Der Unterzeichnende kann während des Unterschreibens seine Unterschrift in Echtzeit wie bei einer Papierunterzeichnung sehen. Neben diesem sichtbaren Teil der Unterschrift erfasst das Pad auch die Schreibcharakteristik des Unterzeichners samt biometrischer Merkmale (bspw. Schreibgeschwindigkeit, Schriftweite, Druckstärke etc.).[407] Wenn am Computer ein Dokument erstellt wurde, kann die auf dem Pad erstellte Unterschrift in dieses eingebunden werden. Dabei werden auch die biometrischen Daten verschlüsselt und unsichtbar in dieses Dokument integriert. Durch einen aus diesem gesamten Dokument erstellten Sicherheitscode wird das Dokument quasi versiegelt, sodass spätere Änderungen am Dokument erkannt werden können. Die erfassten biometrischen Daten

---

407 *Hoeren*, in: FS Holzhauer 2005, S. 538; *H. Schmitz*, NVwZ 2013, 410 (411).

ermöglichen einen Vergleich mit einer Vergleichsunterschrift zur Authentifizierung des Unterzeichners.[408]

2. *Wahrung des Formerfordernisses der Vollmachtsurkunde*

Es ist fraglich, ob bei Nutzung eines Unterschriftenpads die erforderliche Schriftform der Vollmachtsurkunde gewahrt werden kann bzw. ob die Nutzung den Anforderungen an die die Schriftform ersetzende elektronische Form entspricht.

a. *Einhaltung der Schriftform*

Die Schriftform gemäß § 126 Abs. 1 BGB fordert eine mit eigenhändiger Namensunterschrift des Ausstellers versehene Urkunde. Ein elektronisches Dokument ist jedoch selbst bei Verkörperung durch Speicherung auf einem Datenträger mangels Schriftlichkeit keine Urkunde in diesem Sinne.[409]

Auch durch einen Ausdruck des mit einem Unterschriftenpad unterschriebenen elektronischen Dokuments kann in Ermangelung einer eigenhändigen Namensunterschrift ein Schriftformerfordernis nicht erfüllt werden. Zur Wahrung der Schriftform muss die Unterschrift eigenhändig auf der Urkunde erfolgen und nicht bloß als elektronische Kopie wiedergegeben werden.[410] Lediglich übermittelte und wiedergegebene Unterschriften – wie dies auch bei einem Fax erfolgt – reichen gerade nicht aus.[411]

b. *Einhaltung der elektronischen Form*

Die elektronische Form gemäß § 126a Abs. 1 BGB erfordert eine qualifizierte elektronische Signatur des elektronischen Dokuments. Eine solche liegt bei bloßer Leistung einer Unterschrift auf einem Unterschriftenpad nicht vor.[412]

---

408 Zum Vorstehenden: *Hoeren*, in: FS Holzhauer 2005, S. 538 f.; *ders.*, ZVersWiss 2011, 1 (2 f.).

409 Siehe dazu bereits oben unter: I. 3. d.; siehe zum Begriff der Urkunde oben unter: A. I.

410 OLG München, Urt. v. 4.6.2012 – 19 U 771/12, NJW 2012, 3584 (3585); *Roßnagel*, Anm. zu OLG München, Urt. v. 4.6.2012 – 19 U 771/12, NJW 2012, 3586.

411 OLG München, Urt. v. 4.6.2012 – 19 U 771/12, NJW 2012, 3584 (3585); vgl. Palandt/*Ellenberger*, § 126 Rn. 6 und 12 m.w.N.

412 So auch OLG München, Urt. v. 4.6.2012 – 19 U 771/12, NJW 2012, 3584 (3585).

c. *Teleologische Extension zu §§ 126, 126a BGB*

Die Unterschrift auf einem Unterschriftenpad ist jedoch geeignet, die Formzwecke der Schriftform zu erfüllen.[413] Da die Unterschrift händisch per Stift geleistet wird, wird der Unterzeichner qualitativ ebenso gewarnt wie beim Unterschreiben auf Papier.[414] Auch im Hinblick auf die Beweisfunktion besteht Gleichwertigkeit zur Schriftform. Durch die unter 1. aufgezeigte Funktionsweise kann zum einen die Echtheit der Unterschrift überprüft werden. Zum anderen wird durch die „Versiegelung" des Dokuments samt Unterschrift eine „Manipulationsresistenz"[415] gewährleistet.[416] Aufgrund der Geeignetheit zur Wahrung der Formzwecke ist fraglich, ob eine Analogie zu §§ 126, 126a BGB in Form einer teleologischen Extension in Betracht kommt.[417]

Eine teleologische Extension findet Anwendung, wenn der Tatbestand einer Norm zu eng formuliert ist, sodass eine Subsumtion von Lebenssachverhalten unter diese Norm nicht möglich ist, die aber nach ihrem Zweck erfasst werden müssten.[418] Als Spezialfall der Analogie setzt auch die teleologische Extension eine planwidrige Regelungslücke voraus.[419] Eine planwidrige Regelungslücke liegt vor allem dann nicht vor, wenn aufgrund der bereits getroffenen gesetzlichen Regelungen die Absicht des Gesetzgebers angenommen werden kann, bestimmte

---

413 *Hoeren*, ZVersWiss 2011, 1.

414 Siehe zur Problematik der Erfüllung der Warnfunktion i.R.d. elektronischen Form oben unter: 3. c.; vgl. auch *Hoeren*, ZVersWiss 2011, 1 (8).

415 *Hoeren*, in: FS Holzhauer 2005, S. 546.

416 A.A. *Roßnagel*, NJW 2012, 3586, der annimmt, dass eine Unterschrift mittels Schreibtablett (anders als bei der Unterschrift auf einer Urkunde oder der kryptographischen Verknüpfung einer qualifizierten elektronischen Signatur mit dem elektronischen Dokument) nicht zu der vom Gesetzgeber vorgesehenen dokumentbezogenen Sicherung der Zusammengehörigkeit des Schriftträgers und der Unterschrift bzw. ihres Funktionsäquivalents führen kann. *Roßnagel* lehnt eine Analogie zu §§ 126, 126a BGB auch aus diesem Grund ab.

417 *Hoeren*, ZVersWiss 2011, 1 (12 f.), nimmt für den Fall des § 150 Abs. 2 S. 1 VVG, dessen Wortlaut („*schriftliche*") aufgrund seines hochrangigen Schutzzwecks dahingehend ausgelegt wird, dass die Schriftform i.S.d. § 126 BGB einzuhalten ist, an, dass eine Unterschrift mittels Unterschriftenpad formwahrend ist. Diese Annahme stützt er auf die o.g. Geeignetheit der Unterschrift mittels Unterschriftenpad zur vollumfänglichenWahrung der Formzwecke. Eine Analogie spricht/prüft *Hoeren* nicht an.

418 *B. Rüthers*, Rechtstheorie (2007), S. 507 Rn. 904.

419 Vgl. *B. Rüthers*, Rechtstheorie (2007), S. 507 Rn. 904.

Sachverhalte abschließend zu regeln.[420] Durch die umfassenden Regelungen des FormVorschrAnpG vom 13.7.2001 wurden die Formvorschriften umfangreich neu geregelt und die elektronische Form eingeführt. Durch die Einführung der elektronischen Form wurde eine Regelung für elektronische Dokumente getroffen, sodass es keiner Analogie zur Schriftform bedarf. Der Gesetzgeber hat zudem § 126a Abs. 1 BGB so formuliert, dass ein elektronisches Dokument, um die Schriftform ersetzen zu können, mit einer qualifizierten elektronischen Signatur nach dem Signaturgesetz versehen sein muss. Diese Regelung ist sehr konkret gehalten. Überdies waren zum Zeitpunkt der Einführung der elektronischen Form, in der sich der Gesetzgeber für die qualifizierte elektronische Signatur entschieden hat, andere elektronische Dokumente bereits bekannt.[421] Aus diesen Gründen ist eine planwidrige Regelungslücke und somit eine Analogie in Form der teleologischen Extension abzulehnen.

3. *Ergebnis zu II.*

Bei Nutzung eines Unterschriftenpads kann die erforderliche Schriftform der Vollmachtsurkunde nicht eingehalten werden, da ein elektronisches Dokument keine Urkundseigenschaft i.S.d. § 126 BGB aufweist. Die Nutzung des Unterschriftenpads erfüllt in Ermangelung einer qualifizierten elektronischen Signatur auch nicht die Anforderungen der elektronischen Form gemäß § 126a BGB. Trotz Wahrung der Formzwecke der Schriftform scheidet eine Analogie zu §§ 126, 126a BGB in Form der teleologischen Extension aus, da keine planwidrige Regelungslücke vorliegt.

III. Zusammenfassung zu B.

Es handelt sich bei elektronischen Dokumenten nicht um Urkunden im herkömmlichen Sinne. Ein elektronisches Dokument i.S.v. § 126a BGB kann zudem die schriftförmige Vollmachtsurkunde derzeit nicht ersetzen, da der erforderliche Warnzweck der Schriftform durch eine qualifizierte elektronische Signatur (noch) nicht erreicht werden kann. Durch Nutzung eines Unterschriftenpads können zwar sämtliche Formzwecke der Schriftform erfüllt werden, es wird aber weder die Schriftform i.S.d. § 126 BGB noch die elektronische Form i.S.d.

---

420 Vgl. OLG München, Urt. v. 4.6.2012 - 19 U 771/12, NJW 2012, 3584 (3585).

421 Vgl. OLG München, Urt. v. 4.6.2012 - 19 U 771/12, NJW 2012, 3584 (3585), das sich mit der Möglichkeit einer Analogie bei Nutzung eines Unterschriftenpads beim Abschluss eines formbedürftigen Verbraucherdarlehensvertrags gemäß § 492 Abs. 1 S. 1 BGB befasst.

§ 126a BGB gewahrt. Eine Analogie zu den §§ 126, 126a BGB in Form der teleologischen Extension scheidet mangels planwidriger Regelungslücke aus.

C. Blankovollmachtsurkunde und Inhaberurkunde als Vollmachtsurkunde

Von den Konstellationen, in denen der Vollmachtgeber die Vollmachtsurkunde vollständig ausfüllt, unterzeichnet und dann dem Vertreter aushändigt, ist die durch den Vertreter auszufüllende Blankovollmachtsurkunde zu unterscheiden. In dieser Konstellation händigt der Vollmachtgeber dem Vertreter ein zwar eigenhändig unterzeichnetes „Schriftstück" aus. Dieses ist jedoch entweder insgesamt oder aber zumindest partiell ausfüllungsbedürftig.[422]

Daneben besteht die Möglichkeit, eine Vollmachtsurkunde zwar inhaltlich abschließend zu gestalten, den Vertreter jedoch nicht namentlich zu benennen, sondern die Berechtigung aus der Urkunde vielmehr von ihrer Inhaberschaft abhängig zu machen („Inhaberurkunde").[423]

Beide Möglichkeiten sind jedoch mit einem erhöhten Risiko behaftet: Der Blankettnehmer kann die Blankovollmachtsurkunde missbräuchlich ausfüllen. Der Inhaber einer Inhaberurkunde kann unabhängig vom Willen, ggf. sogar gegen den Willen des Vollmachtgebers zu deren Inhaber geworden sein. In beiden Konstellationen stellt sich die Frage, ob die so gestalteten Urkunden den Anforderungen, die die §§ 174 S. 1, 172 BGB an die Vollmachtsurkunde stellen, genügen können.

I. Blankourkunde als Vollmachtsurkunde i.S.d. § 174 S. 1 BGB

Eine Blankourkunde (Blankett) ist der Definition nach ein vom Aussteller unterschriebenes, lückenhaftes Schriftstück, „das nach dem Willen des Namenszeichners (Aussteller, Unterzeichner) dazu bestimmt ist, zu einer Willenserklärung

422 Vgl. MüKo-BGB/*Einsele*, § 126 BGB Rn. 11; Soergel/*Hefermehl*, § 119 BGB Rn. 16; MüKo-BGB/*Schramm*, § 172 BGB Rn. 14; *Feldmann*, Mißbräuchlich ausgefüllte Blankourkunden, S. 9; *G. Fischer*, Blanketterklärung, S. 3; *P. Fischer*, Blanketterklärung, S. 28, 31 m.w.N.; vgl. *Kindl*, Rechtsscheintatbestände, S. 119; *Neuschäfer*, Blankobürgschaft, S. 23; *Siegel*, Blanketterklärung, S. 3, 13; *Pawlowski*, Anm. zu BGH, Urt. v. 29.2.1996 – IX ZR 153/95, JZ 1997, 309.

423 Soergel/*Leptien*, § 172 BGB Rn. 2; MüKo-BGB/*Schramm*, § 172 BGB Rn. 3.

(…) ergänzt zu werden“[424].[425] Blankourkunden sind nach allgemeiner Meinung[426] zulässig und treten in der Praxis insbesondere im Zusammenhang mit Bürgschaften auf.[427] Entscheidend ist in diesem Zusammenhang, dass nur der oberhalb der Unterschrift des Blankettgebers stehende Text die Schriftform wahrt, eine Oberschrift, d.h. eine oberhalb des Texts platzierte Unterzeichnung, hingegen nicht zulässig ist.[428]

Es ist rechtlich gesehen auch denkbar und anerkannt, dass ein Vollmachtgeber seinem Vertreter ein von ihm blanko unterzeichnetes Schriftstück übergibt und ihn „ermächtigt“, dieses in bestimmter Weise und mit bestimmtem Inhalt zu einer Vollmachtsurkunde zu vervollständigen (Ausfüllungsermächtigung).[429]

---

424 *G. Fischer*, Blanketterklärung, S. 3.

425 Vgl. RG, Urt. v. 25.4.1906 – V 447/05, RGZ 63, 230 (232 ff.); Soergel/*Hefermehl*, § 119 BGB Rn. 16; MüKo-BGB/*Schramm*, § 172 BGB Rn. 14.

426 Vgl. aus der st. Rspr.: RG, Urt. v. 25.4.1906 – V 447/05, RGZ 63, 230 (235); BGH, Urt. v. 11.7.1963 – VII ZR 120/62, NJW 1963, 1971; BGH, Urt. v. 29.2.1996 – IX ZR 153/95, NJW 1996, 1467 (1468). Vgl. für die h.L. im Schrifttum: MüKo-BGB/*Armbrüster*, § 119 BGB Rn. 55; MüKo-BGB/*Einsele*, § 126 BGB Rn. 11; Staudinger/*Hertel*, § 126 BGB Rn. 131 f.; Soergel/*Leptien*, § 172 BGB Rn. 6; Bamberger/Roth/*Valenthin*, § 172 BGB Rn. 3; *G. Fischer*, Blanketterklärung, S. 24–30; *P. Fischer*, Blanketterklärung, S. 35 f.; *Flume*, AT 2 (1979), § 15 II 1, S. 253; *Lüke*, ZWE 2012, 193 (195); a.A. *Benedict*, JURA 1999, 78 (80 ff.).

427 *P. Fischer*, Blanketterklärung, S. 28; *Kindl*, Rechtsscheintatbestände, S. 119; *Pawlowski*, Anm. zu BGH, Urt. v. 29.2.1996 – IX ZR 153/95, JZ 1997, 309.

428 Ganz h.A.: RG, Urt. v. 18.2.1904 – VI 172/03, RGZ 57, 66 (67); RG, Urt. v. 25.4.1906 – V 447/05, RGZ 63, 230 (234); BGH, Urt. v. 20.11.1990 – XI ZR 107/89, NJW 1991, 487; BGH, Urt. v. 19.7.2001 – IX ZR 62/00, NJW 2001, 3190 (3191); MüKo-BGB/*Einsele*, § 126 BGB Rn. 11; Staudinger/*Hertel*, § 126 BGB Rn. 128; Bamberger/Roth/*Wendtland*, § 126 BGB Rn. 6; vgl. *Flume*, AT 2 (1979), § 15 II 1, S. 253; *Neuschäfer*, Blankobürgschaft, S. 37, 45; *Eckardt*, JURA 1997, 189 (190 f.); *Wimmer-Leonhardt*, JuS-Lernbogen 11/1999, L 81 (L 82); a.A. *H. Köhler*, Anm. zu BGH, Urt. v. 20.11.1990 – XI ZR 107/89, JZ 1991, 408 (409); vgl. *Riezler*, AcP 95 [1904], 357 (359).

429 KG Berlin, Beschl. v. 6.6.1990 – 24 W 1227/90, OLGZ 1990, 421 (424); KG Berlin, Beschl. v. 14.10.1994 – 5 W 3075/94, BeckRS 1995, 00192; OLG Hamm, Urt. v. 25.1.2007 – 21 U 79/06, BeckRS 2008, 06249; Soergel/*Leptien*, § 172 BGB Rn. 6; *G. Fischer*, Blanketterklärung, S. 4; *Lüke*, ZWE 2012, 193 (195); vgl. zur blanko unterzeichneten Prozessvollmacht: BVerwG, Beschl. v. 16.8.1983 – 1 CB 19/81, MDR 1984, 256; BFH, Urt. v. 10.3.1988 – IV R 218/85, DB 1988, 1684; vgl. zur Blankovollmachtsurkunde eines Anwalts als Zustellungsadressat der Bußgeldbehörde, wenn der Bevollmächtigte nicht erkennbar ist: OLG Brandenburg, Beschl. v. 20.9.2009 – 2 Ss (OWi) 129B/09, BeckRS 2009, 26373; a.A. OLG Stuttgart, Beschl. v. 21.2.2000 – 3 Ss 87/00, NStZ-RR 2001, 24 (25); KG Berlin, Beschl. v. 16.6.2008 – 3 Ws (B) 13/08, juris Rn. 3.

Die Kundgabe per Vollmachtsurkunde steht gemäß § 172 Abs. 1 BGB der besonderen Mitteilung i.S.v. § 171 BGB gleich. Bei letzterer handelt es sich zumindest um eine geschäftsähnliche Handlung.[430] Folglich gelten für die verschiedenen Kundgabeformen die Regeln für Willenserklärungen entsprechend.[431] Mithin sind für die Zulässigkeit einer blanko ausgestellten Urkunde, die zu einer Vollmachtsurkunde vervollständigt werden soll, als Kundgabemittel die gleichen Grundsätze heranzuziehen wie sonst bei durch Ausfüllung eines Blanketts entstandenen Willenserklärungen. Eine solche Blankovollmachtsurkunde hat sich daher an den allgemeinen Regeln zur Blankourkunde zu orientieren.

1. Entstehen einer Vollmachtsurkunde aus einer Blankovollmachtsurkunde

Wird die Blankovollmachtsurkunde als zulässig angesehen, stellen sich im Kern die gleichen dogmatischen Fragen, die aus der Bürgschaftsrechtsprechung und -literatur bekannt sind. Daher ist zu beachten, dass die Vollmachtsurkunde erst durch die Ausfüllung der Blankovollmachtsurkunde entstehen kann.[432] Zuvor fehlt es an den inhaltlichen Anforderungen, die an die Vollmachtsurkunde zu stellen sind (Vollmachtsumfang, Bevollmächtigter).[433] Im Falle eines vollständig ausfüllungsbedürftigen „Schriftstücks" mangelt es sogar an den Voraussetzungen der Urkunde und dabei insbesondere an einer menschlichen Gedankenerklärung.[434] Die Vertretungsmacht (Vollmacht) selbst entsteht unabhängig von der Vollmachtsurkunde. Sie wird lediglich durch die Vollmachtsurkunde dokumentiert, nicht aber konstituiert.[435] Vervollständigt der Blankettnehmer eine Blankovollmachtsurkunde zur Vollmachtsurkunde, hält er einen Rechtsscheinträger – nämlich die Vollmachtsurkunde – in Händen. Dieser Rechtsscheinträger gibt die Vollmacht kund, und das Gesetz knüpft Rechtsscheinwirkungen an seine Vorlage.[436]

---

430 Siehe Fn. 28 Genannten.

431 Vgl. dazu nur: *Schiemann*, in: *Staudinger*, Eckpfeiler, 2012, C. Das Rechtsgeschäft, Rn. 12.

432 Vgl. *Canaris*, Vertrauenshaftung, S. 55; *Flume*, AT 2 (1979), § 15 II 1, S. 254; *Kindl*, Rechtsscheintatbestände, S. 119; *Neuschäfer*, Blankobürgschaft, S. 119 f.; *Eckardt*, JURA 1997, 189; *Riezler*, AcP 95 [1904], 357 (359).

433 Siehe dazu oben: A. I.

434 Siehe dazu oben: A. I.

435 Siehe dazu oben: § 2 B. II.

436 Siehe dazu oben: § 2 B. III. und § 6 A. II. 2. c. cc.

Für das Entstehen der Vollmachtsurkunde ist dabei von besonderer Relevanz, ob die Ausfüllungsermächtigung der Schriftform bedarf und ob eine formwidrige Ausfüllungsermächtigung das Entstehen der Vollmachtsurkunde hindern könnte. Denn würde – ganz im Sinne der Bürgschaftsrechtsprechung[437] – die Formwidrigkeit der Ausfüllungsermächtigung auch das formbedürftige Hauptgeschäft zu Fall bringen, würde auch die Vollmachtsurkunde nur bei vom Vollmachtgeber eigenhändig unterzeichneter Ausfüllungsermächtigung entstehen können (siehe dazu sogleich unter: 2.).

2. Die Form der Ausfüllungsermächtigung

Dogmatischer Hintergrund der Frage der Formbedürftigkeit der Ausfüllungsermächtigung ist die von der h.A. vorgenommene (zumindest entsprechende) Anwendung der Grundsätze über die Stellvertretung bzgl. der Ausfüllungsermächtigung.[438]

a. Grundsatz der Formfreiheit

In Anwendung der Grundsätze über die Stellvertretung bedarf die Vollmachterteilung (Bevollmächtigung) nicht der Form, die das Rechtsgeschäft (Vertretergeschäft) erfordert, § 167 Abs. 2 BGB. Sie ist daher auch mündlich möglich. Bezogen auf die Ausfüllungsermächtigung bedeutet dies dann, dass diese selbst formfrei (auch mündlich) erteilt werden kann[439], wenn die durch Ausfüllung entstehende Willenserklärung formbedürftig wäre.

---

437 St. Rspr.: BGH, Urt. v. 29.2.1996 – IX ZR 153/95, NJW 1996, 1467 ff.; BGH, Urt. v. 20.3.1997 – IX ZR 83/96, NJW 1997, 1779 f.; BGH, Urt. v. 27.5.2003 – IX ZR 283/99, NJW-RR 2004, 337.

438 Staudinger/*Schilken*, Vor §§ 164 ff. BGB Rn. 72; *Canaris*, Vertrauenshaftung, S. 56; *Feldmann*, Mißbräuchlich ausgefüllte Blankourkunden, S. 28; *Neuschäfer*, Blankobürgschaft, S. 131 f., die für die offene Blankettlage die Stellvertretungsregeln bis auf wenige Ausnahmen sogar direkt anwenden will; *Binder*, AcP 207 [2007], 155 (167 f.), der anhand der jeweiligen Vorschrift deren Analogiefähigkeit für Blankette geprüft wissen will; *Eckardt*, JURA 1997, 189 (191 f.); *G. Fischer*, Blanketterklärung, S. 24, 107; *ders.*, JuS 1998, 205 (205, 207); *Keim*, NJW 1996, 2774 f.; *G. Müller*, AcP 181 [1981], 515 (522 f.); a.A. *Benedict*, JURA 1999, 78 (79 f., 83); *Reinicke/Tiedtke*, JZ 1984, 550 (552), die insbesondere die analoge Anwendung der §§ 172 f. BGB ablehnen.

439 Selbstverständlich kann die Formbedürftigkeit der Erteilung der Vollmacht (Bevollmächtigung) rechtsgeschäftlich vereinbart werden. Vgl. dazu Soergel/*Leptien*, § 167 BGB Rn. 10; Staudinger/*Schilken*, § 167 BGB Rn. 18; Bamberger/Roth/*Valenthin*, § 167 BGB Rn. 12; *Rösler*, NJW 1999, 1150.

b. Ausnahme der Formbedürftigkeit

Vom Grundsatz der Formfreiheit sind – neben der gesetzlich angeordneten Formbedürftigkeit[440] – jedoch Ausnahmen anerkannt, die sich aus einer teleologischen Reduktion des § 167 Abs. 2 BGB ergeben. So soll immer dann, wenn die Gefahr bestehe, dass der Formzweck des Vertretergeschäfts durch die formfreie Vollmachterteilung unterlaufen werde, die Vollmachterteilung selbst der Form des Vertretergeschäfts unterliegen.[441]

Diese Annahme wird von Rechtsprechung und Schrifttum konkretisiert. Danach reiche die Warnfunktion allein nicht aus, um eine teleologische Reduktion des § 167 Abs. 2 BGB zu rechtfertigen. Vielmehr müsse die Vollmachterteilung für den Vollmachtgeber zu einer rechtlichen oder tatsächlichen Bindung führen. Diese Bindung müsse derjenigen vergleichbar sein, die auch bei der Vornahme des formbedürftigen Rechtsgeschäfts durch den Vollmachtgeber eintritt. In diesen Fällen, insbesondere bei Erteilung einer unwiderruflichen Vollmacht, unterliege die Erteilung der Vollmacht selbst der für das Vertretergeschäft angeordneten Form.[442] Rechtsprechung und Literatur haben insbesondere im Zusammenhang mit der Vertretung i.R.v. Grundstückserwerbs- bzw. Grundstücksveräußerungsgeschäften (siehe dazu aa.) sowie im Zusammenhang mit Blankobürgschaftsverpflichtungen (siehe dazu bb.) Grundsätze zur ausnahmsweisen Formbedürftigkeit entwickelt.

---

440 Bspw. §§ 492 Abs. 4, 1484 Abs. 2, 1904 Abs. 5, 1906 Abs. 5, 1945 Abs. 3, 1955 BGB, §§ 2 Abs. 2, 47 Abs. 3 GmbHG, § 134 Abs. 3 AktG.

441 Vgl. BGH, Urt. v. 29.2.1996 – IX ZR 153/95, NJW 1996, 1467 (1468); BGH, Urt. v. 20.3.1997 – IX ZR 83/96, NJW 1997, 1779 (1780); MüKo-BGB/*Bayreuther*, § 185 BGB Rn. 40; Jauernig/*Mansel*, § 167 BGB Rn. 10; Staudinger/*Schilken*, § 167 BGB Rn. 20; *Neuschäfer*, Blankobürgschaft, S. 48 ff., 53 f.; 133; *Herresthal*, JuS 2002, 844 (848); *Medicus*, Anm. zu BGH, Urt. v. 29.2.1996 – IX ZR 153/95, WuB I F1a. Bürgschaft 11.96; *Wimmer-Leonhardt*, JuS-Lernbogen 11/1999, L 81 (L 83); vgl. zum Schriftformerfordernis der Ausfüllungsermächtigung eines Arbeitnehmers bzgl. einer Blankoeigenkündigung: LAG Hamm, Urt. v. 11.6.2008 – 18 Sa 302/08, juris Rn. 36.

442 BGH, Urt. v. 23.2.1979 – V ZR 171/77, NJW 1979, 2306 f.; BGH, Urt. v. 1.4.1998 – XII ZR 278/96, NJW 1998, 1857 (1858 f.); Soergel/*Leptien*, § 167 BGB Rn. 11 f.; MüKo-BGB/*Schramm*, § 167 BGB Rn. 18 f.; *Brenner*, BWNotZ 2001, 186; *G. Fischer*, JuS 1998, 205 (207 f.); *Keim*, NJW 1996, 2774 (2775); *M. Kuhn*, RNotZ 2001, 305 (308); *Lorenz*, JuS 2010, 771; *Rösler*, NJW 1999, 1150 (1151); *Ulmer/Timmann*, in: FS Rowedder 1994, S. 503 (522); a.A. *Einsele*, DNotZ 1996, 835 (845, 851 m.w.N.); *Mertens*, JZ 2004, 431 (435 m.w.N.), wonach nicht die Erteilung der Vollmacht, sondern das ihr zugrunde liegende Rechtsgeschäft formbedürftig sein soll.

aa. Grundsätze der h.A. zu Grundstückserwerbs- bzw. Grundstücksveräußerungsgeschäften

In Rechtsprechung und Literatur ist anerkannt, dass die Vollmachterteilung bei Grundstückserwerbs- bzw. Grundstücksveräußerungsgeschäften entgegen § 167 Abs. 2 BGB formbedürftig ist bzw. dies in gewissen Konstellationen sein kann.[443] Gemäß § 311b Abs. 1 S. 1 BGB bedarf ein Vertrag, in dem sich der eine Teil verpflichtet, ein Grundstück zu erwerben oder das Eigentum an seinem Grundstück zu veräußern, der notariellen Beurkundung. Die Erstreckung dieses Formerfordernisses auch auf die Vollmachterteilung[444] zur Vornahme solcher Geschäfte hat ihren Grund darin, dass in der Formanordnung des § 311b Abs. 1 S. 1 BGB ein besonderer Warnzweck liegt. Das Formerfordernis soll den Parteien die Bedeutung ihres Rechtsgeschäfts vor Augen führen.[445] Liegt in der Vollmachterteilung selbst schon eine für den Vollmachtgeber unauflösbare Bindung, würde der Formzweck bei formfreier Vollmachterteilung unterlaufen. Die Warnung würde nicht dem Vollmachtgeber gegenüber erfolgen. Ihm würde die Möglichkeit genommen, selbst die abschließende Entscheidung über den Geschäftsabschluss herbeizuführen.[446]

Zusammenfassend lässt sich feststellen, dass die Erteilung der Vollmacht i.R.v. Grundstückserwerbs- bzw. Grundstücksveräußerungsgeschäften

---

443 Vgl. nur: BGH, Urt. v. 23.2.1979 – V ZR 171/77, NJW 1979, 2306 f.; KG Berlin, Beschl. v. 15.1.1985 – 1 W 475/84, OLGZ 1985, 184 (185 ff.); Bamberger/Roth/*Gehrlein*, § 311b BGB Rn. 15 ff.; MüKo-BGB/*Schramm*, § 167 BGB Rn. 18 ff.; Bamberger/Roth/*Valenthin*, § 167 BGB Rn. 9; *M. Kuhn*, RNotZ 2001, 305 (308); *Rösler*, NJW 1999, 1150 (1151); *Ulmer/Timmann*, in: FS Rowedder, S. 503 (522).

444 Die Erteilung der Vollmacht ist jedoch nicht formbedürftig, wenn sie zwar unwiderruflich erteilt ist, die Unwiderruflichkeitsvereinbarung jedoch selbst der Form des § 311b Abs. 1 S. 1 BGB genügt; vgl. dazu nur MüKo-BGB/*Kanzleiter*, § 311b BGB Rn. 45 f.

445 BGH, Urt. v. 30.4.1982 – V ZR 104/81, NJW 1982, 1639; BGH, Urt. v. 19.9.1989 – XI ZR 10/89, NJW 1990, 390 (391); BGH, Urt. v. 26.3.2004 – V ZR 90/03, NJW-RR 2004, 952 (953); Bamberger/Roth/*Gehrlein*, § 311b BGB Rn. 1; MüKo-BGB/*Kanzleiter*, § 311b BGB Rn. 1.

446 Vgl. BGH, Urt. v. 23.2.1979 – V ZR 171/77, NJW 1979, 2306 f.; KG Berlin, Beschl. v. 15.1.1985 – 1 W 475/84, OLGZ 1985, 184 (186 f.); MüKo-BGB/*Kanzleiter*, § 311b BGB Rn. 44 ff.; Staudinger/*Schumacher*, § 311b Abs. 1 BGB Rn. 133 ff.; Bamberger/Roth/*Valenthin*, § 167 BGB Rn. 9; *Rösler*, NJW 1999, 1150 (1151); *Schmid*, Anm. zu BGH, Beschl. v. 8.12.2005 – IX ZR 296/01, IBR 2006, 174; *Ulmer/Timmann*, in: FS Rowedder, S. 503 (522).

ausnahmsweise und entgegen § 167 Abs. 2 BGB dann beurkundungspflichtig i.S.d. § 311b Abs. 1 S. 1 BGB und damit formbedürftig ist, wenn:

– die Vollmachterteilung selbst zu einer Bindung des Vollmachtgebers führt, wie sie üblicherweise erst bei Abschluss des Hauptgeschäfts eintritt, und

– dadurch die Warnfunktion der formanordnenden Vorschrift unterlaufen würde.

bb. Grundsätze der h.A. zu Blankobürgschaftsverpflichtungen

Mit seiner Entscheidung aus dem Jahr 1996 dehnte der BGH[447] im Einklang mit der herrschenden Lehre im Schrifttum[448] die Anwendung der teleologischen Reduktion des § 167 Abs. 2 BGB auch auf die Ausfüllungsermächtigung zur Vervollständigung einer Blankobürgschaftsverpflichtung aus.[449] Hierbei

---

447 BGH, Urt. v. 29.2.1996 – IX ZR 153/95, NJW 1996, 1467 ff.; bestätigt durch: BGH, Urt. v. 20.3.1997 – IX ZR 83/96, NJW 1997, 1779 f.; BGH, Urt. v. 27.5.2003 – IX ZR 283/99, NJW-RR 2004, 337. Mit der Entscheidung vom 29.2.1996 leitete der BGH eine Rechtsprechungsänderung zur Formbedürftigkeit der Erteilung der Vollmacht/Ausfüllungsermächtigung ein. Zuvor war es st. Rspr., dass die mündliche „Ermächtigung" zur Ausfüllung der Blankobürgschaft der Wirksamkeit der durch Ausfüllung des Blanketts entstehenden Bürgschaftsverpflichtung nicht entgegensteht. Vgl. zu dieser Rspr.: BGH, Urt. v. 12.1.1984 – IX ZR 83/82, NJW 1984, 798 f.

448 Vgl. MüKo-BGB/*Habersack*, § 766 BGB Rn. 22; Soergel/*Leptien*, § 167 BGB Rn. 13; Bamberger/Roth/*Rohe*, § 766 BGB Rn. 8; MüKo-BGB/*Schramm*, § 167 BGB Rn. 27; Staudinger/*Schilken*, § 167 BGB Rn. 20; Bamberger/Roth/*Valenthin*, § 167 BGB Rn. 10; *Bayer*, Anm. zu BGH, Urt. v. 29.2.1996 – IX ZR 153/95, DZWir 1996, 505; kritisch, wenn auch i.E. zustimmend: *Neuschäfer*, Blankobürgschaft, S. 133 f., 140; *Bülow*, ZIP 1996, 1694; *G. Fischer*, JuS 1998, 205 ff.; *Keim*, NJW 1996, 2774; *Medicus*, Anm. zu BGH, Urt. v. 29.2.1996 – IX ZR 153/95, WuB I F1a. Bürgschaft 11.96, der andeutet, dass die Schriftformanordnung für die Ermächtigung den Bürgen auch nicht ausreichend schützt; *Pawlowski*, Anm. zu BGH, Urt. v. 29.2.1996 – IX ZR 153/95, JZ 1997, 309 (310 ff.), der jedoch Bedenken gegen die Ausführungen des BGH ins Feld führt, wenn es sich um ein „verdecktes Blankett" handelt; a.A. *Benedict*, JURA 1999, 78 (79 ff.), der die Zulässigkeit von Blanketten generell in Abrede stellt; *Binder*, AcP 207 [2007], 155 (171 f.), der eine Analogiefähigkeit des § 167 Abs. 2 BGB im Zusammenhang mit Blanketten ablehnt. Gleichwohl unterwirft *Binder* die Blankett-erklärung immer dann der Formgebundenheit, wenn das niedergelegte Rechtsgeschäft formgebunden ist.

449 Der BGH spricht in dieser Entscheidung häufig von der „Vollmacht" und der „Befugnis zur Ergänzung des Blanketts" (vgl. bspw. BGH, Urt. v. 29.2.1996 – IX ZR 153/95, NJW 1996, 1467 (1468). In der vorliegenden Darstellung wird allein auf die Fragen zur Ausfüllungsermächtigung Bezug genommen.

argumentierte der BGH insbesondere mit der sich aus § 766 S. 1 BGB ergebenden Warnfunktion der Schriftformanordnung für die Bürgschaftsverpflichtung. Die Formanordnung des § 766 BGB diene ausschließlich dem Schutz des Bürgen. Ihm sollen die Haftungsparameter klar sein. Eine nur mündliche Erteilung einer Ausfüllungsermächtigung würde dieser Formanordnung nicht gerecht werden und dem Bürgen die Gefahren seines Tuns nicht ausreichend vor Augen führen.[450] Nach dem BGH[451] sei es daher generell gerechtfertigt, die Ausfüllungsermächtigung bei der Blankobürgschaft der Schriftform zu unterwerfen. Erschwerend käme hinzu, dass die echte Unterschrift des Bürgen über § 440 Abs. 2 ZPO für die Vermutung streitet, das Ausgefüllte entspreche seinem Willen. Dieser müsste das Gegenteil beweisen und sei in Ansehung dieser Umstände besonders schutzbedürftig.[452] Dem Schriftformerfordernis des § 766 S. 1 BGB sei erst dann Genüge getan, wenn die eigenhändig unterzeichnete Ausfüllungsermächtigung die wesentlichen Bestandteile der Bürgschaftsverpflichtung enthält.[453]

Anders als i.R.d. § 311b Abs. 1 S. 1 BGB[454] stellen die Vertreter dieser Ansicht nicht auf die tatsächliche oder faktische Bindung des Blankettgebers ab. Vielmehr kommt es nach ihrer Auffassung entscheidend darauf an, dass der Formzweck der formanordnenden Vorschrift andernfalls vereitelt würde. Der Differenzierungsgrund zwischen dem Vorgehen i.R.d. § 311b BGB und § 766 BGB wird darin erblickt, dass letztere Vorschrift dem Schutz des Bürgen allein dient.[455] Erstere Vorschrift hingegen habe einen über den Schutzzweck des Erwerbers oder Veräußerers hinausgehenden Schutzaspekt. Danach sollen

---

450 BGH, Urt. v. 29.2.1996 – IX ZR 153/95, NJW 1996, 1467 (1468); MüKo-BGB/*Habersack*, § 766 BGB Rn. 22; MüKo-BGB/*Schramm*, § 167 BGB Rn. 27; Bamberger/Roth/*Valenthin*, § 167 BGB Rn. 10; *Bülow*, ZIP 1996, 1694; *Medicus*, Anm. zu BGH, Urt. v. 29.2.1996 – IX ZR 153/95, WuB I F1a. Bürgschaft 11.96.

451 BGH, Urt. v. 29.2.1996 – IX ZR 153/95, NJW 1996, 1467 (1468).

452 BGH, Urt. v. 29.2.1996 – IX ZR 153/95, NJW 1996, 1467 (1469); Staudinger/*Schilken*, § 167 BGB Rn. 20; MüKo-BGB/*Schramm*, § 167 BGB Rn. 27; Bamberger/Roth/*Valenthin*, § 167 BGB Rn. 10.

453 BGH, Urt. v. 29.2.1996 – IX ZR 153/95, NJW 1996, 1467 (1468); MüKo-BGB/*Habersack*, § 766 BGB Rn. 22; Bamberger/Roth/*Rohe*, § 766 BGB Rn. 8; *Bayer*, Anm. zu BGH, Urt. v. 29.2.1996 – IX ZR 153/95, DZWir 1996, 505 f.; *Bülow*, ZIP 1996, 1694; *Keim*, NJW 1996, 2774 (2775).

454 Siehe dazu oben unter aa.

455 BGH, Urt. v. 29.2.1996 – IX ZR 153/95, NJW 1996, 1467 (1468); kritisch zu dieser Differenzierung: *G. Fischer*, JuS 1998, 205 (207).

durch § 311b Abs. 1 S. 1 BGB zusätzlich eine sachkundige Beratung der Parteien, Rechtssicherheit und Rechtsklarheit erreicht werden.[456]

Demnach ist festgestellt, dass die Ausfüllungsermächtigung i.R.e. Blankobürgschaft nach der Ansicht des BGH und der h.L. im Schrifttum immer der Schriftform bedarf. Dieses Ergebnis folgt aus der formanordnenden Vorschrift (§ 766 S. 1 BGB) selbst.[457]

cc. Eigene Stellungnahme

Die neuere Bürgschaftsrechtsprechung erblickt in der Ermächtigung zur Ausfüllung der Blankobürgschaft zu Recht einen Fall, der die Ausfüllungsermächtigung der Schriftform unterwirft.

Zwar geht der Ansatz, § 167 Abs. 2 BGB generell teleologisch zu reduzieren, wenn die formanordnende Vorschrift Warnfunktion hat, fehl. Die Ausnahme von der gesetzlich angeordneten Formfreiheit kann schließlich nur dort mittels teleologischer Reduktion geboten sein, wo der Telos des § 167 Abs. 2 BGB dieses selbst erfordert oder der Formzweck einer anderen Norm andernfalls vereitelt würde. Daher ist jeweils auf Grundlage einer Einzelfallbetrachtung zu beurteilen, ob die Erteilung der Vollmacht – und damit für den Blankettfall die Ausfüllungsermächtigung – formbedürftig ist. Dies ist wiederum – ganz i.S.d. zu § 311b Abs. 1 BGB entwickelten Grundsätze – davon abhängig, ob der Vollmachtgeber durch Erteilung der Vollmacht rechtlich oder tatsächlich gebunden ist, wie wenn er das Hauptgeschäft schlösse und davon, ob der Vollmachtgeber durch Erteilung der Vollmacht nicht ausreichend vor den Gefahren des Rechtsgeschäfts (Vertretergeschäfts) geschützt würde.[458] Diese Grundsätze sind auf die Erteilung der Ausfüllungsermächtigung zu übertragen.

Für die Ausfüllungsermächtigung i.R.e. Bürgschaftsverpflichtung ist, wenn auch mit anderer Begründung, der Ansicht zuzustimmen, die eine Schriftform der Ausfüllungsermächtigung fordert. Indem der Blankettgeber das blanko unterzeichnete Schriftstück an den Gläubiger oder einen Dritten weitergibt, minimiert er seinen Einfluss auf die Bürgschaftserklärung. Ist das Blankett ausgefüllt, kann der Blankettgeber wegen der analogen Anwendbarkeit des § 172 BGB keinen Einfluss mehr auf seine Haftung aus der Bürgschaft nehmen.[459] Eine Anfechtbarkeit des willentlich in den Verkehr gebrachten Blanketts durch den

456 BGH, Urt. v. 12.5.2006 – V ZR 97/05, NJW 2006, 2843 (2844) m.w.N.
457 Vgl. Fn. 447 und 448.
458 Vgl. Fn. 442.
459 Siehe dazu unten: c. und 3.

Aussteller wird nach h.L. ausgeschlossen.[460] Infolgedessen tritt eine faktisch sehr starke Bindung des Ausstellers ein, wenn er das durch ihn eigenhändig unterzeichnete Blankett aus der Hand gibt. Zusätzlich erreicht der Schutzzweck des § 766 S. 1 BGB den Bürgen in zweifacher Hinsicht nicht. Zunächst hat der Bürge bei Unterzeichnung des Blanketts die Haftungsparameter nicht deutlich vor Augen. Auch während des Ausfüllens des Blanketts durch den Blankettnehmer werden ihm diese dann üblicherweise nicht vor Augen geführt. Infolgedessen entsteht die Bürgschaftsverpflichtung, ohne dass der Schutz des § 766 S. 1 BGB den Bürgen erreichen konnte. Daher ist es geboten, dass die Ausfüllungsermächtigung die Parameter festsetzt, unter denen der Blankettnehmer ausfüllen darf. Die Ausfüllungsermächtigung muss sodann inhaltlich die wesentlichen Bestandteile der Bürgschaft selbst enthalten. Durch die eigenhändige Unterzeichnung einer so gearteten Ausfüllungsermächtigung wird der Warnzweck des § 766 S. 1 BGB auf diese vorverlagert. Die dann im Nachgang entstehenden Risiken der Blankettverwendung sind dem Bürgen zuzulasten. Schließlich wählt er das Blankett sehenden Auges als Mittel der Arbeitsteilung.

Bei alledem darf jedoch nicht unbesehen bleiben, dass die Rechtsprechung selbst bei nur mündlicher Ermächtigung den Bürgschaftsgläubiger über § 172 BGB analog schützt. Eine formwidrige Ausfüllungsermächtigung stellt den Blankettgeber damit nicht haftungsfrei.[461]

dd. Zusammenfassung zu b.

Grundsätzlich ist die Erteilung der Vollmacht und damit auch einer Ausfüllungsermächtigung (in analoger Anwendung der §§ 164 ff. BGB) formfrei. In Fällen, in denen durch die Vollmachterteilung bzw. die Ausfüllungsermächtigung für den Vollmachtgeber bzw. den Blankettgeber eine unauflösliche Bindung eintritt, bedarf die Erteilung der Vollmacht der Form des vorzunehmenden Rechtsgeschäfts bzw. die Ausfüllungsermächtigung der Form der durch Ausfüllung entstehenden Erklärung. Dem Formerfordernis wird erst dann Genüge getan, wenn die Erteilung der Vollmacht bzw. Ausfüllungsermächtigung die inhaltlichen

---

460 MüKo-BGB/*Armbrüster*, § 119 BGB Rn. 55; jurisPK-BGB/*Franzen*, § 119 BGB Rn. 29; MüKo-BGB/*Schramm*, § 172 BGB Rn. 17; Staudinger/*Singer*, § 119 BGB Rn. 32; Bamberger/Roth/*Valenthin*, § 172 BGB Rn. 3; Bamberger/Roth/*Wendtland*, § 119 BGB Rn. 27; *Canaris*, Vertrauenshaftung, S. 60 ff.; *Binder*, AcP 207 [2007], 155 (165) m.z.N.; a.A. RG, Urt. v. 25.9.1922 – VI 78/22, RGZ 105, 183 (185); *Feldmann*, Mißbräuchlich ausgefüllte Blankourkunden, S. 54 ff.; *G. Fischer*, Blanketterklärung, S. 83 ff.; *Reinicke*/*Tiedtke*, JZ 1984, 550 (552).

461 Siehe zu dieser Problematik unten: c. und A. II. 2. c. cc.

Anforderungen der formanordnenden Vorschrift erfüllt. Die Entscheidung über die Formbedürftigkeit der Vollmachterteilung bzw. der Ausfüllungsermächtigung ist Frage des Einzelfalls.

c. *Formanforderungen an die Ausfüllungsermächtigung zur Vervollständigung einer Blankovollmachtsurkunde*

Für die Feststellung der Formbedürftigkeit der Ermächtigung zur Ausfüllung einer Blankovollmachtsurkunde muss nach den soeben festgestellten Grundsätzen zunächst danach gefragt werden, ob die Vollmachtsurkunde an sich formbedürftig ist. Wie festgestellt, ist die Vollmachtsurkunde schriftformbedürftig.[462] Auch die aus der Blankovollmachtsurkunde entstehende Vollmachtsurkunde bedarf daher der Schriftform nach §§ 172, 126 Abs. 1 BGB.

Diese Feststellung allein genügt jedoch nicht für die Annahme, dass auch die Ausfüllungsermächtigung für die Blankovollmachtsurkunde der Schriftform bedarf. Ausschlaggebend ist, ob die Formanordnung eine teleologische Reduktion des § 167 Abs. 2 BGB (Formfreiheit) erforderlich macht. Eine solche ist davon abhängig, ob der Vertretene durch die Blanketthingabe an den Blankettnehmer rechtlich oder tatsächlich gebunden ist, wie wenn er das Hauptgeschäft selbst schlösse. Eine derartige Bindung wird generell für den Fall einer unwiderruflichen Vollmacht angenommen. Bezogen auf die Ausfüllungsermächtigung zur Vervollständigung der Vollmachtsurkunde ist eine teleologische Reduktion des § 167 Abs. 2 BGB daher geboten, wenn die durch Blanketthingabe entstehende Bindung derjenigen vergleichbar ist, die besteht, wenn der Vollmachtgeber die Vollmachtsurkunde selbst ausfüllt und an den Vertreter weitergibt. Indem der Vollmachtgeber eine Vollmachtsurkunde ausstellt, bevollmächtigt er zwar niemanden,[463] er schafft aber einen Rechtsscheinträger. Durch dessen Aushändigung an den Vertreter gibt er die Dominanz über das Entstehen und die Verbreitung des Rechtsscheins – seine Rechtsscheinträgerdominanz – auf.

Unterzeichnet der Vertretene ein Papier lediglich blanko und soll dieses zu einer Vollmachtsurkunde vervollständigt werden, geht er insofern eine Bindung ein, als er schon vor der Aushändigung an den Vertreter die Rechtsscheindominanz verliert. Denn die Aushändigung an den (späteren) Urkundsinhaber erfolgt im Vorfeld der Ausstellung der Urkunde. Der Blankettgeber verliert daher neben der „Rechtsscheinträgerdominanz" zusätzlich seine Dominanz über die inhaltliche Gestaltung der Urkunde („Rechtsscheindominanz"). Ihn trifft die Gefahr

---

462 Siehe zur Formbedürftigkeit der Vollmachtsurkunde oben: A. II. 2.
463 Siehe oben: § 2 B. II. und § 2 B. III.

der missbräuchlichen Inanspruchnahme der Vollmachtsurkunde daher noch intensiver als sonst. Eine derartige Bindung steht in evidentem Widerspruch zur Warnfunktion der §§ 172, 126 Abs. 1 BGB. Im Falle der nur mündlichen Ermächtigung würde der Blankettgeber den Inhalt der Vollmachtsurkunde nicht vor Augen haben. Ihm wären die Fernwirkungen seines Handelns nicht vorab bewusst. Der Warnzweck könnte ihn schließlich nicht erreichen.

Erschwerend kommt hinzu, dass der einmal entstandene Rechtsschein der Vollmachtsurkunde nur durch Kraftloserklärung nach § 176 BGB oder Rückgabe der Urkunde durch den Urkundsinhaber außer Geltung gesetzt werden kann, § 172 Abs. 2 BGB. Dies ist für den Vertretenen bzw. Blankettgeber nicht nur misslich, sondern setzt ihn faktisch einer der Bindung des Blankettgebers bei einer unwiderruflichen Vollmacht vergleichbaren Wirkung aus, denn der Blankettgeber bzw. Vollmachtgeber kann nicht allein durch einseitigen Widerruf den Rechtsscheinträger aus dem Verkehr nehmen. Vielmehr bedarf es der Mitwirkung des Blankettnehmers bzw. Urkundsinhabers, § 175 BGB. Weigert sich dieser oder ist er nicht ermittelbar, bleiben die Wirkungen der Urkunde im Rechtsverkehr gemäß § 172 Abs. 2 BGB bestehen. Voraussetzung für das Erlöschen des Rechtsscheins ist nach dem eindeutigen Wortlaut des § 172 Abs. 2 BGB die Rückgabe und nicht die Geltendmachung des Rückgabeanspruchs durch den Vollmachtgeber.[464] Aber selbst im Falle der Kraftloserklärung ist die Urkunde nicht sofort ab der Geltendmachung der Kraftloserklärung über öffentliche Bekanntmachungsmittel unwirksam. Vielmehr muss der Vollmachtgeber bzw. Blankettgeber sich gemäß § 176 Abs. 1 S. 2 BGB noch einen weiteren Monat an den Rechtsscheinwirkungen des § 172 Abs. 2 BGB festhalten lassen. Die Kraftloserklärung kommt insoweit einem Widerruf gleich.[465] Wegen dieser Schwierigkeiten bei Beseitigung des Rechtsscheins ist diese Konstellation der temporär unwiderruflichen Vollmacht wesensgleich. Denn in beiden Fällen ist der Vollmachtgeber bzw. Blankettgeber vorübergehend dem Handeln seines Vertreters bzw. Blankettnehmers ausgesetzt. Auf die temporär unwiderrufliche Vollmacht finden die Grundsätze zur unwiderruflichen Vollmacht Anwendung.[466] Nach alledem erscheint es umso

---

464 So ausdrücklich: jurisPK-BGB/*Gehrlein*/*Weinland*, § 172 BGB Rn. 9; zwar nicht ausdrücklich, wohl aber ähnlich: Soergel/*Leptien*, § 172 BGB Rn. 5; Bamberger/Roth/*Valenthin*, § 172 BGB Rn. 11.

465 JurisPK-BGB/*Gehrlein*/*Weinland*, § 176 BGB Rn. 6; Soergel/*Leptien*, § 176 BGB Rn. 3; Staudinger/*Schilken*, § 176 BGB Rn. 4; MüKo-BGB/*Schramm*, § 176 BGB Rn. 7; Bamberger/Roth/*Valenthin*, § 176 BGB Rn. 6.

466 Bamberger/Roth/*Gehrlein*, § 311b BGB Rn. 16; MüKo-BGB/*Schramm*, § 167 BGB Rn. 19.

notwendiger, die Ausfüllungsermächtigung zur Vervollständigung der Blankovollmachtsurkunde der Schriftform zu unterwerfen.

Wie auch i.R.d. Blankobürgschaft genügt die eigenhändige Unterzeichnung der Ausfüllungsermächtigung allein nicht den Anforderungen des Schutzzwecks der §§ 172, 126 Abs. 1 BGB. Vielmehr ist es notwendig, dass schon in der Ausfüllungsermächtigung der „spätere“ Urkundsinhaber und die Vertretungsmacht bezeichnet werden, wobei es genügt, wenn sich diese Parameter durch Auslegung ermitteln lassen.[467] Nur unter diesen Voraussetzungen kann die Warnung des Urkundsausstellers, wie sie die §§ 172, 126 Abs. 1 BGB bezwecken, erreicht werden. Andernfalls ist die Ausfüllungsermächtigung formnichtig. Ist die Ausfüllungsermächtigung gemäß § 125 S. 1 BGB formnichtig, handelt der Blankettnehmer ohne entsprechende Rechtsmacht[468] mit der Folge, dass die durch ihn vervollständigte Erklärung unwirksam ist.[469]

3. *Auswirkungen einer formwidrigen Ausfüllungsermächtigung und einer unwirksamen Blankovollmachtsurkunde auf das Entstehen der Vollmachtsurkunde*

Da die Ausfüllungsermächtigung zur Vervollständigung einer Blankovollmachtsurkunde schriftformbedürftig ist[470], stellt sich die Frage nach den Folgen einer formwidrigen Ausfüllungsermächtigung und der daraus resultierenden unwirksamen Blankovollmachtsurkunde, insbesondere im Hinblick auf das Vertrauen eines Dritten in die aus dem Blankett entstandene „Vollmachtsurkunde“. Für die Wirkungen eines Blanketts gegenüber Dritten ist danach zu unterscheiden, ob dieser sich einer offenen oder einer verdeckten Blankettlage gegenübergestellt sieht.

a. *Offene Blankettlage*

Von einer offenen Blankettlage spricht man, wenn der zur Ausfüllung Ermächtigte das Blankett vor den Augen des Dritten ausfüllt, die Blankettlage diesem also offensichtlich wird.[471]

---

467 Siehe oben unter: A. I.

468 Je nach Ansicht: Vollmacht, Botenmacht oder Ermächtigung.

469 BGH, Urt. v. 29.2.1996 – IX ZR 153/95, NJW 1996, 1467 (1469); *Neuschäfer*, Blankobürgschaft, S. 134; *Keim*, NJW 1996, 2774 (2775).

470 Siehe oben unter: 2. c.

471 *Canaris*, Vertrauenshaftung, S. 54; *Neuschäfer*, Blankobürgschaft, S. 18, 23 f., 131 f.; *Binder*, AcP 207 [2007], 155 (195); *Eckardt*, JURA 1997, 189 (190); *G. Müller*, AcP 181

aa. Zurechnung der Wirkungen an den Blankettgeber

Folgt man der h.A., nach der die Ausfüllungsermächtigung der Stellvertretung angenähert ist, kommt man zu dem Schluss, dass die durch den Blankettnehmer vor den Augen des Dritten vervollständigte Erklärung dem Blankettgeber zuzurechnen ist.[472]

Im Falle missbräuchlicher Ausfüllung entfaltet die Zurechnung dann ihr ganzes Risiko zulasten des Blankettgebers. Nach der h.A.[473] muss der Blankettgeber grundsätzlich auch für die missbräuchliche Ausfüllung einstehen. Insoweit setzt er durch die Aushändigung des Blanketts einen Rechtsschein, den er sich gemäß § 172 Abs. 2 BGB analog zurechnen lassen muss. Er selbst trägt das Risiko der missbräuchlichen Ausfüllung. Denn er selbst bediente sich dieser Form der Arbeitsteilung. Das Vertrauen des Dritten knüpft daran an, dass der Blankettnehmer ein Schriftstück mit der Unterschrift des Blankettgebers in den Händen hält. Damit wird der Rechtsschein gesetzt, dass der Blankettinhaber zur Ausfüllung berechtigt ist. Das hat seinen Grund insbesondere darin, dass dem Dritten erkennbar wird, dass dem Blankettnehmer hinsichtlich des lückenhaften Teils eine individuelle Entscheidung zur Ausfüllung verbleibt und der Blankettgeber durch seine Unterschrift diese Erklärung gegen sich gelten lassen will bzw. als seine qualifiziert.

Der durch die Aushändigung eines unterzeichneten Blanketts gesetzte Rechtsschein erfährt jedoch Einschränkungen im Falle der offenen Blankettlage. In seiner Entscheidung aus dem Jahre 1996 verneinte der BGH die Anwendung des § 172 Abs. 2 BGB auf die offene Blankettlage. Danach sei nur derjenige schutzbedürftig, der eine vollständige Urkunde erhalte.[474] Dem folgen auch gewichtige Stimmen im Schrifttum.[475] Im Ergebnis ist dem BGH zu folgen, denn derjenige, der sieht, dass ein anderer die Urkunde vervollständigt, ist nicht in gleichem

---

[1981], 515 (521); vgl. *Pawlowski*, Anm. zu BGH, Urt. v. 29.2.1996 – IX ZR 153/95, JZ 1997, 309 (310); *Reinicke/Tiedtke*, JZ 1984, 550 (551).

472 Vgl. allein die in Fn. 438 Genannten.

473 BGH, Urt. v. 11.7.1963 – VII ZR 120/62, NJW 1963, 1971; BGH, Urt. v. 29.2.1996 – IX ZR 153/95, NJW 1996, 1467 (1469); Soergel/*Leptien*, § 172 BGB Rn. 6; Staudinger/*Schilken*, § 172 BGB Rn. 8; MüKo-BGB/*Schramm*, § 172 BGB Rn. 17; *Canaris*, Vertrauenshaftung, S. 57 f.; *Kindl*, Rechtsscheintatbestände, S. 129, 133 f.; *G. Fischer*, JuS 1998, 205; *G. Müller*, AcP 181 [1981], 515 (524); a.A. *Reinicke/Tiedtke*, JZ 1984, 550 (552).

474 BGH, Urt. v. 29.2.1996 – IX ZR 153/95, NJW 1996, 1467 (1469).

475 MüKo-BGB/*Schramm*, § 167 BGB Rn. 27; *Neuschäfer*, Blankobürgschaft, S. 135; i.E. auch *Binder*, AcP 207 [2007], 155 (195), der aber generell eine Lösung außerhalb des

Maße schutzwürdig wie derjenige, der nur die Urkunde erhält. Schließlich wird ersterem offenbar, dass die Urkunde nicht vom Unterzeichner ausgefüllt wurde. Für den Fall der offenen Blankettlage streitet aus den genannten Gründen einiges für die Versagung des Rechtscheins nach § 172 Abs. 2 BGB analog.

bb. Auswirkungen einer formnichtigen Ausfüllungsermächtigung

Geht man davon aus, dass der Besitz der Blankovollmachtsurkunde rechtsscheinbegründend für die Ausfüllungsberechtigung ist, stellt sich die Frage nach den Auswirkungen einer formnichtigen Ausfüllungsermächtigung auf das Entstehen des Rechtsscheins. In diesem Falle stehen das besondere Schutzbedürfnis des Blankettgebers und das Vertrauen des Dritten in die Urkunde im Widerstreit. Dem Dritten wird bei der offenen Blankettlage vor Augen geführt, dass ein anderer als der Blankettgeber die Parameter der Urkunde bestimmt. Infolgedessen „kennt [er] (…) den Umstand, der zur Formunwirksamkeit führt.“[476]. Eine Zurechnung einer solchen Erklärung an den Blankettgeber würde die Formwidrigkeit heilen.[477]

Eine Durchbrechung der Formnichtigkeit kommt jedoch nur in engen Grenzen in Betracht. Anerkannt ist eine Durchbrechung, wenn das Gesetz sie selbst zulässt bzw. eine Heilung vorsieht.[478] Für die formnichtige Ausfüllungsermächtigung i.R.v. Blanketterklärungen trifft das Gesetz keine solchen Anordnungen. Ausnahmsweise ist jedoch das Berufen auf die Formnichtigkeit gemäß § 242 BGB ausgeschlossen. Nur wenn die Nichtigkeitsfolge „schlechthin untragbar“ ist, ist ein Festhalten am Rechtsgeschäft trotz Formnichtigkeit zuzulassen.[479] Im Falle der offenen Blankettlage bei formnichtiger Ausfüllungsermächtigung ist eine solche Durchbrechung grundsätzlich nicht geboten. Denn es gibt keinen Erfahrungssatz, dass die Formnichtigkeit einer (jeden) Ausfüllungsermächtigung

---

Stellvertretungsrechts sucht; *Pawlowski*, Anm. zu BGH, Urt. v. 29.2.1996 – IX ZR 153/95, JZ 1997, 309 (310).

476 *Binder*, AcP 207 [2007], 155 (195).

477 Vgl. *Binder*, AcP 207 [2007], 155 (195).

478 MüKo-BGB/*Einsele*, § 125 BGB Rn. 41 ff.; Soergel/*Hefermehl*, § 125 BGB Rn. 25 ff.; Bamberger/Roth/*Wendtland*, § 125 BGB Rn. 22 f.; *Binder*, AcP 207 [2007], 155 (192).

479 BGH, Urt. v. 10.10.1986 – V ZR 247/85, NJW 1987, 1069 (1070); BGH, Urt. v. 2.5.1996 – III ZR 50/95, NJW 1996, 1960 f.; BGH, Urt. v. 14.6.1996 – V ZR 85/95, NJW 1996, 2503 (2504); MüKo-BGB/*Einsele*, § 125 BGB Rn. 57 ff.; Bamberger/Roth/*Wendtland*, § 125 BGB Rn. 26; *Neuschäfer*, Blankobürgschaft, S. 138; *Binder*, AcP 207 [2007], 155 (192).

und damit eines (jeden) Blanketts zu untragbaren Ergebnissen führen würde.[480] Gegebenenfalls kann jedoch ein Berufen auf den Formmangel im Einzelfall gemäß § 242 BGB ausgeschlossen sein.

Nach a.A. im Schrifttum sind die Grundsätze des § 172 Abs. 2 BGB auch auf die offene Blankettlage anzuwenden. Gleichwohl suchen die Vertreter dieser Ansicht eine Korrektur des Rechtsscheinumfangs.[481] Aufgrund der Unterschiedlichkeit der Blankourkunde zur Vollmachtsurkunde ist es daher nach dieser Ansicht geboten, die Reichweite des Rechtsscheintatbestands in Blankettsituationen anders zu fassen. Denn anders als aus der Vollmachtsurkunde ergebe sich der Umfang der Berechtigung nicht unmittelbar aus der Blankourkunde selbst. Richtigerweise solle das Vertrauen des Dritten dort seine Schutzwürdigkeit verlieren, wo die Üblichkeit überschritten ist[482] oder aber der Dritte Anlass zu Rückfragen nach der Legitimation zur Ausfüllung hat bzw. haben kann[483]. Im Ergebnis wird auch nach dieser Auffassung zumindest bei der formwidrigen Ausfüllungsermächtigung der Rechtsschein nicht entstehen können.[484] Denn dort, wo die Warnfunktion im Vordergrund steht, liegt es auch außerhalb der Üblichkeit ohne Weiteres von einer Ausfüllungsberechtigung auszugehen bzw. veranlasst es den Erklärungsempfänger zu Nachfragen nach der Ausfüllungsberechtigung. Dies folgt schon aus der Charakteristik dieser Geschäfte.

Nach alledem folgt für die formnichtige Ausfüllungsermächtigung i.R.d. Blankovollmachtsurkunde, dass auch die durch Ausfüllung entstehende Vollmachtsurkunde selbst formnichtig ist. Der Dritte ist in seinem Vertrauen auf die Ausfüllungsberechtigung grundsätzlich nicht über § 172 BGB analog geschützt.

cc. Folgen für § 174 S. 1 BGB

Für das Zurückweisungsrecht i.R.d. § 174 BGB ergibt sich damit Folgendes:

---

480 *Binder*, AcP 207 [2007], 155 (194).

481 *Canaris*, Vertrauenshaftung, S. 59; *Kindl*, Rechtsscheintatbestände, S. 130; *G. Müller*, AcP 181 [1981], 515 (526 f.); *Wimmer-Leonhardt*, JuS-Lernbogen 11/1999, L 81 (L 82).

482 *Canaris*, Vertrauenshaftung, S. 59, der die Feststellung des Üblichen zur Frage des Einzelfalls macht und insbesondere danach differenziert, welcher Teil des Blanketts und in welchem Umfang das Blankett ausfüllungsbedürftig ist; *G. Müller*, AcP 181 [1981], 515 (526 f.).

483 *Kindl*, Rechtsscheintatbestände, S. 130 f., der das Kriterium der Üblichkeit von *Canaris* dahingehend in Zweifel zieht, dass es den Scheintatbestand nicht genauer zu fassen vermag als die von ihm selbst gewählte Vorgehensweise.

484 Anders aber: *Wimmer-Leonhardt*, JuS-Lernbogen 11/1999, L 81 (L 84).

Eine vor den Augen des Erklärungsempfängers vervollständigte Blankovollmachtsurkunde ist keine Vollmachtsurkunde i.S.d. §§ 174 S. 1, 172 BGB, wenn die Ausfüllungsermächtigung formwidrig ist. Infolgedessen kann der Erklärungsempfänger ein einseitiges Rechtsgeschäft, vorbehaltlich der weiteren Voraussetzungen des § 174 BGB, zurückweisen.

Ist die Ausfüllungsermächtigung hingegen formgemäß, entsteht auch bei offener Blankettlage durch die Ausfüllung eine formwirksame Vollmachtsurkunde.[485]

Insoweit stellt sich jedoch die Folgefrage, ob dem Erklärungsempfänger die Ausfüllungsermächtigung analog § 174 S. 1 BGB vorzulegen ist (siehe dazu unten: D. II. 2.), damit er Gewissheit darüber hat, dass der Ausfüllende berechtigt ist, die Urkunde zu vervollständigen und in Verlängerung dazu berechtigt ist, das einseitige Rechtsgeschäft ihm gegenüber vorzunehmen. Anders gewendet stellt sich also die Frage, ob bei offener Blankettlage ein Zurückweisungsrecht wegen Nicht-Vorlage der Ausfüllungsermächtigung besteht.

In dem Fall der missbräuchlich ausgefüllten Blankovollmachtsurkunde entsteht keine Vollmachtsurkunde. Der Erklärungsempfänger bedarf nicht des Schutzes in das Entstehen einer wirksamen Urkunde aus der Blankourkunde, wenn sie vor seinen Augen ausgefüllt wird. Er kann das Rechtsgeschäft daher nach § 174 BGB (bei tatsächlichem Bestehen einer Vollmacht) oder nach § 180 BGB (bei Vertretung ohne Vertretungsmacht) unwirksam machen.[486]

b. Verdeckte Blankettlage

Unter einer verdeckten Blankettlage versteht man diejenige Blankettsituation, die dem Dritten nicht ersichtlich wird. Dieser erhält nur die vollständig ausgefüllte Urkunde. Der Dritte geht davon aus, dass der Blankettnehmer eine Erklärung des Blankettgebers überbringt. Von dem Vervollständigungsakt des Blankettnehmers wird ihm hingegen nichts offenbar.[487]

---

485 So auch: KG Berlin, Beschl. v. 6.6.1990 – 24 W 1227/90, OLGZ 1990, 421 (424); vgl. *Lüke*, ZWE 2012, 193 (195).

486 Auf die Möglichkeit der Treuwidrigkeit des Berufens auf die Zurückweisung wird hingewiesen.

487 *Canaris*, Vertrauenshaftung, S. 64; *Kindl*, Rechtsscheintatbestände, S. 132; *Neuschäfer*, Blankobürgschaft, S. 24; *Eckardt*, JURA 1997, 189 (190); *Keim*, NJW 1996, 2774; *Pawlowski*, Anm. zu BGH, Urt. v. 29.2.1996 – IX ZR 153/95, JZ 1997, 309 (311); *Reinicke/Tiedtke*, JZ 1984, 550 (551).

aa. Zurechnung der Wirkungen an den Blankettgeber

Auch bei verdeckter Blankettlage wird dem Blankettgeber zugerechnet, was der Blankettnehmer durch Vervollständigung festlegt. Ebenso wie im Falle der offenen Blankettlage ist es die Aushändigung des unterzeichneten Blanketts, die eine Zurechnung rechtfertigt.[488]

In den Fällen des Blankettmissbrauchs ist jedoch anders als bei der offenen Blankettlage zu argumentieren. Denn die verdeckte Blankettlage erkennt der Dritte im Regelfall nicht. Sein Vertrauen knüpft an die unterzeichnete vollständige Urkunde selbst und die Botenmacht des Überbringers, nicht jedoch an die Ausfüllungsberechtigung des Blankettnehmers.[489] Im Ergebnis ist es folgerichtig, mit der h.A.[490] die missbräuchliche Ausfüllung des Blanketts bei verdeckter Blankettlage dem Blankettgeber zuzulasten. Schließlich ist er es, der durch die Aushändigung des unterzeichneten Blanketts das Missbrauchsrisiko schafft.[491]

bb. Auswirkungen einer formnichtigen Ausfüllungsermächtigung

Auch bei der verdeckten Blankettlage muss danach differenziert werden, ob die Ausfüllungsermächtigung formgebunden oder formfrei ist. Im Falle einer formwidrigen Ausfüllungsermächtigung wird nach e.A.[492] die Zurechnung der Blanketterklärung an den Blankettgeber vorgeschlagen. Zwar sei in diesem Fall keine

---

488 Siehe oben: a. aa.

489 *Canaris*, Vertrauenshaftung, S. 65; *Kindl*, Rechtsscheintatbestände, S. 132; *Neuschäfer*, Blankobürgschaft, S. 183; *G. Müller*, AcP 181 [1981], 515 (525 f.).

490 BGH, Urt. v. 11.7.1963 – VII ZR 120/62, NJW 1963, 1971; BGH, Urt. v. 20.11.1990 – XI ZR 107/89, NJW 1991, 487 (488); BGH, Urt. v. 29.2.1996 – IX ZR 153/95, NJW 1996, 1467 (1469); Soergel/*Leptien*, § 172 BGB Rn. 6; MüKo-BGB/*Schramm*, § 172 BGB Rn. 15; Bamberger/Roth/*Valenthin*, § 172 BGB Rn. 3; *Canaris*, Vertrauenshaftung, S. 65; *Kindl*, Rechtsscheintatbestände, S. 133 f.; vgl. *Neuschäfer*, Blankobürgschaft, S. 183; *Binder*, AcP 207 [2007], 155 (195 f.); vgl. *G. Müller*, AcP 181 [1981], 515 (526); *Wimmer-Leonhardt*, JuS-Lernbogen 11/1999, L 81 (L 84 f.).

491 BGH, Urt. v. 11.7.1963 – VII ZR 120/62, NJW 1963, 1971; BGH, Urt. v. 20.11.1990 – XI ZR 107/89, NJW 1991, 487 (488); BGH, Urt. v. 29.2.1996 – IX ZR 153/95, NJW 1996, 1467 (1469); Soergel/*Leptien*, § 172 BGB Rn. 6; MüKo-BGB/*Schramm*, § 172 BGB Rn. 15; Bamberger/Roth/*Valenthin*, § 172 BGB Rn. 3; *Kindl*, Rechtsscheintatbestände, S. 133 f.; *Neuschäfer*, Blankobürgschaft, S. 183; *Binder*, AcP 207 [2007], 155 (195 f.).

492 BGH, Urt. v. 29.2.1996 – IX ZR 153/95, NJW 1996, 1467 (1469); MüKo-BGB/*Habersack*, § 766 BGB Rn. 23; jurisPK-BGB/*Prütting*, § 766 BGB Rn. 9 f.; Bamberger/Roth/*Rohe*, § 766 BGB Rn. 8; *G. Fischer*, JuS 1998, 205 (208); *Schmolke*, JuS 2009, 585 (587); *Wimmer-Leonhardt*, JuS-Lernbogen 11/1999, L 81 (L 84).

wirksame Verpflichtung aus dem Blankett entstanden, der Blankettgeber habe jedoch durch sein Verhalten einen zurechenbaren Rechtsschein gesetzt.

Nach a.A.[493] ist wie bei der offenen Blankettlage keine Zurechnung an den Blankettgeber möglich. Wie bei der offenen Blankettlage sei danach zu fragen, ob der Warnzweck und damit der Übereilungsschutz für den Blankettgeber hinter den Verkehrsschutz zurücktreten müsse. Hier wie dort solle aber der Formzweck grundsätzlich überwiegen.[494]

Die Lösung dieser Problematik hat allgemeinen Grundsätzen zu folgen. Wie bei der offenen Blankettsituation wird der Warnzweck der Formvorschrift nur ausnahmsweise zugunsten einer Nichtigkeitsdurchbrechung preisgegeben werden dürfen. Dies ist immer dann der Fall, wenn die Nichtigkeit zu untragbaren Ergebnissen für den Erklärungsempfänger führen würde.[495] Eine Abweichung von diesem Grundsatz ist auch wegen des Verkehrsschutzes nur ausnahmsweise geboten. Zwar hat derjenige, dem eine schon vollständig ausgefüllte Urkunde vorgelegt wird, keinen Anlass, an einer Ausfüllungsermächtigung zu zweifeln. Von der Blankettlage weiß er schließlich nichts. Vielmehr vertraut er noch stärker als im Falle der offenen Blankettlage in die ihm vorgelegte Urkunde. Jedoch mündet auch das Vertrauen in die vorgelegte Urkunde – im Falle der formnichtigen Ausfüllungsermächtigung – in einen Irrtum über die Formwirksamkeit und -bedürftigkeit. Ein solcher ist vom Gesetz jedoch nicht geschützt.

Für die Blankovollmachtsurkunde ergibt sich insoweit die Besonderheit, dass die aus dem Blankett entstandene Vollmachtsurkunde in allen Bestandteilen und aus objektiver Sicht den Anschein einer formgemäßen Vollmachtsurkunde hat. Anders als in den sonstigen Blankettfällen entsteht mit der Vollmachtsurkunde ein tatsächlicher Rechtsschein*träger*. Dessen Wirkungen regelt das Gesetz in § 172 BGB selbst. In diesem Falle kollidieren nicht nur – wie sonst im Falle von Blanketterklärungen – der Warnzweck und die allgemeinen Interessen

---

493 *Binder*, AcP 207 [2007], 155 (196); *Bülow*, ZIP 1996, 1694 (1696); *Keim*, NJW 1996, 2774 f.; i.E. (zumindest für den Fall der Blankobürgschaft) auch *Neuschäfer*, Blankobürgschaft, S. 206 f.; kritisch auch *Pawlowski*, Anm. zu BGH, Urt. v. 29.2.1996 – IX ZR 153/95, JZ 1997, 309 (311 f.).

494 *Binder*, AcP 207 [2007], 155 (196); *Bülow*, ZIP 1996, 1694 (1696); ausführlich und sehr ausdifferenziert dazu: *Neuschäfer*, Blankobürgschaft, S. 181 ff. und dabei insbesondere S. 192 f., 206 f.; a.A. *Keim*, NJW 1996, 2774 (2775), der generell einen guten Glauben an die Formwirksamkeit ablehnt und allein daraus den Schluss zieht, dass dort, wo der Vollzug des Rechtsgeschäfts den Mangel nicht zu heilen vermag, (schwebende) Unwirksamkeit eintritt.

495 Siehe oben: a. bb.

des Rechtsverkehrs. Vielmehr wirken für die Vollmachtsurkunde die Rechtsscheinnormen direkt und unmittelbar. Erforderlich ist aber immer, dass die Blankovollmachtsurkunde willentlich vom Blankettgeber an den Ausfüllenden ausgehändigt wurde. Andernfalls entfaltet § 172 Abs. 2 BGB keine Wirkung. Auch wenn die Warnfunktion den Blankettgeber nicht erreichen kann (formwidrige Ausfüllungsermächtigung), muss zur Harmonisierung des Rechtsverkehrs mit Vollmachtsurkunden der Vertrauensschutz nach § 172 Abs. 2 BGB dort überwiegen, wo die Urkunde willentlich in den Verkehr gebracht wurde und der sie Einsehende keine Zweifel an ihrer Originalität haben kann. Für die Originalität streitet die Unterschrift des Blankettgebers. Willentlich in den Verkehr gebracht wird die Urkunde durch willentliche Aushändigung des Blanketts an den Blankettnehmer. Bedient sich der Blankettgeber einer Blankovollmachtsurkunde, schafft er ein derart erhöhtes (Rechtsschein-)Risiko für den Missbrauch des Blanketts und damit für die Verlässlichkeit des Rechtsverkehrs, dass es opportun ist, ihm dieses Risiko über § 172 Abs. 2 BGB zuzulasten.

cc. Folgen für § 174 S. 1 BGB

Trotz formnichtiger Ausfüllungsermächtigung entsteht eine Vollmachtsurkunde i.S.d. §§ 174 S. 1, 172 BGB.

Folglich kann der Empfänger des einseitigen Rechtsgeschäfts dieses nicht zurückweisen, wenn der Vertreter ihm die so entstandene Vollmachtsurkunde vorlegt. Dem von § 174 S. 1 BGB geschützten Gewissheitsinteresse des Erklärungsempfängers ist durch die Vorlage der Vollmachtsurkunde hinreichend Rechnung getragen. Wegen § 172 Abs. 1 BGB kann auf seiner Seite keine Ungewissheit über die Vertretungsverhältnisse und damit über die Wirkungen des Rechtsgeschäfts entstehen. Hält sich die Entstehung der Vollmachtsurkunde in diesen Grenzen, entsteht das Zurückweisungsrecht wegen der Vorlage der Vollmachtsurkunde nicht. Anders als i.R.d. offenen Blankettsituation stellt sich die Frage der Vorlage der Ausfüllungsermächtigung als Legitimationsnachweis bei einseitigen Rechtsgeschäften im Falle verdeckter Blankettausfüllung nicht.[496]

4. *Ergebnis zu I.*

Es ist rechtlich gesehen möglich und auch zulässig, dass der Vollmachtgeber einem anderen ein durch ihn eigenhändig unterzeichnetes Schriftstück in die Hand gibt, das Letzterer durch Ausfüllung zu einer Vollmachtsurkunde

---

496 Siehe oben: a. cc. mit Verweis zur Bearbeitung unter D. II. 2.

vervollständigt. Die der Ausfüllung zugrunde liegende Ausfüllungsermächtigung bedarf der Schriftform, was aus einer teleologischen Reduktion des analog auf die Ausfüllungsermächtigung anzuwendenden § 167 Abs. 2 BGB folgt. Sie muss die Parameter des Urkundeninhalts festlegen. Ist die Ausfüllungsermächtigung formwidrig, entsteht eine Vollmachtsurkunde i.S.d. §§ 174 S. 1, 172 BGB jedoch nur dann, wenn der Blankettnehmer die Blankovollmachtsurkunde verdeckt ausfüllt.

Missbraucht der Blankettnehmer sein Ausfüllungsrecht und füllt er die Blankovollmachtsukunde abredewidrig aus, geht dies i.R.d. verdeckten Ausfüllung wegen § 172 Abs. 2 BGB analog zulasten des Blankettgebers – also des Vollmachtgebers. Im Rahmen der offenen Blankettausfüllung hat der Vollmachtgeber für die abredewidrig ausgefüllte Blankovollmachtsurkunde nicht einzustehen.

II. Inhaberurkunde als Vollmachtsurkunde i.S.d. § 174 S. 1 BGB

Der Blankovollmachtsurkunde ähnlich ist die Situation, in der der Vollmachtgeber einem Vertreter eine Urkunde über die Vollmacht aushändigt, insoweit jedoch jeden Inhaber der Urkunde berechtigen möchte. Er konkretisiert insoweit die Person des Vertreters nicht. Ausschlaggebend ist die Innehabung der Urkunde selbst. Dies ist ohne Weiteres zulässig, da es genügt, wenn sich die Person des Vertreters aus der Urkunde ergibt.[497] Zusätzlich muss der genaue Umfang der Vertretungsmacht ersichtlich sein.[498]

Problematisch ist, dass der Vollmachtgeber nicht mehr beeinflussen kann, ggf. nicht einmal mehr nachvollziehen kann, wer der aktuelle Inhaber und damit der konkret Berechtigte ist. Die Lage wird dadurch misslicher, dass auf die dem (ersten) Vertreter durch den Vollmachtgeber willentlich übergebene „Inhaberurkunde" wiederum § 172 Abs. 2 BGB Anwendung findet.[499] Für die Konstellation des § 174 S. 1 BGB ändert sich allerdings nichts. Eine Ungewissheit über die Berechtigung des Inhabers der Urkunde kann durch die Vorlage der Urkunde beseitigt werden. Zweifel an der Berechtigung zur Innehabung der Urkunde sind i.R.d. § 174 S. 1 BGB nicht berücksichtigungsfähig. Sollten diese bestehen, kann sich der Erklärungsempfänger auf die Unwirksamkeit der Erklärung nach § 180 S. 1 BGB berufen. Ob dies dann durchgreift, ist Frage des Bestehens bzw. Nichtbestehens der Vertretungsmacht.

---

497 Siehe oben: § 2 B. II. und § 6 A. I.

498 Vgl. oben: § 6 A. I.

499 Vgl. oben: I. 3. b. cc.

III. Zusammenfassung zu C. und Folgerungen für die Kündigung durch den Vertreter des Arbeitgebers

Sowohl eine durch den Vertreter ausgefüllte Blankovollmachtsurkunde als auch eine Inhabervollmachtsurkunde sind geeignet, den Anforderungen des § 174 S. 1 BGB zu genügen. Die Grenze der Einordnung dieser Urkunden als Vollmachtsurkunden ist jedoch zum einen dort erreicht, wo sie nicht willentlich vom Vollmachtgeber an den (Erst-)Vertreter ausgehändigt wurden. Zum anderen ist bei der Blankovollmachtsurkunde danach zu differenzieren, ob die Ausfüllungsermächtigung formwirksam ist und um welche Art der Ausfüllung – verdeckt oder offen – es sich im Einzelfall handelt.

Für die Kündigung des Arbeitsverhältnisses durch einen Vertreter des Arbeitgebers ergeben sich in diesem Rahmen keine Abweichungen zu den oben aufgezeigten Grundsätzen. Händigt der Arbeitgeber seinem Vertreter eine Blanko- oder Inhabervollmachtsurkunde willentlich aus, nimmt diese grundsätzlich an den Wirkungen des § 172 Abs. 1 BGB teil. Diese Wirkung strahlt auch in den Bereich des § 174 S. 1 BGB aus. Über § 172 Abs. 1 BGB wird der von § 174 S. 1 BGB geforderte Legitimationsnachweis rechtssicher erreicht. Ein Zurückweisungsrecht des Arbeitnehmers scheidet insoweit aus, als eine Urkunde vorgelegt wird und die jeweilige Urkunde ihrem Inhalt nach zur beabsichtigten Kündigung berechtigt. Mit der Inhaberurkunde ist damit ein tauglicher Legitimationsnachweis gefunden. Für die Blankovollmachtsurkunde muss danach differenziert werden, ob die aus ihr entstehende Vollmachtsurkunde als Legitimationsnachweis des Vertreters genügt:

Missbrauch	Eigenhändige Unterzeichnung der Blankovollmachtsurkunde	Eigenhändige Unterzeichnung der Ausfüllungsermächtigung	Vollmachtsurkunde i.S.v. § 174 S. 1 BGB?
Offene Ausfüllung			
Nein	Ja	Ja	Ja
Nein	Ja	Nein	Nein
Nein	Nein	Ja/Nein	Nein
Ja	Ja	Ja	Nein
Ja	Ja	Nein	Nein
Ja	Nein	Ja/Nein	Nein

<table>
<tr><td>Missbrauch</td><td>Eigenhändige Unterzeichnung der Blankovollmachtsurkunde</td><td>Eigenhändige Unterzeichnung der Ausfüllungsermächtigung</td><td>Vollmachtsurkunde i.S.v. § 174 S. 1 BGB?</td></tr>
<tr><td colspan="4">Verdeckte Ausfüllung</td></tr>
<tr><td>Nein</td><td>Ja</td><td rowspan="4">irrelevant</td><td>Ja</td></tr>
<tr><td>Nein</td><td>Nein</td><td>Nein</td></tr>
<tr><td>Ja</td><td>Ja</td><td>Ja</td></tr>
<tr><td>Ja</td><td>Nein</td><td>Nein</td></tr>
</table>

D. Anforderungen an die Vorlage der Vollmachtsurkunde

Nach § 174 S. 1 BGB hat der Vertreter, der ein einseitiges Rechtsgeschäft vornimmt, eine Vollmachtsurkunde vorzulegen.

I. Begriff der Vorlage und Akt des Vorlegens

Unter der „Vorlage“ der Vollmachtsurkunde versteht man eine Handlung des Vertreters, durch die der Erklärungsempfänger den Urkundeninhalt durch eigene Wahrnehmung unmittelbar zur Kenntnis nehmen kann. Nicht erforderlich ist, dass der andere die Vollmachtsurkunde auch tatsächlich einsieht und von ihr Kenntnis nimmt.[500] Würde man eine solche tatsächliche Kenntnisnahme fordern, würde der Begriff des Vorlegens überstrapaziert. Dem Erklärungsempfänger würde der Wahrnehmungsakt aufgedrängt. Es muss aber der privatautonomen Entscheidung des Empfängers überlassen bleiben, ob er die Urkunde einsieht oder nicht.

Erforderlich ist jedoch, dass der Erklärungsempfänger die Vollmachtsurkunde zumindest solange in seiner Wahrnehmungssphäre hat, dass er den Inhalt auch tatsächlich zur Kenntnis nehmen könnte. Dazu gehört auch, dass dem Empfänger eine angemessene Zeit zur Einsicht verbleibt, in der er den Inhalt der Urkunde gedanklich nachvollziehen und nicht nur optisch wahrnehmen kann. Diese Anforderungen an die Einsichtnahmemöglichkeit folgen aus dem Schutzzweck des § 174 BGB. Schließlich geht es gerade darum, dem Erklärungsempfänger die Möglichkeit zu geben, seine potentielle Ungewissheit über die aktuelle

500 RG, Urt. v. 10.12.1919 – V 249/19, RGZ 97, 273 (275 f.); BGH, Urt. v. 20.12.1979 – VII ZR 77/78, BGHZ 76, 76 (78 m.w.N.); BGH, Urt. v. 15.10.1987 – III ZR 235/86, BGHZ 102, 60 (63); BGH, Urt. v. 25.4.2006 – XI ZR 219/04, NJW 2006, 1957 (1959); Soergel/*Leptien*, § 172 BGB Rn. 4; Erman/*Maier-Reimer*, § 172 BGB Rn. 6; Staudinger/*Schilken*, § 172 BGB Rn. 3; MüKo-BGB/*Schramm*, § 172 BGB Rn. 8.

Vertretungsmacht und damit die Wirksamkeit des Rechtsgeschäfts durch Einsicht in die Vollmachtsurkunde oder Zurückweisung zu beseitigen.[501]

II. Konkreter Vorlagegegenstand

Es ist fraglich, was dem Erklärungsempfänger i.R.d. § 174 S. 1 BGB konkret vorgelegt werden muss, damit der Schutzzweck der Norm erfüllt wird. Bei der Vollmachtsurkunde muss es sich um das Original handeln (1.). Klärungsbedürftig ist für den Fall der offenen Blankettlage[502], ob ein analoges Vorlageerfordernis hinsichtlich der Ausfüllungsermächtigung besteht (2.).

1. Erfordernis des Originals der Vollmachtsurkunde

Die Vollmachtsurkunde i.S.d. § 174 S. 1 BGB muss grundsätzlich im Original (Urschrift) vorgelegt werden. Eine Kopie, ein Fax oder eine beglaubigte Abschrift sind letztlich nur –ggf. nicht einmal vom Vollmachtgeber stammende – Vervielfältigungen. Die Vorlage solcher Vervielfältigungen ist nicht ausreichend. Diese zeigen nämlich lediglich, dass eine Vollmacht (irgendwann) einmal erteilt war, nicht aber, ob diese bei Vornahme des Rechtsgeschäfts noch besteht.[503] Es könnte bereits ein Widerruf der Vollmacht und die Rückgabe des Originals der Vollmachtsurkunde (vgl. § 175 BGB) erfolgt sein.[504] Ausreichend ist ausnahmsweise jedoch die Vorlage einer die Urschrift der Urkunde ersetzenden Ausfertigung der Urkunde (vgl. § 47 BeurkG).[505]

Die Originalität der Urkunde macht sie gewissheitsbringend bzw. ungewissheitszerstörend. Der Empfänger kann so die Echtheit und Aktualität der Urkunde einfach nachprüfen und auf diese kommt es i.R.d. § 174 S. 1 BGB entscheidend an.[506] Schließlich erstreckt sich nur auf eine solche echte Urkunde die Wirkung

501 Siehe oben: § 3 B. II.

502 Vgl. dazu oben: C. I. 3. a.

503 *Raif*, ArbRAktuell 2013, 587.

504 BGH, Urt. v. 17.10.2000 – X ZR 97/99, NJW 2001, 289 (291); *Günther*, NJW 2013, 3681 (3684).

505 RG, Urt. v. 25.4.1934 – V 32/34, JW 1934, 2394 f.; BGH, Urt. v. 15.10.1987 – III ZR 235/86, NJW 1988, 697 f.; BGH, Urt. v. 17.10.2000 – X ZR 97/99, NJW 2001, 289 (291); BGH, Urt. v. 14.5.2002 – XI ZR 155/01, NJW 2002, 2325 (2326); Soergel/*Leptien*, § 172 BGB Rn. 4; *ders.*, § 174 BGB Rn. 2; Staudinger/*Schilken*, § 172 BGB Rn. 4; MüKo-BGB/*Schramm*, § 172 BGB Rn. 8; *Beck*, Erklärung von Kündigung und Abmahnung, S. 40 f.; *Benzer*, Anm. zu RG, Urt. v. 25.4.1934 – V 32/34, JW 1934, 2394.

506 Vgl. Staudinger/*Schilken*, § 174 BGB Rn. 3 m.w.N.

des § 172 Abs. 2 BGB, mit der Folge, dass die Wirkungen der Vertretung den Vertretenen auch tatsächlich treffen.[507]

Der bloße Hinweis des Vertreters darauf, dass er bevollmächtigt und wo seine Vollmachtsurkunde einzusehen sei, genügt nicht.[508] Denn dieser Verweis ist schon nicht als Vorlage der Vollmachtsurkunde zu qualifizieren und aus ihm lässt sich im Zeitpunkt der Vornahme des einseitigen Rechtsgeschäfts auch keine Gewissheit und damit keine Kenntnis über die Vertretungsberechtigung gewinnen.

2. *Analoges Vorlageerfordernis bzgl. der Ausfüllungsermächtigung bei der Blankovollmachtsurkunde*

§ 174 S. 1 BGB fordert ausdrücklich nur die Vorlage der Vollmachtsurkunde. Wird die Vollmachtsurkunde erst durch den Vertreter aus einer ihm vom Vertretenen überlassenen Blankovollmachtsurkunde vervollständigt und geschieht dies vor den Augen des Erklärungsempfängers (offene Blankettlage)[509], können beim Erklärungsempfänger Zweifel hinsichtlich der Legitimation des Ausfüllenden entstehen. Daher ist fraglich, ob dem Erklärungsempfänger neben der Vollmachtsurkunde die Ausfüllungsermächtigung vorgelegt werden muss. Damit eine analoge Anwendung des § 174 BGB auf die Ausfüllungsermächtigung zur Vervollständigung einer Vollmachtsurkunde angenommen werden kann, müssen die Voraussetzungen einer Analogie erfüllt sein, d. h. das Vorliegen einer planwidrigen Regelungslücke und Interessenvergleichbarkeit zwischen geregelter und ungeregelter Situation.

Von einer planwidrigen Regelungslücke i.R.v. Blankettsituationen ist auszugehen. Das Blankett ist gesetzlich nicht geregelt und eine entsprechende Anwendung der Stellvertretungsregeln weitgehend unbestritten.[510] Davon ausgehend ist allein danach zu fragen, ob die in § 174 BGB geregelte Situation der offenen Ausfüllung zur Vervollständigung der Vollmachtsurkunde vergleichbar ist bzw. in gewissen Konstellationen vergleichbar sein kann.

Sinn und Zweck der Regelung des § 174 S. 1 BGB ist der Schutz des Erklärungsempfängers. Ihm soll gewiss sein, ob das Rechtsgeschäft wirksam ist. Dieses Gewissheitsinteresse erfordert Klarheit über die Legitimation des Vertreters. Die Schutzwürdigkeit des Erklärungsempfängers endet jedoch dort, wo ihm

---

507 *Beck*, Erklärung von Kündigung und Abmahnung, S. 40 f.; *Hohmeister*, ArbuR 1992, 143 (146).

508 Soergel/*Leptien*, § 174 BGB Rn. 2; Staudinger/*Schilken*, § 172 BGB Rn. 3 m.w.N.

509 Siehe oben: C. I. 1. und C. I. 3. a.

510 Siehe oben: C. I. 2.; vgl. die in Fn. 438 Genannten.

(un)mittelbar durch den Vollmachtgeber zur Kenntnis gebracht wurde, dass der Handelnde legitimiert ist.[511]

Im Falle der Blankovollmachtsurkunde ist zunächst die durch Ausfüllung entstandene Vollmachtsurkunde selbst der Legitimationsnachweis. Füllt der Blankettnehmer die Urkunde jedoch vor den Augen des Erklärungsempfängers aus (offene Blankettlage), weiß dieser nicht, ob die Ausfüllung an sich oder aber in ihrer konkreten Form durch den Blankettgeber als dem Vertretenen gestattet ist. Die Vollmachtsurkunde kann ihm daher keine Gewissheit verschaffen. Die Situation ist derjenigen vergleichbar, in der der Vertreter mit „i.V." unterzeichnet:[512] Dieser behauptet lediglich, dass er zur Vertretung berechtigt sei. Er kann sich im Rahmen einseitiger Rechtsgeschäfte jedoch nicht einer etwaigen Zurückweisung erwehren. Das Gesetz verlangt einen Nachweis seiner Legitimation durch die Vollmachtsurkunde. Denn nur an diese knüpft es über § 172 Abs. 2 BGB den Rechtsschein, dass der Vertreter zur Vornahme des Rechtsgeschäfts berechtigt ist.

Ausschlaggebend ist daher, woran der Rechtsschein des § 172 Abs. 2 BGB knüpft: Dies ist bei der offenen Blankettlage die formwirksame Ausfüllungsermächtigung.[513] Nur wenn der Erklärungsempfänger weiß, dass der Blankettnehmer zur Ausfüllung formwirksam berechtigt wurde, kann ihm gewiss sein, dass die aus der Vervollständigung resultierende Vollmachtsurkunde den Vertreter bzw. Blankettnehmer tatsächlich zur Vornahme des einseitigen Rechtsgeschäfts legitimiert. Infolgedessen ist es bei der offenen Blankettlage aufgrund vergleichbarer Interessenlage geboten, dem Erklärungsempfänger ein Zurückweisungsrecht gemäß § 174 S. 1 BGB analog zuzugestehen, wenn dieser seine Legitimation nicht durch die Vorlage einer Ausfüllungsermächtigungsurkunde nachweist. Zu beachten ist, dass § 174 BGB nur auf den tatsächlich Bevollmächtigten anwendbar ist.[514]

III. Vorlagezeitpunkt

Anders als bei der Vorlage der Vollmachtsurkunde bei zweiseitigen Rechtsgeschäften[515] ist die Vollmachtsurkunde bei einseitigen Rechtsgeschäften

511 Siehe oben: § 3 B. II.

512 Siehe dazu unten: § 8 D. II. 2.

513 Siehe oben: C. I. 3. a. bb. und C. I. 3. a. cc.

514 Siehe oben: § 5.

515 Bei zweiseitigen Rechtsgeschäften genügt es, dass der Bevollmächtigte die Urkunde überhaupt (vorher) vorgelegt hat. Nicht nötig ist die (erneute) Vorlage bei Abschluss

bei der Vornahme des Rechtsgeschäfts und bei jedem Rechtsgeschäft erneut vorzulegen.[516] Dies erfordert schon der Schutzzweck des § 174 BGB.[517] Denn nur wenn der Empfänger des einseitigen Rechtsgeschäfts bei der konkreten Vornahme des Rechtsgeschäfts seine Kenntnis von der Vertretungsberechtigung erlangen bzw. aktualisieren kann, hat er auch die Möglichkeit, sich Gewissheit über die Wirksamkeit dieses Rechtsgeschäfts verschaffen zu können. Fraglich ist zum einen, ob die nach der Vornahme des Rechtsgeschäfts, aber noch vor der Zurückweisung des Erklärungsempfängers vorgelegte Vollmachtsurkunde (nachgereichte Vollmachtsurkunde) den Anforderungen des § 174 S. 1 BGB genügt (1.). Zum anderen ist klärungsbedürftig, ob die Vollmachtsurkunde noch bei der Vornahme des Rechtsgeschäfts vorgelegt ist, wenn sie unmittelbar vor der Vornahme des Rechtsgeschäfts vorgelegt wird (2.).

1. *Nachgereichte Vollmachtsurkunde zwischen Vornahme des Rechtsgeschäfts und Zurückweisung*

a. *Ansicht* Becks

Nach der Ansicht von *Beck*[518] genügt es, wenn die Vollmachtsurkunde zwar noch vor der Zurückweisung des Erklärungsempfängers, aber erst nach Vornahme des Rechtsgeschäfts vorgelegt wird. Erst die Zurückweisung sei das Merkmal, mit dem der Erklärungsempfänger für sich Gewissheit schaffe.

b. *Eigene Stellungnahme*

Der Ansicht *Becks* ist zwar zuzugeben, dass die (erfolgreiche) Zurückweisung Gewissheit über die Wirksamkeit des Rechtsgeschäfts schafft. Dennoch ist dieser Ansicht aus folgenden Erwägungen heraus nicht zu folgen:[519]

---

des Rechtsgeschäfts selbst. Soergel/*Leptien*, § 172 BGB Rn. 4; MüKo-BGB/*Schramm*, § 172 BGB Rn. 8 m.w.N.

516 KR/*Friedrich*, § 13 KSchG Rn. 341; Soergel/*Leptien*, § 174 BGB Rn. 2; vgl. Erman/*Maier-Reimer*, § 174 BGB Rn. 5; vgl. *Schmiegel/Yalçin*, ZTR 2011, 395 (398).

517 Siehe oben: § 3 B. II.

518 *Beck*, Erklärung von Kündigung und Abmahnung, S. 61 f., der sich insoweit nur zur Konstellation der Vorlage unter Anwesenden äußert. Im Rahmen der Konstellation unter Abwesenden unterlässt er Ausführungen zum Vorlagezeitpunkt.

519 I. E. ebenso wie hier: KR/*Friedrich*, § 13 KSchG Rn. 341, der seine Annahme auf den Schutzzweck des § 174 BGB stützt; *Brehsan/Gohrke/Opolony*, ZIP 2001, 773 (781) und *Diller*, FA 1999, 106, wenngleich die einen wie der andere keine Begründung für ihre Annahmen liefern; *Lohr*, MDR 2000, 620 (622), der seine Annahme auf den Wortlaut des § 174 BGB stützt; *Schmiegel/Yalçin*, ZTR 2011, 395 (398), die ihre

aa. Wortlaut des § 174 S. 1 BGB

Schon nach dem Wortlaut des § 174 S. 1 BGB erscheint es fraglich, ob die „nachgereichte“ Vollmachtsurkunde das Zurückweisungsrecht des Erklärungsempfängers entfallen lassen kann.[520] Nach diesem ist „*ein einseitiges Rechtsgeschäft, das ein Bevollmächtigter einem anderen gegenüber vornimmt*“, unwirksam, „*wenn der Bevollmächtigte eine Vollmachtsurkunde nicht vorlegt (...)*“. Da das Gesetz sowohl Präsens für „vornimmt“ als auch für „vorlegt“ verwendet, ist auf einen gleichzeitigen Vorgang von Vornahme des Rechtsgeschäfts und Vorlage der Urkunde zu schließen. Hätte die Vorlage auch noch später erfolgen können sollen, hätte sich die folgende Formulierung empfohlen: Ein einseitiges Rechtsgeschäft, das ein Bevollmächtigter einem anderen gegenüber *vornahm* (vorgenommen hat), ist unwirksam, wenn der Bevollmächtigte eine Vollmachtsurkunde nicht *vorlegt*. Insoweit wäre durch die Imperfektsform „vornahm“ bei gleichzeitiger Verwendung von Präsens für „vorlegt“ impliziert, dass auch im Nachgang an die Vornahme des Rechtsgeschäfts eine Vorlage noch möglich wäre. Dies ist aber ersichtlich nicht geschehen.

bb. Historische Betrachtung

Auch mit Blick auf die Motive des BGB ergeben sich Zweifel an der Ansicht *Becks*. Die Motive des BGB sprechen davon, dass dem Erklärungsempfänger „(...) das Recht gegeben wird, ein ohne Vorlegung einer Vollmachtsurkunde ihm gegenüber vorgenommenes einseitiges Rechtsgeschäft (...) zurückzuweisen (...)“[521]. Ein *ohne Vorlegung der Urkunde vorgenommenes Rechtsgeschäft* kann aber nur ein solches sein, bei dessen Vornahme keine Vollmachtsurkunde vorgelegt wurde. Andernfalls müsste die Aussage dahingehend korrigiert werden, dass die Vorlage der Vollmachtsurkunde von der Vornahme abstrahiert wird, also etwa: „(...) das Recht gegeben wird, ein ihm gegenüber vorgenommenes einseitiges Rechtsgeschäft zurückzuweisen, wenn die Vorlegung oder die rechtzeitige Vorlegung einer Vollmachtsurkunde unterblieb.“ Dies lässt sich aber den Motiven nicht entnehmen.

Annahme darauf stützen, dass die Wirksamkeitsvoraussetzungen der Kündigung im Zeitpunkt des Zugangs erfüllt sein müssen.

520 Wie hier: *Lohr*, MDR 2000, 620 (622), der seine Annahme jedoch nicht weiter begründet.

521 Mot. I. Allgemeiner Theil, S. 240.

cc. Aspekte des Schutzzwecks des § 174 BGB

Schließlich spricht auch der Schutzzweck, den *Beck* für seine Argumentation bemüht, gegen eine nachträgliche Vorlagemöglichkeit.[522] Der Erklärungsempfänger soll die Ungewissheit über die Wirksamkeit der einseitigen Erklärung beseitigen können.[523] Dazu muss er gemäß § 174 S. 1 BGB unverzüglich vom Zurückweisungsrecht Gebrauch machen. Sollte in der kurzen Zeitspanne zwischen Vornahme des Rechtsgeschäfts und Zurückweisung des Rechtsgeschäfts ein Nachreichen der Vollmachtsurkunde möglich sein, gewänne der Erklärungsempfänger lediglich Gewissheit darüber, dass im Nachreichungszeitpunkt die Voraussetzungen für eine wirksame Vertretung gegeben sind (ex-nunc-Gewissheit). Ob diese aber bei Vornahme des Rechtsgeschäfts gegeben waren, vermag auch die nachgereichte Vollmachtsurkunde nicht zu klären (keine ex-tunc-Gewissheit). Je nachdem, ob nun zufälligerweise der Erklärungsempfänger zuerst zurückweist oder der Vertreter die Vollmachtsurkunde nachreicht, kann es zu der Situation kommen, dass der Vertretene sich durch Nachreichung der Vollmachtsurkunde durch seinen Vertreter eine Art Genehmigungsmöglichkeit wie nach § 180 S. 2 BGB verschaffen kann. Dies wiederum wäre nicht interessengerecht, sieht doch § 174 BGB gerade keine Genehmigungsmöglichkeit vor. Nach *Becks* Lösung wäre derjenige im Vorteil, der den Mangel der Vorlage schneller bemerkt und entsprechend reagiert.

dd. Systematische Erwägungen

Auch systematische Erwägungen sprechen gegen die Annahme *Becks*. § 174 BGB steht im Zusammenhang mit § 172 BGB. Insoweit löst erst die Vorlage der Vollmachtsurkunde die Kundgabe der Vertretungsmacht an den Dritten aus. Ist die Vorlage erfolgt, gilt der Vertreter als zur Vertretung berechtigt, § 172 Abs. 2 BGB. Ist aber die Information über die erfolgte Bevollmächtigung (Vollmacht) von der Vorlage abhängig, kann im Anwendungsbereich des § 174 S. 1 BGB im Vorfeld der Vorlage auch keine Bevollmächtigungsgewissheit vermittelt werden. Besteht aber keine Bevollmächtigungsgewissheit, besteht weiterhin die Ungewissheit, ob das vom Vertreter vorgenommene Rechtsgeschäft wirksam ist. Auch i.R.d. § 172 BGB ist es allgemeine Ansicht, dass nur die vor oder spätestens bis zum Abschluss des Rechtsgeschäfts vorgelegte Vollmachtsurkunde genügt, um die

522 Wie hier: KR/*Friedrich*, § 13 KSchG Rn. 341, der seine Annahme jedoch nicht weiter begründet.

523 Siehe oben: § 3 B. II.

Rechtsscheinwirkungen auszulösen.[524] Dass für § 174 S. 1 BGB weniger starke Anforderungen gelten sollen, ist gerade mit Blick auf den Zweck der Norm (vgl. zuvor unter: cc.) zweifelhaft.

c. Ergebnis zu 1.

Die Vollmachtsurkunde muss i.R.d. § 174 S. 1 BGB im Zeitpunkt der Vornahme des Rechtsgeschäfts vorgelegt werden. Eine nachgereichte Vollmachtsurkunde zwischen Vornahmezeitpunkt und Zurückweisung kommt sowohl aufgrund des Wortlauts und der historischen Betrachtungsweise der Norm als auch aus Schutzzweck-Gesichtspunkten und systematischen Erwägungen nicht in Betracht.

2. Vorlage unmittelbar vor der Vornahme des Rechtsgeschäfts

Wendet man sich der Frage zu, ob eine Vollmachtsurkunde noch *bei* Vornahme des Rechtsgeschäfts vorgelegt ist, wenn sie *unmittelbar vor* Vornahme vorgelegt wurde, ergibt sich eine andere Situation als die zuvor geschilderte (vgl. dazu: 1.).

Grundsätzlich kann auch in diesem Fall die Gewissheit über die Vertretungsmacht und damit die Wirksamkeit des Rechtsgeschäfts nur bei Vornahme des konkreten Rechtsgeschäfts entstehen. Es ist aber nicht einzusehen, warum eine unmittelbar vor der Vornahme des Rechtsgeschäfts vorgelegte Vollmachtsurkunde den Anforderungen des § 174 S. 1 BGB nicht genügen soll. Die Norm des § 174 BGB dient den Gewissheitsinteressen des Erklärungsempfängers.[525] Diese sind auch noch dann gewahrt, wenn der Zeitraum zwischen der Vorlage der Urkunde und der sich daran anschließenden Vornahme des Rechtsgeschäfts nicht unverhältnismäßig groß ist. Die wenige Stunden vor der Vornahme des Rechtsgeschäfts erfolgte Vorlage der Vollmachtsurkunde ist in jedem Fall noch als ausreichend und gewissheitsbringend zu bewerten. Dem Erklärungsempfänger verbleibt im Hinblick auf eine potentielle Veränderung der Vertretungslage zudem die Möglichkeit, sich über § 180 BGB zu wehren. Dass er sich in der geschilderten Situation auf die Nichtvorlage der Vollmachtsurkunde berufen können

---

524 Vgl. Mot. I. Allgemeiner Theil, S. 239; RG, Urt. v. 23.5.1922 – VII 492/21, RGZ 104, 358 (360) bzgl. der besonderen Mitteilung nach § 171 Abs. 1 BGB, der die Vollmachtsurkunde gleichgestellt ist; st. Rspr.: BGH, Urt. v. 23.3.2004 – XI ZR 194/02, NJW 2004, 2378 (2379); BGH, Urt. v. 20.4.2004 – XI ZR 164/03, NJW 2004, 2745 (2746); BGH, Urt. v. 27.5.2008 – XI ZR 149/07, NJW 2008, 3355 (3356); Soergel/*Leptien*, § 172 BGB Rn. 4; Erman/*Maier-Reimer*, § 172 BGB Rn. 7; Staudinger/*Schilken*, § 172 BGB Rn. 5; MüKo-BGB/*Schramm*, § 172 BGB Rn. 8; Bamberger/Roth/*Valenthin*, § 172 BGB Rn. 7.

525 Siehe oben: § 3 B. II.

solle, ist gerade wegen der unmittelbar zuvor erfolgten Vorlage der Vollmachtsurkunde ein Widerspruch zu der durch eben diese Vorlage erlangten Gewissheit.

IV. Exkurs: Vorlage eines elektronischen Vollmachtsnachweises

Lässt man den elektronischen Nachweis der Vollmacht (siehe dazu oben unter: B.) anstelle der Vollmachtsurkunde zu, stellt sich die Frage, wie ein solcher dem Vorlageerfordernis gerecht werden kann. § 174 S. 1 BGB fordert, dass es dem Erklärungsempfänger *bei* Vornahme des Rechtsgeschäfts möglich sein muss, die Vollmachtsurkunde einzusehen.

Die nachgereichte Vollmachtsurkunde genügt den Anforderungen des § 174 S. 1 BGB nicht.[526] Infolgedessen genügt auch die nur mittelbar wahrnehmbare Information über die Vollmacht in elektronischer Form diesen Anforderungen nicht. Sollte diese dem Erklärungsempfänger bei Vornahme des Rechtsgeschäfts bspw. per qualifiziert signierter E-Mail übersendet werden, muss der Erklärungsempfänger sie erst wahrnehmbar machen und in einem zweiten Schritt (potentiell) wahrnehmen. Unweigerlich ist der eigentliche Wahrnehmungsakt dann der Vornahme des Rechtsgeschäfts nachgelagert.

Im Vorfeld per qualifiziert signierter E-Mail *übersendete* elektronische Dokumente über die Vollmacht lösen wiederum nicht die die Ungewissheit überbrückende Wirkung, auf die § 174 S. 1 BGB abzielt, aus. Denn zum Zeitpunkt der Vornahme des Rechtsgeschäfts ist nicht mehr gesagt, dass die Vertretungsmacht besteht, sondern nur, dass sie zuvor bestand.[527] Insoweit wäre es allein denkbar, dass der Vertreter das elektronische Dokument über die Vollmacht in einem engen Zeitfenster übersendet. Die Übersendung müsste zum einen so rechtzeitig erfolgen, dass der Inhalt dem Erklärungsempfänger spätestens bei Vornahme des Rechtsgeschäfts zu seiner unmittelbaren Wahrnehmung gereicht wäre.[528] Zum anderen müsste die Übersendung so kurzfristig erfolgen, dass ein Eintritt der Änderung der Vertretungsverhältnisse ausgeschlossen wäre. Das setzt i.R.d. § 174 S. 1 BGB aber auch voraus, dass ein Impuls auf Seiten des Erklärungsempfängers gesetzt würde, der ihn zur Wahrnehmbarmachung der Information verpflichtet. Ein solcher ist aber ohne weitergehende Information nicht denkbar, soll doch der Vertreter die unmittelbar wahrnehmbare Information liefern und nicht der Erklärungsempfänger nach dieser suchen.[529] Eine Übersendung des

526 Siehe oben: III. 1.
527 Siehe oben: III. 2.
528 Siehe oben: III. 2.
529 Siehe oben: § 3 B. II.

elektronischen Dokuments per qualifiziert signierter E-Mail im Vorfeld der Vornahme des Rechtsgeschäfts erfüllt somit nicht die Anforderung an die Vorlage der Vollmachtsurkunde i.S.d. § 174 S. 1 BGB.[530]

Anstelle der Übersendung des Vollmachtsnachweises per E-Mail an den Erklärungsempfänger wäre ein *Vorzeigen* des elektronischen Dokuments auf einem PC-Bildschirm, Tablet o.ä. denkbar. Mittels einer auf dem Anzeigegerät installierten Software und Internetverbindung könnte die Überprüfung der Signatur in *Echtzeit* vor den Augen des Erklärungsempfängers vor- und durchgeführt werden. Damit wäre belegt, dass der Vollmachtsnachweis tatsächlich vom Vertretenen stammt. Allerdings kann so nicht nachgewiesen werden, dass die Vertretungsmacht noch besteht. Bei elektronischen Dokumenten gibt es schließlich nicht wie bei einer Vollmachtsurkunde „das Original". Das vorgezeigte und verifizierte elektronische Dokument bestätigt - wie eine Kopie, ein Fax oder eine beglaubigte Abschrift der Vollmachtsurkunde – lediglich, dass dem Vertreter durch den Vertretenen zu einem gewissen Zeitpunkt eine Vollmacht erteilt war.[531] Sollte die Vollmacht zwischenzeitlich widerrufen worden sein, besteht beim elektronischen Dokument nicht die Möglichkeit der Rückgabe der Vollmachtsurkunde gemäß § 175 BGB. Ein vom Vertreter vorgezeigtes qualifiziert signiertes elektronisches Dokument kann somit nicht die von § 174 S. 1 BGB geforderte Gewissheit stiften.

Jedoch bietet sich bei qualifiziert elektronisch signierten Dokumenten mit Attribut über die Vertretungsmacht eine der Vorlage der Vollmachtsurkunde vergleichbare sichere Möglichkeit der Dokumentation der Vollmacht. Das Attribut über die Vertretungsmacht, das der Vertreter im Rahmen seiner eigenen Signatur verwenden darf, weist seine Legitimation ebenso aus wie eine Vollmachtsurkunde. Da die Verwendung eines Attributs über die Vertretungsmacht nur mit Einwilligung des Vertetenen möglich ist und bleibt (vgl. § 3 Abs. 2 S. 1 SigV, insbesondere die Möglichkeit der Sperrung durch den Vertretenen), kann anders als bei der zuvor geschilderten Situation die Aktualität der Vollmacht gewährleistet werden. Sollte zwischenzeitlich ein Widerruf der Vollmacht erfolgt sein, ohne dass das Attribut gesperrt wurde, liegt eine vergleichbare Lage dazu vor, dass die Vollmacht widerrufen, die Vollmachtsurkunde jedoch nicht gemäß

530 Allerdings kann in derartigen Fällen das Zurückweisungsrecht gemäß § 174 S. 2 BGB ausgeschlossen sein. Dann sind aber die Anforderungen an die Inkenntnissetzung durch den Vertreter zu beachten.

531 Vgl. zum Vorlagegenstand bei der Vollmachtsurkunde: II. 1.

§ 175 BGB zurückgegeben wurde. Es tritt mithin (entsprechend) die Rechtsfolge des § 172 Abs. 2 BGB ein.[532]

Eine Schwierigkeit ergibt sich in dieser Konstellation dahingehend, wie das qualifiziert elektronisch signierte Dokument mit Attribut konkret nutzbar gemacht werden kann. Die qualifizierte elektronische Signatur mit Attribut kann nur der Vertreter selbst in von ihm versendeten E-Mails verwenden. Eine E-Mail, die die Kündigung(serklärung) enthält, scheidet wegen § 623 BGB aus. Die Übersendung einer E-Mail, die die Vornahme der Kündigung ankündigt und bspw. auf die Kündigungsberechtigung hinweist, scheidet – wie eingangs ausgeführt – hinsichtlich des Vorlagezeitpunkts aus. Die Anzeige der E-Mail auf einem Anzeigegerät mit Vorführung der Signaturüberprüfung setzt voraus, dass die E-Mail vom Vertreter verschickt wurde und die Demonstration im Empfängerpostfach vorgenommen wird. Den Arbeitnehmer zur Wahrnehmbarmachung auf dem Anzeigegerät durch Öffnung seines Postfachs zu verpflichten, erscheint zweifelhaft. Mithin verbliebe nur die Möglichkeit, dass der Vertreter sich die E-Mail leer oder mit irgendeinem Textinhalt selbst übersendet, um sodann in seinem Postfach die Demonstration vorzunehmen. Es ist – gerade in Ermangelung eines alltäglichen selbstverständlichen Umgangs mit Signaturen – davon auszugehen, dass eine derartige Vorgehensweise beim zu kündigenden Arbeitnehmer mehr Verwirrung als Gewissheit über die Kündigungsberechtigung stiftet. Die Möglichkeit der Vorlage eines elektronischen Vollmachtsnachweises anstelle einer Vollmachtsurkunde scheidet somit aus. Siehe zur Frage, ob in der Übersendung eines qualifiziert elektronisch signierten Dokuments mit Attribut über die Vertretungsmacht durch den Vertreter eine Inkenntnissetzung i.S.d. § 174 S. 2 BGB liegen kann, unten: § 9 F.

V. Ergebnis zu D.

Nur die Urschrift der Vollmachtsurkunde und eine Ausfertigung dieser genügen der Urkundsdefinition und damit den Anforderungen des § 174 S. 1 BGB. Die Vollmachtsurkunde ist bei Vornahme des einseitigen Rechtsgeschäfts und bei jedem Rechtsgeschäft erneut vorzulegen. Ein Verweis auf die Existenz einer Vollmachtsurkunde durch den Vertreter und die Gestattung zur Einsicht genügt den Anforderungen an die Vorlage nach § 174 S. 1 BGB nicht. Jedoch ist nicht zu fordern, dass der Erklärungsempfänger die Urkunde tatsächlich einsieht. Ihm ist eine hinreichende Wahrnehmungsmöglichkeit hinsichtlich des Inhalts der Urkunde einzuräumen. Die Vorlage hat im Zeitpunkt der Vornahme des

532 Vgl. *Rapp*, Rahmenbedingungen und Formqualität, S. 102.

Rechtsgeschäfts zu erfolgen. Eine nachgereichte Vollmachtsurkunde zwischen Vornahme und Zurückweisung ist nicht ausreichend. Der unmittelbar vor Vornahme des Rechtsgeschäfts vorgelegten Vollmachtsurkunde begegnen keine Bedenken.

Bei Ausfüllung einer Blankovollmachtsurkunde durch den Vertreter vor den Augen des Erklärungsempfängers (offene Blankettlage) ist die schriftliche Ausfüllungsermächtigung vorzulegen.

Ein elektronischer Vollmachtsnachweis ist nicht durchführbar, da es keine praktikable Vorlagemöglichkeit gibt. Bei der Übersendung von qualifiziert elektronisch signierten Dokumenten kann der erforderliche Zeitpunkt der Vorlage nicht gewahrt werden. Bei Anzeige solcher Dokumente mit Echtzeitüberprüfung der Signatur auf einem Anzeigegerät kann keine Aktualität der Vollmacht demonstriert werden. Eine Aktualität der Vollmacht kann zwar durch ein qualifiziert elektronisch signiertes Dokument mit Attribut über die Vertretungsmacht des Vertreters gewährleistet werden. Ein solches Dokument lässt sich durch den Vertreter selbst aber nicht praktikabel in der vom Gesetz geforderten Vorlagesituation fruchtbar machen. Die Verwendung elektronischer Vollmachtsnachweise ist allenfalls i.R.d. Inkenntnissetzung gemäß § 174 S. 2 BGB denkbar.

E. Nachweis der Vollmacht (Prokura) beim Prokuristen

Bei Bejahung der Anwendbarkeit des § 174 BGB auf den Prokuristen stellt sich die Frage, wie der Prokurist seine Vollmacht i.S.d. § 174 S. 1 BGB nachweisen kann. Unproblematisch ist der Nachweis in dem Falle, dass der in das Handelsregister eingetragene und dort bekannt gemachte Prokurist eine Vollmachtsurkunde vorlegt. In diesem Falle sind die Anforderungen des § 174 S. 1 BGB erfüllt. Unklar ist aber zum einen der Fall, in dem der Prokurist zwar keine Vollmachtsurkunde, aber eine (beglaubigte) Abschrift bzw. einen (amtlichen) Ausdruck (§ 9 Abs. 4 HGB) des Handelsregisters vorlegt (I.). Zum anderen ist es problematisch, wenn der Prokurist seine Vertretungsmacht nachzuweisen versucht, indem er ein Anzeigegerät (Tablet, Smartphone, Laptop etc.) vorzeigt, auf dem in einem elektronisch vom Registergericht übermittelten Dokument (§ 9 Abs. 1–3 HGB) seine Vollmacht dargestellt wird (II.). Schließlich wird der Frage nachgegangen, ob es genügt, wenn der Prokurist per Online-Einsicht in das Handelsregister über die Vertretungsmacht informiert (III.).

I. Vorlage einer (beglaubigten) Abschrift bzw. eines (amtlichen) Ausdrucks des Handelsregisters

Nach § 9 Abs. 4 HGB kann jedermann[533] eine Abschrift zum Handelsregister eingereichter Schriftstücke bzw. einen Ausdruck des Handelsregistereintrags verlangen. Diese Dokumente (Abschrift und Handelsregisterausdruck) sind gemäß § 9 Abs. 4 S. 3 HGB beglaubigt bzw. per amtlichem Ausdruck zu fertigen, es sei denn, es wird auf die Beglaubigung verzichtet. Legt der Prokurist ein solches beglaubigtes oder amtliches Dokument bei der Vornahme eines einseitigen Rechtsgeschäfts vor, ist eine Zurückweisung des einseitigen Rechtsgeschäfts durch den Erklärungsempfänger nach allgemeiner Ansicht[534] (schon aus diesem Grund) nicht möglich.

Dies stößt auf Bedenken: Eine Anwendbarkeit des § 174 BGB auf den Prokuristen vorausgesetzt, darf ein Nachweis über die Legitimation des Vertreters nicht hinter den Anforderungen, die an die Vollmachtsurkunde durch § 174 S. 1 BGB gestellt werden, zurückbleiben. Die Vollmachtsurkunde muss im Original vorgelegt werden, eine beglaubigte Abschrift oder Kopie genügt gerade nicht zum Nachweis der Vertretungsmacht.[535] Wenn eine beglaubigte Abschrift i.R.d. § 174 S. 1 BGB nicht genügt, ist aber die Frage zu stellen, warum i.R.d. Prokura ein Nachweis mittels beglaubigter Abschrift oder amtlichen Handelsregisterausdrucks den Anforderungen des § 174 S. 1 BGB genügen können soll. Auch hier handelt es sich nicht um das Original, das vom Prinzipal erstellt und eigenhändig unterzeichnet ist. Ersteller ist vielmehr der Urkundsbeamte (§ 29 Abs. 1 Nr. 1 HRV).

Zu beachten ist insbesondere der Hintergrund, dass strenge Anforderungen an die Vollmachtsurkunde nach §§ 172, 174 BGB zu stellen sind. Es sind dabei die Wirkungen des § 172 Abs. 2 BGB für den Vertretenen, die ein sehr enges Verständnis davon, was eine Vollmachtsurkunde ist bzw. ihr Korrelat sein kann, gebietet. Ist eine solche Urkunde in den Verkehr gebracht, wird das Vertrauen des Erklärungsempfängers und damit die von § 174 BGB geforderte Gewissheit über

533 Baumbach/Hopt/*Hopt*, § 9 HGB Rn. 8; MüKo-HGB/*Krafka*, § 9 HGB Rn. 1 und 13 f.; Oetker/*Preuß*, § 9 HGB Rn. 2 und 7 ff.; EBJS/*B. Schaub*, § 9 HGB Rn. 1.

534 Staub/*Joost*, § 48 HGB Rn. 66; vgl. aber auch die vorherrschende Ansicht vor dem EHUG zur Vorlage des Handelsregisterauszugs nach § 9 Abs. 2 HGB a.F.: RG, Urt. v. 22.9.1931 – VII 506/30, RGZ 133, 229 (233); LG München I, Urt. v. 14.11.1973 – 25 O 246/73, juris Rn. 42; Baumbach/Hopt/*Hopt*, § 49 HGB Rn. 1; Soergel/*Leptien*, § 174 BGB Rn. 2; *Flume*, AT 2 (1979), § 49 2b, S. 824; *Hofmann/Fladung/van Ghemen*, Prokurist (2007), S. 86; *Lux*, NZA-RR 2008, 393 (394 und 398).

535 Siehe dazu oben: D. II. 1.

§ 172 BGB vermittelt. Nur dann, wenn die Nachweise des § 9 Abs. 4 HGB – der Wirkung des § 172 Abs. 2 BGB vergleichbar – ein Vertrauen und damit eine Gewissheit für den Erklärungsempfänger vermitteln könnten, also „legitimatitions- und gewissheitsstiftend" sind, wäre den Anforderungen des § 174 S. 1 BGB genügt. Ein Festhalten am Begriff der Vollmachtsurkunde erschiene folglich als übertriebener Formalismus.

Zunächst käme § 15 HGB als legitimationsstiftende bzw. -erhaltende Norm in Betracht. Hintergrund dieses Ansatzes wäre die Annahme, dass die Wirkung, die für Tatsachen im Zusammenhang mit dem Handelsregister über § 15 HGB gegenüber dem Rechtsverkehr erreicht wird, auch für die Substitute des Handelsregisters gelten muss. Für die in das Handelsregister eingetragene Tatsache streitet § 15 Abs. 2 bzw. 3 HGB. Danach gilt eine eingetragene Tatsache im Rechtsverkehr. Der Dritte kann sich auf die eingetragene Tatsache berufen, unabhängig von ihrer Richtigkeit. Insoweit wird das Vertrauen in den Inhalt des Handelsregisters geschützt.[536]

§ 15 HGB ist jedoch auf Registerauszüge oder Registerabschriften nicht zugeschnitten und daher nicht anwendbar. Dies folgt zum einen aus dem Wortlaut und zum anderen aus der Funktion des Registers. Die Funktion des Registers besteht darin, die einzutragenden Tatsachen, v.a. die Existenz, Vertretungs- und Haftungsverhältnisse des jeweiligen Rechtsträgers, so klar, zuverlässig, vollständig und lückenlos wie möglich abzubilden.[537] Eine Abschrift oder ein Handelsregisterausdruck, seien sie auch amtlich (beglaubigt), können als Momentaufnahmen des Registers nur den Zustand im Zeitpunkt der Erstellung abbilden, nicht aber wie das Register selbst aktualisiert Vertrauen schaffen bzw. dokumentieren.

Ließe man die Anwendung des § 15 HGB auf diese Dokumente genügen, bestünde die Gefahr, dass bei einem Widerspruch zwischen der Registerlage und dem beglaubigten Dokument eine rechtssichere und verkehrsschützende Publizität nicht zu erreichen wäre. Würde doch in beiden Fällen § 15 HGB herhalten müssen, und der bestehende Widerspruch könnte nicht mittels dieser gesetzlichen Publizitätsanordnung aufgelöst werden. Nach alledem kann es keinen Erfahrungssatz geben, der besagt, dass Tatsachen, die ein Registerauszug bzw. die Registerabschrift abbildet, als Substitut des Handelsregisters dem gleichen Schutz unterfallen wie die in das Handelsregister eingetragene Information selbst.

Weitere Normen, die die Publizität des Handelsregisters bzw. ihrer Substitute regeln, sind im HGB nicht ersichtlich. Bliebe folglich nur der Rückgriff auf die

536 EBJS/*Gehrlein*, § 15 HGB Rn. 2; Baumbach/Hopt/*Hopt*, § 15 HGB Rn. 1.
537 *Krafka/Kühn*, Registerrecht, Teil 1, 1. Abschnitt, A. I. Rn. 1.

Legitimationswirkung des § 172 Abs. 2 BGB, um eine für § 174 BGB geforderte Dokumentation der Vertretungsmacht zu erreichen. Direkt ist die Norm schon wegen der Verschiedenheit der Abschrift bzw. des Ausdrucks (der Aussteller ist nicht der Vertretene) zur Vollmachtsurkunde nicht anzuwenden. Eine Analogie des § 172 Abs. 2 BGB setzt, allgemeinen Regeln folgend, zunächst eine planwidrige Regelungslücke voraus. Die Legitimationswirkung einer solchen Abschrift bzw. eines solchen Ausdrucks ist gesetzlich nicht geregelt. Eine Regelungslücke liegt infolgedessen vor. Zweifel bestehen jedoch hinsichtlich ihrer Planwidrigkeit.

So wurde zum einen das HGB umfassend durch das „Gesetz über elektronische Handelsregister und Genossenschaftsregister sowie das Unternehmensregister (EHUG)“[538] zum 1.1.2007 hin reformiert. Dabei wurden insbesondere die Registerführung und die Registereinsicht modifiziert. Ziel war dabei die Umsetzung der Vorgaben der geänderten Publizitätsrichtlinie der EG[539].[540] Danach ist die Registereinsicht neuerdings auch in elektronischer Form und die Registeranmeldung – abgesehen von Altfällen – nur noch in elektronischer Form möglich, Registerauszüge sind nach § 9 Abs. 4 HGB weiterhin in Papierform möglich.[541] Eine solch umfangreiche Modifikation der Möglichkeit, Nachweise in elektronischer Form oder auf elektronischem Wege zu erbringen, schließt jedoch die Planwidrigkeit der Regelungslücke über die Legitimationswirkung des Handelsregisterausdrucks bzw. der Abschrift gegenüber Privaten aus.

Dieses Ergebnis findet seine Bestätigung auch in der Regelung des § 26 GenG zur Vertretungsberechtigung des Vorstands. Abs. 2 dieser Norm statuiert, dass zur Legitimation des Vorstands Behörden gegenüber eine Bescheinigung des Registergerichts dahingehend genügt, dass die darin zu bezeichnenden Personen als Mitglieder des Vorstands in das Genossenschaftsregister eingetragen sind. Diese ausdrückliche Regelung der Legitimationswirkung im Hinblick auf Behörden spricht bereits gegen dieselbe Legitimationswirkung Privaten gegenüber.[542] Diese bewusste und konkrete Regelung des Gesetzgebers für das Genossenschaftsrecht

---

538 BGBl. I 2006 S. 2553.

539 RL 2003/58/EG v. 15.7.2003, Abl. L 221/13 – mittlerweile aufgehoben durch: RL 2009/101/EG v. 16.9.2009, Abl. L 258/11.

540 BT-Drucks. 16/960 S. 36 li. Sp.

541 Dies sah die Publizitätsrichtlinie (RL 2003/58/EG v. 15.7.2003) in Art. 3 Abs. 3 Unterabs. 1 S. 1 und Unterabs. 2 S. 1, Abl. L 221/13 (L 221/14) so vor: BT-Drucks. 16/960 S. 42 re. Sp.; vgl. Art. 3 Abs. 4 Unterabs. 1 S. 1 und Unterabs. 2 S. 1, Abl. L 258/11 (L 258/14) der Nachfolgerichtlinie (RL 2009/101/EG v. 16.9.2009).

542 Henssler/Strohn/*Geibel*, § 26 GenG Rn. 2, deklariert zudem als h.M., dass die §§ 172, 171 Abs. 1 BGB nicht analog angewendet werden können, wenn die

spricht gegen eine unbewusste Nichtregelung für den Bereich des Handelsregisters.

Eine Analogie des § 172 Abs. 2 BGB scheitert folglich an der Planwidrigkeit der Regelungslücke. Infolgedessen können die gemäß § 9 Abs. 4 HGB von jedermann zu beantragenden Dokumente keine der Vollmachtsurkunde vergleichbare Legitimationswirkung haben. Sie sind deshalb auch nicht „gewissheitsstiftend", was die Norm des § 174 BGB aber gerade voraussetzt.

II. Anzeige eines elektronisch vom Registergericht übermittelten Dokuments (offline-Anzeige)

Das Vorzeigen der nach § 9 Abs. 2 HGB an den Prokuristen (auf seinen Antrag hin) übermittelten Daten hinsichtlich seiner Eintragung, bspw. durch ein Anzeigegerät (offline-Anzeige), kann im Hinblick auf das unter I. gefundene Ergebnis ebenfalls nicht ausreichend sein, um die Vertretungsmacht des Prokuristen nachzuweisen.

III. Online-Einsicht in das Handelsregister

Ein weiterer denkbarer Fall des Nachweises der Vollmacht/Prokura ist der, dass der Prokurist den „aktuellen" Handelsregisterauszug in Echtzeit auf einem digitalen Anzeigegerät vorzeigt (online-Anzeige). Technisch ist es ohne Weiteres möglich, dass der Prokurist per Internet mittels PC, Smartphone oder Tablet etc. gemäß § 9 Abs. 1 HGB i.V.m. § 52 HRV einen automatisierten Datenabruf vornimmt[543] und diesen dem Erklärungsempfänger unmittelbar danach vorzeigt oder sich der ganze Vorgang vor den Augen des Erklärungsempfängers abspielt.

Anders als i.R.d. „elektronischen Vollmacht"[544] bestehen keine Bedenken im Hinblick auf den Schutz des Ausstellers eines so gearteten Vollmachtsdokuments. Denn Aussteller ist in diesem Kontext nicht der Prinzipal als Vollmachtgeber. Die Ausstellung findet automatisch über das Registerportal statt.

Auch die Aktualität der Information ist durch die Abfrage in Echtzeit gewährleistet, sodass potentielle Änderungen der Vertretungslage, wie sie bei

---

Legitimationsbescheinigung nach § 26 Abs. 2 im rechtsgeschäftlichen Bereich einem Dritten vorgelegt wird.

543 Ein solcher ist möglich über das Informations- und Kommunikationssystem der Länder gemäß § 9 Abs. 1 S. 4 HGB unter www.handelsregister.de bzw. gemäß § 8b Abs. 2 Nr. 1 HGB über das Unternehmensregister unter www.unternehmensregister.de.

544 Siehe oben: B. I. 4. c.

Abschriften und Ausdrucken bzw. elektronisch vom Registergericht übermittelten Dokumenten möglich sind, ausgeschlossen werden können.[545]

Gleichwohl wird für das Vorführen des Abrufs mit Vorzeigen des Abrufergebnisses keine Legitimationswirkung vergleichbar der des § 172 BGB erreicht. Zunächt müssten die Anforderungen an die Vorlage erfüllt werden.[546] Der Erklärungsempfänger muss den Inhalt des Handelsregisters durch eigene Wahrnehmung unmittelbar zur Kenntnis nehmen können. Dies wäre der Fall, wenn ihm eine hinreichend lange Einsichtsmöglichkeit am Bildschirm gewährt wird. Sofern daran festgehalten wird, dass der Legitimationsnachweis verkörpert sein muss, besteht die Möglichkeit, den aktuell abgerufenen Auszug auszudrucken und dem Erklärungsempfänger zu übergeben. Anders als eine Vollmachtsurkunde stammt dieses Dokument aber nicht vom Prinzipal (Arbeitgeber) selbst. Es wurde per Ausdruck durch den Vertreter gefertigt, wobei auch der Inhalt des Ausdrucks nicht vom Prinzipal (Arbeitgeber) selbst, sondern vom Registergericht stammt. Überdies stehen Eintragungen im Handelsregister nicht für die Richtigkeit der eingetragenen und bekannnt gemachten Tatsache, sondern verlautbaren nur, dass die jeweilige Tatsache ordnungsgemäß angemeldet wurde.[547]

Die soeben geschilderte Vorgehensweise zum Nachweis der Vertretungsmacht kann daher nicht gewissheitsstiftend sein und erfüllt somit die Anforderungen des § 174 S. 1 BGB nicht.

IV. Ergebnis zu E. und Folgerungen für die Kündigung durch den Prokuristen

Zum Nachweis der Prokura muss der Prokurist wie jeder rechtsgeschäftliche Vertreter eine Vollmachtsurkunde bei der Vornahme eines einseitigen Rechtsgeschäfts vorlegen. Es genügt für den Nachweis der Legitimation nicht, dass der Prokurist eine beglaubigte Abschrift oder einen amtlichen Handelsregisterausdruck vorlegt. Seine Vertretungsmacht kann der Prokurist anstelle der Vorlage einer Vollmachtsurkunde auch nicht dadurch nachweisen, dass er vor den Augen des Erklärungsempfängers in Echtzeit eine elektronische Abfrage des Handelsregisters vornimmt und das Abfrageergebnis ausdruckt und dem Erklärungsempfänger vorlegt. Eine der Vollmachtsurkunde vergleichbare Wirkung wird weder über § 15 HGB noch über § 172 Abs. 2 BGB direkt/analog erreicht.

---

545 Vgl. *T. Körber/Effer-Uhe*, DNotZ 2009, 92 (97).

546 Siehe dazu oben: D. I.

547 *T. Körber/Effer-Uhe*, DNotZ 2009, 92 (97 f.).

Die Kündigung durch einen Prokuristen kann der Arbeitnehmer nach alledem zurückweisen, wenn der Prokurist keine Vollmachtsurkunde vorlegt. Die Anwendbarkeit des § 174 BGB und der damit verbundene Vorlageaufwand führt nicht automatisch zu einer Beschwer für den Rechtsverkehr, wie sie nach den Motiven zum BGB zu vermeiden ist[548]. Ein Regulativ für die Informationslast, die § 174 S. 1 BGB statuiert, ist mit § 174 S. 2 BGB in der Norm selbst angelegt (siehe zu den generellen Anforderungen an die Inkenntnissetzung unten: § 8; siehe zu den speziellen Anforderungen i.R.d. Inkenntnissetzung bei der Prokura unten: § 9 D.).

F. Nachweis der Vertretungsmacht bei der Gesellschaft bürgerlichen Rechts

I. Nachweisprobleme der organschaftlichen Vertretungsmacht der Gesellschafter

Soll die Norm des § 174 S. 1 BGB auf die Gesellschaft bürgerlichen Rechts Anwendung finden können, muss auch der Nachweis der Vertretungsmacht durch die Gesellschafter möglich sein. Andernfalls würde mit der analogen Anwendung etwas von den Gesellschaftern gefordert, was sie nie erbringen könnten. Eine Vollmachtsurkunde können die Gesellschafter wegen des Fehlens eines Vollmachtgebers nicht vorlegen.[549] Es bedarf daher eines Nachweismittels, das der von § 174 S. 1 BGB geforderten Vollmachtsurkunde vergleichbar gewissheitsstiftend ist.

1. Vorlage des Gesellschaftsvertrags

Als Legitimationsnachweis anstelle der Vollmachtsurkunde i.S.v. § 174 S. 1 BGB kommt der – vom BGH[550] vorgeschlagene – *Gesellschaftsvertrag*[551] in Betracht. Die Vorlage des Gesellschaftsvertrags würde aber praktisch gesehen wenig

---

548 Vgl. Mot. I. Allgemeiner Theil, S. 240.

549 Siehe oben: § 5 C. II. 3. und § 5 C. II. 3. c. cc.

550 BGH, Urt. v. 9.11.2001 – LwZR 4/01, NJW 2002, 1194 (1195); BGH, Urt. v. 20.2.2014 – III ZR 443/13, MDR 2014, 452 (453).

551 Staudinger/*Schilken*, § 174 BGB Rn. 6; MüKo-BGB/*Schramm*, § 174 BGB Rn. 10; *Berghoff*, Organschaftliche Vertretung, S. 122 f.; *Kurek*, Anm. zu OLG Brandenburg, Urt. v. 23.10.2012 – 6 U 29/12, IMR 2013, 67; *Wertenbruch*, Anm. zu BGH, Urt. v. 9.11.2001 – LwZR 4/01, WuB II J. § 705 BGB 1.02; *ders.*, kritisch in: DB 2003, 1099 (1101).

fruchtbar sein.[552] Zum einen enthält der Gesellschaftsvertrag mehr Informationen über die Gesellschaft als nur ihre Vertretungsregeln.[553] Folglich würde der Erklärungsempfänger viel weitreichender über die Gesellschaft informiert werden als dies sonst i.R.v. § 174 BGB üblich ist. Dies wiederum ginge zulasten der berechtigten Interessen der Gesellschafter und der Gesellschaft an ihrer informationellen Selbstbestimmung.[554]

Daneben ergibt sich bei der Vorlage des Gesellschaftsvertrags ein weiteres Problem. Im Ausgangsfall des § 174 S. 1 BGB ist immer die Vorlage des Originals oder aber einer Ausfertigung der Vollmachtsurkunde gefordert.[555] Würde man fordern, dass „der Gesellschaftsvertrag" für jede Kündigung vorzulegen ist, würden bei mehreren gleichzeitigen Kündigungen gegenüber verschiedenen Arbeitnehmern auch entsprechend viele Exemplare des Gesellschaftsvertrags vorgelegt werden müssen. Diese müssten dann aber aus Gründen der Originalität zumindest Ausfertigungen (§ 47 BeurkG) desselben sein. Der damit verbundene Aufwand ist jedoch „praktisch nicht durchführbar"[556].[557] Da aber § 174 BGB keine Beschwer für den Rechtsverkehr bedingen soll,[558] kann auch die Vorlage des Gesellschaftsvertrags schon aus Gründen der Praktikabilität und der mit einem solchen Nachweis einhergehenden Belastung der Gesellschafter nicht verlangt werden.

Es kommt hinsichtlich des Gesellschaftsvertrags ein Weiteres hinzu: Grundsätzlich bedarf der Gesellschaftsvertrag keiner Form.[559] Würde man aber die Vorlage des Gesellschaftsvertrags fordern, müsste dieser verkörpert und zusätzlich

---

552 *Häublein*, NJW 2002, 1398; *Heil*, NJW 2002, 2158; *Wertenbruch*, DB 2003, 1099 (1101); a.A. *Lautner*, MittBayNot 2005, 93 (96), dem nicht „einleuchtet", warum bei der GbR ein höherer Aufwand in der Vorlage des formwahrenden Gesellschaftsvertrags gegenüber dem Aufwand eines Vollmachtgebers beim Ausstellen einer Vollmachtsurkunde und deren Vorlage durch den Vertreter zu sehen sein soll.

553 *Klostermann-Schneider*, in: *Uffmann/Dahm* (Hrsg.), Vielfalt oder Chaos, 2013, S. 145 (163); *Lautner*, MittBayNot 2005, 93 (96); *Wertenbruch*, DB 2003, 1099 (1101).

554 Vgl. auch *Berghoff*, Organschaftliche Vertretung, S. 108; *Klostermann-Schneider*, in: *Uffmann/Dahm* (Hrsg.), Vielfalt oder Chaos, 2013, S. 145 (163); *Wertenbruch*, DB 2003, 1099 (1101); a.A. *Lautner*, MittBayNot 2005, 93 (96), der auch die Vorlage einer auszugsweisen Ausfertigung des Gesellschaftsvertrags genügen lassen will.

555 Siehe oben: D. II. 1.

556 *Wertenbruch*, DB 2003, 1099 (1101).

557 Vgl. *Berghoff*, Organschaftliche Vertretung, S: 123; *Häublein*, NJW 2002, 1398; *Wertenbruch*, DB 2003, 1099 (1101).

558 Vgl. Mot. I. Allgemeiner Theil, S. 240.

559 Siehe oben: § 5 C. II. 1. a.; vgl. auch die in Fn. 229 Genannten.

– aus dem Bedürfnis seiner Echtheit heraus – eigenhändig durch alle Gesellschafter unterzeichnet sein. Die Notwendigkeit der Verkörperung ist die Folge des Verständnisses der „*Vorlage*“ des jeweiligen Nachweises i.R.d. § 174 S. 1 BGB. Infolge dieser Anforderungen wäre das Erfordernis der Vorlage des Gesellschaftsvertrags, um der Wirkung des § 174 S. 1 BGB zu entgehen, ein mittelbarer Formzwang zum Abschluss des Gesellschaftsvertrags. Dies widerspricht aus den genannten Gründen (Formfreiheit, fehlendes Gründungsbewusstsein) aber dem Recht der Gesellschaft bürgerlichen Rechts.[560]

Schließlich wäre aber auch die Vorlage des eigenhändig durch alle Gesellschafter unterzeichneten Gesellschaftsvertrags nicht gewissheitsstiftend. In dem Moment, in dem der Gesellschaftsvertrag vorgelegt wird, weiß der Erklärungsempfänger nicht, ob sich am Gesellschafterbestand etwas geändert hat oder ob die Gesellschaft überhaupt noch existiert.[561] Ein Register, das hierüber Auskunft geben könnte, besteht gerade nicht.

Daher müsste der Gesellschaftsvertrag zumindest einen Rechtsschein dahingehend erzeugen können, dass der Erklärungsempfänger auf die in ihm enthaltenen Informationen vertrauen kann. Bei der Vollmachtsurkunde nach den §§ 172, 174 BGB gibt es mit § 172 Abs. 2 BGB eine Norm, die eine solche Wirkung mit sich bringt. Bei den einzutragenden Gesellschaften erzeugt vor allem § 15 HGB eine – zwar anders geartete, aber doch in die Richtung der Information anderer zielende – vergleichbare Wirkung. Für die Gesellschaft bürgerlichen Rechts gibt es eine solche Regelung nicht[562], denn § 172 BGB ist auf den

560 Angedeutet von *Berghoff*, Organschaftliche Vertretung, S. 109; ausdrücklich in dieser Deutlichkeit *Klostermann-Schneider*, in: *Uffmann/Dahm* (Hrsg.), Vielfalt oder Chaos, 2013, S. 145 (163). In diese Richtung wohl auch *T. Körber/Effer-Uhe*, DNotZ 2009, 92 (100 f.), wenngleich im Zusammenhang mit dem Nachweis der Vertretungsmacht bei der GbR i.R.d. § 23 Abs. 1 S. 2 AktG; vgl. aber auch *Leipold*, FS Canaris II, S. 221 (232), der den Nachweis per notariell beurkundetem Gesellschaftsvertrag schon vor den Änderungen durch das ERVGBG im Grundbuchverkehr als zulässig erachtete.

561 Vgl. BGH, Beschl. v. 26.1.2006 – V ZB 132/05, NJW 2006, 2189 (2190) m.w.N.; OLG München, Beschl. v. 20.7.2011 – 34 Wx 131/10, NZG 2011, 1144 (1145); *Berghoff*, Organschaftliche Vertretung, S. 109, 123; *Heil*, NJW 2002, 2158; *Lautner*, MittBayNot 2001, 425 (429); *Ruhwinkel*, MittBayNot 2007, 92 (95); *Zimmer*, MDR 2009, 237 (239 f.).

562 Vgl. BGH, Beschl. v. 26.1.2006 – V ZB 132/05, NJW 2006, 2189 (2190); *Heil*, NJW 2002, 2158; *Klostermann-Schneider*, in: *Uffmann/Dahm* (Hrsg.), Vielfalt oder Chaos, 2013, S. 145 (163); *Ruhwinkel*, MittBayNot 2007, 92 (95). An diesem Befund ändert sich auch nichts durch das ERVGBG, wirken sich dessen Implikationen doch ausschließlich i.R.d. Grundstücksverkehrs mit der GbR aus.

Gesellschaftsvertrag entgegen einer immer wieder anzutreffenden Ansicht[563] nicht anwendbar[564].

Anders als von dieser Strömung behauptet kann der vorgelegte Gesellschaftsvertrag der Gesellschaft bürgerlichen Rechts auch bei analoger Anwendung des § 172 BGB nie garantieren, dass er der aktuelle ist.[565] Eine Änderung der Gesellschafterverhältnisse erfasst die Norm gerade nicht, geht sie doch immer davon aus, dass der Aussteller auch der Vertretene ist. Ändert sich nach Ausstellung des Gesellschaftsvertrags aber der Gesellschafterbestand und wird dieser nicht dokumentiert, hat die Erstreckung der Wirkung der Norm des § 172 BGB eine konfuse Wirkung:

Erstreckt man den Rechtsschein auf einen Gesellschaftsvertrag, würde dieser dem Arbeitnehmer gegenüber so wie dargetan wirken. Die im Gesellschaftsvertrag enthaltenen Vertretungsregeln würden per § 172 BGB die Gewissheit darüber erbringen, dass die Handelnden vertretungsberechtigt sind. Sind im Gesellschaftsvertrag keine Vertretungsregeln enthalten, folgt die Vertretungsberechtigung nach § 714 BGB schon aus dem Gesetz. Die Gesellschafter selbst würden sich dann erst aus dem Gesellschaftsvertrag ergeben. Wäre die dargestellte Lage aber nicht die aktuelle und würde man eine Kündigung durch die nun nur noch per Rechtsschein legitimierten Vertreter genügen lassen, würde das Arbeitsverhältnis mit Wirkung für und gegen die im Gesellschaftsvertrag

---

563 *Lautner*, MittBayNot 2001, 425 (433 f.); *ders.*, MittBayNot 2005, 93 (96 f.); *ders.*, DNotZ 2009, 650 (661 f.) m.w.N.; *ders.*, MittBayNot 2010, 286 (290 f.); *Steffek*, ZIP 2009, 1445 (1451).

564 OLG Hamm, Beschl. v. 2.11.2010 – I-15 W 440/10, juris Rn. 19; OLG München, Beschl. v. 17.8.2010 – 34 Wx 98/10, juris Rn. 20; OLG München, Beschl. v. 20.7.2011 – 34 Wx 131/10, NZG 2011, 1144 (1145 f.); OLG Bamberg, Beschl. v. 9.2.2011 – 3 W 176/10, juris Rn. 28; Staudinger/*Schilken*, § 172 BGB Rn. 1; *Heil*, NJW 2002, 2158; zweifelnd auch *Hertel*, Anm: zu BGH, Beschl. v. 4.12.2008 – V ZB 74/08, DNotZ 2009, 121 (128 f.); i.E. auch *Klostermann-Schneider*, in: *Uffmann/Dahm* (Hrsg.), Vielfalt oder Chaos, 2013, S. 145 (163); *Ruhwinkel*, MittBayNot 2007, 92 (95); *Zimmer*, MDR 2009, 237 (240).

565 Vgl. BGH, Beschl. v. 26.1.2006 – V ZB 132/05, NJW 2006, 2189 (2190); OLG München, Beschl. v. 17.8.2010 – 34 Wx 98/10, juris Rn. 20; OLG München, Beschl. v. 20.7.2011 – 34 Wx 131/10, NZG 2011, 1144 (1145 f.); MüKo-BGB/*Schramm*, § 172 BGB Rn. 3 und dort insbes. Fn. 10 – vgl. aber dessen dazu im Widerspruch stehende Aussage bei § 174 BGB Rn. 10; *Heil*, NJW 2002, 2158; zweifelnd auch *Hertel*, DNotZ 2009, 121 (128 f.); wohl auch *Schürnbrand/Weiß*, ZJS 2009, 607 (612); *Zimmer*, MDR 2009, 237 (240).

bezeichnete Gesellschaft bürgerlichen Rechts beendet, das Vertrauen des Erklärungsempfängers vorausgesetzt.

Das würde aber in den Fällen, in denen die den Arbeitnehmer anstellende Gesellschaft in veränderter Besetzung noch besteht, Folgendes bedeuten: Die „Rechtsschein-Gesellschafter“ könnten mit Wirkung für und gegen sie kündigen. Unterstellt man nun, dass die „Rechtsschein-Gesellschafter“ durch ihr Zusammenwirken im Rechtsverkehr konkludent eine neue Gesellschaft gründen, die dann unter den Regeln des alten Gesellschaftsvertrags und dem Namen der alten Gesellschaft neu auftritt, käme eine Kündigung durch sie einer Kündigung durch den falschen Arbeitgeber gleich. Bei analoger Anwendung des § 172 Abs. 1 BGB wäre diese Kündigung damit ggf. entgegen dem Willen aller tatsächlich am Arbeitsverhältnis Beteiligten wirksam. Der Arbeitnehmer müsste sich über § 180 S. 1 BGB gegen die Wirksamkeit der Kündigung wehren. Da es sogar denkbar ist, dass alle Gesellschafter der Gesellschaft ausgetauscht werden, ohne dass dies Folgen für die Existenz der Gesellschaft selbst hat bzw. automatisch haben muss,[566] ist die für den Erklärungsempfänger verbundene Unsicherheit evident.

Die Problematik einer Analogie veranschaulicht auch folgendes Beispiel:

A ist Arbeitnehmer einer Gesellschaft bürgerlichen Rechts. Deren Gesellschafter X, Y und Z haben A gemeinsam für die Gesellschaft bürgerlichen Rechts mit dem Namen XYZ-GbR eingestellt. Nach einiger Zeit fixieren X, Y und Z die zuvor nur mündlichen Absprachen hinsichtlich der XYZ-GbR schriftlich in ihrem „Gesellschaftsvertrag“. In diesem sehen sie nun entgegen vorheriger Handhabung Einzelvertretungsmacht für die Gesellschafter X, Y und Z vor. X besitzt wie auch Y und Z eine Ausfertigung des Gesellschaftsvertrags. Mit der Zeit verliert X seine Lust an der XYZ-GbR. Für ihn tritt B mit Zustimmung aller Gesellschafter in die XYZ-GbR ein. X, der A noch nie sonderlich leiden konnte, kündigt diesem nach seinem Ausscheiden unter Vorlage der Ausfertigung des Gesellschaftsvertrags.

In analoger Anwendung des § 172 BGB hätte die von X vorgelegte Ausfertigung Legitimationswirkung, mit der Folge, dass dem A ein Zurückweisungsrecht nach § 174 S. 1 BGB nicht zusteht. Will der Arbeitnehmer Klarheit für sich schaffen, muss er die Vertretungsmacht gemäß § 180 BGB rügen, freilich mit einer ihm nicht möglichen Prognose seiner Erfolgsaussicht. § 174 BGB greift nicht, wenn man den Gesellschaftsvertrag als Legitimationsnachweis anerkennt.

Dieses Beispiel verdeutlicht die nicht hinnehmbaren Folgen der Erstreckung der Legitimationswirkung auf den Gesellschaftsvertrag. Bedenkt man nun noch, dass bei organschaftlicher Vertretung das Handeln der Gesellschafter ein

566 Vgl. MüKo-BGB/*Schäfer*, § 719 BGB Rn. 26 m.w.N.

notwendiges für die Teilnahme der Gesellschaft am Rechtsverkehr und nicht etwa wie bei rechtsgeschäftlicher Vertretung ein Akt der „Arbeitserleichterung" bzw. „Arbeitsteilung"ist, dann ist die Folge des § 172 BGB auch kein wegen der Wahl der Arbeitsteilung durch den Vollmachtgeber zu duldendes Risiko des Vollmachtgebers.[567] An die Organe einer Gesellschaft gleiche Anforderungen zu stellen wie an rechtsgeschäftliche Vertreter kann nicht allein aus der mangelnden Publizität geschlossen werden.

Hinzu kommt, dass es in Ermangelung eines Vollmachtgebers auch niemanden gibt, der den Gesellschaftsvertrag wie eine Vollmachtsurkunde zurückfordern oder ihn gar für kraftlos erklären könnte. Erneut bedürfte es hierzu einer Analogie der Vorschriften des allgemeinen Stellvertretungsrechts. Erneut würde sich die Frage stellen, ob die zurückfordernden Gesellschafter bzw. die die Kraftloserklärung des Gesellschaftsvertrags anstrebenden Gesellschafter hierzu berechtigt sind.

Zudem muss eine analoge Anwendung des § 172 BGB ausscheiden, da Gesellschaftsvertragsurkunde und Vollmachtsurkunde ihrer Funktion nach unterschiedlich sind. Die Funktion des Gesellschaftsvertrags erschöpft sich in gesellschaftsinternen Angelegenheiten, während eine Vollmachtsurkunde gerade im Hinblick auf die Erzeugung von Außenwirkungen erstellt wird.[568]

2. *Vorlage der von allen Gesellschaftern unterzeichneten Erklärung der Gesamtvertretungsberechtigung („Bestätigungserklärung")*

Neben dem Gesellschaftsvertrag ist es denkbar, dass die Gesellschafter die (organschaftliche) Vertretungsmacht durch *eine von allen Gesellschaftern unterzeichnete Erklärung der Vertretungsberechtigung („Bestätigungserklärung")* nachweisen.[569]

---

567 Siehe oben: § 2 C. Kündigungsberechtigung kraft organschaftlicher bzw. gesetzlicher Vertretungsmacht und § 5 C. I. 2. b. bb. (3).

568 *Heil*, DNotZ 2002, 57 (66); *ders.*, NJW 2002, 2158; a.A. *Lautner*, MittBayNot 2005, 93 (96), der eine interne Funktion nur für bestimmte Regelungen annimmt, bspw. Regelungen über die Gewinnverteilung, Gesellschafterbeschlüsse, Abfindungszahlungen usw. Soweit aber im Gesellschaftsvertrag Angaben zur Vertretung, zu Namen, Sitz und Mitgliedschaft enthalten sind, sind diese spätestens seit Anerkennung der Rechtsfähigkeit der GbR für den Rechtsverkehr von entscheidender Bedeutung und haben daher externe Funktion.

569 BGH, Urt. v. 9.11.2001 – LwZR 4/01, NJW 2002, 1194 (1195); BGH, Urt. v. 20.2.2014 – III ZR 443/13, MDR 2014, 452 (453); *Berghoff*, Organschaftliche Vertretung, S. 108 ff., 122 f.; *Lautner*, MittBayNot 2001, 425 (429); *Wertenbruch*, Anm. zu BGH, Urt.

Auch die von den Gesellschaftern ausgestellten Bestätigungen vermitteln keine Gewissheit auf Seiten des Erklärungsempfängers.[570] Zwar sichern sich die Gesellschafter gegenseitig und nach außen ersichtlich zu, dass sie tatsächlich Gesellschafter und damit vertretungsberechtigt sind. Es gibt aber niemanden neben den eigentlichen Vertretern, der die Vertretungsmacht „zertifiziert" (kein Register) bzw. durch seine eigenhändige Unterschrift „garantiert" (kein Vollmachtgeber). Es ist auch nicht gesagt, dass die gegenseitige Bestätigung von Vertretungsmacht zu einer durch die Gesellschaft vermittelten wird. Dann ist aber auch nicht gesagt, dass sich die Gesellschaft die Wirkungen zurechnen lassen muss, die aus dem Handeln auf Grundlage der Bestätigungserklärungen folgen.[571]

Weiter fehlt es an einer das Vertrauen in diese Verlautbarung schützenden Norm. Hinzu kommt, dass die Bestätigungserklärungen selbst im Falle der analogen Anwendung des § 172 BGB nicht gewissheitsstiftend sind, was die h.M.[572] jedoch anders sieht. Fehlt letztlich doch immer die Gewissheit darüber, dass es den „Vertretenen" auch tatsächlich noch in der Form gibt, in der er in der Bestätigung ausgewiesen erscheint.[573] Die Identität der Gesellschaft lässt sich mithin nicht durch den Erklärungsempfänger nachvollziehen. Insoweit erklärt jeder Gesellschafter partiell selbst, dass seine Vertretungsmacht mit Wirkung gegen die Gesellschaft besteht. Solange aber der (partielle) Urheber der Erklärung auch gleichzeitig der durch die Schrift Legitimierte ist, passt die Norm des § 172 BGB nicht. Sie hat allein die Konstellation im Blick, in der die Ausstellung einer Urkunde durch den einen jemand anderen zum Handeln für den Aussteller „ermächtigt". Insoweit herrscht Personenverschiedenheit. Dokumentiert derjenige, der sich seine Rechtsmacht als Aussteller der Bestätigungserklärung (partiell) selbst einräumt und will er sich mittels dieser Dokumentation legitimieren, ist

v. 9.11.2001 – LwZR 4/01, WuB II J. § 705 BGB 1.02; *ders.*, DB 2003, 1099 (1101); nicht ganz klar ist die Terminologie bei Palandt/*Ellenberger*, § 174 BGB Rn. 4, der von einer die „Vollmacht nachweisenden Urkunde" spricht; Staudinger/*Schilken*, § 174 BGB Rn. 6 und MüKo-BGB/*Schramm*, § 174 BGB Rn. 10, die sogar eine „Vollmachtsurkunde" als Nachweis anerkennen, aber nichts dazu sagen, wer deren Aussteller (und damit der Vollmachtgeber) sein soll.

570 Dies räumt auch *Berghoff*, Organschaftliche Vertretung, S. 122 f. ein.

571 Vgl. *Ruhwinkel*, MittBayNot 2007, 92 (95).

572 Statt Vieler: BGH, Urt. v. 9.11.2001 – LwZR 4/01, NJW 2002, 1194; BGH, Urt. v. 20.2.2014 – III ZR 443/13, MDR 2014, 452 (453); *Berghoff*, Organschaftliche Vertretung, S. 124 ff.; *Wertenbruch*, DB 2003, 1099 (1101).

573 Vgl. auch OLG Köln, Beschl. v. 13.12.2010 – 2 Wx 137/10, RNotZ 2011, 160 (165).

das Vertrauen in sein Handeln nicht erhöht gegenüber seinem Handeln ohne einen solchen Nachweis.

Infolgedessen und aus den oben zum Gesellschaftsvertrag genannten Gründen (keine Dokumentation von Gesellschafterwechseln, spiegelbildliche Problematik des Nachweises der Berechtigung zur Zurückforderung der „Urkunde" und zur Kraftloserklärung) kann die Norm des § 172 Abs. 2 BGB nicht fruchtbar gemacht werden. Deswegen kann keine Gewissheit durch die Vorlage einer Bestätigungserklärung vermittelt werden.

Bei Berücksichtigung des Vertrauensschutzes des § 172 BGB kann der Nachweis keine Gewissheit vermitteln. Nachweise, auf die der Rechtsverkehr nicht vertrauen kann, entfalten auch keine gewissheitsstiftende Wirkung. Unter anderem deshalb unterfällt im direkten Anwendungsbereich des § 172 BGB nur diejenige Vollmachtsurkunde den Wirkungen des § 172 Abs. 2 BGB, die willentlich an den Vertreter ausgehändigt wurde. Geben aber die nicht aktuellen Gesellschafter eine Erklärung für die Gesellschaft ab und legen sie einen von ihnen gefertigten Legitimationsnachweis vor, kann die Wirksamkeit des Rechtsgeschäfts nicht zulasten der aktuellen Gesellschafter wirken. Diese haben den Legitimationsnachweis ggf. nie in Verkehr gebracht.[574] Auf abhandengekommene Urkunden findet die Norm des § 172 Abs. 2 BGB keine Anwendung.[575] Zwischen den nun handelnden „Rechtsschein-Gesellschaftern" bzw. der „Rechtsschein-Gesellschaft" und dem Arbeitnehmer besteht kein Rechtsverhältnis.

In Ansehung dieser Unzulänglichkeiten fällt es umso schwerer ins Gewicht, wenn das einseitige Rechtsgeschäft eine nachteilige Wirkung für den Erklärungsempfänger hat. Das veranschaulicht folgender Beispielsfall:

Dem bei der XYZ-GbR beschäftigten Arbeitnehmer A soll gekündigt werden. Eingestellt wurde A im Jahr 2012 vom dazu berechtigten X allein. Die anderen Gesellschafter Y und Z hat A nie persönlich kennengerlernt. Z tritt aus der Gesellschaft aus. Sie besteht in der Folge rechtmäßig zwischen X und Y fort. Die verbliebenen Gesellschafter entschließen sich, nur noch gemeinschaftlich nach außen auftreten zu wollen. Der Einfachheit halber haben sie sich im Jahr 2013 daher gegenseitig schriftlich bestätigt, dass sie als einzige Gesellschafter gemeinsam zur Vertretung der Gesellschaft berechtigt sind. Mitte 2013 tritt B ordnungsgemäß in die Gesellschaft ein. B hat zwar Gesamtvertretungsmacht. Ihm sind die Geschäfte

574 Zutreffend erkennen diese Konstellation schon *Berghoff*, Organschaftliche Vertretung, S. 127; *Ruhwinkel*, MittBayNot 2007, 92 (95), der das Problem der Anwendbarkeit des § 172 Abs. 2 BGB auf die „Vertretungsbescheinigung" gleichwohl nicht im Zusammenhang mit § 174 BGB bespricht.

575 Soergel/*Leptien*, § 172 BGB Rn. 3; Staudinger/*Schilken*, § 172 BGB Rn. 7; MüKo-BGB/*Schramm*, § 172 BGB Rn. 5; Bamberger/Roth/*Valenthin*, § 172 BGB Rn. 6.

der Gesellschaft jedoch bald egal, und er ist mit allem einverstanden, was die übrigen Gesellschafter tun. Im August 2013 erklären die Gesellschafter X und Y dem A formgemäß unter Vorlage der Bestätigungserklärungen die Kündigung.

Dem A ist in diesem Beispielsfall außer dem X keiner der Gesellschafter persönlich bekannt. Wegen § 172 BGB würden aber die in den Bestätigungserklärungen Ausgewiesenen als „vertretungsberechtigt" gelten und das Arbeitsverhältnis auflösen können. Den Wechsel im Gesellschafterbestand dokumentiert die Urkunde jedoch nicht. Ebenso wenig kann sie ausschließen, dass es sich bei den Handelnden um die Gesellschafter einer konkludent neu gegründeten Gesellschaft bürgerlichen Rechts – nun bestehend aus X und Y – handelt. Letztlich müsste A – wollte man § 172 BGB insoweit analog anwenden – die Kündigung trotz Unkenntnis der konkreten Vertretungs- und Gesellschafterlage gegen sich gelten lassen, ohne dass ihm der Schutz des § 174 BGB zu Gute käme. A wäre allein deswegen schutzlos, weil sich X und Y ihm gegenüber als legitimiert ausweisen, die sich wiederum jeweils ihre Rechtsmacht (partiell) selbst bestätigt haben. Die Rolle des B bleibt ihm sogar völlig verborgen.

Nach alledem verbleiben auf Seiten des Erklärungsempfängers immer faktische Ungewissheiten, die aus der Struktur der Gesellschaft bürgerlichen Rechts selbst resultieren. Kann der Empfänger eines einseitigen Rechtsgeschäfts aber nicht kontrollieren bzw. wissen, ob die Gesellschafter der Gesellschaft bürgerlichen Rechts noch dieselben sind, die in den Bestätigungserklärungen als Aussteller zu ersehen sind, kann ohne ein Register auch nicht gewiss sein, ob die „richtigen Gesellschafter" wirksam bestätigt haben. Infolgedessen lässt sich § 172 BGB auf die Bestätigungserklärungen nicht anwenden. Danach sind auch die von allen Gesellschaftern unterzeichneten Bestätigungserklärungen keine tauglichen Legitimationsnachweise für die Vertretungsmacht der Gesellschaft bürgerlichen Rechts.

3. *Vorlage der Ermächtigungsurkunde für den Alleinvertreter / Vorlage der „Bestätigungserklärung" für den Einzelvertreter*

Wie oben[576] dargestellt, können die Gesellschafter festlegen, dass alle von ihnen einzeln zur Vertretung der Gesellschaft berechtigt sein sollen (Einzelvertreter). Daneben ist es auch möglich, dass die gesamtvertretungsberechtigten Gesellschafter einen (oder mehrere) von ihnen dazu ermächtigen, ein Rechtsgeschäft (oder mehrere Rechtsgeschäfte) allein vorzunehmen (zur Alleinvertretung ermächtigter Gesamtvertreter). Auch in diesen Fällen muss – eine analoge Anwendbarkeit des § 174 BGB auf die Gesellschaft bürgerlichen Rechts unterstellt – ein Nachweis der Vertretungsmacht erbracht werden.

576 Siehe oben: § 5 C. II. 2.

Der Gesellschaftsvertrag scheidet aus den o.g. Gründen als Legitimationsnachweis aus.[577] Als Legitimationsnachweise kommen die von allen Gesamtvertretern unterzeichnete Ermächtigungsurkunde für den Alleinvertreter bzw. eine von allen Gesellschaftern unterzeichnete Bestätigungserklärung für den Einzelvertreter in Betracht. Auch insoweit verbleiben jedoch selbst bei Vorlage einer Urkunde, sei es die „Ermächtigungsurkunde" des Alleinvertreters oder aber die „Bestätigungserklärung" des Einzelvertreters, über die behauptete Rechtsmacht immer Zweifel an der Legitimation des Handelnden.

Zunächst kann eine so geartete Urkunde kein Vertrauen dahingehend schaffen, dass die Gesellschaft im Vorlagezeitpunkt überhaupt noch oder aber noch in der Form wie ausgewiesen besteht (*hinkende Gewissheit*).[578] Auch über eine direkte oder analoge Anwendung des § 172 Abs. 2 BGB auf den jeweiligen Legitimationsnachweis verbleibt faktisch eine nicht beseitigbare Ungewissheit.[579] Zu Recht sehen daher auch *T. Körber* und *Effer-Uhe*[580] keinen Mehrwert in der Dokumentation der Vertretungsmacht einer Gesellschaft bürgerlichen Rechts. Vielmehr ist ihnen in der Annahme zuzustimmen, dass die Unsicherheiten über die Vertretungsmacht nur verlagert, letztlich aber nicht gelöst werden.[581]

4. *Ergebnis zu I. und daraus folgende Konsequenzen für die Anwendbarkeit des § 174 BGB (analog)*

Treten alle Gesellschafter einer Gesellschaft bürgerlichen Rechts gemeinsam in Vertretung der Gesellschaft auf, fehlt es den Gesellschaftern an einer Möglichkeit, sich entsprechend § 174 S. 1 BGB gewissheitsstiftend über ihre Vertretungsmacht auszuweisen. Weder der Gesellschaftsvertrag noch die von den Gesellschaftern wechselseitig ausgestellten und von allen unterzeichneten Bestätigungserklärungen vermögen dem Erklärungsempfänger eines einseitigen Rechtsgeschäfts Gewissheit zu vermitteln. Selbst bei – hier bestrittener

---

577 Siehe oben: 1.

578 *Klostermann-Schneider*, in: *Uffmann/Dahm* (Hrsg.), Vielfalt oder Chaos, 2013, S. 145 (163).

579 Anders sieht das *Lautner*, MittBayNot 2001, 425 (434), für den Nachweis der Vertretungsmacht im Zusammenhang mit dem Grundbuchamt.

580 *T. Körber/Effer-Uhe*, DNotZ 2009, 92 ff.

581 *T. Körber/Effer-Uhe*, DNotZ 2009, 92 (101); vgl. auch *Geibel*, ZJS 2009, 339 (341, 345), der bemängelt, dass auch bei der Außen-GbR die drängenden Fragen einer publizitätslosen, gegenüber Dritten wirkenden Vertretungsmachtsbeschränkung nicht gelöst sind.

– analoger Anwendung des § 172 BGB auf diese Nachweise besteht keine Gewissheit über die Aktualität der Vertretungsberechtigung, den Bestand und die Identifizierbarkeit der Gesellschaft und damit die Wirksamkeit des einseitigen Rechtsgeschäfts selbst. Insoweit verbleibt es selbst bei Vorlage eines Nachweises über die Vertretungsmacht immer bei einer „hinkenden Gewissheit“[582]. Konsequenterweise muss – das Vorliegen der Voraussetzungen für eine analoge Anwendung unterstellt – die (analoge) Anwendbarkeit des § 174 BGB auf die Gesellschaft bürgerlichen Rechts verneint werden, da das Recht nichts Unmögliches verlangen darf.

II. Lösungsansätze

Der aus der bisherigen Analyse resultierende Befund ist ein für die Praxis nicht wünschenswerter. Die mangelnde Publizität der Vertretungsverhältnisse bei der Gesellschaft bürgerlichen Rechts kann wie gezeigt nicht ohne Weiteres durch die analoge Anwendung der §§ 172, 174 BGB auf den Gesellschaftsvertrag oder eine irgendwie geartete Urkunde beseitigt werden.

1. *Lösungsansatz von* T. Körber *und* Effer-Uhe*: Nutzen von Eintragungsmöglichkeiten*

T. Körber und *Effer-Uhe* versuchen, das Nachweisproblem dadurch zu lösen, dass Freiberufler sich in das Partnerschaftsregister freiwillig eintragen lassen und so eine Publizität erreichen. Weiter würden sich land- und/oder forstwirtschaftlich geprägte Unternehmen auch in das Handelsregister eintragen lassen können.[583] Diese Lösungen haben aber letztlich zur Folge, dass die dann publizitätsfähige Gesellschaft keine Gesellschaft bürgerlichen Rechts ist.

2. *Eigener Lösungsansatz: Nachweis der Vertretungsverhältnisse mittels Nachweiskette*

Sind weder der Gesellschaftsvertrag noch etwaige Erklärungen der Gesellschafter für sich genommen zum Nachweis der Vertretungsmacht der Gesellschafter

582 So schon *Klostermann-Schneider*, in: *Uffmann/Dahm* (Hrsg.), Vielfalt oder Chaos, 2013, S. 145 (163), wenngleich zur Konstellation dass bei geltender Gesamtvertretung einer der Gesellschafter von den übrigen Gesellschaftern zur alleinigen Vornahme des Rechtsgeschäfts ermächtigt wird.

583 *T. Körber/Effer-Uhe*, DNotZ 2009, 92 (101 f.).

ausreichend, erscheint aber deren Kombination vielversprechend,[584] soweit es allein auf den Gewissheitsaspekt ankommt. Im Hinblick auf die informationelle Selbstbestimmung der Gesellschafter und die Notwendigkeit eines schriftförmigen Nachweises bestehen dieselben Bedenken wie bei der Vorlage des Gesellschaftsvertrags generell.[585]

Unterstellt, es existiert der erste (Ur-)Gesellschaftsvertrag in schriftlicher Form. Enthält dieser neben den Vertretungsregeln auch die Namen der Gesellschafter und haben die Gesellschafter ihn auch alle unterzeichnet, hat er solange einen authentischen Legitimationswert, bis sich die reale Lage in Abweichung zum Gesellschaftsvertrag ändert. Es ist infolgedessen die jeweilige außerhalb des Gesellschaftsvertrags liegende Änderung, die gewissheitsstiftend publiziert werden muss.[586] Wird jede sich ergebende Änderung, die Einfluss auf den Gesellschafterbestand und die Vertretungsverhältnisse hat, dokumentiert und wird diese Dokumentation von den Gesellschaftern eigenhändig unterzeichnet[587], ergibt sich eine Legitimations- und Nachweiskette. Werden nun bei der Vornahme eines einseitigen Rechtsgeschäfts lückenlos alle so entstandenen Nachweisurkunden in der Kette vorgelegt, besteht eine hohe Wahrscheinlichkeit dafür, dass der so erbrachte Nachweis auch der realen Lage entspricht.

Im Rahmen schon bestehender Rechtsverhältnisse wie insbesondere dem Arbeitsverhältnis bietet es sich an, jede Änderung unmittelbar den Arbeitnehmern kundzutun, sodass diese jederzeit von der aktuellen Vertretungs- und Gesellschafterlage informiert sind. Beruft sich ein so informierter Arbeitnehmer, dem bei Vornahme der Kündigung eine „Legitimations- und Nachweiskette" vorgelegt wird, auf die Ungewissheit darüber, ob der Handelnde tatsächlich dazu berechtigt ist, ist er nicht mehr schutzwürdig. Schließlich ist ihm allzeit seit seiner Einstellung gewiss, wie die Gesellschaft organisiert und wer für diese zum Handeln legitimiert ist. Der Wirkung des § 172 BGB bedarf es insoweit wegen der lückenlosen Nachweiskette nicht. Hat der Arbeitnehmer sodann tatsächliche Zweifel an der Vertretungsmacht, findet er seinen Schutz über § 180 BGB.

---

584 So auch schon *Zimmer*, MDR 2009, 237 (240), der seine Lösung aber über Vollmachten der Gesellschafter sucht, deren Bestehen unabhängig von der Gesellschafterzusammensetzung gegeben sein würde.

585 Siehe oben unter: I. 1.

586 *Zimmer*, MDR 2009, 237 (240).

587 *Zimmer*, MDR 2009, 237 (240), hingegen fordert im Zusammenhang mit § 29 GBO die notarielle Beurkundung des Gesellschaftsvertrags und der jeweiligen Vollmacht.

Würde man § 172 BGB auf die Nachweiskette anwenden, käme es erneut zur schon beim Gesellschaftsvertrag aufgezeigten Konfusion.[588]

Es bleibt nicht unbesehen, dass auch dieser Lösung ein ganz entscheidender Gesichtspunkt entgegensteht: Durch eine so verstandene Nachweisnotwendigkeit im Rahmen einseitiger Rechtsgeschäfte wird für die Gesellschafter der Gesellschaft bürgerlichen Rechts eine Beschwer bei der Vornahme von Rechtsgeschäften erreicht. Gerade eine solche Beschwer sollte nach den Motiven[589] jedoch nicht durch die Norm des § 174 BGB bedungen werden.

III. Ergebnis zu F.

Die grundsätzliche Unerreichbarkeit der von § 174 BGB geforderten Gewissheit über die Vertretungsverhältnisse bei der Gesellschaft bürgerlichen Rechts erweist sich als problematisch. Selbst bei analoger Anwendung des § 172 BGB auf den Gesellschaftsvertrag oder etwaige Bestätigungserklärungen der Gesellschafter wird eine Gewissheit über die Vertretungsverhältnisse der Gesellschaft nicht erreicht. Sie bleibt immer eine hinkende. Das hat seinen Grund darin, dass die Nachweise keine vertrauensstiftende Wirkung i.S.d. § 172 BGB entfalten. Als im höchsten Maße gewissheitsstiftend erscheint die Vorlage einer lückenlosen Legitimations- und Nachweiskette vom Ur-Gesellschaftsvertrag – vorausgesetzt, ein solcher wurde schriftlich geschlossen – hin zur letzten gesellschaftsvertraglichen Änderung. Mag insoweit zwar eine nahezu gewissheitsstiftende Dokumentation der Legitimation des bzw. der Handelnden erreicht werden und kann so auch das Institut der Gesellschaft bürgerlichen Rechts – anders als bei ggf. freiwilligen Eintragungen in Partnerschafts- und Handelsregister – aufrechterhalten werden, vermag der damit einhergehende Aufwand sich gleichwohl nicht rechtfertigen zu lassen. Eine analoge Anwendung des § 174 BGB ist damit letztlich nur die bestmögliche Sicherung der Interessen des Erklärungsempfängers. Sie ist gleichwohl keine Antwort auf die Ungewissheit im Verkehr mit der Gesellschaft bürgerlichen Rechts.

Nach alledem ist der Gesetzgeber gefordert, diesen Missstand zu beheben. Mit den vorhandenen rechtlichen Mitteln ist der Gewissheitsaspekt nicht zu erreichen. Eine Analogie ist als ein „besser als nichts“ zwar i.S.e. Durchgangsstadiums hinzunehmen, auf diesem Befund zu verharren, kann jedoch nicht geduldet werden.

---

588 Siehe dazu oben: I. 1.

589 Vgl. Mot. I. Allgemeiner Theil, S. 240.

G. Nachweis der Vertretungsmacht bei alleinvertretungsberechtigtem Gesamtvertreter im Falle von im Register publizierten Vertretungsverhältnissen

Will ein Alleinvertreter die Gewissheit, die das Register publiziert, außer Kraft setzen und eine neue Gewissheit zugunsten seiner Alleinvertretungsberechtigung erzielen, muss er sich als Alleinvertretungsberechtigter ausweisen.[590] Zum Nachweis seiner Legitimation muss er eine von allen (übrigen) Gesamtvertretern eigenhändig unterzeichnete Ermächtigung vorlegen (Ermächtigungsurkunde).[591] Anders als bei der Gesellschaft bürgerlichen Rechts ist ein Nachweis der Vertretung durch Ermächtigungsurkunden der übrigen Gesellschafter oder organschaftlichen Vertreter ausreichend. Aus dem Register ergeben sich deren Identität und die Aktualität der Gesellschafter- und Vertreterlage. Stimmen die Aussteller der Ermächtigungsurkunde nicht mit den Gesellschaftern bzw. den organschaftlichen Vertretern überein, kann sich der Erklärungsempfänger auf § 180 BGB berufen.

H. Nachweis der Vertretungsmacht beim Unterbevollmächtigten

Im Rahmen einer Untervollmacht stellt sich die Frage, wie sich ein zulässig bevollmächtigter Untervertreter über seine Rechtsmacht gegenüber dem Empfänger eines einseitigen Rechtsgeschäfts ausweisen muss, um einer potentiellen Zurückweisung zu entgehen. Erst kürzlich äußerte sich der BGH zu dieser Frage und befand, „(…) dass bei einer Untervertretung nicht nur die Vertretungsmacht des Untervertreters, sondern auch die des Hauptvertreters nachgewiesen werden muss (…).“[592]

Dem BGH ist zuzustimmen. Legt der Unterbevollmächtigte allein die Untervollmachtsurkunde vor, dokumentiert er damit lediglich die ihm vom Hauptbevollmächtigten erteilte Vertretungsmacht. Sie bietet aber keine Gewähr dafür, dass im Zeitpunkt der Vornahme des Rechtsgeschäfts auch die Hauptvollmacht

590 So i.E. auch die in Fn. 288 Genannten, mit Ausnahme von *Leuering*, NZG 2004, 120, der einen außerhalb der Registerpublizität wurzelnden Fall behandelt.

591 Soergel/*Leptien*, § 174 BGB Rn. 7 m.w.N.; ErfK/*Müller-Glöge*, § 620 BGB Rn. 27 m.w.N.; MüKo-BGB/*Schramm*, § 174 BGB Rn. 2 m.w.N.; Bamberger/Roth/*Valenthin*, § 174 BGB Rn. 3 m.w.N.

592 BGH, Beschl. v. 25.10.2012 – V ZB 5/12, NJW 2013, 297 (298) unter Berufung auf: Soergel/*Leptien*, § 174 BGB Rn. 2; Erman/*Maier-Reimer*, § 174 BGB Rn. 5; Staudinger/*Schilken*, § 174 BGB Rn. 3.

zwischen Geschäftsherrn und Untervollmachtgeber (Hauptvertreter) noch besteht. Diese Ungewissheit über die Wirksamkeit des einseitigen Rechtsgeschäfts kann nur beseitigt werden, indem zusätzlich auch die Hauptvollmachtsurkunde vorgelegt wird. Eine andere Interpretation würde dem Schutzzweck des § 174 BGB widersprechen.[593]

I. Zusammenfassung zu § 6

Der Arbeitgeber hat dem Vertreter eine eigenhändig unterzeichnete Vollmachtsurkunde (Schriftformerfordernis) auszustellen und zu übergeben. Der Vertreter muss diese Urkunde im Original bei der jeweiligen Kündigung und bei jeder Kündigung erneut vorlegen. Insoweit ist es ratsam, dass der Arbeitgeber seinen kündigungsberechtigten (rechtsgeschäftlichen) Vertretern mehrere Urkunden ausstellt bzw. entsprechende Ausfertigungen über die Vertretungsmacht ausstellen lässt (vgl. § 47 BeurkG). Andernfalls sind gerade i.R.v. Massenentlassungen nicht ausreichend Legitimationsnachweise vorhanden, um den Anforderungen des § 174 S. 1 BGB zu genügen. Der damit verbundene Aufwand ist nach der derzeitigen Gesetzeslage dem Arbeitgeber zuzumuten und zumutbar. Eine Vorlage unmittelbar vor Vornahme des Rechtsgeschäfts ist als zulässig zu bewerten. Unzulässig ist hingegen eine nachgereichte Vollmachtsurkunde zwischen Vornahmezeitpunkt des Rechtsgeschäfts und Zurückweisung. Im Rahmen der Vorlage muss dem Erklärungsempfänger eine hinreichende Möglichkeit zur gedanklichen Wahrnehmung des Urkundsinhalts eingeräumt werden.

Elektronische Vollmachtsnachweise sind derzeit nicht denkbar, da der erforderliche Warnzweck der Schriftform der Vollmachtsurkunde durch eine qualifizierte elektronische Signatur (noch) nicht erreicht werden kann. Unterschriftenpads, die die Formzwecke der Schriftform wahren, können nicht eingesetzt werden, da sie weder die Schriftform i.S.d. § 126 BGB selbst noch die elektronische Form i.S.d. § 126a BGB wahren. Für eine Analogie in Form einer teleologischen Extension fehlt es an einer planwidrigen Regelungslücke. Überdies mangelt es bei elektronischen Vollmachtsnachweisen derzeit an einer praktikablen Vorlagemöglichkeit.

Der Arbeitgeber kann seinem Vertreter eine Blankovollmachtsurkunde aushändigen, die dieser dann zur Vollmachtsurkunde vervollständigt. Im Falle der offenen Blankettlage muss der Vertreter dem Arbeitnehmer eine schriftförmige

593 Soergel/*Leptien*, § 174 BGB Rn. 2; Staudinger/*Schilken*, § 174 BGB Rn. 3; MüKo-BGB/*Schramm*, § 174 BGB Rn. 4; Bamberger/Roth/*Valenthin*, § 174 BGB Rn. 6; *Kreße*, Anm. zu BGH, Beschl. v. 25.10.2012 – V ZB 5/12, NJ 2013, 208 (209).

Ausfüllungsermächtigung vorlegen, will er einer Zurückweisung nach § 174 S. 1 BGB entgehen. Auch die Verwendung von Inhaberurkunden ist zulässig.

Kündigt ein Prokurist, muss dieser ebenfalls eine Vollmachtsurkunde vorlegen. Insbesondere die Vorlage einer (beglaubigten) Abschrift bzw. eines (amtlichen) Ausdrucks des Handelsregisters sowie die offline-Anzeige eines elektronisch vom Registergericht übermittelten Dokuments sind keine ausreichenden Legitimationsnachweise. Seine Vertretungsmacht kann der Prokurist anstelle der Vorlage einer Vollmachtsurkunde auch nicht dadurch nachweisen, dass er vor den Augen des Erklärungsempfängers in Echtzeit eine elektronische Abfrage des Handelsregisters vornimmt (online-Einsicht), das Abfrageergebnis ausdruckt und dem Erklärungsempfänger vorlegt.

Bei der Kündigung durch eine Gesellschaft bürgerlichen Rechts könnte allenfalls durch die Vorlage einer lückenlosen Legitimations- und Nachweiskette vom (schriftförmigen) Ur-Gesellschaftsvertrag hin zur letzten gesellschaftsvertraglichen Änderung das von § 174 BGB geforderte Gewissheitsinteresse gestiftet werden. Eine Vorlage des (reinen) Gesellschaftsvertrags oder von Bestätigungserklärungen und Ermächtigungsurkunden ist im Hinblick auf den Normzweck des § 174 BGB ungeeignet. Hier ist ein Handeln des Gesetzgebers erforderlich.

Ein alleinvertretungsberechtigter Gesamtvertreter bei im Register publizierten Vertretungsverhältnissen muss zum Nachweis seiner Legitimation die Ermächtigungsurkunde der (übrigen) Gesamtvertreter vorlegen.

Im Falle der Unterbevollmächtigung sind die Untervollmachtsurkunde sowie die Hauptvollmachtsurkunde vorzulegen.

§ 7. Geltendmachung des Zurückweisungsrechts

Nach § 174 S. 1 BGB ist ein einseitiges Rechtsgeschäft, das ein Bevollmächtigter einem anderen gegenüber vornimmt, unwirksam, wenn der Bevollmächtigte eine Vollmachtsurkunde nicht vorlegt *und der andere das Rechtsgeschäft aus diesem Grunde unverzüglich zurückweist.* Die Zurückweisung des einseitigen Rechtsgeschäfts kann als empfangsbedürftige Willenserklärung[594] sowohl dem Vollmachtgeber als auch dem Vertreter gegenüber erklärt werden.[595] Sie ist zwar an keine Form gebunden, gleichwohl empfiehlt sich aus Beweisgründen ihre Abfassung in Schriftform i.S.v. § 126 Abs. 1 BGB.[596] Das Zugangsrisiko der Zurückweisung trägt der Zurückweisende selbst.[597] Wird die Zurückweisung durch einen rechtsgeschäftlichen Vertreter vorgenommen, muss der Zurückweisende sich ebenfalls mittels Vorlage einer Vollmachtsurkunde ausweisen. Andernfalls kommt die Zurückweisung selbst in die Gefahr der Zurückweisung nach § 174 S. 1 BGB (Zurückweisung der Zurückweisung).[598]

Bei der Lektüre der Norm und dabei insbesondere des letzten Teilsatzes ergeben sich zwei Fragen, deren Beantwortung ausschlagebend für die Bewertung der Wirksamkeit der Zurückweisung sind: zum einen, was unter Unverzüglichkeit (A.) zu verstehen ist und zum anderen, welche Anforderungen an die Zurückweisungserklärung (*aus diesem Grunde*) zu stellen sind (B.). Ist die Zurückweisung nicht unverzüglich oder erfolgt sie nicht aus dem von § 174 S. 1 BGB erfassten Grund, ist das einseitige Rechtsgeschäft nicht wirksam zurückgewiesen. Das Rechtsgeschäft ist dann zumindest nicht nach § 174 S. 1 BGB unwirksam.

A. Unverzüglichkeit der Zurückweisung

Wann die Zurückweisung unverzüglich ist, wird in der Rechtsprechung und Literatur nicht einheitlich bewertet. Geklärt ist jedoch, dass der Zurückweisende

---

594 Soergel/*Leptien*, § 174 BGB Rn. 3; Staudinger/*Schilken*, § 174 BGB Rn. 7; MüKo-BGB/*Schramm*, § 174 BGB Rn. 5; *Beck*, Erklärung von Kündigung und Abmahnung, S. 85; *S. Müller*, FA 2013, 37 (39).

595 Soergel/*Leptien*, § 174 BGB Rn. 3; Staudinger/*Schilken*, § 174 BGB Rn. 7; MüKo-BGB/*Schramm*, § 174 BGB Rn. 5; *S. Müller*, FA 2013, 37 (39).

596 *Diller*, FA 1999, 106 (109); *Lohr*, MDR 2000, 620 (624).

597 LAG Düsseldorf, Urt. v. 22.2.1995 – 4 Sa 1817/94, NZA 1995, 994 (995); Soergel/*Leptien*, § 174 BGB Rn. 3; MüKo-BGB/*Schramm*, § 174 BGB Rn. 6.

598 Siehe die in Fn. 142 Genannten.

die Zurückweisung *ohne schuldhaftes Zögern* i.S.d. § 121 Abs. 1 BGB zu erklären hat.[599] Es wird nicht die sofortige[600] Zurückweisung gefordert. Dem Erklärungsempfänger des einseitigen Rechtsgeschäfts muss vielmehr eine gewisse Zeit verbleiben, etwa um Rechtsrat einzuholen, bevor er zurückweist.[601]

Was unter Unverzüglichkeit konkret zu verstehen ist, insbesondere welche Zeiträume zwischen einer Kündigung und der Zurückweisung liegen dürfen, damit den Anforderungen des Gesetzes noch genügt ist, kann nicht pauschal beantwortet werden. Dass es auf feste Fristen insoweit nicht ankommen kann, liegt wegen des klaren Wortlauts (*unverzüglich*) auf der Hand. Andernfalls wäre ein starres Fristenregime schon vom Gesetzgeber selbst in die Norm des § 174 S. 1 BGB aufgenommen worden. Einigkeit besteht daher zu Recht darüber, dass es für die Bewertung der Unverzüglichkeit auf eine einzelfallbezogene Betrachtung ankommt, die die jeweiligen Besonderheiten angemessen berücksichtigt.[602]

---

599 St. Rspr.: BAG, Urt. v. 30.5.1978 – 2 AZR 633/76, AP Nr. 2 zu § 174 BGB (II 2 a der Gründe); BAG, Urt. v. 11.7.1991 – 2 AZR 107/91, AP Nr. 9 zu § 174 BGB (B II 2 a der Gründe); BAG, Urt. v. 8.12.2011 – 6 AZR 354/10, NZA 2012, 495 (499); HaKo-KSchR/*Fiebig/Mestwerdt*, Einleitung Rn. 72; KR/*Friedrich*, § 13 KSchG Rn. 344; Soergel/*Leptien*, § 174 BGB Rn. 3; MüKo-BGB/*Schramm*, § 174 BGB Rn. 6; *Beck*, Erklärung von Kündigung und Abmahnung, S. 87; *Brehsan/Gohrke/Opolony*, ZIP 2001, 773 (779).

600 Gelegentlich findet man die Annahme, dass die Zurückweisung unter Anwesenden sofort zu erfolgen hätte, vgl. etwa: MüKo-BGB/*Schramm*, § 174 BGB Rn. 5; *Deggau*, JZ 1982, 796 (797). Auf diese Frage soll hier jedoch nicht weiter eingegangen werden. Vielmehr wird mit der h.A. das Erfordernis einer sofortigen Zurückweisung abgelehnt, siehe dazu die in Fn. 601 Genannten. Dass die Zurückweisung anders als eine Beanstandung nach § 180 S. 2 BGB unter Anwesenden nicht sofort zu erfolgen hat, folgt aus dem unterschiedlichen Wortlaut der beiden Normen: „*(…) bei der Vornahme des Rechtsgeschäfts nicht beanstandet (…)*" für § 180 S. 2 BGB; „*(…) das Rechtsgeschäft aus diesem Grunde unverzüglich zurückweist.*" für § 174 BGB.

601 St. Rspr.: BAG, Urt. v. 30.5.1978 – 2 AZR 633/76, AP Nr. 2 zu § 174 BGB (II 2 a der Gründe) m.w.N.; BAG, Urt. v. 5.4.2001 – 2 AZR 159/00, NZA 2001, 954 (959) m.w.N.; BAG, Urt. v. 8.12.2011 – 6 AZR 354/10, NZA 2012, 495 (499); HaKo-KSchR/*Fiebig/Mestwerdt*, Einleitung Rn. 72; KR/*Friedrich*, § 13 KSchG Rn. 344; ErfK/*Müller-Glöge*, § 620 BGB Rn. 26; MüKo-BGB/*Schramm*, § 174 BGB Rn. 6, der eine Überlegungszeit jedoch nicht gewähren will; *Brehsan/Gohrke/Opolony*, ZIP 2001, 773 (780); *Diller*, FA 1999, 106 (108); *Lohr*, MDR 2000, 620 (624).

602 St. Rspr.: BAG, Urt. v. 30.5.1978 – 2 AZR 633/76, AP Nr. 2 zu § 174 BGB (II 2 a der Gründe); BAG, Urt. v. 5.4.2001 – 2 AZR 159/00, NZA 2001, 954 (959); BAG, Urt. v. 8.12.2011 – 6 AZR 354/10, NZA 2012, 495 (499); HaKo-KSchR/*Fiebig/Mestwerdt*, Einleitung Rn. 72; ErfK/*Müller-Glöge*, § 620 BGB Rn. 26; *Beck*, Erklärung von

Unklar ist jedoch, ob es eine absolute Höchstfrist gibt bzw. bis zu welchem Zeitpunkt eine Zurückweisung in jedem Fall noch unverzüglich ist. Wendet man den Blick auf die Rechtsprechung und die Ansichten des Schrifttums zur Unverzüglichkeit der Zurückweisung, ergibt sich Folgendes:

Aus der Rechtsprechung des BAG folgt, dass eine Zurückweisung, die erst nach Ablauf der Klagefrist i.S.d. § 4 S. 1 KSchG zugestellt wurde,[603] also drei Wochen nach Zugang der Kündigung erfolgt, nicht mehr unverzüglich ist. Das BAG geht in seinen neueren Entscheidungen weiter davon aus, dass eine erst nach einem Zeitraum von mehr als einer Woche erfolgte Zurückweisung nicht mehr unverzüglich ist, wenn keine besonderen Umstände vorliegen.[604] Dabei beginne der Zeitraum für die Beurteilung der Unverzüglichkeit mit der tatsächlichen Kenntnis des Arbeitnehmers bzw. Erklärungsempfängers von der Kündigung und dem Fehlen der Vorlage der Vollmachtsurkunde.[605] Auch aus der Rechtsprechung der LAGe folgt ein sehr stark vom Einzelfall geprägtes Bild hinsichtlich des Zeitraums der Unverzüglichkeit. So wurde die Zurückweisung nach sechs Tagen[606] als ausreichend, nach neun Tagen[607] jedoch als nicht mehr unverzüglich angesehen. In einem anderen Fall wurden gar zehn Tage[608] für zulässig erachtet. Ein mehr als 14-tägiges Zuwarten soll den Anforderungen an die Unverzüglichkeit jedenfalls dann nicht mehr genügen können, wenn keine besonderen

---

Kündigung und Abmahnung, S. 88; *Brehsan/Gohrke/Opolony*, ZIP 2001, 773 (779); *Howald*, öAT 2012, 246 (248).

603 BAG, Urt. v. 11.3.1999 – 2 AZR 427/98, NZA 1999, 818 (819).

604 BAG, Urt. v. 8.12.2011 – 6 AZR 354/10, NZA 2012, 495 (499); BAG, Urt. v. 13.12.2012 – 6 AZR 348/11, NZA 2013, 669 (676); BAG, Urt. v. 25.4.2013 – 6 AZR 49/12, juris Rn. 126.

605 BAG, Urt. v. 8.12.2011 – 6 AZR 354/10, NZA 2012, 495 (499); BAG, Urt. v. 13.12.2012 – 6 AZR 348/11, NZA 2013, 669 (676); BAG, Urt. v. 25.4.2013 – 6 AZR 49/12, juris Rn. 126, für den Fall der Beanstandung nach § 180 S. 2 BGB in Anwendung der Grundsätze zu § 174 BGB; vgl. auch OLG München, Urt. v. 4.8.1995 – 21 U 5934/94, NJW-RR 1997, 904, das in folgender Situation eine unverzügliche Zurückweisung erblickte: Zugang der Kündigung am 13.8.1993, tatsächliche Kenntnis von der Kündigung 6.9.1993, Zurückweisung mit Schreiben vom 7.9.1993.

606 LAG Hamm, Urt. v. 29.5.2009 – 7 Sa 1643/08, juris Rn. 16.

607 LAG Hessen, Urt. v. 20.6.2000 – 9 Sa 1899/99, NZA-RR 2000, 585 (586).

608 LAG Hessen, Urt. v. 27.11.1997 – 5 Sa 24/97, juris Rn. 63; LAG Mecklenburg-Vorpommern, Urt. v. 24.2.2009 – 5 Sa 256/08, NZA-RR 2009, 528 (529 f.); wohl auch LAG Hessen, Urt. v. 25.7.2011 – 17 Sa 123/11, juris Rn. 52.

Umstände vorgetragen werden.[609] Auch in der Literatur gibt es eine ganz unterschiedliche Wahrnehmung, wann ein Zeitraum (noch) unverzüglich ist: von drei bis vier Tagen im Schriftverkehr[610] über sieben Tage[611] bis hin zu zwei Wochen[612] wird dabei nahezu alles vertreten.

Die Bewertung der Unverzüglichkeit hat sich in erster Linie am Regelungsgehalt des § 174 BGB selbst zu orientieren:[613] Zu berücksichtigen ist daher die Charakteristik des Zurückweisungsrechts. Es wird dem Arbeitnehmer gewährt, damit er Gewissheit und Klarheit darüber erlangen kann, ob das Rechtsgeschäft wirksam ist. Er soll die Vertretungsverhältnisse nicht erst erforschen müssen, um sich über die Wirksamkeit des Rechtsgeschäfts klar zu werden. Auf der anderen Seite ist zu berücksichtigen, dass eine wirksame Zurückweisung zur Unwirksamkeit der Kündigung führt. Infolgedessen muss der Kündigende sie erneut vornehmen, um das Arbeitsverhältnis zu beenden.[614] Insbesondere wegen einer etwaigen Fristgebundenheit nach § 626 Abs. 2 BGB oder der Verschiebung des Fristenkorridors i.R.d. ordentlichen Kündigungsfrist hat der Kündigende ein schützenswertes Interesse an „zügiger" Zurückweisung.[615] Nach der Rechtsprechung des BAG kommt noch ein weiterer Gesichtspunkt hinzu:

---

609 LAG Düsseldorf, Urt. v. 22.2.1995 – 4 Sa 1817/94, NZA 1995, 994 (995); LAG Bremen, Urt. v. 22.11.2006 – 2 Sa 205/06, juris Rn. 69; LAG Hessen, Urt. v. 31.10.2011 – 17 Sa 1667/10, juris Rn. 42.

610 KR/*Friedrich*, § 13 KSchG Rn. 344; *Brehsan/Gohrke/Opolony*, ZIP 2001, 773 (780); *Deggau*, JZ 1982, 796 (797); *Diller*, FA 1999, 106 (108), der das Einhalten von drei Arbeitstagen verlangt; *Mirwald*, AnwZert ArbR 5/2008, Anm. 1.

611 Schaub ArbR-Hb/*Linck*, § 123 Rn. 33, *Hohmeister*, ArbuR 1992, 143 (147) und *Klein*, NZA 2004, 1198, die auf den Ablauf von 10 Tagen abstellen; ErfK/*Müller-Glöge*, § 620 BGB Rn. 26, *Mirwald*, AnwZert ArbR 5/2008, Anm. 1, die hierin eine Höchstfrist sehen; *Kliemt*, Formerfordernisse, S. 218; *Lohr*, MDR 2000, 620 (625); *Meyer/Reufels*, NZA 2011, 5 (6).

612 Soergel/*Leptien*, § 174 BGB Rn. 3, der 2 Wochen im seltensten Fall als ausreichend anerkennen mag; *Kliemt*, Formerfordernisse, S. 218, der insoweit aus Rechtssicherheitserwägungen eine „Obergrenze" für geboten hält.

613 Vgl. BAG, Urt. v. 8.12.2011 – 6 AZR 354/10, NZA 2012, 495 (499); BAG, Urt. v. 13.12.2012 – 6 AZR 348/11, NZA 2013, 669 (676); BAG, Urt. v. 25.4.2013 – 6 AZR 49/12, juris Rn. 126, für den Fall der Beanstandung nach § 180 S. 2 BGB in Anwendung der Grundsätze zu § 174 BGB.

614 Siehe oben: § 3 B. II.

615 Vgl. Soergel/*Leptien*, § 174 BGB Rn. 3; vgl. auch *Meyer/Reufels*, NZA 2011, 5 (6), die die Fristenausschöpfung sogar als taktisches Mittel der Arbeitnehmer anführen.

Die Zurückweisung erfordert keinen Abwägungsprozess des Arbeitnehmers.[616] Sein Aufwand zur Geltendmachung des Zurückweisungsrechts ist daher ein geringer. Bei Berücksichtigung des Interesses des Kündigenden ist es daher folgerichtig, mit der ganz überwiegenden Ansicht[617] davon auszugehen, dass die dem Arbeitnehmer zuzubilligende Zeit zur Zurückweisung angemessen kurz zu sein hat. Schließlich hat § 174 BGB nicht die Sanktion des Erklärenden, sondern eine Zerstörung der Ungewissheit zugunsten des Erklärungsempfängers im Blick. Ausschlaggebend für die Wahrung des Unverzüglichkeitsfrist ist der Zugang der Zurückweisungserklärung beim Arbeitgeber und nicht etwa die Abgabe der Erklärung.[618]

Unter Berücksichtigung der Rechtsprechung des BGH[619], nach der die Rückwirkung des § 167 ZPO auch für materiell-rechtliche Fristen gilt, ist fraglich, ob eine Zurückweisungserklärung in der Kündigungsschutzklage das Erfordernis der Unverzüglichkeit wahren kann.[620] Dies ist abzulehnen, da bei Erklärung der Zurückweisung im Schriftsatz eine vermeidbare Verzögerung vorliegt. Eine Zustellung durch das Gericht dauert zwangsläufig länger als eine direkte Erklärung gegenüber dem Kündigenden.[621] Außerdem wird bei der Zustellung durch das Gericht die Prozessvollmacht des Rechtsanwalts nicht mitgesendet, sodass dann die Zurückweisungserklärung selbst wiederum zurückgewiesen werden kann.[622]

---

616 BAG, Urt. v. 8.12.2011 – 6 AZR 354/10, NZA 2012, 495 (499); BAG, Urt. v. 13.12.2012 – 6 AZR 348/11, NZA 2013, 669 (676); BAG, Urt. v. 25.4.2013 – 6 AZR 49/12, juris Rn. 126, für den Fall der Beanstandung nach § 180 S. 2 BGB in Anwendung der Grundsätze zu § 174 BGB.

617 BAG, Urt. v. 8.12.2011 – 6 AZR 354/10, NZA 2012, 495 (499); BAG, Urt. v. 13.12.2012 – 6 AZR 348/11, NZA 2013, 669 (676); BAG, Urt. v. 25.4.2013 – 6 AZR 49/12, juris Rn. 126, für den Fall der Beanstandung nach § 180 S. 2 BGB in Anwendung der Grundsätze zu § 174 BGB; Soergel/*Leptien*, § 174 BGB Rn. 3; Staudinger/*Schilken*, § 174 BGB Rn. 9; MüKo-BGB/*Schramm*, § 174 BGB Rn. 6; *Brehsan/Gohrke/Opolony*, ZIP 2001, 773 (780); *Deggau*, JZ 1982, 796 (797); *Diller*, FA 1999, 106 (108); *Mirwald*, AnwZert ArbR 5/2008, Anm. 1; *Schmiegel/Yalçin*, ZTR 2011, 395 (398); wohl auch BAG, Urt. v. 5.4.2001 – 2 AZR 159/00, NZA 2001, 954 (959).

618 *Könemann*, AnwZert ArbR 2/2011, Anm. 1.

619 BGH, Urt. v. 17.7.2008 – I ZR 109/05, NJW 2009, 765 (767).

620 Vgl. *Nägele/Gertler*, NZA 2010, 1377 (1380); *Schmiegel/Yalçin*, ZTR 2011, 395 (398 f.).

621 *Diller*, FA 1999, 106 (109); *Könemann*, AnwZert ArbR 2/2011, Anm. 1; *Nägele/Gertler*, NZA 2010, 1377 (1380); *Schmiegel/Yalçin*, ZTR 2011, 395 (398 f.).

622 *Diller*, FA 1999, 106 (109).

Im Ergebnis lässt sich daher sagen, dass nur eine wenige Tage nach der Vornahme des Rechtsgeschäfts erfolgte Zurückweisung noch unverzüglich ist.[623] Wie lang eine Zeitspanne (höchstens) sein darf, damit die Zurückweisung noch als rechtzeitig (unverzüglich) zugegangen erscheint, ist immer Frage des Einzelfalls. Derjenige, der sich auf die Rechtzeitigkeit der Zurückweisung beruft, hat sein fehlendes Verschulden für das Zuwarten darzulegen und zu beweisen.[624] Abzuwarten bleibt es, ob in jedem Fall eine Zurückweisung nach Ablauf einer Woche die Darlegung der besonderen Umstände des Einzelfalls durch den Zurückweisenden erforderlich machen wird und ob wie von *Howald* angenommen, durch diese Rechtsprechung eine „Regelfrist von einer Woche“[625] statuiert wird. Ein erster Schritt in diese Richtung ist in der neueren Rechtsprechung des BAG zu erkennen.[626] Wegen der zu berücksichtigenden Besonderheiten des § 174 BGB ist dieser Schritt des BAG zu begrüßen.

B. Anforderungen an die Zurückweisungserklärung

Neben der Unverzüglichkeit sind für die wirksame Zurückweisung der Zurückweisungsgrund und die Ausgestaltung der Zurückweisungserklärung maßgeblich.

I. Zurückweisungsgrund

1. *Gesetzeswortlaut:* „aus diesem Grunde“

Es stellt sich zunächst die Frage, was der Grund der Zurückweisung sein muss. Betrachtet man die Norm des § 174 S. 1 BGB isoliert, erschließt sich schon daraus, dass die Zurückweisung nur wirksam ist, wenn sie die fehlende Vorlage der Vollmachtsurkunde rügt.[627] Das bringt das Gesetz zum Ausdruck, indem es die Worte „*aus diesem Grunde*“ verwendet. In negativer Hinsicht schließt das Gesetz

---

623 So HaKo-KSchR/*Fiebig/Mestwerdt*, Einleitung Rn. 72; vgl. auch die in Fn. 610 Genannten.

624 BGH, Urt. v. 27.10.2000 – V ZR 172/99, NJW 2001, 220 (221); LAG Hessen, Urt. v. 27.11.1997 – 5 Sa 24/97, juris Rn. 63; Soergel/*Leptien*, § 174 BGB Rn. 9; Staudinger/*Schilken*, § 174 BGB Rn. 13; Bamberger/Roth/*Valenthin*, § 174 BGB Rn. 15; *S. Müller*, FA 2013, 37 (39).

625 *Howald*, öAT 2012, 246 (248).

626 Vgl. die in Fn. 604 Genannten.

627 BAG, Urt. v. 18.12.1980 – 2 AZR 980/78, NJW 1981, 2374 (2375); BAG, Urt. v. 19.4.2007 – 2 AZR 180/06, NZA-RR 2007, 571 (575); KR/*Friedrich*, § 13 KSchG Rn. 347; Soergel/*Leptien*, § 174 BGB Rn. 3; *Meyer/Reufels*, NZA 2011, 5 (6).

damit aus, dass ein anderer Grund für die Zurückweisung nutzbar gemacht werden kann.[628] Erfasst sind aber freilich diejenigen Fälle, die dem der fehlenden Vorlage der Vollmachtsurkunde gleichzustellen sind, also die Vorlage unklarer, unleserlicher und lediglich in Bezug genommener Vollmachtsurkunden sowie von Vollmachtsurkunden mit zweifelhaftem Inhalt.

2. *Problematik des Vertreters ohne Vertretungsmacht*

Probleme treten hinsichtlich des Grundes der Zurückweisung regelmäßig im Zusammenhang mit dem Handeln eines Vertreters ohne Vertretungsmacht auf.[629] Die Abgrenzung des Handelns des Vertreters ohne Vertretungsmacht zum Handeln eines Vertreters mit Vertretungsmacht, der keine Vollmachtsurkunde vorlegt, bereitet häufig Schwierigkeiten[630], kann doch der Erklärungsempfänger im Vorfeld der Rechtswahrnehmung nicht erkennen, ob der Vertreter Vertretungsmacht hat. Infolgedessen kann er auch nicht erkennen, wie er auf den Mangel reagieren muss, um den einschlägigen Mangel (der Vertretungsmacht oder der Vorlage der Vollmachtsurkunde) wirksam zu rügen oder die Erklärung erfolgreich unwirksam zu machen. So weiß der Erklärungsempfänger nicht, ob der Vertreter überhaupt Vertretungsmacht hat. Seine Ungewissheit über die Wirksamkeit des Rechtsgeschäfts soll durch das Zurückweisungsrecht gemäß § 174 BGB gerade geschützt werden.[631] Die Verquickung der Konstellation des Vertreters ohne Vertretungsmacht mit derjenigen des Vertreters mit Vertretungsmacht, der eine Vollmachtsurkunde nicht vorlegt, ergibt rechtsdogmatisch eine nicht zu unterschätzende Schwierigkeit für den jeweiligen zu rügenden Mangel. Potentielle Überschneidungen zwischen § 180 BGB und § 174 BGB werden in der Folge analysiert und einer Lösung zugeführt.

a. *Exklusivität zwischen Nichtvorlage der Vollmachtsurkunde und mangelnder Vertretungsmacht*

Zu beachten ist, dass § 180 S. 2 BGB nur selten zur Anwendung kommt. Regelfall ist die Unwirksamkeit des Handelns des Vertreters ohne Vertretungsmacht nach § 180 S. 1 BGB. Auf diese Unwirksamkeit kann sich der Erklärungsempfänger

---

628 KR/*Friedrich*, § 13 KSchG Rn. 347; Soergel/*Leptien*, § 174 BGB Rn. 3; MüKo-BGB/*Schramm*, § 174 BGB Rn. 5; Bamberger/Roth/*Valenthin*, § 174 BGB Rn. 8.

629 Vgl. etwa: BAG, Urt. v. 18.12.1980 – 2 AZR 980/78, NJW 1981, 2374 (2375); BAG, Urt. v. 19.4.2007 – 2 AZR 180/06, NZA-RR 2007, 570 ff.; *Meyer/Reufels*, NZA 2011, 5.

630 Siehe zu dieser Problematik instruktiv: *Meyer/Reufels*, NZA 2011, 5 (8).

631 Siehe oben: § 3 B. II.

ohne eine eigenständige Rüge berufen (Berufenserklärung). Die Unwirksamkeit nach § 180 S. 1 BGB erfolgt ipso jure (siehe dazu: b.). Daher kann es allein zwischen der Beanstandung nach § 180 S. 2 BGB und der Zurückweisung nach § 174 S. 1 BGB zu Überschneidungen kommen.

In beiden Fällen besteht wegen des klaren Wortlauts und der Systematik und unter Berücksichtigung der jeweiligen Rechtsfolgen Exklusivität.[632] Dem Erklärungsempfänger eines einseitigen Rechtsgeschäfts steht jeweils eine eigenständige Rüge für den jeweiligen Fall zur Verfügung (§ 174 S. 1/§ 180 S. 2 BGB), jedoch keine für beide Fälle zusammen.[633] Andernfalls bedürfte es der separaten Regelungen in § 174 BGB einerseits und § 180 BGB andererseits nicht. Nimmt man die Rechtsfolgen der Beanstandung nach § 180 S. 2 BGB und der Zurückweisung nach § 174 S. 1 BGB in den Blick, erhellt sich die Notwendigkeit einer Trennung beider Tatbestände. Das einseitige vom Vertreter ohne Vertretungsmacht vorgenommene Rechtsgeschäft ist im Falle der Beanstandung unwirksam und im Falle der Nichtbeanstandung schwebend unwirksam (vgl. § 180 S. 2 BGB). Im Anwendungsbereich des § 174 BGB ist das wirksam zurückgewiesene Rechtsgeschäft unwirksam. Das nicht wirksam zurückgewiesene Rechtsgeschäft ist hingegen wirksam.

Konsequenterweise umfasst der Fall des § 174 S. 1 BGB daher wegen seines klaren Wortlauts lediglich die Zurückweisung des einseitigen Rechtsgeschäfts wegen Nichtvorlage der Vollmachtsurkunde durch den Bevollmächtigten. Der Fall des § 180 S. 2 BGB hingegen erfasst allein die Rüge der behaupteten, aber fehlenden Vertretungsmacht,[634] trotz Kenntnis von der Vertretungsmacht[635].

---

632 In diese Richtung auch: BGH, Beschl. v. 25.10.2012 – V ZB 5/12, NJW 2013, 297 (298); BAG, Urt. v. 18.2.1993 – 2 AZR 482/92, juris Rn. 13; BAG, Urt. v. 19.4.2007 – 2 AZR 180/06, NZA-RR 2007, 571 (575); *Kliemt*, Formerfordernisse, S. 219; *Meyer/Reufels*, NZA 2011, 5 (8 f.), die sogar die Gefahr des venire contra factum proprium für den Fall sehen, dass der Zurückweisende sich später auf das Nichtbestehen der Vollmacht beruft und deren Fehlen beanstandet; *Schäder*, ArbRB 2007, 151 (152). Siehe dazu auch schon oben: § 3 B. I.

633 Vgl. BAG, Urt. v. 18.12.1980 – 2 AZR 980/78, NJW 1981, 2374 (2375); BAG, Urt. v. 19.4.2007 – 2 AZR 180/06, NZA-RR 2007, 570 (575); Moll/*Vossen*, § 42 Rn. 26; *Meyer/Reufels*, NZA 2011, 5 (6, 8 f.).

634 Vgl. Soergel/*Leptien*, § 180 BGB Rn. 9; ErfK/*Müller-Glöge*, § 620 BGB Rn. 26 und 29; Bamberger/Roth/*Valenthin*, § 180 BGB Rn. 7; Moll/*Vossen*, § 42 Rn. 26; *Kliemt*, Formerfordernisse, S. 218 f.; *Meyer/Reufels*, NZA 2011, 5 (8); a.A. aber scheinbar: Staudinger/*Schilken*, § 180 BGB Rn. 7; MüKo-BGB/*Schramm*, § 180 BGB Rn. 8; siehe auch schon oben: § 3 B. I.

635 Siehe oben: § 3 A. I. 2.

Für die hier vertretene Exklusivität spricht auch die momentan von der h.A. befürwortete unterschiedliche Behandlung der Unwirksamkeitsgründe nach § 174 BGB und § 180 S. 2 BGB i.R.d. Kündigungsschutzklage. So wird der Fall des § 174 S. 1 BGB regelmäßig als Unwirksamkeitsgrund i.S.d. §§ 4 S. 1, 13 Abs. 3 KSchG angesehen,[636] während der Fall des § 180 BGB nicht hierunter fallen soll.[637]

b. *Folgerungen für den Grund der Zurückweisung bei vollmachtlosem Handeln aus der Exklusivität*

Unabhängig von der Exklusivität ist eine Überscheidung der Gründe der Rügen nur selten zu befürchten: Anders als von der h.M. angenommen, verbleibt für die Beanstandung der fehlenden Vertretungsmacht nach § 180 S. 2 BGB nur ein schmaler Bereich.[638] Nur dort, wo der Erklärungsempfänger vom Mangel der Vertretungsmacht weiß, kommt eine Anwendung des § 180 S. 2 BGB überhaupt in Betracht. Für diesen engen Anwendungsbereich kann es zu Überschneidungen zwischen der Zurückweisung nach § 174 BGB und der Beanstandung nach § 180 S. 2 BGB kommen. Eine Überschneidung mit der Berufenserklärung nach § 180 S. 1 BGB ist nicht möglich, da diese nur deklaratorisch ist.

Zu einer Überschneidung der Gründe der Rügen kann es also nur dort kommen, wo dem Erklärungsempfänger das vollmachtslose Vertreterhandeln bekannt ist. Welche Rüge in diesem Fall zu wählen ist, ist keine Frage des Tatbestands und damit des Zurückweisungsrechts, sondern eine Frage der Erklärung (Rüge) und ihrer Auslegung.

Erst der Erklärungsgehalt der Rüge entscheidet, welcher Tatbestand letztlich angesteuert wird. Daher ist auch allein auf dieser Ebene nach einer Harmonisierung der Rügemöglichkeiten zu suchen, nicht schon auf der Tatbestandsebene.

II. Inhaltliche Anforderungen an die Zurückweisungserklärung

Für die Wirksamkeit der Zurückweisung kommt es entscheidend darauf an, ob die Erklärung als Zurückweisungserklärung nach § 174 S. 1 BGB zu qualifizieren ist. Allgemein wird es für ausreichend erachtet, wenn sich der

---

636 APS/*Hesse*, § 4 KSchG Rn. 10c; ErfK/*Kiel*, § 4 KSchG Rn. 4; *Bender/Schmidt*, NZA 2004, 358 (362); *Fornasier/Werner*, NJW 2007, 2729 (2733); *Meyer/Reufels*, NZA 2011, 5.

637 BAG, Urt. v. 26.3.2009 – 2 AZR 403/07, NZA 2009, 1146 (1147); APS/*Hesse*, § 4 KSchG Rn. 10c; ErfK/*Kiel*, § 4 KSchG Rn. 6; *Bender/Schmidt*, NZA 2004, 358 (362); *Fornasier/Werner*, NJW 2007, 2729 (2733); *Raab*, RdA 2004, 321 (324).

638 Siehe oben: § 3 A. I. 2.

Grund der Zurückweisung aus den Umständen ergibt und für denjenigen, der das Rechtsgeschäft vornimmt bzw. den Vertretenen erkennbar ist.[639] Die Zurückweisungserklärung ist als empfangsbedürftige Willenserklärung[640] auslegungsfähig i.S.d. §§ 133, 157 BGB.[641] Eine Erklärung, die das Fehlen der Vorlage einer Vollmachtsurkunde rügt, kann mit anderen Erklärungen zusammen abgegeben werden.[642]

Immer wieder ist zu lesen, dass die Zurückweisung ausdrücklich wegen Fehlens einer Vollmacht erfolgen müsse bzw. könne.[643] Eine so gewählte Formulierung[644] ist problematisch und insbesondere keine Rüge i.S.d. § 174 S. 1 BGB.[645] Die Auslegung des Begriffs „Vollmacht" nach dem objektiven Empfängerhorizont (§§ 133, 157 BGB) ergibt, dass mit „Vollmacht" nur die rechtsgeschäftlich erteilte *Vertretungsmacht* gemeint sein kann. Das Gesetz selbst definiert die Vollmacht in § 166 Abs. 2 BGB in diesem Sinne. Rügt nun der Erklärungsempfänger eines einseitigen Rechtsgeschäfts das Fehlen der Vollmacht, rügt er damit das Fehlen rechtsgeschäftlich erteilter Vertretungsmacht. Dieser Fall ist aber kein Fall des § 174 BGB, sondern ein Fall des § 180 S. 2 BGB oder der Berufenserklärung nach § 180 S. 1 BGB.[646] Eine so geartete Erklärung richtet sich daher nicht gegen die fehlende Vorlage der Vollmachtsurkunde bei Vornahme des Rechtsgeschäfts.

Dieser Misslichkeit ließe sich dadurch begegnen, dass man in jedem Beanstanden bzw. Berufen auf die Unwirksamkeit wegen vollmachtlosem Handeln auch automatisch eine Zurückweisung i.S.d. § 174 S. 1 BGB erblicken würde. Ob

---

639 BAG, Urt. v. 19.12.1980 – 2 AZR 980/78, NJW 1981, 2374 (2375); BAG, Urt. v. 18.2.1993 – 2 AZR 482/92, juris Rn. 14; KR/*Friedrich*, § 13 KSchG Rn. 347; Soergel/*Leptien*, § 174 BGB Rn. 3; Schaub ArbR-Hb/*Linck*, § 123 Rn. 32; *Beck*, Erklärung von Kündigung und Abmahnung, S. 85; *Kliemt*, Formerfordernisse, S. 218; *Deggau*, JZ 1982, 796 (797); *Lohr*, MDR 2000, 620 (624); *Petersen*, JURA 2005, 248 (249).

640 Siehe die in Fn. 594 Genannten.

641 *Beck*, Erklärung von Kündigung und Abmahnung, S. 85 m.w.N.

642 BGH, Beschl. v. 25.10.2012 – V ZB 5/12, NJW 2013, 297 (298); Soergel/*Leptien*, § 174 BGB Rn. 3; Bamberger/Roth/*Valenthin*, § 174 BGB Rn. 8; *Könemann*, AnwZert ArbR 2/2011, Anm. 1.

643 Vgl. etwa *Deggau*, JZ 1982, 796 (797); *Hohmeister*, ArbuR 1992, 143 (147); ähnlich irreführend auch: MüKo-BGB/*Schramm*, § 180 BGB Rn. 8 – klar und zutreffend hingegen bei § 174 BGB Rn. 5.

644 Einer solchen Formulierung hat das LAG Hessen, Urt. v. 28.3.2008 – 3 Sa 61/08, juris Rn. 17 zu Recht die Anerkennung als Zurückweisung verweigert.

645 *Diller*, FA 1999, 106 (108); *Könemann*, AnwZert ArbR 2/2011, Anm. 1 Fn. 9.

646 Siehe dazu schon oben: § 3 B. I.

eine solche „Beanstandungserklärung“ auch eine Zurückweisung enthalten kann bzw. in jedem Falle enthält, ist umstritten.

1. E.A.: Beanstandung enthält keine Zurückweisung

Schon im Jahr 1980 stellte das BAG[647] klar, dass eine „Beanstandung der behaupteten Vertretungsmacht nach § 180 BGB (...) nicht zugleich auch eine Zurückweisung wegen des fehlenden Nachweises der Vertretungsmacht“ enthält. Das entspreche der bei § 174 BGB zu berücksichtigenden Interessenlage beider Parteien, nämlich auf der einen Seite dem Gewissheitsinteresse des Erklärungsempfängers über die Wirksamkeit des Rechtsgeschäfts und auf der anderen Seite dem Interesse des Kündigenden, zu wissen, ob er das Rechtsgeschäft erneut vornehmen muss. Im Falle des § 180 BGB könne sich der Kündigende darauf beschränken, die erteilte Ermächtigung (später) nachzuweisen.[648] Dem folgte die spätere Rechtsprechung,[649] was sich – wie zu zeigen sein wird – auch durch eine neuere Entscheidung des BGH[650] nicht ändert.

In der Literatur hat sich in neuerer Zeit vor allem *Leder*[651] dagegen ausgesprochen, dass die Beanstandung nach § 180 S. 2 BGB auch die Zurückweisung nach § 174 S. 1 BGB enthalte. Andernfalls würden die Interessen des Vertretenen nicht hinreichend berücksichtigt. Dieser könne beim tatsächlichen Bestehen der Vertretungsmacht den Nachweis dieser i.R.d. § 180 BGB noch erbringen, was ihm i.R.d. § 174 BGB nicht möglich sei. Die Rechtsfolgen des § 174 BGB treffen den Vertretenen daher besonders hart. Weiter würden diese Rechtsfolgen – sofortige Gewissheit über die Wirksamkeit des Rechtsgeschäfts – den Erklärungsempfänger besonders schützen. Daher sei es gerechtfertigt und notwendig, dessen Erklärung an strenge Voraussetzungen zu knüpfen.[652]

---

647 BAG, Urt. v. 18.12.1980 – 2 AZR 980/78, NJW 1981, 2374 (2375).

648 BAG, Urt. v. 18.12.1980 – 2 AZR 980/78, NJW 1981, 2374 (2375).

649 Vgl. etwa: BAG, Urt. v. 18.2.1993 – 2 AZR 482/92, juris Rn. 15; LG Hildesheim, Beschl. v. 12.12.2011 – 5 T 278/11 (nicht rechtskräftig/aufgehoben durch BGH, Beschl. v. 25.10.2012 – V ZB 5/12, NJW 2013, 297), juris Rn. 18; LAG Hessen, Urt. v. 28.3.2008 – 3 Sa 61/08, juris Rn. 17.

650 BGH, Beschl. v. 25.10.2012 – V ZB 5/12, NJW 2013, 297; dem folgend: *Kreße*, Anm. zu BGH, Beschl. v. 25.10.2012 – V ZB 5/12, NJ 2013, 208.

651 *Leder*, Beendigung von Arbeitsverhältnissen, S. 40 ff.; vgl. auch HK-ArbR/*Fiebig*, Vor §§ 1 ff. KSchG Rn. 37.

652 *Leder*, Beendigung von Arbeitsverhältnissen, S. 41.

2. *A.A.: Beanstandung enthält eine Zurückweisung*

Die in der Literatur zu dieser Thematik gemachten Äußerungen gehen – soweit ersichtlich – nahezu einhellig davon aus, dass eine Beanstandung auch eine Zurückweisung enthält.[653] Derjenige, der beanstandet, bringe damit zum Ausdruck, ihm sei eine Vollmacht jedenfalls nicht bekannt.[654]

3. *Eigene Stellungnahme*

Nach einer neueren Entscheidung des BGH[655] ist es zwar denkbar, dass eine Erklärung neben einer Beanstandung auch eine Zurückweisung enthält. Dies soll aber nur dann der Fall sein, wenn „eindeutig hervorgeht, dass das Bestehen der Vertretungsmacht bemängelt und zugleich das Rechtsgeschäft wegen der fehlenden Vorlage einer Vollmachtsurkunde zurückgewiesen wird".[656] Das galt jedoch schon zuvor bzw. gilt in der arbeitsrechtlichen Rechtsprechung nach wie vor.[657] Dass eine Erklärung neben einer Beanstandung auch eine Zurückweisung enthalten kann, wenn die Zurückweisung eindeutig auch gewollt ist, besagt jedoch nichts darüber, ob die Zurückweisung auch in der Beanstandung enthalten ist.

Für die Beantwortung dieser Frage empfiehlt sich folgende gestufte Prüfung:

(1.) Ist die Erklärung nicht eindeutig, ist danach zu forschen, ob die Auslegung der Erklärung gemäß §§ 133, 157 BGB Klarheit darüber bringt, dass für den Dritten erkennbar ausschließlich eine Beanstandung oder ausschließlich eine Zurückweisung gewollt ist. Bejahendenfalls scheidet die jeweils andere Erklärung im Regelfall aus. Denn wie gezeigt, rügt die Beanstandung die Vertretungsmacht und die Zurückweisung deren Nachweis per Vollmachtsurkunde[658]. Teils wird auch vertreten, dass zumindest in dem Fall, in dem der Arbeitnehmer ohne Zuhilfenahme eines Prozessbevollmächtigten die Kündigung selbst zurückweist,

---

653 KR/*Friedrich*, § 13 KSchG Rn. 347; wohl auch MüKo-BGB/*Schramm*, § 180 BGB Rn. 8; *Beck*, Erklärung von Kündigung und Abmahnung, S. 85–87; *Deggau*, JZ 1982, 796 (797); wohl auch *G. Hueck*, Anm. zu BAG, Urt. v. 18.12.1980 – 2 AZR 980/78, AP Nr. 4 zu § 174 BGB; *Lohr*, MDR 2000, 620 (624).

654 *Lohr*, MDR 2000, 620 (624); in diese Richtung auch *Beck*, Erklärung von Kündigung und Abmahnung, S. 87.

655 BGH, Beschl. v. 25.10.2012 – V ZB 5/12, NJW 2013, 297.

656 Zustimmend: jurisPK-BGB/*Gehrlein*/*Weinland*, § 174 BGB Rn. 1.1; *Kreße*, Anm. zu BGH, Beschl. v. 25.10.2012 – V ZB 5/12, NJ 2013, 208.

657 BAG, Urt. v. 18.2.1993 – 2 AZR 482/92, juris Rn. 15; LAG Hamm, Urt. v. 16.5.2013 – 17 Sa 1708/12, juris Rn. 104 – vgl. aber auch allgemein die in Fn. 642 Genannten.

658 Siehe oben: § 3 B. I.

bei der Auslegung der Erklärung auf die juristische Unerfahrenheit des Arbeitnehmers Rücksicht genommen werden muss.[659] Auch nach dieser Ansicht müssen gewisse Anforderungen an die Bestimmtheit der Rüge gestellt werden.[660]

(2.) Wird auf der ersten Stufe eine Beanstandung erblickt, stellt sich die Frage, ob in dieser auch ausnahmsweise eine Zurückweisung enthalten sein kann (siehe zur Frage, ob eine Zurückweisung eine Beanstandung enthalten kann, unten: 4.). Die Antwort hierauf ergibt sich dann aber nicht per Auslegung der Erklärung, sondern aus der Analyse der Charakteristik der Beanstandung als Institut selbst. Schließlich ergab die Auslegung der Erklärung auf der ersten Stufe bereits, dass eine Beanstandung vorliegt. Daher kann sie jetzt nicht (mehr) ergeben, dass doch die Zurückweisung erkennbar gewollt ist.[661]

Aus der Analyse der Charakteristik folgt, dass eine Beanstandung eine Zurückweisung enthält. Das ergibt das systematische Zusammenspiel der beiden Konstellationen: Die Vollmachtsurkunde ist Urkunde über die Vollmacht. Sie dokumentiert, dass rechtsgeschäftliche Vertretungsmacht in gewisser Art und in gewissem Umfang besteht.[662] Fehlt die tatsächliche Vollmacht, besteht aber eine Vollmachtsurkunde über die Vollmacht, wird das Bestehen der Vertretungsmacht zugunsten des Rechtsverkehrs über § 172 Abs. 2 BGB angeordnet.[663] Danach ist die durch Bevollmächtigung entstandene Vollmacht im Regelfall Grundlage der Erstellung der Vollmachtsurkunde. Die Vollmachtsurkunde ist der Nachweis hierüber und ggf. ihr Rechtsscheinträger. Daher rügt das Fehlen der Vertretungsmacht (Beanstandung bzw. Berufen auf die Unwirksamkeit wegen Vertretung ohne Vertretungsmacht) notwendigerweise auch, dass dieser Nachweis unterblieb oder als nicht ausreichend erachtet wird (Zurückweisung). Wird die Nichtexistenz einer Tatsache gerügt, wird zwangsnotwendig auch jeder vorgelegte Nachweis über diese Tatsache in seiner Legitimität und Authentizität erschüttert. Die Kritik an der Vertretungsmacht enthält also auch die Kritik ihres mangelnden Nachweises.[664] Eine Grenze muss diese Annahme jedoch dort finden, wo sich aus der Beanstandungserklärung bzw. Berufenserklärung

---

659 Vgl. *Beck*, Erklärung von Kündigung und Abmahnung, S. 87.

660 *G. Hueck*, Anm. zu BAG, Urt. v. 18.12.1980 - 2 AZR 980/78, AP Nr. 4 zu § 174 BGB.

661 A.A. aber offensichtlich *Beck*, Erklärung von Kündigung und Abmahnung, S. 86 f.

662 Siehe oben: § 6 A. I.

663 Siehe oben: § 2 B. III.

664 Angedeutet schon von *G. Hueck*, Anm. zu BAG, Urt. v. 18.12.1980 - 2 AZR 980/78, AP Nr. 4 zu § 174 BGB, der anhand des zugrunde liegenden Falls die Frage stellte, ob die „Rüge fehlender Vertretungsmacht (...) nicht als Minus auch die Rüge des fehlenden Nachweises der (...) Ermächtigung mit umfaßte."

ergibt, dass der Mangel der Vorlage der Vollmachtsurkunde nicht gerügt werden soll. Nach alledem ist geklärt, dass eine Beanstandungs- bzw. Berufenserklärung grundsätzlich auch eine Zurückweisungserklärung enthält. Zu beachten ist dabei methodisch, dass die Auslegung der Erklärung zunächst die „Beanstandung" der Vertretungsmacht ergeben muss. Ist die „Beanstandung" der Vertretungsmacht erkennbar gewollt, ist grundsätzlich davon auszugehen, dass auch der Mangel des Nachweises der Vertretungsmacht gerügt werden soll.

4. *Sonderproblem: Die Zurückweisung des einseitigen Rechtsgeschäfts eines Vertreters ohne Vertretungsmacht*

Soweit ersichtlich hat die Problematik, dass ein vom Vertreter ohne Vertretungsmacht vorgenommenes einseitiges Rechtsgeschäft nach § 174 S. 1 BGB zurückgewiesen wird, in der Rechtsprechung kaum Beachtung gefunden. Allein das LAG Hamburg[665] hat sich am Rande mit dieser Thematik befasst und ist dabei der Ansicht *Lohrs* gefolgt.

In diesem Zusammenhang kommt es auf die richtige Erfassung des § 180 BGB an und dabei insbesondere der Genehmigungsfähigkeit nach § 180 S. 2 BGB. Durch den nach hier vertretener Auffassung nur schmalen Anwendungsbereich der Beanstandungsvariante nach § 180 S. 2 BGB ergeben sich erhebliche Abweichungen zu der vorherrschenden Meinung.

a. *Meinungsstand*

Nach *Lohr*[666] enthält die Zurückweisung die Beanstandung. *Meyer* und *Reufels*[667] empfehlen hingegen, eine Kombination beider Rügen vorzunehmen. Das Berufen auf die fehlende Vollmachtsurkunde suggeriere, dass Vollmacht bestehe. Infolgedessen widerspreche ein späteres Berufen auf die fehlende Vertretungsmacht dem vorigen Zurückweisungsverhalten. *Leder*[668] wiederum ist der Auffassung, die Beanstandung nach § 180 BGB ist als Minus in der Zurückweisung enthalten. Bestehe die Vertretungsmacht tatsächlich nicht, würden beide Rügen zur endgültigen Unwirksamkeit des Rechtsgeschäfts führen. Das Plus des § 174 BGB bestehe darin, dass die Unwirksamkeit auch dann eintrete, wenn die Vollmacht vorhanden war.

---

665 LAG Hamburg, Urt. v. 30.9.2003 – 3 Sa 56/02, juris Rn. 99 – in der Revision wurde diese „Auslegung" ausdrücklich vom BAG gebilligt: Urt. v. 10.2.2005 - 2 AZR 584/03, NJOZ 2005, 4238 (4247).

666 *Lohr*, MDR 2000, 620 (624).

667 *Meyer/Reufels*, NZA 2011, 5 (8 f.).

668 *Leder*, Beendigung von Arbeitsverhältnissen, S. 40 f.

b. Eigene Stellungnahme

Vorab sei nochmals klargestellt, dass nur im Ausnahmefall überhaupt eine Beanstandung nach § 180 S. 2 BGB nötig wird, um die Kündigung des vollmachtlosen Vertreters unwirksam zu machen. Wie oben ausführlich hergeleitet, ist die Kündigung des Vertreters ohne Vertretungsacht im Regelfall ipso jure gemäß § 180 S. 1 BGB unwirksam. Nur bei der Kenntnis des Erklärungsempfängers vom Mangel der Vertretungsmacht muss er die Kündigung beanstanden, um ihre Unwirksamkeit zu bewirken.[669]

Die folgenden Ausführungen gelten daher allein für den Fall, dass der Erklärungsempfänger Kenntnis vom Mangel der Vertretungsmacht hat und diese beanstanden muss, um ihre Unwirksamkeit zu bedingen. Diesen Aspekt lassen die dargestellten Ansichten außer Acht. Die Frage, ob die Zurückweisung nach § 174 S. 1 BGB auch die Beanstandung nach § 180 S. 2 BGB enthält, ist nach der jeweiligen Konstellation zu beantworten:

(1.) Für den Fall, dass der Vertreter keine Vollmachtsurkunde vorlegt, keine Vertretungsmacht hat und der Vertretene nicht genehmigt, gilt Folgendes: Ein einseitiges Rechtsgeschäft des Vertreters ohne Vertretungsmacht, das nicht beanstandet wird, ist solange unwirksam bis der vermeintlich Vertretene das Rechtsgeschäft genehmigt. Eine Zurückweisung dieses Rechtsgeschäfts löst dessen endgültige Unwirksamkeit nicht aus, denn sie erfolgt nicht wegen des Fehlens der Vertretungsmacht, also nicht aus dem geforderten Grund („Exklusivität der Tatbestände“[670] und Auslegungsfeindlichkeit[671]). Im Falle, dass der Vertretene das Rechtsgeschäft nicht genehmigt, ist dieses ohnehin (schwebend) unwirksam, sodass es einer Rüge nicht bedarf und die Zurückweisungserklärung ins Leere geht.

(2.) Für den Fall, dass der Vertreter keine Vollmachtsurkunde vorlegt, keine Vertretungsmacht hat und der Vertretene das Rechtgeschäft genehmigt, ergeben sich nach hier vertretener Ansicht keine Besonderheiten: Eine wirksame Genehmigung i.S.v. § 180 S. 2 BGB erfordert die Kenntnis des Erklärungsempfängers vom Mangel der Vertretungsmacht. Rügt er in diesem Fall aber trotz seiner Kenntnis den Mangel der Vorlage der Vollmachtsurkunde, ist er wegen dieser Kenntnis nicht schutzwürdig. Schließlich ist ihm die Unwirksamkeit der Vertretungsmacht gewiss.

669 Siehe oben: § 3 A. I. 2.

670 Siehe oben: I. 2.

671 Siehe oben: 3.

Sollte man entgegen hier vertretener Ansicht – aber wie die h.M. – die Genehmigung des nicht beanstandeten Rechtsgeschäfts für den Regelfall halten, würde die Zurückweisung bei der Genehmigung zur Unwirksamkeit des Rechtsgeschäfts führen. Das ergibt sich aus folgenden Gesichtspunkten: Genehmigt der vermeintlich Vertretene das nur schwebend unwirksame Rechtsgeschäft, dann wirkt die Genehmigung auf den Zeitpunkt der Vornahme des Rechtsgeschäfts zurück (§ 184 Abs. 1 BGB). Zum Zeitpunkt der Vornahme bestand durch die Rückwirkung auch Vertretungsmacht auf Seiten des Erklärenden. Hatte der Erklärende aber Vertretungsmacht im Zeitpunkt der Vornahme des Rechtsgeschäfts und hat er diese nicht nachgewiesen, ist die Zurückweisung nach § 174 S. 1 BGB die richtige Rüge. Diese hatte der Erklärungsempfänger bei Vornahme des Rechtsgeschäfts gerade anstelle der Beanstandung erklärt. Infolgedessen beseitigt die Zurückweisung das (rückwirkend) vom Vertreter mit Vertretungsmacht vorgenommene Rechtsgeschäft.[672] Hieran würde auch eine nachgereichte Vollmachtsurkunde nichts ändern: Sie ist in Ansehung des Vorlagezeitpunkts nicht mehr ausreichend, um die Wirkungen des § 174 S. 1 BGB zu beseitigen.[673]

(3.) Für den Fall, dass der vermeintliche Verteter bei Vornahme des Rechtsgeschäfts eine Vollmachtsurkunde vorlegt, die zu Unrecht die Vertretungsmacht ausweist, hilft auch die Zurückweisung nicht weiter. Die nachgewiesene Vollmacht hätte schon wegen § 172 Abs. 1 BGB Gewissheit i.S.v. § 174 S. 1 BGB erbracht. Eine Zurückweisung wäre daher unwirksam. Hat tatsächlich keine Vertretungsmacht bestanden und wusste der Zurückweisende dies, bedürfte es einer wirksamen Beanstandung i.S.v. § 180 S. 2 BGB für die Unwirksamkeit der Kündigung. Dass er nun in der Folge die fehlende Vorlage der Vollmachtsurkunde rügt, ist unwahrscheinlich. Er weiß schließlich vom Mangel der Vertretungsmacht und von der Vorlage der (falschen) Vollmachtsurkunde. Rügt er dennoch aus dem falschen Grunde, verliert er seine Schutzbedüftigkeit. Eine andere Sichtweise würde die Anforderungen, die § 174 BGB einerseits und § 180 BGB andererseits an die Rüge stellen unzulässig verwässern.

Aus diesen Gründen bedarf es keiner Konstruktion dahingehend, dass die Zurückweisung auch die Beanstandung enthält.

---

672 Ähnlich BAG, Urt. v. 25.4.2013 – 6 AZR 49/12, juris Rn. 124.

673 Siehe dazu oben: § 6 D. III. 1.

C. Zusammenfassung zu § 7

Die Zurückweisung muss unverzüglich erklärt werden. Im Normalfall kann dem Zurückweisenden nur eine Frist von wenigen Tagen gewährt werden. Ausnahmsweise, bei Hinzutreten von vom Zurückweisenden zu beweisenden besonderen Umständen des Einzelfalls, kann die Frist auch länger als eine Woche sein.

Die Zurückweisung muss aus dem Grund des Mangels der Vorlage der Vollmachtsurkunde erfolgen. Sie kann mit anderen Erklärungen zusammen abgegeben werden und sich per Auslegung ergeben. Jedoch ist in der Zurückweisung nicht auch eine Beanstandung enthalten. Einer solchen Konstruktion bedarf es auch nicht. Handelt der Vertreter ohne Vertretungsmacht, ist das Rechtsgeschäft unwirksam nach § 180 S. 1 BGB. Hat der Erklärungsempfänger ausnahmsweise Kenntnis vom Mangel der Vertretungsmacht, entfaltet die Zurückweisung keine Wirkung. Der Erklärungsempfänger ist schon wegen seiner Kenntnis vom (richtigen) Mangel nicht schutzwürdig. Die in diesem Fall notwendige Beanstandung ist in Ermangelung der Schutzbedürftigkeit des Erklärungsempfängers nicht in einer Zurückweisung enthalten. Ungeachtet dessen, ist jedoch in einer Beanstandung zwangsnotwendig eine Zurückweisung enthalten.

4. Teil: Ausschluss des Zurückweisungsrechts

Das Zurückweisungsrecht des Empfängers eines einseitigen Rechtsgeschäfts ist gemäß § 174 S. 2 BGB ausgeschlossen, wenn der Vollmachtgeber den Empfänger von der Bevollmächtigung in Kenntnis gesetzt hat. Ist die Inkenntnissetzung jedoch unwirksam, hat dies die „drastische Folge“, dass auch das Rechtsgeschäft endgültig unwirksam ist – freilich nur in dem Umfang, in dem § 174 S. 1 BGB anwendbar und einschlägig ist.

Im Folgenden werden zunächst die allgemeinen Grundsätze zur Inkenntnissetzung nach § 174 S. 2 BGB dargestellt (§ 8). Sodann wird der Blick speziellen Inkenntnissetzungsfragen, die insbesondere im Arbeitsrecht entscheidende Bedeutung haben, zugewandt (§ 9). Konkret ist in diesem Kontext zu fragen, ob es für eine Inkenntnissetzung schon genügen kann, dass der Arbeitgeber im Arbeitsvertrag mitteilt, wer kündigungsbevollmächtigt ist (§ 9 A.). Weiter ist zu fragen, ob es für eine Inkenntnissetzung genügen kann, einen Arbeitnehmer in eine Stellung zu berufen, mit der üblicherweise eine Kündigungsberechtigung verbunden ist (§ 9 B.), es ggf. ausreicht, die Arbeitnehmer darauf zu verweisen, sich selbst über die Kündigungsbevollmächtigung zu unterrichten (§ 9 C.) und ob die Eintragung und Bekanntmachung des Prokuristen im Handelsregister in Kenntnis setzend ist bzw. welche weiteren Inkenntnissetzungsmöglichkeiten im Zusammenhang mit der Prokura denkbar sind (§ 9 D.). Sodann wird auf eine Inkenntnissetzung durch formell unzureichende „Vollmachtsurkunden“ (§ 9 E.), eine ausnahmsweise mittelbare Inkenntnissetzung (§ 9 F.) und eine Inkenntnissetzung durch Mitteilung auf der Mitarbeiterversammlung und im Rahmen ähnlicher betrieblicher Foren (§ 9 G.) eingegangen. Letztlich wird anlässlich einer Entscheidung des LAG Schleswig-Holstein[674] auf die Möglichkeit einer konzernweiten Inkenntnissetzung eingegangen (§ 9 H.). Abschließend wird die Konkurrenz zwischen verschiedenen in Kenntnis setzenden Informationen untersucht (§ 9 I.).

---

674 LAG Schleswig-Holstein, Urt. v. 25.2.2014 – 1 Sa 252/13, juris.

§ 8. Grundsätze der Inkenntnissetzung

§ 174 S. 2 BGB ist im Zusammenhang mit § 174 S. 1 BGB zu sehen. Das führt dazu, dass die Inkenntnissetzung der Vorlage der Vollmachtsurkunde vergleichbar bzw. ein gleichwertiger Ersatz für diese sein muss.[675] Vergleichbar kann aber nur das sein, was den Regelungszweck vergleichbar erfüllt. Daher muss auch die Inkenntnissetzung vergleichbar der Vollmachtsurkunde eine Gewissheit über die Wirksamkeit des Rechtsgeschäfts und damit die Bevollmächtigung bringen.[676] Hinzu kommt, dass der Schutz, den die Zurückweisungsmöglichkeit gibt, nur dort enden soll, wo keine Ungewissheit über die Wirksamkeit des Rechtsgeschäfts bestehen kann.[677] Bezogen auf die Anforderungen, die der Vollmachtgeber hinsichtlich der Inkenntnissetzung zu erfüllen hat, kann für den Informationsinhalt daher schlechterdings etwas anderes gelten als i.R.d. S. 1 der Norm. Die Inkenntnissetzung muss daher qualitativ gesehen „gewissheitsstiftende Wirkung" haben. Wie schon im Zusammenhang mit der Information des Erklärungsempfängers durch Vorlage der Vollmachtsurkunde festgestellt,[678] bedarf es daher auch i.R.d. § 174 S. 2 BGB der Information über die Person des Vertreters und den Umfang der Vertretungsmacht.[679] Andernfalls würde die von § 174 BGB geforderte

675 BAG, Urt. v. 20.8.1997 – 2 AZR 518/96, NZA 1997, 1343 (1345); BAG, Urt. v. 14.4.2011 – 6 AZR 727/09, NZA 2011, 683 (685); Soergel/*Leptien*, § 174 BGB Rn. 4; MüKo-BGB/*Schramm*, § 174 BGB Rn. 7; *Beck*, Erklärung von Kündigung und Abmahnung, S. 67 f.; *Lux*, NZA-RR 2008, 393 (395); *Schmiegel*/*Yalçin*, ZTR 2011, 395 (399).

676 *Beck*, Erklärung von Kündigung und Abmahnung, S. 67; *Schmiegel*/*Yalçin*, ZTR 2011, 395 (399).

677 Vgl. schon die Mot. I. Allgemeiner Theil, S. 240: „Nimmt Jemand ein einseitiges Rechtsgeschäft, (…) als Bevollmächtigter (…) vor, ohne über die erteilte Vollmacht sich auszuweisen, so gerät der Betheiligte insofern in eine ungünstige Lage, als er keine Gewißheit (…) hat (…) Es erscheint angemessen, dem Dritten dadurch zu Hülfe zu kommen, daß ihm das Recht gegeben wird, ein (…) einseitiges Rechtsgeschäft der fraglichen Art (…) zurückzuweisen." Siehe dazu i.Ü. statt Vieler: Bamberger/Roth/*Valenthin*, § 174 BGB Rn. 12.

678 Siehe dazu oben: § 6 A. I.

679 So wohl auch das BAG, Urt. v. 14.4.2011 – 6 AZR 727/09, NZA 2011, 683 (685), wenngleich auch im Zusammenhang mit der Inkenntnissetzung durch die Eintragung des Prokuristen in das Handelsregister: „Eine direkte Kundgabe der Bevollmächtigung und der Person des Bevollmächtigten durch den Vollmachtgeber selbst ist also in diesen Fällen nur auf Grund der Publizität des Handelsregisters entbehrlich.";

Gewissheit über die Wirksamkeit des Rechtsgeschäfts nicht erreicht und darüber hinaus die Regelung des § 174 S. 1 BGB sinnentleert.

In Erinnerung zur rufen ist – auch bei der Frage nach den Grundsätzen zur Inkenntnissetzung – stets der Gesetzeszweck des § 174 BGB. Danach soll der Erklärungsempfänger eines einseitigen Rechtsgeschäfts Gewissheit über dessen Wirksamkeit erlangen. Dort, wo der Erklärungsempfänger vom Vollmachtgeber darüber informiert wurde, dass der Handelnde zur Vornahme des einseitigen Rechtsgeschäfts bevollmächtigt ist, kann bei ihm keine Ungewissheit über die Berechtigung des Handelnden bestehen.[680] Folglich entfällt in diesen Fällen das Zurückweisungsrecht des § 174 S. 1 BGB gemäß § 174 S. 2 BGB.

Neben diesen immer mitzulesenden Vorgaben haben sich im Laufe der Zeit einige Grundsätze entwickelt bzw. herausgebildet, die im Folgenden dargestellt werden sollen. Sie resultieren methodisch gesehen aus dem Wortlaut bzw. dem Wortsinn, historischen Implikationen sowie systematischen und teleologischen Gesichtspunkten. Auf eine Kurzformel gebracht, geht es im Folgenden um das „Wann“ und das „Wie“ der Inkenntnissetzung nach § 174 S. 2 BGB.

A. Form und Zeitpunkt der Inkenntnissetzung

Das Gesetz schreibt ausdrücklich weder Form noch Zeitpunkt der Inkenntnissetzung vor. Wortwörtlich heißt es dazu lediglich: „*Die Zurückweisung ist ausgeschlossen, wenn der Vollmachtgeber den anderen von der Bevollmächtigung in Kenntnis gesetzt hatte.*“.

I. Form der Inkenntnissetzung

Die Inkenntnissetzung ist wegen des Wortlauts der Norm ausdrücklich und konkludent möglich. Zwar muss die Inkenntnissetzung als geschäftsähnliche Handlung[681] nicht durch besondere Mitteilung i.S.d. § 171 BGB erfolgen, gleichwohl ist sie dieser vergleichbar. In beiden Fällen handelt es sich um eine Information an Dritte bzw. etwaige Erklärungsempfänger über die Bevollmächtigung.[682] In

vgl. i.Ü. auch *Klostermann-Schneider*, in: *Uffmann/Dahm* (Hrsg.), Vielfalt oder Chaos, 2013, S. 145 (148) und *Schmiegel/Yalçin*, ZTR 2011, 395 (399).

680 Siehe dazu oben: § 3 B. II.

681 Angedeutet von: BAG, Urt. v. 14.4.2011 – 6 AZR 727/09, NZA 2011, 683 (685); Staudinger/*Schilken*, § 171 BGB Rn. 3 f.; ausdrücklich *Beck*, Erklärung von Kündigung und Abmahnung, S. 68; *Klostermann-Schneider*, in: *Uffmann/Dahm* (Hrsg.), Vielfalt oder Chaos, 2013, S. 145 (147).

682 *Beck*, Erklärung von Kündigung und Abmahnung, S. 67 f. und 74.

beiden Fällen misst das Gesetz der Information eine besondere Bedeutung zu. In beiden Fällen ist es das „Wort" des Vertretenen, das nach dem Gesetz ein Vertrauen (§ 171 BGB) bzw. eine Gewissheit (§ 174 BGB) bedingt. Das rechtfertigt, dass auch die Mitteilung im Falle des § 174 S. 2 BGB der besonderen Mitteilung vergleichbar zu erfassen ist.

Eine rein mündliche Mitteilung über die Bevollmächtigung genügt. Zu bedenken ist jedoch die gegenüber verkörperten Informationen erschwerte Beweisbarkeit dieser nur flüchtigen Inkenntnissetzung.

Nicht ausreichend ist eine rein zufällige Kenntniserlangung durch den Erklärungsempfänger. Weiterhin ist der Erklärungsempfänger nicht dadurch in Kenntnis gesetzt, dass ihm die Mitteilung von der Bevollmächtigung zugegangen ist. Es bedarf vielmehr einer tatsächlichen Kenntnisnahmemöglichkeit. Eine Kenntnisnahme durch den Erklärungsempfänger ist jedoch ebenso wenig zu fordern wie i.R.d. Vorlage der Vollmachtsurkunde[683] nach § 174 S. 1 BGB.[684]

II. Zeitpunkt der Inkenntnissetzung

1. Inkenntnissetzung vor bzw. nach der Vornahme des Rechtsgeschäfts

Zeitlich gesehen wird aus dem Wort „*hatte*" im Normtext zu Recht abgeleitet, dass die Inkenntnissetzung der Vornahme des Rechtsgeschäfts durch den Vertreter vorauszugehen hat.[685] Dies ist vor dem Hintergrund der Aktualität der Legitimation im Zeitpunkt der Vornahme des Rechtsgeschäfts nicht zwingend eine Selbstverständlichkeit.[686] Selbstverständlich ist insoweit nur, dass eine nachträgliche Inkenntnissetzung den Anforderungen des Gesetzes nicht genügen kann.[687] Andernfalls könnte die Gewissheit der Wirksamkeit der Rechtsgeschäfts *bei Vornahme des Rechtsgeschäfts* nicht gewährleistet sein.

2. Inkenntnissetzung bei Vornahme des Rechtsgeschäfts

Nicht beantwortet sind die Fragen, ob eine Inkenntnissetzung im Zeitpunkt der Vornahme des Rechtsgeschäfts aktualisiert sein muss (a.) und ob eine erstmalige

683 Siehe oben unter: § 6 D. I.

684 Vgl. zum Vorstehenden: KR/*Friedrich*, § 13 KSchG Rn. 345; Staudinger/*Schilken*, § 174 BGB Rn. 11; MüKo-BGB/*Schramm*, § 174 BGB Rn. 7 f.; Bamberger/Roth/*Valenthin*, § 174 BGB Rn. 12 – jeweils m.w.N.

685 Statt Vieler: *Lux*, NZA-RR 2008, 393 (395).

686 So aber *Brehsan/Gohrke/Opolony*, ZIP 2001, 773 (780); *Lux*, NZA-RR 2008, 393 (395).

687 Siehe zu dieser Problematik auch schon oben: § 6 D. III. 1.

Inkenntnissetzung auch *noch bei Vornahme des Rechtsgeschäfts* erfolgen kann oder ob sie zwingend davor zu erfolgen hat (b.).

a. *Erforderlichkeit einer (aktualisierten) Inkenntnissetzung im Vornahmezeitpunkt*

Im Unterschied zur Vorlage der Vollmachtsurkunde bedarf es i.R.d. § 174 S. 2 BGB der Mitteilung über die Bevollmächtigung *nicht* bei der Vornahme des Rechtsgeschäfts. Die notwendige Gewissheit über die Wirksamkeit der Bevollmächtigung im Zeitpunkt der Vornahme des Rechtsgeschäfts wird dadurch gewährleistet, dass der Vollmachtgeber die Information selbst[688] an den Erklärungsempfänger weitergibt. Sein Handeln ist es, das die Anforderungen an die Verlässlichkeit der Information erfüllt und ein Vertrauen in die Legitimation des Vertreterhandelns vermitteln kann. Dieses Vertrauen ist zum einen der Information selbst immanent, ergibt sich aber zusätzlich über eine Hinzuziehung der Wertungen des § 171 Abs. 2 BGB.[689]

Nach dieser Norm bleibt die Vertretungsmacht solange bestehen, bis sie in der Form ihrer Kundgabe widerrufen wird. Die Gewissheit, die § 174 BGB generell fordert, kann daher im Falle des S. 2 nur dort fehlen, wo der Vollmachtgeber die einmal erfolgte Inkenntnissetzung widerruft. Tut er dies nicht, ist der Erklärungsempfänger darauf verwiesen, sich gegen die Vertretungsmacht selbst zu wenden. Dies wird ihm im Falle der Inkenntnissetzung durch besondere Mitteilung wegen § 171 Abs. 1 BGB nur schwerlich in den Sinn kommen.

Es ist nach alledem nicht notwendig, dass der Vollmachtgeber die Information zum Zeitpunkt der Vornahme des Rechtsgeschäfts aktualisiert hat. Bis zum Widerruf der Bevollmächtigungsinformation gilt die mitgeteilte Lage (vgl. § 171 BGB). Dieses Ergebnis ist jedoch dann nicht interessengerecht, wenn sich der Vollmachtgeber eines Wahrnehmungswegs bedient und er die Erklärungsempfänger darauf verweist, sich durch Beschreiten dieses Wegs über die Bevollmächtigung zu informieren. Wie zu zeigen sein wird, hat der Vollmachtgeber i.R.d. „Inkenntnissetzung durch den Verweis auf einen durch ihn bereitgestellten Wahrnehmungsweg" hinsichtlich der Aktualität der Bevollmächtigungsinformation einige Besonderheiten zu beachten. Insbesondere ist die Zumutbarkeit

---

688 Zur Vertretung bei der Inkenntnissetzung siehe unten: D.

689 Schon *Beck*, Erklärung von Kündigung und Abmahnung, S. 74, leitet aus dem systematischen Zusammenhang zwischen §§ 171, 174 S. 2 BGB wesentliche Konturen des § 174 S. 2 BGB ab. *Lux*, NZA-RR 2008, 393, zieht § 171 BGB ausdrücklich bei der Inkenntnissetzung hinzu; vgl. auch *Schmiegel/Yalçin*, ZTR 2011, 395 (399).

der Informationswahrnehmung in zeitlicher Hinsicht durch den Arbeitnehmer sicherzustellen (siehe dazu unten: § 9 C.).

b. Möglichkeit der erstmaligen Inkenntnissetzung im Vornahmezeitpunkt

Es ist fraglich, ob es schädlich ist, wenn der Vollmachtgeber die *erstmalige Inkenntnissetzung* bei der Vornahme des Rechtsgeschäfts vornimmt. So vertritt bspw. *S. Müller*, dass die Inkenntnissetzung spätestens bis zum Zugang des einseitigen Rechtsgeschäfts zu erfolgen hat.[690] Gegen die Schädlichkeit spricht zunächst, dass die Inkenntnissetzung *bei Vornahme* des Rechtsgeschäfts die aktuelle Information über die Bevollmächtigungslage ist. Sie stiftet Gewissheit im Vornahmezeitpunkt und kann daher aus zeitlichen Erwägungen nicht schädlich sein.

Nach Ansicht von *Brehsan*, *Gohrke* und *Opolony* muss das Inkenntnissetzen jedoch der Rechtshandlung vorausgehen, da andernfalls in der gleichzeitigen Übersendung einer Vollmachtskopie eine formlose, die Zurückweisungsmöglichkeit ausschließende Inkenntnissetzung erblickt werden könne. Dadurch würde der Schutzzweck der Norm umgangen.[691]

Dieser Besorgnis ist in der von *Brehsan*, *Gohrke* und *Opolony* statuierten Allgemeingültigkeit nicht zu folgen: Das Gesetz fordert die Gewissheit auf Seiten des Erklärungsempfängers im Zeitpunkt des Rechtsgeschäfts.[692] Diese wird auch durch gleichzeitige Inkenntnissetzung erreicht.

Gegen die Annahme, dass eine mit der Vornahme des Rechtsgeschäfts zusammenfallende Inkenntnissetzung genügen soll, spricht jedoch die gesetzliche Formulierung selbst: Indem das Gesetz das Wort „*hatte*" verwendet, wählt es die Zeitform des Plusquamperfekts. Dass die Zurückweisung ausgeschlossen ist, statuiert das Gesetz im Präsens („Die Zurückweisung ist ausgeschlossen,…"). Setzt man nun die Zurückweisung und die Inkenntnissetzung in Bezug zueinander, ergibt sich daraus, dass letztere vor der Zurückweisung zu erfolgen hat. Ergänzend sei angemerkt: Wollte das Gesetz jeden Zeitpunkt vor der Zurückweisung genügen lassen – auch denjenigen nach der Vornahme des Rechtsgeschäfts – hätte der Gesetzgeber Perfekt verwendet. Der Gesetzeswortlaut hätte dann bspw. wie folgt gelautet: „Die Zurückweisung ist ausgeschlossen, wenn der Vollmachtgeber den anderen von der Bevollmächtigung *in Kenntnis gesetzt hat.*". Das ist aber ersichtlich nicht der Fall. Durch die Verwendung des Plusquamperfekts genügt

690 *S. Müller*, FA 2013, 37 (38).

691 *Brehsan/Gohrke/Opolony*, ZIP 2001, 773 (780).

692 Siehe dazu oben unter: § 3 B. II. und § 6 D. III.

nur diejenige Inkenntnissetzung, die weit – d.h. nicht unmittelbar – vor der Zurückweisung liegt. Bezieht man nun die Vornahme des Rechtsgeschäfts in diese Überlegung mit ein, erhellt sich die Verwendung der Zeitform. Im Rahmen der Inkenntnissetzung sind die wesentlichen zeitlichen Stationen die Vornahme des Rechtsgeschäfts und die Zurückweisung. Die Zurückweisung kann der Vornahme des Rechtsgeschäfts nur nachfolgen, wendet sie sich doch gerade gegen dessen Wirksamkeit. Der erste relevante Zeitpunkt, der vor der Zurückweisung liegt, ist die Vornahme des Rechtsgeschäfts. Der Zeitpunkt, der weit vor bzw. in gewisser zeitlicher Distanz zu der Zurückweisung liegt, kann dann aber nur derjenige sein, der auch vor dem Rechtsgeschäft bzw. seiner Vornahme liegt.

Die Frage, wie weit die Mitteilung über die Bevollmächtigung vor der Vornahme des Rechtsgeschäfts zu erfolgen hat, ist dabei nur insoweit relevant, als der Zusammenfall von Rechtsgeschäft und Inkenntnissetzung vermieden werden soll. Danach ist eine Inkenntnissetzung bei der Vornahme des Rechtsgeschäfts oder unmittelbar zuvor nicht möglich.

Im Ergebnis ist daher dem Statut von *Brehsan*, *Gohrke* und *Opolony* zu folgen. Der von diesen bemühte Problemfall ist als Begründung allein jedoch nicht geeignet. Zum einen ist nicht gesagt, dass eine Inkenntnissetzung durch Übersendung einer Vollmachtskopie möglich ist. Des Weiteren käme es unter Zugrundelegung dieser Annahme weniger auf den Nachweis der Legitimation als auf den Zeitpunkt des Nachweises an. Konsequenterweise wäre dann aber ein noch vor Vornahme des Rechtsgeschäfts zugehender Nachweis per Vollmachtskopie zulässig.

Dies erscheint zweifelhaft, ist aber letztlich keine Frage des Zeitpunkts der Inkenntnissetzung. Insoweit bedarf es vielmehr der Korrektur auf anderer Ebene. Es stellt sich in diesem Falle die Frage nach dem Einhalten der gesetzlichen Informationslast (siehe dazu sogleich unter B.) und weiter die Frage danach, ob eine Inkenntnissetzung durch einen solchen Nachweis überhaupt möglich sein kann (siehe dazu unten: § 9 E.).

B. Informationslastverteilung: Handeln durch den Vollmachtgeber

Indem das Gesetz davon spricht, dass das Zurückweisungsrecht ausgeschlossen ist, wenn der „*Vollmachtgeber den anderen von der Bevollmächtigung in Kenntnis gesetzt hatte*“, fordert es ein Handeln des Vollmachtgebers. Auch i.R.d. Inkenntnissetzung ist es wie bei § 174 S. 1 BGB – dort durch die Herstellung und Aushändigung der Vollmachtsurkunde – die Information des Vollmachtgebers, die Gewissheit über die Bevollmächtigung bringt.

I. Zufällige Kenntniserlangung

Es ist schon nach dem Wortlaut der Norm und ihrer inneren Systematik folgerichtig, dass eine zufällige Kenntniserlangung des Erklärungsempfängers, bspw. durch Dritte, nicht genügt.[693] Nur eine Inkenntnissetzung, die durch den Vollmachtgeber initiiert wurde, kann den Empfänger von der Bevollmächtigung sicher und der Vorlage einer Vollmachtsurkunde vergleichbar in Kenntnis setzen.[694] Nur eine solche sichere Kenntnis lässt das Gesetz i.R.d. § 174 BGB genügen, was sich schon aus den Protokollen zum BGB ergibt: Schon zu dieser Zeit wurde ein Antrag abgelehnt, der in der anderweitig erlangten Kenntnis eine ausreichende Information i.S.d. § 174 S. 2 BGB erblickte. Die Ablehnung erfolgte, „weil die so erworbene Kenntniß nicht als eine unbedingt sichere gelten könne."[695].[696]

II. Informationslast des Vollmachtgebers und ihre Grenzen

Nach obigen Ausführungen steht fest, dass der in Kenntnis setzende Impuls vom Vollmachtgeber ausgehen muss. Die Inkenntnissetzung muss daher aus dem Lager des Vollmachtgebers stammen, d.h. es muss vor allem ein vom Vollmachtgeber selbst ausgehender Akt vorliegen[697]. Letzterer ist infolgedessen informationsbelastet.[698]

Demnach muss die Mitteilung des Vollmachtgebers derart erfolgen, dass der Erklärungsempfänger nicht mehr selbst nach den Vertretungsverhältnissen

693 Siehe dazu die in Fn. 684 Genannten.

694 *Bickel*, Anm. zu BAG, Urt. v. 30.5.1972 – 2 AZR 298/71, SAE 1973, 118 (119); *Beck*, Erklärung von Kündigung und Abmahnung, S. 68; vgl. *Kliemt*, Formerfordernisse, S. 223; *Lux*, NZA-RR 2008, 393 (395); *Schmiegel/Yalçin*, ZTR 2011, 395 (399).

695 *Mugdan*, Bd. I, S. 748.

696 So zutreffend schon *Beck*, Erklärung von Kündigung und Abmahnung, S. 68, 75; *Boecken*, Anm. zu BAG, Urt. v. 11.7.1991 – 2 AZR 107/91, EzA § 174 BGB Nr. 9, S. 16 f. Nicht zutreffend daher die Zusammenfassung der Aussagen des LAG Köln, Teilurt. v. 31.8.2000 – 6 Sa 862/00 durch *Westpfahl*, EWiR 2001, 707: „(…) Zurückweisung dann versagt, wenn (…) oder er aus sonstigem Grund Gewissheit über die Bevollmächtigung hat." Diese Aussage findet sich im Urteil des LAG nicht.

697 *Bickel*, Anm. zu BAG, Urt. v. 30.5.1972 – 2 AZR 298/71, SAE 1973, 118 (119).

698 In dieser Deutlichkeit schon *Klostermann-Schneider*, in: *Uffmann/Dahm* (Hrsg.), Vielfalt oder Chaos, 2013, S. 145 (150) und zuvor *Schmiegel/Yalçin*, ZTR 2011, 395 (399); vgl. aber auch *Beck*, Erklärung von Kündigung und Abmahnung, S. 68.

forschen muss.[699] Ist es doch das Ziel des § 174 BGB, den Empfänger vor der Ungewissheit zu schützen und ihm die Möglichkeit zu geben, seine Ungewissheit durch Zurückweisung zu beseitigen.[700] Wären Nachforschungen vorgesehen, bedürfte es der Norm des § 174 BGB nicht. Auch diesen Anforderungen muss die Inkenntnissetzung nach § 174 S. 2 BGB genügen.

Die Informationslast des Vollmachtgebers ist jedoch keine uferlose. Eine Grenze ist darin zu sehen, dass der Vollmachtgeber das ihm Mögliche – wiederum begrenzt durch das Nötige – getan hat, um dem Erklärungsempfänger die Kenntnisnahme zu ermöglichen.[701] Die tatsächliche Kenntnisnahme liegt – da keine positive Kenntnis gefordert ist[702] – in der Verantwortung des Erklärungsempfängers.[703]

C. Unmittelbarkeit der in Kenntnis setzenden Mitteilung

Eine weitere Anforderung an die Inkenntnissetzung ist das Erfordernis der Unmittelbarkeit, was das Gesetz zum Ausdruck bringt, indem es fordert, dass der „*Vollmachtgeber den anderen*" in Kenntnis setzt.

I. Anforderungen an die Unmittelbarkeit

Unmittelbarkeit erfordert, dass der Vollmachtgeber den anderen durch einen direkten und zielgerichteten und damit bewussten Inkenntnissetzungsakt von der Bevollmächtigung informiert. Dabei soll es nach allgemeiner Ansicht ausreichen, dass sich die Mitteilung über die Bevollmächtigung zumindest auch an den Empfänger des einseitigen Rechtsgeschäfts richtet.[704] Dies impliziert, dass

699 BAG, Urt. v. 20.9.2006 – 6 AZR 82/06, NZA 2007, 377 (380); BAG, Urt. v. 14.4.2011 – 6 AZR 727/09, NZA 2011, 683 (684 f.); *Klostermann-Schneider*, in: *Uffmann/Dahm* (Hrsg.), Vielfalt oder Chaos, 2013, S. 145 (148); *Lux*, NZA-RR 2008, 393 (393, 395); *Schmiegel/Yalçin*, ZTR 2011, 395 (399).

700 Siehe dazu oben: § 3 B. II.

701 Vgl. *Beck*, Erklärung von Kündigung und Abmahnung, S. 72; *Klostermann-Schneider*, in: *Uffmann/Dahm* (Hrsg.), Vielfalt oder Chaos, 2013, S. 145 (149). In diese Richtung tendiert wohl auch *Kliemt*, Formerfordernisse, S. 219.

702 Vgl. oben: § 8 A. I.

703 Siehe dazu die in Fn. 684 Genannten.

704 Vgl. BAG, Urt. v. 14.4.2011 – 6 AZR 727/09, NZA 2011, 683 (685); MüKo-BGB/*Schramm*, § 174 BGB Rn. 7; Staudinger/*Schilken*, § 174 BGB Rn. 11; *Beck*, Erklärung von Kündigung und Abmahnung, S. 72; *Kliemt*, Formerfordernisse, S. 223, 225; *Bickel*, Anm. zu BAG, Urt. v. 30.5.1972 – 2 AZR 298/71, SAE 1973, 118 (119); *Boecken*, Anm. zu BAG, Urt. v. 11.7.1991 – 2 AZR 107/91, EzA § 174 BGB Nr. 9, S. 17; *Brehsan/*

eine gewisse Zielrichtung des vollmachtgeberseitigen Informationsakts für eine Inkenntnissetzung auf Seiten des Vollmachtgebers notwendig ist. Die Zielgerichtetheit wiederum fordert letztlich auch immer das Bewusstsein des Vollmachtgebers über die Inkenntnissetzung.

Liegen zwischen Mitteilung des Vollmachtgebers und der Kenntnisnahmemöglichkeit durch den Erklärungsempfänger weitere Schritte, die der Erklärungsempfänger unternehmen muss, um die Kenntnisnahmemöglichkeit erst mit zu schaffen oder diese abzusichern, ist die Mitteilung ggf. nicht mehr unmittelbar in diesem Sinne. Das ist bspw. der Fall, wenn ein Arbeitnehmer genötigt wäre, zum Zweitbetrieb des Unternehmens zu fahren, um die für das Unternehmen bestehenden Vertretungsregeln einzusehen. Diese Anforderung korreliert mit den Anforderungen an die Zumutbarkeit der Mitwirkung des Erklärungsempfängers bei der Wahrnehmung der Mitteilung (siehe dazu unten: § 9 C. II.).

II. Kundgabe der Bevollmächtigung durch öffentliche Bekanntmachung

Eine Kundgabe der Bevollmächtigung i.S.d. § 171 Abs. 1 Alt. 2 BGB[705] durch öffentliche Bekanntmachung genügt den Anforderungen des § 174 S. 2 BGB nicht.[706] Dies folgt zum einen aus dem Zusammenhang mit § 171 Abs. 1 BGB. Die dort ausdrücklich benannte Möglichkeit der Kundgabe der Bevollmächtigung durch öffentliche Bekanntmachung fehlt i.R.d. § 174 S. 2 BGB. Aus der Abwesenheit einer solchen Kundgabemöglichkeit wird zu Recht geschlossen, dass eine Inkenntnissetzung gerade nicht durch öffentliche Bekanntmachung erfolgen können soll.[707] Zum anderen sprechen historische Gesichtspunkte gegen die Möglichkeit der Inkenntnissetzung durch öffentliche Bekanntmachung. So

---

Gohrke/Opolony, ZIP 2001, 773 (780); *Klostermann-Schneider*, in: *Uffmann/Dahm* (Hrsg.), Vielfalt oder Chaos, 2013, S. 145 (153); *Lohr*, MDR 2000, 620 (622); *Lux*, NZA-RR 2008, 393 (395, 398).

705 Etwas anderes gilt aber für öffentlich bekannt gemachte Erlasse oder Satzungen, vgl. dazu insbes. BAG, Urt. v. 18.10.2000 – 2 AZR 627/99, AP Nr. 9 zu § 626 BGB – Krankheit (II 2 der Gründe); BAG, Urt. v. 20.9.2006 – 6 AZR 82/06, NZA 2007, 377 (380); *Leder*, Beendigung von Arbeitsverhältnissen, S. 42 ff.

706 A.A. offenbar aber *Schmiegel/Yalçin*, ZTR 2011, 395 (399).

707 *Beck*, Erklärung von Kündigung und Abmahnung, S. 75; *Boecken*, Anm. zu BAG, Urt. v. 11.7.1991 – 2 AZR 107/91, EzA § 174 BGB Nr. 9, S. 17 f.

wurde schon bei der Konzeption des BGB ein Antrag zurückgezogen, nach dem eine öffentliche Bekanntmachung i.R.d. § 174 S. 2 BGB genügt.[708]

Eine öffentliche Bekanntmachung geht mit einer gewissen Wahrnehmungszufälligkeit einher. Insbesondere ist nicht gesichert, dass der betreffende Erklärungsempfänger überhaupt Kenntnis von der Kenntnisnahmemöglichkeit bekommt. Es ist schon wegen der Besonderheiten einseitiger Rechtsgeschäfte unter Zwischenschaltung eines Vertreters nicht mit den Grundsätzen des § 174 BGB, insbesondere des Zwecks der Norm, zu vereinbaren, eine öffentliche Bekanntmachung i.S.d. § 171 Abs. 1 Alt. 2 BGB für eine Inkenntnissetzung genügen zu lassen.

Gewissheit kann nur dort entstehen, wo das Bestehen der gewissheitsbringenden Mitteilung überhaupt gewiss ist. Daher muss die Mitteilung direkt in Richtung des Empfängers auf den Weg gebracht werden. Eine nach den Grundsätzen der Informationslastverteilung notwendige Kenntnisnahmemöglichkeit setzt daher immer auch das Wissen bzw. Wissenmüssen ihres Bestehens auf Seiten des Erklärungsempfängers voraus. Folglich bedarf es in den Fällen der öffentlichen Bekanntmachung eines Impulses des Vollmachtgebers, der den Erklärungsempfänger auf die Möglichkeit zur Kenntnisnahme hinweist.[709] Hiervon geht auch das BAG selbst aus – auch wenn es für die Konstellation des Prokuristen[710] und öffentlich bekannt gemachte Erlasse und Satzungen eine Ausnahme macht.[711]

D. Zulässigkeit der Vertretung bei der Inkenntnissetzung und in Kenntnis setzende Vertretungsanzeige

Fordert man, wie zuvor dargestellt, eine unmittelbare Mitteilung des Vollmachtgebers an den Erklärungsempfänger, stellt sich die Folgefrage, ob der Vollmachtgeber sich zur Inkenntnissetzung (s)eines Vertreters bedienen darf.

---

708 *Jakobs/Schubert*, Beratung des BGB, AT/2, S. 930.

709 Siehe zu der Möglichkeit der Inkenntnissetzung durch Bereitstellung eines Wahrnehmungswegs unten: § 9 C.

710 Siehe dazu: BAG, Urt. v. 11.7.1991 – 2 AZR 107/91, NZA 1992, 449 ff.; BAG, Urt. v. 14.4.2011 – 6 AZR 727/09, NZA 2011, 683 (685).

711 BAG, Urt. v. 20.9.2006 – 6 AZR 82/06, NZA 2007, 377 ff.; BAG, Urt. v. 14.4.2011 – 6 AZR 727/09, NZA 2011, 683 (685).

I. Ausschluss der Vertretung

Ein Ausschluss der Vertretung ist durch § 174 BGB nicht ausdrücklich vorgezeichnet. Nach den allgemeinen Stellvertretungsregeln ist die Vertretung dort nicht zulässig, wo es sich um „höchstpersönliche" Rechtsgeschäfte handelt. Unter diesen versteht man Rechtsgeschäfte, deren Rechtsfolgen den Persönlichkeitsbereich berühren und so bedeutsam sind, dass eine eigene Entscheidung erforderlich ist, ob die jeweiligen Rechtsfolgen wirklich gewollt sind.[712] Im Rahmen des § 174 S. 2 BGB ist eine so verstandene Höchstpersönlichkeit nicht angeordnet oder vorausgesetzt. Davon ausgehend, dass eine Inkenntnissetzung nicht als Realakt, sondern als geschäftsähnliche Handlung[713] zu qualifizieren ist, ist die Vertretung bei der Inkenntnissetzung selbst möglich.[714]

II. Anforderungen an den Nachweis der Legitimation des zur Inkenntnissetzung bevollmächtigten Vertreters

Im Falle der Vertretung bei der Inkenntnissetzung bedarf es erneut gewisser Anforderungen an den Nachweis der Legitimation des zur Inkenntnissetzung bevollmächtigten Vertreters.

1. Gewissheitsinteresse des Erklärungsempfängers

Sieht man in der Inkenntnissetzung zumindest eine geschäftsähnliche Handlung, ist § 174 BGB bei vergleichbarer Interessenlage analog auf die Vertretung bei der Inkenntnissetzung anzuwenden.[715] Wie im direkten Anwendungsbereich der Norm hat der Erklärungsempfänger der Inkenntnissetzung ein schutzwürdiges Gewissheitsinteresse. Ist ihm nicht gewiss, dass die Inkenntnissetzung wirksam ist, ist in Verlängerung dazu erst recht ungewiss, ob die so (durch Inkenntnissetzung) mitgeteilte Bevollmächtigung wirksam ist. Steht die Legitimation des Vertreters zur Inkenntnissetzung in Zweifel, steht die Wirksamkeit der Mitteilung über die Bevollmächtigung des kündigenden Vertreters selbst in Zweifel. Durch

---

712 *Bork*, AT BGB (2006), Rn. 1335.

713 Angedeutet von BAG, Urt. v. 14.4.2011 – 6 AZR 727/09, NZA 2011, 683 (685); Staudinger/*Schilken*, § 171 BGB Rn. 3 f.; ausdrücklich *Beck*, Erklärung von Kündigung und Abmahnung, S. 68 m.w.N.; *Klostermann-Schneider*, in: *Uffmann/Dahm* (Hrsg.), Vielfalt oder Chaos, 2013, S. 145 (147).

714 *Bickel*, Anm. zu BAG, Urt. v. 30.5.1972 – 2 AZR 298/71, SAE 1973, 118 (119); a.A. wohl LAG Rheinland-Pfalz, Urt. v. 17.8.2012 – 9 Sa 85/12, juris Rn. 55; LAG Rheinland-Pfalz, Urt. v. 8.6.2011 – 8 Sa 612/10, juris Rn. 35.

715 Siehe dazu oben: § 4 A.

Zwischenschaltung von Vertretern bei der Inkenntnissetzung wird danach die Informationslast des Vertretenen quantifiziert.[716] Infolgedessen bedarf es auch insoweit der Anwendung des § 174 BGB.

2. *Vornahme der Inkenntnissetzung in Vertretung durch den das einseitige Rechtsgeschäft vornehmenden Vertreter, insbesondere Unterzeichnung „i. V."*

Es ist fraglich, ob der das einseitige Rechtsgeschäft vornehmende Vertreter die Inkenntnissetzung in Vertretung für den Vollmachtgeber selbst vornehmen kann. Geklärt ist insoweit, dass der reine Verweis des Vertreters auf seine Vertreterstellung durch Unterzeichnung „i.V." den Anforderungen an die Inkenntnissetzung nicht genügt.[717]

Mit der Vertretungsanzeige durch den Vertreter wird zwar das stellvertretungsrechtliche Offenkundigkeitsprinzip gewahrt, jedoch nicht auch die Legitimation des Vertreterhandelns nachgewiesen.

Weiter würde eine Unterzeichnung mit „i.V." auch zeitlich gesehen die Anforderungen an die Inkenntnissetzung nicht erfüllen können, hat sie doch vor der Vornahme des Rechtsgeschäfts zu erfolgen und gerade nicht bei Vornahme des Rechtsgeschäfts[718]. Würde man es genügen lassen, dass der Vertreter nur auf seine Vertreterstellung hinweisen müsste, um ein Zurückweisungsrecht auszuschließen, liefe die Regelung des § 174 S. 1 BGB leer.[719]

Es spricht jedoch nichts dagegen, dass der Vertreter im Vorfeld des einseitigen Rechtsgeschäfts den Inkenntnissetzungsakt vornimmt, vorausgesetzt, er legitimiert sich in diesem Zusammenhang der Norm entsprechend.[720]

---

716 Vgl. *Beck*, Erklärung von Kündigung und Abmahnung, S. 68; *Bickel*, Anm. zu BAG, Urt. v. 30.5.1972 – 2 AZR 298/71, SAE 1973, 118 (119).

717 BAG, Urt. v. 12.1.2006 – 2 AZR 179/05, AP Nr. 54 zu § 1 KSchG 1969 – Verhaltensbedingte Kündigung (B I 2 a bb der Gründe); LAG Schleswig-Holstein, Teilurt. v. 25.4.2013 – 5 Sa 309/12, juris Rn. 47; jurisPK-BGB/*Gehrlein*/*Weinland*, § 174 BGB Rn. 7; APS/*Preis*, 1. Teil D. Rn. 81; vgl. *Lux*, NZA-RR 2008, 393 (395); *Schmiegel*/*Yalçin*, ZTR 2011, 395 (399).

718 Siehe oben: A. II.

719 So auch *Bickel*, Anm. zu BAG, Urt. v. 30.5.1972 – 2 AZR 298/71, SAE 1973, 118 (119) m.N.

720 Soergel/*Leptien*, § 174 BGB Rn. 4; *Beck*, Erklärung von Kündigung und Abmahnung, S. 68; *Bickel*, Anm. zu BAG, Urt. v. 30.5.1972 – 2 AZR 298/71, SAE 1973, 118 (119); a.A. LAG Köln, Urt. v. 3.5.2002 – 4 Sa 1285/01, NZA-RR 2003, 194.

III. Inkenntnissetzung unter Zuhilfenahme eines Erklärungsboten

Auch eine Inkenntnissetzung unter Zuhilfenahme eines Erklärungsboten ist zulässig. Insoweit gelten die allgemeinen Regeln über das Risiko der richtigen und rechtzeitigen Übermittlung der Erklärung.[721] Außerdem ist aus den gleichen Gründen wie bei der Inkenntnissetzung durch einen Vertreter auch bei Boten § 174 BGB analog anzuwenden. Der Bote muss sich ggf. per Botenurkunde ausweisen, soll eine Zurückweisung der Inkenntnissetzung vermieden werden.[722]

IV. Ergebnis zu D.

Die Vertretung bei der Inkenntnissetzung ist zulässig. Sie kann auch durch den das einseitige Rechtsgeschäft vornehmenden Vertreter erfolgen. Es genügt jedoch nicht, dass der Vertreter mit „i.V." unterzeichnet. Schließlich kann sich der Vollmachtgeber auch eines Erklärungsboten bedienen.

E. Zusammenfassung zu § 8

Die Inkenntnissetzung muss dem Erklärungsempfänger die Bevollmächtigung der Vollmachtsurkunde vergleichbar zur Kenntnis bringen. Eine tatsächliche Kenntnisnahme der Information durch den Erklärungsempfänger ist nicht gefordert. Die in Kenntnis setzende Mitteilung bedarf als geschäftsähnliche Handlung keiner besonderen Form und kann insbesondere ausdrücklich oder konkludent erfolgen. Inhaltlich müssen sich aus ihr die Person des Vertreters und die jeweilige Rechtsmacht ergeben. Zeitlich gesehen hat sie vor der Vornahme des Rechtsgeschäfts zu erfolgen.

Die Inkenntnissetzung hat dem Lager des Vollmachtgebers zu entspringen. Die Mitteilung zur Inkenntnissetzung muss unmittelbar, d.h. ohne weitere Zwischenschritte, direkt und zielgerichtet, auf die Inkenntnissetzung des Erklärungsempfängers ausgerichtet sein. Eine öffentliche Bekanntmachung der Bevollmächtigung genügt ebenso wenig wie eine rein zufällige Kenntniserlangung. Der Vollmachtgeber muss dabei alles ihm Mögliche zur Möglichkeit der Kenntniserlangung durch den Erklärungsempfänger getan haben. Die Grenze seines Aufwands liegt jedoch im zur Kenntniserlangung Nötigen. Die Inkenntnissetzung muss nicht durch den Vollmachtgeber in persona erfolgen. Er kann

---

721 Vgl. zu diesen: Bamberger/Roth/*Valenthin*, § 164 BGB Rn. 11; *Bork*, AT BGB (2006), Rn. 1358.

722 Siehe oben: § 4 A.

sich eines Erklärungsboten oder eines Vertreters bedienen. Die Vertretung hinsichtlich der Inkenntnissetzung muss sich dann selbst an den Grundsätzen des § 174 BGB messen lassen. Auf die vom Boten überbrachte in Kenntnis setzende Mitteilung ist § 174 BGB in engen Grenzen (doppelt)[723] analog anwendbar.

Diese Grundsätze gelten im Arbeitsrecht uneingeschränkt und gehen i.d.R. sogar auf arbeitsrechtliche Erkenntnisse zurück.[724]

723 Die erste Analogie ist erforderlich, da es sich um einen Boten handelt. Die zweite Analogie wird benötigt, da die in Kenntnis setzende Mitteilung eine geschäftsähnliche Handlung ist.

724 Vgl. nur die zahlreichen arbeitsgerichtlichen Entscheidungen und Autoren.

§ 9. Möglichkeiten der Inkenntnissetzung

A. Inkenntnissetzung durch Kundgabe der Bevollmächtigung im Arbeitsvertrag

Eine Inkenntnissetzung kann auch durch Kundgabe (Mitteilung) über die Bevollmächtigung (zur Kündigung) im Arbeitsvertrag erfolgen.[725]

I. AGB-Kontrolle bzgl. Inkenntnissetzungsklauseln

Im Falle von Formulararbeitsverträgen findet die AGB-Kontrolle nach den §§ 305 ff. BGB keine Anwendung auf eine „Inkenntnissetzungsklausel".[726] Das hat seinen Grund darin, dass es sich bei einem solchen Mitteilungsakt um eine rechtsgeschäftsähnliche Handlung[727] des Arbeitgebers handelt. Rechtsgeschäftsähnliche Handlungen und einseitige Rechtsgeschäfte sind aber keine Allgemeinen Geschäftsbedingungen in diesem Sinne.[728] Eine solche einseitige Mitteilung des Arbeitgebers ist daher keine der AGB-Kontrolle fähige Vertragsbedingung.

II. Umsetzung der Kundgabe der Bevollmächtigung im Arbeitsvertrag

Wird die Mitteilung schon im Arbeitsvertrag vorgenommen, muss sie – wie sonst auch – die Anforderungen des § 174 BGB erfüllen. Zu unterscheiden sind bei der Inkenntnissetzung durch Kundgabe der Bevollmächtigung im Arbeitsvertrag im Wesentlichen zwei Grundkonstellationen: Namentliche Benennung des Kündigungsbevollmächtigten (1.) und Widmung einer Stellung zu einer zur Kündigung berechtigenden (2.).

---

725 BAG, Urt. v. 14.4.2011 – 6 AZR 727/09, NZA 2011, 683 (685); KR/*Friedrich*, § 13 KSchG Rn. 346; *Bartholomä*, Anm. zu BAG, Urt. v. 14.4.2011 – 6 AZR 727/09, BB 2011, 2236 (2239), die das sogar als sinnvoll empfiehlt; *Klostermann-Schneider*, in: *Uffmann/Dahm* (Hrsg.), Vielfalt oder Chaos, 2013, S. 145 (147); *S. Müller*, FA 2013, 37 (38); *Schmiegel/Yalçin*, ZTR 2011, 395 (402).

726 BAG, Urt. v. 14.4.2011 – 6 AZR 727/09, NZA 2011, 683 (685).

727 Siehe die in Fn. 713 Genannten.

728 BAG, Urt. v. 14.4.2011 – 6 AZR 727/09, NZA 2011, 683 (685); Däubler/Bonin/Deinert/*Deinert*, § 305 Rn. 7.

1. Namentliche Benennung des Kündigungsbevollmächtigten

Im Arbeitsvertrag wird der zur Vertretung bei der Kündigung Bevollmächtigte namentlich benannt: „Zur ordentlichen und außerordentlichen Kündigung Ihres Arbeitsverhältnisses ist [Herr/Frau] Mustermann bevollmächtigt/berechtigt.“.

Eine so geartete Information benennt sowohl den Umfang der Rechtsmacht als auch den zur Ausübung Bevollmächtigten.[729] Folglich ist der Arbeitnehmer wirksam darüber in Kenntnis gesetzt, dass eine konkrete Person („[Herr/Frau] Mustermann“) zur Kündigung bevollmächtigt ist. Eine solche direkte Mitteilung durch den Arbeitgeber an den Arbeitnehmer genügt den Anforderungen des § 174 S. 2 BGB in jedem Fall.[730]

Von einer solchen Information sind jedoch nachträgliche Änderungen in der Vertretungsberechtigung nicht erfasst. Das folgt schon aus der Starrheit der Regelung selbst. Der Arbeitnehmer ist auch nicht automatisch durch die Funktionsnachfolge eines Mitarbeiters von dessen (ggf. erhaltener) Kündigungsbevollmächtigung informiert. Ganz im Gegenteil: Es ist dem durch den Arbeitsvertrag informierten Arbeitnehmer möglich, sich darauf zu berufen, nur über die im Arbeitsvertrag benannte Person in Kenntnis gesetzt worden zu sein. Änderungen in der Person des Bevollmächtigten müssen dem Arbeitnehmer daher durch gesonderte Mitteilung des Arbeitgebers mitgeteilt werden.[731] Andernfalls ist der Arbeitnehmer hiervon nicht in Kenntnis gesetzt. Aus Beweisgründen sollte sich der Arbeitgeber die spätere Inkenntnissetzung vom Arbeitnehmer „quittieren“ lassen.

2. Widmung einer Stellung zu einer zur Kündigung berechtigenden

Im Arbeitsvertrag ist eine zur Kündigung berechtigende Stellung ausgewiesen, deren jeweiliger Inhaber zur Kündigung berechtigt ist: „Eine Kündigung des Arbeitsverhältnisses kann auch durch den (jeweiligen) Objektleiter/

---

729 Siehe zu diesem Erfordernis oben unter: § 8.

730 *Klostermann-Schneider*, in: *Uffmann/Dahm* (Hrsg.), Vielfalt oder Chaos, 2013, S. 145 (147); vgl. auch BAG, Urt. v. 14.4.2011 – 6 AZR 727/09, NZA 2011, 683 (685); HK-ArbR/*Fiebig*, Vor §§ 1 ff. KSchG Rn. 39.

731 Zu den Konkurrenzen zwischen verschiedenen in Kenntnis setzenden Informationen, insbes. dazu, dass in der Mitteilung einer neuen Information der Widerruf der alten Information liegt, siehe unten: I. II.

Niederlassungsleiter ausgesprochen werden"[732] / „Eine außerordentliche/ordentliche Kündigung[733] Ihres Arbeitsverhältnisses kann durch den (jeweiligen) Objektleiter/Niederlassungsleiter ausgesprochen werden.".

Insoweit wird eine Stellung (Objektleiter/Niederlassungsleiter) zu einer zur Kündigung berechtigenden gewidmet. Über diese ist der Arbeitnehmer schon durch den Arbeitsvertrag in Kenntnis gesetzt. Hinsichtlich des aktuellen Stelleninhabers enthält die Klausel aber keine Information. Infolgedessen ist der Arbeitnehmer hierüber auch nicht in Kenntnis gesetzt. Da aber nach allgemeinen Grundsätzen sowohl eine Information über die Vertretungsmacht als auch über die Person des Vertreters für eine Inkenntnissetzung nötig ist,[734] muss über die konkrete Person des aktuellen Stelleninhabers gesondert informiert werden. Nur wenn der Arbeitnehmer der Stellung auch den aktuellen Stelleninhaber zuordnen kann, ist die Inkenntnissetzung ausreichend i.S.d. § 174 S. 2 BGB. Andernfalls ist die Inkenntnissetzung nicht wirksam erfolgt. Dem Arbeitnehmer steht ein Zurückweisungsrecht nach § 174 S. 1 BGB zu.[735] Die Inkenntnissetzung über den der Stellung zuzuordnenden Stelleninhaber kann über die verschiedenen Möglichkeiten der Inkenntnissetzung erfolgen.[736] Sie kann jedoch keinesfalls durch Unterzeichnung des Stelleninhabers in der Kündigung erreicht werden (siehe dazu unten: B. III.).

Zweifelhaft ist die Annahme, dass die Erfordernisse des Arbeitslebens eine andere Sichtweise bedingen würden. Namentlich *M. Köhler*[737] will wegen des hohen Aufwands für Arbeitgeber in größeren Betrieben eine Inkenntnissetzung genügen lassen, wenn im Arbeitsvertrag die Stellung gewidmet ist, ohne dass der Stelleninhaber kundgegeben ist. Der Arbeitnehmer müsse nicht vor der

---

732 Nach BAG, Urt. v. 14.4.2011 – 6 AZR 727/09, NZA 2011, 683; kritisch in Bezug auf die Dienlichkeit einer solchen Mitteilung im Arbeitsvertrag *Ramrath*, Anm. zu BAG, Urt. v. 14.4.2011 – 6 AZR 727/09, AP Nr. 21 zu § 174 BGB.

733 Diese Klausel enthält zweifelsfreie Angaben zur Vertretungsmacht.

734 Siehe oben unter: § 8; vgl. auch *Klostermann-Schneider*, in: *Uffmann/Dahm* (Hrsg.), Vielfalt oder Chaos, 2013, S. 145 (148).

735 BAG, Urt. v. 14.4.2011 – 6 AZR 727/09, NZA 2011, 683 (685); HK-ArbR/*Fiebig*, Vor §§ 1 ff. KSchG Rn. 39; KR/*Friedrich*, § 13 KSchG Rn. 346; ErfK/*Müller-Glöge*, § 620 BGB Rn. 24; *Bartholomä*, Anm. zu BAG, Urt. v. 14.4.2011 – 6 AZR 727/09, BB 2011, 2236 (2239); *Klostermann-Schneider*, in: *Uffmann/Dahm* (Hrsg.), Vielfalt oder Chaos, 2013, S. 145 (148); *S. Müller*, FA 2013, 37 (38).

736 Vgl. BAG, Urt. v. 14.4.2011 – 6 AZR 727/09, NZA 2011, 683 (685); ErfK/*Müller-Glöge*, § 620 BGB Rn. 24; *Bartholomä*, Anm. zu BAG, Urt. v. 14.4.2011 – 6 AZR 727/09, BB 2011, 2236 (2239).

737 *M. Köhler*, Anm. zu BAG, Urt. v. 14.4.2011 – 6 AZR 727/09, EWiR 2011, 771 (772).

Ungewissheit geschützt werden, ob eine bestimmte Person bevollmächtigt ist. Zweifel über die Person des Stelleninhabers könne der Arbeitnehmer mit geeigneten Mittel ausräumen.

Diese Sichtweise lässt die Grundsätze der Informationslastverteilung[738] *(Der Vollmachtgeber ist informationsbelastet.)* sowie den Zeitpunkt der Inkenntnissetzung[739] (*Person des Vertreters muss vor der Kündigung und gerade nicht erst mit der Kündigung kundgegeben werden*) außer Acht und hält sich überdies weder an den Wortlaut des Gesetzes („von der Bevollmächtigung") noch an den Zweck, Ungewissheit über die Bevollmächtigung bei einseitigen Rechtsgeschäften auszuräumen. Dass das BAG in einem anderen Fall entschieden hat, dass eine unleserliche Unterschrift des Vertreters im Zusammenhang mit § 174 S. 2 BGB keine Besonderheiten auslöst,[740] kann nicht dafür bemüht werden, dass der Arbeitnehmer i.R.d. § 174 S. 2 BGB durch Widmung der Stellung im Arbeitsvertrag und Unterzeichnung des Stelleninhabers in der Kündigung in Kenntnis gesetzt ist.[741] Für den Ausschluss des Zurückweisungsrechts kann hieraus nichts hergeleitet werden.[742] Denn die Unterzeichnung durch den Vertreter ist für eine Inkenntnissetzung schon zeitlich nicht ausreichend.[743] Selbst die leserliche Unterschrift genügt für eine Inkenntnissetzung nicht. Daneben hat der Arbeitnehmer in diesem Fall die Möglichkeit, den Mangel der *Vertretungsmacht* gemäß § 180 BGB zu rügen. Er steht also auch in diesem Falle nicht schutzlos.

B. Inkenntnissetzung durch Berufung in eine Stellung

Neben der Möglichkeit, den Arbeitnehmer von der Kündigungsbevollmächtigung eines Mitarbeiters ausdrücklich (etwa durch Mitteilung im Arbeitsvertrag) zu informieren, soll es nach h.A.[744] für eine Inkenntnissetzung genügen, dass der

---

738 Siehe dazu oben: § 8 B.

739 Siehe dazu oben: § 8 A. II.

740 Vgl. BAG, Urt. v. 20.9.2006 - 6 AZR 82/06, NZA 2007, 377 (381).

741 So aber *M. Köhler*, Anm. zu BAG, Urt. v. 14.4.2011 - 6 AZR 727/09, EWiR 2011, 771 (772).

742 *Schmiegel/Yalçin*, ZTR 2011, 395 (399).

743 Siehe dazu oben unter: § 8 A. II. 2. b.

744 St. Rspr.: BAG, Urt. v. 30.5.1972 - 2 AZR 298/71, AP Nr. 1 zu § 174 BGB (II 2 der Gründe); BAG, Urt. v. 11.7.1991 - 2 AZR 107/91, NZA 1992, 449 (450 f.); BAG, Urt. v. 29.10.1992 - 2 AZR 460/92, NZA 1993, 307; BAG, Urt. v. 20.9.2006 - 6 AZR 82/06, NZA 2007, 377 (380 f.); BAG, Urt. v. 9.9.2010 - 2 AZR 582/09, ZTR 2011, 113 (114); BAG, Urt. v. 14.4.2011 - 6 AZR 727/09, NZA 2011, 683 (685). Aus der Literatur: KR/*Friedrich*, § 13 KSchG Rn. 345; Soergel/*Leptien*, § 174 BGB Rn. 4; Schaub ArbR-

Arbeitgeber einen Mitarbeiter in eine Stellung beruft, mit der eine Berechtigung zur Kündigung verbunden zu sein pflegt. Sei ein Mitarbeiter in eine solche Stellung berufen und wisse dies der zu kündigende Arbeitnehmer, bedürfe es keiner weiteren Nachweise hinsichtlich der Legitimität des Vertreterhandelns. Die Berufung in eine solche Stellung allein genüge jedoch nicht. Vielmehr müsse der Arbeitnehmer (auch) wissen, dass der Kündigende Stelleninhaber ist. Habe der Arbeitnehmer dieses Wissen, müsse er sich die Kenntnis von der Kündigungsberechtigung (Bevollmächtigung) des Mitarbeiters zurechnen lassen. Eine andere Auslegung würde nach dieser Ansicht den Erfordernissen des Arbeitslebens nicht gerecht.

Dem Namen nach ist eine „üblicherweise zur Kündigung berechtigende Stellung" eine Stellung, mit der üblicherweise eine Kündigungsberechtigung einhergeht bzw. mit der eine solche regelmäßig verbunden ist.[745] Die Annahme, dass es im Arbeitsleben besondere Funktionen (Stellungen) gibt, deren Charakteristik an sich schon auf die Kündigungsbevollmächtigung des Funktionsträgers schließen lässt, ist nicht neu. Schon *A. Hueck* deutete die Möglichkeit solch besonderer Stellungen an.[746] Die h.A. ist jedoch nicht frei von Kritik geblieben.[747]

Im Folgenden werden die Grundsätze zur Inkenntnissetzung durch die „Berufung in eine üblicherweise zur Kündigung berechtigende Stellung" erörtert (I.). Sodann wird sich der Frage zugewandt, was die Charakteristik einer „üblicherweise zur Kündigung berechtigenden Stellung" ist, wann eine solche also anzunehmen ist (II.). Im Anschluss wird als Annex zu der Thematik der Inkenntnissetzung durch Berufung in eine Stellung klargestellt, dass eine Mitteilung der Stelleninhaberschaft in der Kündigungserklärung durch den kündigenden Vertreter den Anforderungen des § 174 S. 2 BGB nicht genügt (III.). Abschließend

---

Hb/*Linck*, § 123 Rn. 22; ErfK/*Müller-Glöge*, § 620 BGB Rn. 24; APS/*Preis*, 1. Teil D. Rn. 81; Staudinger/*Schilken*, § 174 BGB Rn. 11; MüKo-BGB/*Schramm*, § 174 BGB Rn. 8; Bamberger/Roth/*Valenthin*, § 174 BGB Rn. 11; *Schmiegel/Yalçin*, ZTR 2011, 395 (399 ff.).

745 Vgl. die in Fn. 744 Genannten. Vgl. i.Ü. *Jakobs*, Anm. zu BAG, Urt. v. 30.5.1972 – 2 AZR 298/71, AP Nr. 1 zu § 174 BGB; *Klostermann-Schneider*, in: *Uffmann/Dahm* (Hrsg.), Vielfalt oder Chaos, 2013, S. 145 (152).

746 *A. Hueck/Nipperdey*, Lehrbuch des ArbR I (1963), § 56 VIII, S. 557 zu Fn. 64.

747 Vgl. *Beck*, Erklärung von Kündigung und Abmahnung, S. 73 ff.; *Kliemt*, Formerfordernisse, S. 220 ff.; *Leder*, Beendigung von Arbeitsverhältnissen, S. 45 ff.; *Bickel*, Anm. zu BAG, Urt. v. 30.5.1972 – 2 AZR 298/71, SAE 1973, 118 (119 ff.); *Jakobs*, Anm. zu BAG, Urt. v. 30.5.1972 – 2 AZR 298/71, AP Nr. 1 zu § 174 BGB; *Klostermann-Schneider*, in: *Uffmann/Dahm* (Hrsg.), Vielfalt oder Chaos, 2013, S. 145 (152 ff.); *Schmiegel/Yalçin*, ZTR 2011, 395 (400).

wird die Thematik einer Inkenntnissetzung von der Bevollmächtigung zur Inkenntnissetzung durch Berufung in eine „üblicherweise zur Inkenntnissetzung berechtigende Stellung" behandelt (IV.).

I. Grundsätze zur Inkenntnissetzung durch die Berufung in eine „üblicherweise zur Kündigung berechtigende Stellung"

Es wird zunächst darauf eingegangen, welche Erwägungen die h.A. anstellt, um von der Berufung in eine Stellung zu einer in Kenntnis setzenden Mitteilung an den jeweiligen Arbeitnehmer über die Kündigungsbevollmächtigung des Stelleninhabers zu gelangen (1.). Dabei werden auch die hiergegen ins Feld geführten Argumente skizziert (2.). Am Ende dieses Komplexes wird zu den Auffassungen der h.A. und der Gegenansicht Stellung genommen (3.).

1. H.A.: Inkenntnissetzung durch die Berufung in eine „üblicherweise zur Kündigung berechtigende Stellung"

Die h.A. spricht sich vor allem deshalb für die Möglichkeit der Inkenntnissetzung durch Berufung in eine „üblicherweise zur Kündigung berechtigende Stellung" aus, da eine andere Sichtweise den Erfordernissen des Arbeitslebens nicht gerecht würde.[748] Das BAG habe sich bei der Auslegung der Anforderungen, die § 174 BGB stellt, von den besonderen Erfordernissen des Arbeitsrechts leiten zu lassen.[749]

Eine Inkenntnissetzung durch das Berufen in eine Stellung ist nach der h.A. – zusammengefasst – unter folgenden Voraussetzungen anzunehmen:

Der Arbeitnehmer wurde davon in Kenntnis gesetzt[750], dass eine bestimmte Person eine bestimmte Stellung bekleidet. Es ist für Stellungen dieser Art üblich, dass ihre Inhaber Kündigungsvollmacht haben. Der Stelleninhaber hat tatsächlich Kündigungsvollmacht.[751] Wird nur die bestimmte Stellung und nicht eine

748 Siehe die in Fn. 744 Genannten.

749 Vgl. nur BAG, Urt. v. 14.4.2011 – 6 AZR 727/09, NZA 2011, 683 (686).

750 Nach *Schmiegel/Yalçin*, ZTR 2011, 395 (401) genügt es auch, dass dem Arbeitnehmer „‚aus den Umständen' bekannt ist, dass der Vertreter eine Stellung innehat, die typischerweise mit dem Kündigungsrecht verbunden ist." In diese Richtung tendiert auch *Ramrath*, Anm. zu BAG, Urt. v. 14.4.2011 – 6 AZR 727/09, AP Nr. 21 zu § 174 BGB.

751 Dies ist schon eine Anwendbarkeitsvoraussetzung hinsichlich § 174 BGB, siehe oben: § 5.

bestimmte Person benannt, genügt dies, sofern der Arbeitnehmer der Stellung einen konkreten Stelleninhaber zuordnen kann.

Liegen diese Voraussetzungen kumulativ vor, muss sich der Arbeitnehmer die „Kenntnis“ vom Bestehen der Kündigungsvollmacht zurechnen lassen.

Namentlich *Ulrici* begründet die h.A. über das immer wieder zu lesende Eingangsargument (besondere Berücksichtigung der Erfordernisse des Arbeitsrechts) hinaus auch substantiell. Nach *Ulricis*[752] Auffassung ist die h.A. „zur üblicherweise zur Kündigung berechtigenden Stellung“ als Konsequenz der Anerkennung des Instituts der Anscheinsvollmacht tragfähig. Ein der Norm des § 174 BGB vergleichbarer Schutz des Arbeitnehmers sei über das Rechtsinstitut der Anscheinsvollmacht (in diesen Fällen) hinreichend erzielt. In den Fällen der „üblicherweise zur Kündigung berechtigenden Stellung“ könne der Arbeitnehmer „vergleichbar der Vorlage einer Vollmachtsurkunde (vgl. § 172 BGB) oder einer In-Kenntnis-Setzung durch den Arbeitgeber (vgl. § 171 BGB) sicher sein (…), dass die Kündigungserklärung dem Arbeitgeber zuzurechnen ist“.[753] § 174 S. 2 BGB solle daher auch in diesen Fällen (analog) zur Anwendung kommen. Eine Schwebelage, wie sie § 174 BGB vermeiden wolle, könne in diesem Falle nicht entstehen.[754]

2. *A.A.: Keine Inkenntnissetzung durch die Berufung in eine „üblicherweise zur Kündigung berechtigende Stellung“*

Gegen die h.A. wurden im Wesentlichen folgende Argumente ins Feld geführt:

Das Gesetz verlange mit der Inkenntnissetzung nach § 174 S. 2 BGB mehr als ein reines „Kennenmüssen“. Das folge schon daraus, dass das Gesetz zwischen beiden Begriffen – Kenntnis einerseits und Kennenmüssen andererseits – unterscheidet. Eine Zurechnung von Kenntnis sei daher nicht ausreichend für eine Inkenntnissetzung nach § 174 S. 2 BGB.[755]

Schon aus historischen Gesichtspunkten im Zusammnenhang mit § 174 BGB genüge eine zufällig erlangte Kenntnis von der tatsächlichen

752 *Ulrici*, jurisPR-ArbR 25/2013 Anm. 1 und jurisPR-ArbR 17/2013 Anm. 1. Die Überlegungen *Ulricis* beruhen auf seinem Beitrag in *Boemke/Luke/Ulrici*, Fallsammlung zum Schwerpunktbereich Arbeitsrecht, S. 236.

753 *Ulrici*, jurisPR-ArbR 17/2013 Anm. 1.

754 Siehe Fn. 752.

755 *Jakobs*, Anm. zu BAG, Urt. v. 30.5.1972 – 2 AZR 298/71, AP Nr. 1 zu § 174 BGB; *Kliemt*, Formerfordernisse, S. 221; *Leder*, Beendigung von Arbeitsverhältnissen, S. 46; dem folgend *Klostermann-Schneider*, in: *Uffmann/Dahm* (Hrsg.), Vielfalt oder Chaos, 2013, S. 145 (154).

Kündigungsberechtigung den Anforderungen an eine Inkenntnissetzung nicht. Daher könne ein Kennenmüssen der Vertretungslage erst recht nicht für eine Inkenntnissetzung genügen.[756]

Des Weiteren fordere § 174 S. 2 BGB seinem klaren Wortlaut nach eine Information über die Bevollmächtigung und damit über die Person des Vertreters und der Vertretungsmacht. Das Berufen in eine Stellung informiere aber nur über die Berufung einer Person in die Stellung, nicht aber auch über deren tatsächliche Rechtsmacht.[757]

Weiter fehle es bei dem „Akt" des Berufens eines Mitarbeiters in eine Stellung durch den Arbeitgeber an einer zielgerichteten Information an die Belegschaft und damit den jeweiligen Arbeitnehmer. Ein rein interner Vorgang sei keine direkte Kundgabe der Vertretungsmacht. Eine solche fordert das Gesetz jedoch in § 174 BGB.[758]

Schließlich vermittle selbst eine Zurechnung der Kenntnis lediglich eine überwiegende Wahrscheinlichkeit dafür, dass in der Vielzahl der Fälle tatsächlich auch Vollmacht vorliege. Inhalt der Zurechnung sei die üblicherweise mit der Stellung einhergehende Kündigungsberechtigung. Gewissheit darüber, dass die Vollmacht auch im konkreten Einzelfall tatsächlich bestehe, sei auch durch eine Kenntniszurechnung oder aber den Verzicht auf eine weitergehende Inkenntnissetzung nicht erreicht. Der Schutzzweck des § 174 BGB werde somit durch die Zurechung einer reinen Bevollmächtigungswahrscheinlichkeit nicht gewahrt.[759]

---

756 *Beck*, Erklärung von Kündigung und Abmahnung, S. 75; *Kliemt*, Formerfordernisse, S. 221; in diese Richtung auch *Bickel*, Anm. zu BAG, Urt. v. 30.5.1972 – 2 AZR 298/71, SAE 1971, 118 (119).

757 *Klostermann-Schneider*, in: *Uffmann/Dahm* (Hrsg.), Vielfalt oder Chaos, 2013, S. 145 (155); kritisch auch *Bickel*, Anm. zu BAG, Urt. v. 30.5.1972 – 2 AZR 298/71, SAE 1973, 118 (119).

758 In diesem Kontext: *Kliemt*, Formerfordernisse, S. 223; *Bickel*, Anm. zu BAG, Urt. v. 30.5.1972 – 2 AZR 298/71, SAE 1973, 118 (119); Allgemein ohne direkten Bezug auf die Zurechnung durch die Berufung in eine „Stellung, die üblicherweise zur Kündigung berechtigt": *Boecken*, Anm. zu BAG, Urt. v. 11.7.1991 – 2 AZR 107/91, EzA § 174 BGB Nr. 9, S. 15.

759 *Beck*, Erklärung von Kündigung und Abmahnung, S. 76, 79; vgl. *Kliemt*, Formerfordernisse, S. 222 ff.; vgl. *Leder*, Beendigung von Arbeitsverhältnissen, S. 46 ff.; *Bickel*, Anm. zu BAG, Urt. v. 30.5.1972 – 2 AZR 298/71, SAE 1973, 118 (120); *Klostermann-Schneider*, in: *Uffmann/Dahm* (Hrsg.), Vielfalt oder Chaos, 2013, S. 145 (154 f.).

3. *Stellungnahme zur Inkenntnissetzung durch die Berufung in eine „üblicherweise zur Kündigung berechtigende Stellung“*

Im Folgenden wird zunächst Stellung zur h.A. und der zu ihr ergangenen Kritik genommen (a.). Sodann werden die Argumente *Ulricis* einer gesonderten Untersuchung zugeführt (b.). Schließlich wird eine eigene Lösung vorgeschlagen, mit deren Hilfe die Anforderungen des § 174 S. 2 BGB und die Besonderheiten des Arbeitsrechts in Einklang gebracht werden können (c.).

a. *Stellungnahme zur h.A. und der an ihr ergangenen Kritik*

Die Kritik an der h.A. ist in der Sache zu Recht ergangen. Die oben genannten Argumente[760] der Gegenmeinung überzeugen aus dogmatischer Sicht. Nur sie haben im Blick, dass das Gesetz hohe Anforderungen an den Nachweis der Legitimation zur Vornahme einseitiger Rechtsgeschäfte stellt. Dass die Anforderungen, die an die Vorlage der Vollmachtsurkunde gestellt werden (Original, eigenhändige Unterschrift des Vollmachtgebers, Zeitpunkt der Vorlage)[761], auch zumindest in der Tendenz – wenn auch nicht absolut – auf die Anforderungen, die an die Inkenntnissetzung zu stellen sind, ausstrahlen, ist schon systematisch geboten.[762] Zwar fordert das Gesetz in § 174 S. 2 BGB nicht zwangsläufig einen Nachweis, der formalen Anforderungen genügen muss. Auch die rein mündliche Information ist für eine Inkenntnissetzung ausreichend. Das Gesetz fordert jedoch immerhin eine Information und statuiert nicht etwa eine Umkehr oder Abmilderung der Informationslastverteilung.[763]

Gegen die h.A. spricht auch folgende Überlegung: Zugespitzt formuliert, soll es nach der h.A. nicht einmal darauf ankommen, dass der Arbeitnehmer auch tatsächlich davon Kenntnis hat, dass die Stellung charakteristisch eine „üblicherweise zur Kündigung berechtigende“ ist.[764] Der Erklärungsempfänger hat weder Kenntnis von der Kündigungsbevollmächtigung (diese soll ihm ja erst zugerechnet werden), noch davon, dass der Kündigende eine „üblicherweise zur Kündigung berechtigende Stellung“ bekleidet. Er weiß allein, dass der Kündigende

---

760 Siehe unter: 2.

761 Siehe zu diesen: § 6 A. und § 6 D.

762 In diese Richtung auch *Schmiegel/Yalçin*, ZTR 2011, 395 (399): „Der Inhalt und die Anforderungen, die die Vorlage der Vollmachtsurkunde gem. § 174 S. 1 BGB mit sich bringt, sollten sich in der Mitteilung gem. § 174 S. 2 BGB widerspiegeln.“.

763 Siehe zu dieser: § 8 B.

764 So auch *Kliemt*, Formerfordernisse, S. 221; *Bickel*, Anm. zu BAG, Urt. v. 30.5.1972 – 2 AZR 298/71, SAE 1973, 118 (120).

eine bestimmte Stellung im Unternehmen/Betrieb innehat. Diese Kenntnis soll genügen, um ihm auch die Kenntnis von der mit dieser Stellung üblicherweise einhergehenden Kündigungberechtigung zuzurechnen. Dieses Vorgehen verliert aus dem Blick, dass § 174 BGB die Kenntnisnahmemöglichkeit des Erklärungsempfängers hinsichtlich der Information über die Legitimation des Vertreters fordert.[765] Eine Zurechnung von Kenntnis genügt daher (gerade) nicht.[766]

b. *Beurteilung der Ausführungen* Ulricis

Auch die Ausführungen *Ulricis*[767] können letztlich nicht überzeugen. Die von § 174 BGB geforderte Gewissheit über die Vertretungslage und damit die Wirksamkeit des einseitigen Rechtsgeschäfts wird auch nicht als Konsequenz der Anerkennung des Instituts der Anscheinsvollmacht und den daraus resultierenden Zurechnungsfolgen erreicht. Dem liegen folgende Überlegungen zugrunde:

aa. Anscheinsvollmacht und Vertrauensschutz

Vom Vorliegen einer Anscheinsvollmacht ist auszugehen, wenn der „Vertretene" das Auftreten des „Vertreters" nicht kennt, es aber bei Beachtung der gebotenen Sorgfalt hätte erkennen und verhindern können. Hinzutreten muss ein schutzwürdiges Vertrauen des Geschäftsgegners dahingehend, dass dem „Vertretenen" das Handeln des „Vertreters" nicht verborgen geblieben sein könne und er nicht einschreite, weil er das Handeln dulde.[768] Es handelt sich insoweit um eine „Vollmacht kraft veranlassten Rechtsscheins"[769].[770] Folge der Anscheinsvollmacht ist, dass eine tatsächlich nicht bestehende Vertretungsmacht vermittelt wird.

Auf den Fall des Berufens eines Mitarbeiters in eine „üblicherweise zur Kündigung berechtigende Stellung" übertragen bedeutet dies, dass die „üblicherweise zur Kündigung berechtigende Stellung" die Vertretungsmacht vermittelt, selbst wenn keine Vollmacht besteht. Dabei kann das Berufen in die Stellung als rechtsscheinsetzendes Verhalten des „Vertretenen" zugleich auch eine Inkenntnissetzung über die Bevollmächtigung des „Vertreters" sein.[771] Dies nur für den

765 Siehe oben: § 8.
766 Vgl. die in Fn. 755 Genannten.
767 Siehe oben unter: 1.
768 Soergel/*Leptien*, § 167 BGB Rn. 15; MüKo-BGB/*Schramm*, § 167 BGB Rn. 54 – jeweils m.N.
769 Soergel/*Leptien*, § 167 BGB Rn. 17.
770 Vgl. auch MüKo-BGB/*Schramm*, § 167 BGB Rn. 74.
771 Vgl. MüKo-BGB/*Schramm*, § 167 BGB Rn. 58.

Fall, dass der Erklärungsempfänger auf diesen Anschein auch tatsächlich vertraut. Wie eingangs gezeigt, entsteht diese Rechtsscheinvollmacht jedoch nur bei einem Vertrauen des jeweiligen Geschäftspartners. Unter Beachtung dieses Vertrauens ergeben sich verschiedene Fallgruppen, für die das Zusammenspiel von „Anscheinsvollmacht und ihren Folgen" und § 174 BGB gesondert zu bewerten ist:

(1) Vertrauen des Erklärungsempfängers auf das tatsächliche Bestehen der Vertretungsmacht

Vertraut der Erklärungsempfänger eines einseitigen Rechtsgeschäfts auf das tatsächliche Bestehen der Vertretungsmacht, kann er sich auch im Falle der „üblicherweise zur Kündigung berechtigenden Stellung" nicht darauf berufen, dass ihm die Vertretungslage ungewiss ist. In diesem Falle geht *Ulrici* zu Recht davon aus, dass der Erklärungsempfänger sicher sein kann, dass die Erklärung dem Arbeitgeber auch zugerechnet wird. Beriefe sich der Erklärungsempfänger, der auf die Bevollmächtigung vertraut, auf seine Ungewissheit über diese, wäre dieses Berufen treuwidrig (siehe dazu: § 10), sodass es eines Rückgriffs auf die Grundsätze der Anscheinsvollmacht und deren Folgen gar nicht bedarf.

(2) Kein Vertrauen des Erklärungsempfängers auf das tatsächliche Bestehen der Vertretungsmacht

Für den bedeutsamen Fall, dass der Erklärungsempfänger nicht auf den Anschein vertraut (hat), entsteht hingegen auch nach den Grundsätzen der Anscheinsvollmacht keine Vertretungsmacht. Insoweit kommt eine Anwendung von § 174 BGB per se nicht in Betracht.[772] Will sich der „Anscheins-Vertretene" darauf berufen, dass der Erklärungsempfänger durch die Schaffung des Anscheins der Bevollmächtigung über diese in Kenntnis gesetzt ist, wird es darüber hinaus regelmäßig an einem zielgerichteten Verhalten des Vertretenen zur Inkenntnissetzung des Arbeitnehmers fehlen. Zwar kann auch in der Einräumung einer Stellung, mit der „typischerweise Vertretungsmacht bestimmten Umfangs verknüpft ist"[773], ein rechtsscheinsetzendes Verhalten des Vertretenen liegen.[774] Jedoch setzen die Grundsätze der Anscheinsvollmacht auch voraus, dass der „Anscheins-Vertretene" das Handeln des Vertreters nicht kannte.[775]

772 Siehe oben: § 5 A. I.

773 MüKo-BGB/*Schramm*, § 167 BGB Rn. 58.

774 MüKo-BGB/*Schramm*, § 167 BGB Rn. 58.

775 Siehe die in Fn. 768 Genannten.

Weiß er aber nichts vom Handeln des Vertreters, kann er den Arbeitnehmer von der Bevollmächtigung hinsichtlich dieses Verhaltens nicht zielgerichtet in Kenntnis setzen. Ein zielgerichtetes Verhalten ist aber für die Inkenntnissetzung erforderlich.[776]

(3) Pflicht zum Vertrauen auf den Anschein der Bevollmächtigung

Bliebe noch die Möglichkeit, sich auf den Standpunkt zu stellen, in gewissen Konstellationen müsse der Erklärungsempfänger auf den Anschein der Bevollmächtigung vertrauen (ob er nun wolle oder nicht). So könnte man der Idee verfallen, dass ein Mitarbeiter, der in der Vergangenheit mehrere (ggf. sogar alle) Arbeitsverhältnisse im Betrieb/Unternehmen gekündigt hat – ohne hierzu bevollmächtigt zu sein und auch ohne Kenntnis des Arbeitgebers – für den konkret zu bewertenden Kündigungsfall als bevollmächtigt gilt bzw. wegen des mit seinem Vorverhalten verbundenen Anscheins gelten muss. Da der Arbeitgeber hinsichtlich der schon vorgenommenen Kündigungen nicht gegen das Verhalten des Kündigenden eingeschritten ist, „duldet" er dieses Verhalten. Dies vermittelt den Anschein der Bevollmächtigung im Einzelfall, was sich zweifelsohne aus dem bisherigen Kündigungsverhalten mit Gewissheit für den Erklärungsempfänger ergibt. Der Arbeitgeber hätte das Kündigungsverhalten bei Beachtung der gebotenen Sorgfalt auch erkennen können.

Jedoch kann aus Kündigungen anderer Arbeitsverhältnisse nicht automatisch darauf geschlossen werden, dass der „Anscheins-Bevollmächtigte" *auch* dem Erklärungsempfänger in concreto kündigen darf.[777] Denn die Bevollmächtigung zur Kündigung berechtigt nicht zwangsläufig zu jeder Art von Kündigung (ordentlich und außerordentlich) und nicht zwangsläufig zu Kündigungen der Arbeitnehmer aller Hierarchiestufen.[778]

Weiter spricht gegen eine solche Annahme in Bezug auf den zurückweisenden Erklärungsempfänger, dass dieser aus dem Verhalten des „Anscheins-Vertretenen" (Berufen in die Stellung) – entgegen allem Anschein – nicht auch auf die Bevollmächtigung des Vertreters geschlossen hat. Er demonstriert durch die Rüge das Gegenteil, nämlich seine Ungewissheit über die Wirksamkeit der Vertretung. In seinem speziellen Einzelfall verbleiben trotz allen Anscheins Unsicherheiten

776 Siehe oben: § 8 C.

777 In einem etwas anderen Zusammenhang so zu Recht schon *Bickel*, Anm. zu BAG, Urt. v. 30.5.1972 – 2 AZR 298/71, SAE 1973, 118 (119): „Schließlich ist auch die Kündigungspraxis des Bevollmächtigten nicht das nach § 174 Satz 2 BGB erforderliche Inkenntnissetzen.". Vgl auch schon die in Fn. 759 Genannten.

778 Siehe dazu oben: § 3 A. II.

hinsichtlich der Vertretungslage. Gerade in diesen Ungewissheitsfällen will § 174 BGB aber helfen. Geht der Schutz, den § 174 BGB dem Einzelnen im konkreten Einzelfall gewährt, zu weit, ist eine Korrektur über die Treuwidrigkeit der Zurückweisung zu erreichen (siehe dazu unten: § 10).

(4) Konfusion durch Verkehrung des Vertrauensschutzes

Der Vertrauensschutz, den die Grundsätze der Anscheinsvollmacht gewähren, wird in sein Gegenteil verkehrt, wenn zulasten des Erklärungsempfängers des Vertretenen die Vertetungsmacht des „Anscheins-Vertreters" als wirksam unterstellt wird, ohne dass der Erklärungsempfänger auf den gesetzten Anschein vertraut: Im Falle der Anscheinsvollmacht ist es dem *Vertretenen* verwehrt, sich auf den Mangel der Vertretungsmacht seines „Anscheins-Vertreters" zu berufen.[779] Im Falle des § 174 BGB ist es aber der Erklärungsempfänger, der sich über die Vertretungslage unsicher ist. Würde man aus den Grundsätzen der Anscheinsvollmacht und ihren Folgen auf die Inkenntnissetzung über die Bevollmächtigung schließen, ergibt sich folgende Konfusion: Dem Erklärungsempfänger ist es verwehrt, sich auf seine Ungewissheit zu berufen, weil es dem Vertretenen verwehrt ist, sich auf den Mangel der Vertretungsmacht des „Anscheins-Vertreters" zu berufen. Dem Erklärungsempfänger kann danach also etwas ggf. tatsächlich Ungewisses nicht ungewiss sein, da der Vertretene einen Vertrauenstatbestand gesetzt hat, der den Erklärungsempfänger bzw. Geschäftspartner schützen soll. Dies widerspricht aber der Zweckrichtung des § 174 BGB und den Grundsätzen der Anscheinsvollmacht gleichermaßen. Erstere will erreichen, dass Ungewissheit hinsichtlich der Wirksamkeit des Rechtsgeschäfts und damit der Vertretungsmacht des Bevollmächtigten durch *Zurückweisung* beseitigt werden kann und zwar durch ein Verhalten desjenigen, dem die Lage ungewiss ist. Die Anscheinsvollmacht soll hingegen den Geschäftspartner des Erklärenden schützen.[780] Dieser wird jedoch dann nicht geschützt, wenn ihm etwas ungewiss ist, und er trotzdem durch Zurechnung von Vertrauensgesichtspunkten in die

779 BGH, Urt. v. 12.3.1981 – III ZR 60/80, NJW 1981, 1727 (1728); BGH, Urt. v. 5.3.1998 – III ZR 183/96, NJW 1998, 1854 (1855); OLG Frankfurt, Urt. v. 16.3.2000 – 16 U 69/99, NJW-RR 2001, 1004 (1005); MüKo-BGB/*Schramm*, § 167 BGB Rn. 54; Bamberger/Roth/*Valenthin*, § 167 BGB Rn. 16.

780 So auch BAG, Urt. v. 6.9.2012 – 2 AZR 858/11, NZA 2013, 524 (526), zu einer Anscheinsvollmacht im Zusammenhang mit § 4 KSchG: „Die gewohnheitsrechtlich anerkannte Figur der Anscheinsvollmacht (…) dient hingegen dem Schutz des Arbeitnehmers als des Erklärungsempfängers. In dessen Interesse aber liegt eine Zurechenbarkeit der Kündigung zum Arbeitgeber gerade nicht.".

Stellung eines tatsächlich Vertrauenden und damit Gewissheit-Habenden versetzt wird. Der Schutz, den § 174 BGB – trotz tatsächlichen Bestehens der Vertretungsmacht – im Blick hat, würde so konterkariert („Konfusionsargument"). In diese Richtung ist auch *Bickel* zu verstehen, nach dem eine ungünstige Lage des Arbeitnehmers besteht, und eine Begünstigung des Arbeitgebers stattfindet, was „nach der klaren gesetzlichen Regelung auch nicht (…) durch eine vermeintliche Analogie zur ‚Duldungs-' oder ‚Anscheinsvollmacht'"[781] zulässig ist.

bb. Ergebnis zu b.

Ein Erfahrungssatz dahingehend, dass dort, wo der Anschein der Vertretungsmacht besteht, eine Ungewisseit auf Seiten des *konkreten* Erklärungsempfängers nicht bestehen kann, ist nicht aufgestellt und auch nicht angezeigt. Infolgedessen kann auch die durch eine Anscheinsvollmacht entstehende Zurechnungslage keine Gewissheit auf Seiten des Erklärungsempfängers dahingehend entstehen lassen, dass das Rechtsgeschäft durch einen wirksam Bevollmächtigten vorgenommen wurde bzw. wird.

c. Eigener Lösungsansatz

In die Abwägung über die Anforderungen der Inkenntnissetzung und damit die Lesart des § 174 S. 2 BGB hat auch einzufließen, was schon in den Motiven zum Ausdruck kommt: „Die Vorschrift entspricht einer billigen Rücksichtnahme, während andererseits von derselben eine Beengung des Verkehres und namentlich eine Erschwerung der Erledigung der Geschäfte durch Vermittlung von Rechtsanwälten kaum zu besorgen steht."[782] Daher ist es notwendig, Konturen zu schaffen, innerhalb derer die Interessen des Arbeitnehmers (Gewissheit hinsichtlich der Wirksamkeit des Rechtsgeschäfts) und die arbeitsrechtliche Abwicklungspraxis (Kündigungen durch Berechtigte nicht unzumutbar zu erschweren) im Einklang stehen. Infolgedessen ist trotz aller berechtigter Kritik im Ergebnis an der „Zurechnungspraxis" der h.A. festzuhalten, wenngleich der Begründung nicht gefolgt werden kann. So vermag der immer wieder zu lesende Satz, dass eine andere Auslegung den arbeitsrechtlichen Besonderheiten nicht gerecht würde, allein nicht zu überzeugen.[783] Schließlich hat auch das

---

781 *Bickel*, Anm. zu BAG, Urt. v. 30.5.1972 – 2 AZR 298/71, SAE 1973, 118 (120).

782 Mot. I. Allgemeiner Theil, S. 240.

783 So aber BAG, Urt. v. 30.5.1972 – 2 AZR 298/71, AP Nr. 1 zu § 174 BGB (II 2 der Gründe); BAG, Urt. v. 20.9.2006 – 6 AZR 82/06, NZA 2007, 377 (381) m.w.N.; vgl. auch BAG, Urt. v. 14.4.2011 – 6 AZR 727/09, NZA 2011, 683 (686).

Arbeitsrecht die Regeln des Rechts zu befolgen. Hinzu kommt, dass die schutzwürdigen Aspekte des Arbeitnehmers i.d.R. anforderungserhöhend und nicht etwa -absenkend sind.[784] Die Aufrechterhaltung der h.A. im Ergebnis lässt sich insbesondere aus teleologischen und historischen sowie rein praktischen Erwägungen heraus rechtfertigen, wenngleich eine restriktive Handhabung unerlässlich ist[785].

aa. Praktischer Aspekt

Sollte es eine Betriebs- und/oder Unternehmenspraxis oder sogar eine darüber hinausgehende Branchenüblichkeit[786] geben, aus der sich mit an Sicherheit grenzender Wahrscheinlichkeit ergibt, dass der jeweilige Inhaber dieser Stellung kündigungsberechtigt ist, würde ein Festhalten an der Inkenntnissetzung durch einen über die Berufung in die Stellung hinausgehenden Akt den arbeitsrechtlichen Alltag (ggf. unzumutbar) zulasten des Arbeitgebers erschweren. Wenn nämlich eine solche Üblichkeit in der Branche oder im Unternehmen bzw. Betrieb besteht, ist die Stellung als „üblicherweise zur Kündigung berechtigende Stellung" zu charakterisieren (siehe dazu sogleich unter: II. 1.). Für den Ausschluss des Zurückweisungsrechts des Arbeitnehmers nach § 174 S. 2 BGB reicht dies allein jedoch nicht aus. Wie auch von der h.A. gefordert[787] muss der Arbeitnehmer sowohl von der Existenz der Stellung als auch von der Person des Stelleninhabers in Kenntnis gesetzt worden sein. Für eine weitergehende Inkenntnissetzung bestünde im Regelfall auf Seiten des Arbeitnehmers kein Bedürfnis. Schließlich würde im Falle der Kündigung nur das, was üblich ist, eintreten und damit nichts Überraschendes über den Arbeitnehmer hereinbrechen.

Anders wäre es zu bewerten, wenn das, was als üblich unterstellt wird, im tatsächlichen Einzelfall nicht zutrifft, etwa weil dem Arbeitnehmer nach der Branchenüblichkeit, nicht aber nach der Betriebsüblichkeit, von einer Person in dieser Stellung gekündigt werden kann. Würde ihm nun (trotzdem) vom üblicherweise nach den Grundsätzen der Branche zur Kündigung Berechtigten, dessen Stellung und Person er kennt, gekündigt, könnte er die Kündigung trotz Ungewissheit über die Bevollmächtigung nicht nach § 174 S. 1 BGB zurückweisen. Ihm

---

784 Vgl. nur § 1 Abs. 2 KSchG gegenüber §§ 620, 623 BGB.

785 Vgl. statt Vieler: Soergel/*Leptien*, § 174 BGB Rn. 4 und 8; *Schmiegel/Yalçin*, ZTR 2011, 395 (400).

786 Vgl. für die Einbeziehung dieses Kriteriums in die Abwägung hinsichtlich der Inkenntnissetzung durch Berufung in eine Stellung: BAG, Urt. v. 9.5.1985 – 2 AZR 355/84, juris Rn. 53 f.; *Schmiegel/Yalçin*, ZTR 2011, 395 (400).

787 Siehe dazu schon die in Fn. 744 und 745 Genannten.

wurde schließlich vom üblicherweise zur Kündigung Berechtigten gekündigt. Dies erscheint misslich.

Um einer solchen (Missbrauchs-)Möglichkeit von Vornherein den Boden zu entziehen, ist es daher geboten, dem Arbeitgeber die Beweislast für das Bestehen einer solchen Üblichkeit und für ihren tatsächlichen Eintritt im Einzelfall aufzuerlegen. Dies steht auch im Einklang mit § 174 BGB selbst: Beweispflichtig ist insoweit derjenige, der sich auf die Inkenntnissetzung beruft.[788] Dies wird i.d.R. der Arbeitgeber sein. Kann der Arbeitgeber eine Üblichkeit darlegen und beweisen, sollte es wegen der hohen Anforderungen des § 174 BGB an die Gewissheitserbringung durch den Arbeitgeber genügen, wenn der Arbeitnehmer Tatsachen vorbringt, die gegen die Üblichkeit bzw. ihren tatsächlichen Eintritt sprechen, um den Beweis des Arbeitgebers zu erschüttern bzw. den Substantiierungsgrad zu erhöhen. Sollte es etwa branchenüblich sein, dass eine Stellung zur Kündigung berechtigt, genügt es, dass der Arbeitnehmer vorträgt, dass diese Branchenüblichkeit der Unternehmens- bzw. Betriebsüblichkeit widerspricht. Der Arbeitgeber hat die Obliegenheit zu beweisen, dass die üblicherweise zur Kündigung berechtigende Stellung nach den Gepflogenheiten der Branche auch im konkreten Einzelfall als eine solche anzuerkennen ist. Die Anforderungen an den Nachweis des Arbeitnehmers hinsichtlich der Unüblichkeit in seinem Einzelfall sind gering zu halten, hat § 174 BGB doch seinen Schutz im Blick.

bb. Teleologischer Aspekt

Mit dem zuvor ausgeführten praktischen Aspekt hängt das teleologische Argument untrennbar zusammen. Telos des § 174 BGB ist, den Arbeitnehmer vor der Ungewissheit darüber zu schützen, ob das ihm gegenüber vorgenommene einseitige Rechtsgeschäft (die Kündigung) wirksam ist, ob also der Handelnde zur Vornahme der Kündigung bevollmächtigt ist.[789] Jedoch ist auch das Interesse des Arbeitgebers hinsichtlich der Sicherheit darüber, ob die Kündigung wirksam ist, in gewissen Grenzen schutzwürdig.[790] Daher besteht weder dort, wo der Arbeitnehmer sich treuwidrig auf die mangelnde Inkenntnissetzung beruft, ein Bedürfnis, diesen zu schützen (siehe dazu unten: § 10) noch besteht dieses Bedürfnis dort, wo dem Arbeitnehmer durch eine sich realisierende bzw. aktualisierende Üblichkeit lediglich das bestätigt wird, worauf er sich verlassen konnte

---

788 MüKo-BGB/*Schramm*, § 174 BGB Rn. 13; Bamberger/Roth/*Valenthin*, § 174 BGB Rn. 15.

789 Siehe oben: § 3 B. II.

790 Siehe schon oben: § 7 A.

und musste. Flankiert wird die Aufweichung der Inkenntnissetzungsanforderungen durch geringe Anforderungen an den Arbeitnehmer, das tatsächliche Eintreten der Üblichkeit in seinem Einzelfall zu erschüttern (vgl. schon zuvor unter: aa.).

cc. Historischer Aspekt

Wie schon angedeutet, sind es die Motive selbst, die § 174 BGB heutiger Lesart nicht als Beschwer des Rechtsverkehrs begreifen und auch nicht verstanden oder ausgestaltet wissen woll(t)en.[791] Eine zu enge Lesart der Norm und rein einseitige Erwägungen zugunsten des Erklärungsempfängers werden dem Anliegen der Norm daher keinesfalls gerecht. Eine der historischen Kozeption gerecht werdende Konturierung der Norm muss dies stets im Blick haben. Es ist daher geboten auch praktische Erwägungen in diese Konturierung mit einzubeziehen (vgl.: aa.).

d. Ergebnis zu 3.

Nach alledem ist im Ergebnis – wenngleich mit anderer Begründung – mit der h.A. davon auszugehen, dass die Berufung in eine „üblicherweise zur Kündigung berechtigende Stellung“ für eine Inkenntnissetzung i.S.d. § 174 S. 2 BGB genügen kann. Es handelt sich insoweit jedoch nicht um eine Zurechnung[792] von Kenntnis. Vielmehr ist der Arbeitnehmer nur in gewissen Grenzen durch § 174 BGB geschützt. Durch hohe Anforderungen an den vom Arbeitgeber zu erbringenden Beweis, dass sich der zu bewertende Fall als ein Fall der „üblicherweise zur Kündigung berechtigenden Stellung“ darstellt, ist der Arbeitnehmer hinreichend geschützt. Einer zu besorgenden Aushöhlung des § 174 S. 2 BGB wird durch eine enge Fassung dessen, was unter der „üblicherweise zur Kündigung berechtigenden Stellung“ zu verstehen ist, begegnet (siehe dazu sogleich unter: II. 1.).

II. „Üblicherweise zur Kündigung berechtigende Stellung“

Eingangs wird sich der Frage zugewandt, was die Charakteristik einer „üblicherweise zur Kündigung berechtigenden Stellung“ ausmacht und wann eine solche Stellung anzunehmen ist (1.). Anschließend wird sich den Konsequenzen für

791 Vgl. Mot. I. Allgemeiner Theil, S. 240.

792 Eine Zurechnung von Kenntnis kann nach hier vertretener Ansicht keine Inkenntnissetzung bedingen, siehe oben unter: 2.

die in der Praxis häufigen Stellungen (Personalleiter, Prokurist, General- sowie Handlungsbevollmächtigter und Niederlassungsleiter) zugewandt (2.).

1. Charakteristik der „üblicherweise zur Kündigung berechtigenden Stellung“

Unter einer „üblicherweise zur Kündigung berechtigenden Stellung“ versteht man eine Stellung, mit der üblicherweise eine Kündigungsberechtigung einhergeht bzw. mit der eine solche regelmäßig verbunden ist.[793] Bejaht wird eine Stellung, die üblicherweise zur Kündigung berechtigt, von der h.A. bei Generalbevollmächtigten und Prokuristen sowie Personalleitern.[794] Die Umschreibung dessen, was unter einer üblicherweise zur Kündigung berechtigenden Stellung zu verstehen ist, ergibt keine klaren Konturen. Im Einzelfall kann nicht sicher beurteilt werden, ob es sich der Charakteristik nach um eine solche Stellung handelt.[795]

a. Grundproblematik am Beispiel des Niederlassungsleiters

Die Schwierigkeit zu erfassen, wann eine „üblicherweise zur Kündigung berechtigende Stellung“ vorliegt oder nicht, wird am Beispiel der Stellung des Niederlassungsleiters anschaulich. Sowohl das LAG Berlin[796], das LAG Köln[797] als auch die 16. Kammer des LAG Hessen[798] sprachen sich dafür aus, dass die Stellung als Niederlassungsleiter nicht automatisch zur Kündigung berechtigt. Anders haben das LAG Mecklenburg-Vorpommern[799] und die 9. Kammer des LAG Hessen[800] entschieden. Letztere erkannte die Stellung als Niederlassungsleiter für den Fall an, dass ein Nierderlassungsleiter eines Unternehmens im Transportgewerbe

793 Siehe die in Fn. 745 Genannten.

794 Statt Vieler: BAG, Urt. v. 30.5.1972 – 2 AZR 289/71, AP Nr. 1 zu § 174 BGB (II 2 der Gründe); BAG, Urt. v. 11.7.1991 – 2 AZR 107/91, AP Nr. 9 zu § 174 BGB (B II 2 b aa der Gründe); BAG, Urt. v. 14.4.2011 – 6 AZR 727/09, NZA 2011, 683 (685).

795 Kritisch hierzu schon: *Klostermann-Schneider*, in: *Uffmann/Dahm* (Hrsg.), Vielfalt oder Chaos, 2013, S. 142 (157).

796 LAG Berlin, Urt. v. 28.6.2006 – 15 Sa 632/06, NZA-RR 2007, 15 (16).

797 LAG Köln, Urt. v. 30.3.2004 – 5 (13) Sa 1380/03, juris Rn. 32 ff.

798 LAG Hessen, Urt. v. 9.3.2009 – 16/3 Sa 1336/08, juris Rn. 42 f.

799 LAG Mecklenburg-Vorpommern, Urt. v. 9.12.2002 – 5 Sa 192/02, juris Rn. 10; LAG Mecklenburg-Vorpommern, Urt. v. 28.2.2012 – 2 Sa 290/11, NZA-RR 2012, 350 (351): „Man kann davon ausgehen, dass der Leiter einer Niederlassung grundsätzlich zum Ausspruch von Kündigungen als berechtigt anzusehen ist“.

800 LAG Hessen, Urt. v. 20.6.2000 – 9 Sa 1899/99, NZA-RR 2000, 585 f.

gegenüber gewerblichen Arbeitnehmern kündigt. Im Transportgewerbe sei es allgemein üblich und bekannt, dass Leiter von Niederlassungen zur Kündigung jedenfalls gegenüber Kraftfahrern, Lagerarbeitern und ähnlichen gewerblichen Arbeitnehmern berechtigt seien. Zumindest für gewerbliche Arbeitnehmer sei der Niederlassungsleiter der höchste Ansprechpartner in allen Fragen des Arbeitsverhältnisses.[801] Wie zu zeigen sein wird (siehe dazu: sogleich), liegt in dieser Rechtsprechung des LAG Hessen der Kern zur Lösung der Frage, wann eine Stellung üblicherweise zur Kündigung berechtigt oder genauer: berechtigen kann.

b. Kriterienkatalog anhand einer gesamtheitlichen Rechtsprechungsanalyse

Eine gesamtheitliche Analyse der Rechtsprechung ergibt eine Art Kriterienkatalog, nach dem eine Stellung im Einzelfall zu einer üblicherweise zur Kündigung berechtigenden zu qualifizieren sein *kann*. Es komme danach darauf an, ob mit der zu bewertenden Stellung im Einzelfall aus der Sicht des objektiven Betrachters bei Berücksichtigung der Gesamtumstände eine Kündigungsberechtigung üblicherweise einhergehe[802] und dass keine Zweifel an einer Kündigungsberechtigung bestünden[803]. Nicht ausreichend sei es jedoch, dass mit der Stellung typischerweise die Zuständigkeit für die Einstellung von Arbeitnehmern einhergeht. Von der Einstellungsberechtigung eines Stelleninhabers könne nicht ohne Weiteres auf die Ausstellungsberechtigung geschlossen werden.[804] Ebenso wenig reiche es allein, dass die Stellung – und damit der Stelleninhaber – zum Führen von Tarifverhandlungen sowie zur Unterzeichnung von Betriebsratsanhörungen[805], zur Unterzeichnung von Urlaubsanträgen[806] und zu Weisungen sowie Abmahnungen[807] gegenüber Arbeitnehmern berechtigt (sei). Schließlich soll auch die

801 LAG Hessen, Urt. v. 20.6.2000 – 9 Sa 1899/99, NZA-RR 2000, 585 (586).

802 St. Rspr.: BAG, Urt. v. 6.2.1997 – 2 AZR 128/96, NZA 1997, 655 (656); BAG, Urt. v. 20.8.1997 – 2 AZR 518/96, NZA 1997, 1343 (1345); BAG, Urt. v. 22.1.1998 – 2 AZR 267/97, AP Nr. 11 zu § 174 BGB (II 1 a der Gründe); BAG, Urt. v. 9.9.2010 – 2 AZR 582/09, juris Rn. 27 ff.

803 BAG, Urt. v. 30.5.1978 – 2 AZR 633/76, AP Nr. 2 zu § 174 BGB (II 3 a der Gründe); BAG, Urt. v. 20.8.1997 – 2 AZR 518/96, NZA 1997, 1343 (1345).

804 St. Rspr.: BAG, Urt. v. 30.5.1972 – 2 AZR 298/71, AP Nr. 1 zu § 174 BGB (II 3 der Gründe); BAG, Urt. v. 30.5.1978 – 2 AZR 633/76, AP Nr. 2 zu § 174 BGB (II 3 b der Gründe); BAG, Urt. v. 14.4.2011 – 6 AZR 727/09, NZA 2011, 683 (686).

805 LAG Hessen, Urt. v. 9.3.2009 – 16/3 Sa 1336/08, juris Rn. 42 f.

806 LAG Berlin, Urt. v. 28.6.2006 – 15 Sa 632/06, NZA-RR 2007, 15 (16); LAG Mecklenburg-Vorpommern, Urt. v. 5.10.2006 – 1 Sa 161/06, juris Rn. 27.

807 LAG Rheinland-Pfalz, Urt. v. 8.6.2011 – 8 Sa 612/10, juris Rn. 37.

Bezeichnung der Stellung nicht ausschlaggebend für die Anerkennung der Stellung als eine üblicherweise zur Kündigung berechtigende sein.[808]

Die von der Rechtsprechung berücksichtigten Gesichtspunkte geben der Stellung zwar grobe Konturen, erweisen sich aber nicht als rechtssicher subsumtionsfähig. Umso wichtiger ist es, nur im Ausnahmefall von einer solchen Stellung auszugehen. In Fortentwicklung der Kriterien der Rechtsprechung müssen zumindest folgende Kriterien gegeben sein, um eine klarere Einordnung der jeweiligen Stellung erzielen zu können: Um eine „üblicherweise zur Kündigung berechtigende Stellung" handelt es sich allenfalls bei einer Stellung, die mit Personalangelegenheiten und dabei speziell mit Kündigungen befasst ist.[809] Darüber hinaus muss für die Stellung eine Leitungsfunktion charakteristisch sein.[810] Sie muss sozusagen in Personalangelegenheiten „federführend" sein.[811] Rein sachbearbeitende Tätigkeiten sind von Vornherein nicht ausreichend.[812] Nur so kann der Arbeitnehmer davon ausgehen, dass die Stellung überhaupt rechtserheblichen Einfluss auf sein Arbeitsverhältnis haben kann. Überdies dürfen, wie schon bisher zu Recht vorausgesetzt, keine Zweifel an einer Kündigungsbevollmächtigung bestehen[813], wobei erneut der Einzelfall entscheidend ist.

Die genannten Voraussetzungen sind kumulativ zu erfüllen und anhand einer Einzelfallwürdigung unter Berücksichtigung der Gesamtumstände zu prüfen.[814] Das Bestehen einer Branchenüblichkeit ist zu berücksichtigen und Indiz für das Vorliegen einer „üblicherweise zur Kündigung berechtigenden Stellung".[815] Entscheidend kommt es aber darauf an, dass sich die Branchenüblichkeit auch in der betrieblichen Wirklichkeit widerspiegelt („konkret üblicherweise zur Kündigung

---

808 BAG, Urt. v. 6.2.1997 – 2 AZR 128/96, NZA 1997, 655 (656); BAG, Urt. v. 22.1.1998 – 2 AZR 267/97, AP Nr. 11 zu § 174 BGB (II 1 a der Gründe); vgl. auch LAG Mecklenburg-Vorpommern, Urt. v. 28.2.2012 – 2 Sa 290/11, NZA-RR 2012, 350 (351).

809 *Klostermann-Schneider*, in: *Uffmann/Dahm* (Hrsg.), Vielfalt oder Chaos, 2013, S. 142 (157 f.); *Schmiegel/Yalçin*, ZTR 2011, 395 (400); in diese Richtung deutet auch das BAG, Urt. v. 9.9.2010 – 2 AZR 582/09, juris Rn. 29.

810 *Klostermann-Schneider*, in: *Uffmann/Dahm* (Hrsg.), Vielfalt oder Chaos, 2013, S. 142 (158); *Schmiegel/Yalçin*, ZTR 2011, 395 (400).

811 Vgl. BAG, Urt. v. 7.11.2002 – 2 AZR 493/01, AP Nr. 18 zu § 620 BGB – Kündigungserklärung (II 1 e der Gründe).

812 BAG, Urt. v. 30.5.1978 – 2 AZR 633/76, AP Nr. 2 zu § 174 BGB (II 3 der Gründe); vgl. auch BAG, Urt. v. 7.11.2002 – 2 AZR 493/01, AP Nr. 18 zu § 620 BGB – Kündigungserklärung (II 1 e der Gründe).

813 Siehe die in Fn. 803 Genannten.

814 Siehe die in Fn. 802 Genannten.

815 Vgl. die in Fn. 786 Genannten.

berechtigende Stellung").[816] Widersprechen sich Betriebs- und Branchen- bzw. Unternehmensüblichkeit, ist dies keine Frage der Charakteristik der „üblicherweise zur Kündigung berechtigenden Stellung". Vielmehr stehen verschiedene „Üblichkeiten" im Widerspruch. Ob sich dabei die abstrakte Branchenüblichkeit oder die konkrete Unternehmens- oder Betriebsüblichkeit tatsächlich realisiert hat, ist auf der Ebene der Inkenntnissetzung und ihrer Beweisbarkeit zu berücksichtigen.[817]

2. *Folgen für Personalleiter, Prokuristen, General- und Handlungsbevollmächtigte sowie Niederlassungsleiter*

Es sei darauf hingewiesen, dass unabhänig von der konkreten Subsumtion unter die üblicherweise zur Kündigung berechtigende Stellung immer die Information über den Stelleninhaber zu erfolgen hat.[818] Unter Zugrundelegung der hier vertretenen Ansicht ergibt sich für die praktisch wichtigen Stellungen folgender Befund[819]:

a. Personalleiter

Die Berufung eines Mitarbeiters in die Stellung des Personalleiters ist nicht automatisch als Inkenntnissetzung nach § 174 S. 2 BGB anzusehen. Abstrakt gesehen ist die Stellung des Personalleiters eine „üblicherweise zur Kündigung berechtigende". Es kommt aber im Einzelfall darauf an, dass der bevollmächtigte Personalleiter auch tatsächlich derjenige ist, der im zu bewertenden Betrieb/Unternehmen Arbeitsverhältnisse *dieser Art* kündigt, sich also die üblicherweise mit der Position zusammenhängende Kündigungsberechtigung auch im zu bewertenden Einzelfall als üblich darstellt. Zweifel daran gehen zulasten des Arbeitgebers.[820] Selbst in diesem Falle bedarf es einer zusätzlichen Information darüber, wer der Stelleninhaber ist (siehe zu den Möglichkeiten einer solchen Information unten: III.).

---

816 Siehe dazu schon oben: I. 3. c. aa.

817 Siehe dazu schon oben: I. 3. c. aa.

818 Siehe dazu schon oben: I. 3. c. aa.

819 Siehe zur h.A. die in Fn. 794 Genannten.

820 Siehe oben: I. 3. c. aa.

b. Prokurist

Bei der Stellung des Prokuristen handelt es sich um eine, die – im Falle von Einzelprokura – immer bzw. jederzeit zur Kündigung berechtigt.[821] Das folgt aus ihrem gesetzlich vorgeschriebenen Umfang und ihrer Unbeschränbarkeit nach außen (§§ 49 Abs. 1, 50 HGB). Es kommt daher allein darauf an, dass die Belegschaft entsprechend davon informiert ist, dass die kündigende Person Stelleninhaber der Prokuristenstellung ist. Dass der Prokurist ggf. ins Handelsregister eingetragen ist, ändert – wie gleich gezeigt wird – genauso wenig daran wie die Unterzeichnung der Kündigung durch den Prokuristen mit ppa. (siehe dazu unten: § 9 D. IV. 3.).

c. Generalbevollmächtigter

Der Generalbevollmächtigte hat zwar eine umfassende Rechtsmacht.[822] Diese ist jedoch nicht gesetzlich umschrieben[823] und als nach außen hin unbeschränkbar definiert.[824] Ihr Inhalt ist bei Zweifeln durch Auslegung zu ermitteln. Sie kann daher durchaus unterschiedlichen Umfang haben und einschränkend auszulegen sein.[825] Beruft der Arbeitgeber einen Mitarbeiter in die Stellung des Generalbevollmächtigten, ist dadurch allein noch nichts für die Inkenntnissetzung der Belegschaft gewonnen. Charakteristisch *kann* und wird es sich zwar häufig bei der Stellung des Generalbevollmächtigten um eine Stellung, die zur Kündigung berechtigt, handeln. Ein Fall der abstrakt üblicherweise zur Kündigung berechtigenden Stellung liegt also zweifelsohne vor. Diese Üblichkeit muss sich aber zusätzlich auch im konkreten Einzelfall realisieren. Bestehen hieran Zweifel, geht dies zulasten des Arbeitgebers.[826] Eine automatische Inkenntnissetzung ist durch Berufen eines Mitarbeiters in die Stellung des Generalbevollmächtigten folglich nicht anzunehmen.

d. Handlungsbevollmächtigter

Der Handlungsbevollmächtigte zeichnet sich gemäß § 54 HGB dadurch aus, dass er i.R.e. ihm zugedachten Kompetenzbereichs (Betrieb eines Handelsgewerbes insgesamt oder nur die Vornahme bestimmter Arten von Geschäften/einzelner

821 Siehe oben: I. 3. c. aa.
822 Oetker/*Schubert*, § 48 HGB Rn. 80; EBJS/*Weber*, Vor §§ 48–58 HGB Rn. 5.
823 MüKo-HGB/*Krebs*, § 54 HGB Rn. 15; Oetker/*Schubert*, § 48 HGB Rn. 72.
824 Oetker/*Schubert*, § 48 HGB Rn. 72 und 80.
825 OLG Zweibrücken, Beschl. v. 12.4.1990 – 3 W 9/90, NJW-RR 1990, 931 m.w.N.
826 Siehe oben unter: I. 3. c. aa.

Geschäfte innerhalb eines Handelsgewerbes) zu allen Geschäften und Rechtshandlungen, die der Betrieb eines derartigen Handelsgewerbes oder die Vornahme derartiger Geschäfte gewöhnlich mit sich bringen, berechtigt ist. Gemäß § 54 Abs. 3 HGB ist eine Beschränkung der Handlungsvollmacht nach außen hin nur in den von § 54 Abs. 2 HGB geregelten Fällen beachtlich. Sie ist also in weitem Umfang nach außen hin unbeschränkbar. Anders als bei der Prokura kann dem einzelnen Handlungsbevollmächtigten auch nur ein schmaler Grad an Kompetenz eingeräumt werden. Ist er bspw. nur zur Vornahme bestimmter Geschäfte berechtigt, ist damit nicht garantiert, dass diese auch die Kündigung von Arbeitsverhältnissen umfassen.[827] Eine abstrakt üblicherweise zur Kündigung berechtigende Stellung ist in der Stellung des Handlungsbevollmächtigten nicht gegeben.[828] Etwas anderes kann sich dann ergeben, wenn der Arbeitgeber nachweisen kann, dass es in seinem Betrieb/Unternehmen üblich ist, dass der Handlungsbevollmächtigte zur Kündigung berechtigt ist („konkret üblicherweise zur Kündigung berechtigende Stellung“).[829]

e. *Niederlassungsleiter*

Indem der Arbeitgeber einen Mitarbeiter in die Stellung des Niederlassungsleiters beruft, setzt er die Belegschaft nicht automatisch von der Kündigungsberechtigung des aktuellen Stelleninhabers in Kenntnis. Die Stellung des Niederlassungsleiters muss aufgrund der Typizität der Branche, des Unternehmens oder des Betriebs überhaupt charakteristisch üblicherweise zur Kündigung berechtigen (können). Schon dies wird regelmäßg zweifelhaft sein. Sollte eine solche Üblichkeit ernsthaft in Betracht kommen, ist erneut am Einzelfall zu ersehen, ob sich diese auch tatsächlich realisiert hat, ob also nicht entgegen der Branchenüblichkeit bzw. Unternehmensüblichkeit im betreffenden Unternehmen/Betrieb bzw. Betrieb eine andere Person üblicherweise mit Kündigungsachverhalten betraut ist.

---

827 LAG Hamm, Urt. v. 16.5.2013 – 17 Sa 310/13, juris Rn. 135; vgl. Baumbach/Hopt/*Hopt*, § 54 Rn. 9 f.; ErfK/*Oetker*, § 54 HGB Rn. 1.

828 LAG Hamm, Urt. v. 16.5.2013 – 17 Sa 310/13, juris Rn. 135; LAG Niedersachsen, Urt. v. 25.6.2010 – 10 Sa 46/10, NZA-RR 2011, 22 (23).

829 Siehe dazu oben unter: I. 3. c. aa.

III. Inkenntnissetzung durch Mitteilung der Stelleninhaberschaft in der Kündigungserklärung bei einer „üblicherweise zur Kündigung berechtigenden Stellung“ oder einer gewidmeten Stellung

Denkbar ist es, dass der kündigende Vertreter (erst) in der Kündigungserklärung darüber unterrichtet, dass er Stelleninhaber einer „üblicherweise zur Kündigung berechtigenden Stellung“ ist.[830] Angenommen, der Kündigende ist Personalleiter und im Betrieb/Unternehmen ist dessen Kündigungsberechtigung auch unzweifelhaft. Unterzeichnet nun der Personalleiter die Kündigung mit seinem Namen und der Stelleninhaberschaft („*Mustermann*, Personalleiter“) ist der die Kündigung erhaltende Arbeitnehmer sowohl von der Stellung als auch der Stelleninhaberschaft des Kündigenden in Kenntnis gesetzt. Auf den ersten Blick sind danach alle Anforderungen an die Information über den Vertreter i.S.v. § 174 S. 2 BGB erfüllt (Person des Stelleninhabers und Stellungscharakteristik). Die gleiche Situation ist dort anzutreffen, wo im Arbeitsvertrag eine Stellung zu einer zur Kündigung berechtigenden gewidmet wird und der jeweilige Stelleninhaber kündigungsbevollmächtigt sein soll.[831]

Eine Information an den Arbeitnehmer über die Stelleninhaberschaft in der Kündigungserklärung selbst ist in beiden Fällen jedoch bei genauer Betrachtung aus zwei Gesichtspunkten nicht ausreichend für eine Inkenntnissetzung i.S.d. § 174 S. 2 BGB[832]:

Es fehlt eine vom Arbeitgeber an den/die Arbeitnehmer gerichtete Kundgabe der Bevollmächtigung. In den beschriebenen Fällen hat der Arbeitgeber allenfalls die Stellung, die zur Kündigung berechtigt, nicht jedoch die sie innehabende Person kundgegeben. Dies genügt den Anforderungen an die Inkenntnissetzung nicht.[833] Daran ändert auch die Information durch den Kündigenden selbst nichts. Denn nach den Grundsätzen der Informationslastverteilung ist es der Arbeitgeber, der die Information dem Arbeitnehmer gegenüber vorzunehmen hat.[834]

---

830 Siehe zur ähnlichen Problematik, dass der Kündigende mit „i.V.“ unterzeichnet und dadurch in Kenntnis setzen will, oben unter: § 8 D. II. 2.

831 Siehe dazu oben: A. II. 2.

832 Vgl. LAG Schleswig-Holstein, Teilurt. v. 25.4.2013 – 5 Sa 309/12, juris Rn. 47 f.

833 Siehe oben: A. II. 2. und B. I. 1.

834 Vgl. LAG Schleswig-Holstein, Teilurt. v. 25.4.2013 – 5 Sa 309/12, juris Rn. 47. Dies verkennt aber *Ramrath*, Anm. zu BAG, Urt. v. 14.4.2011 – 6 AZR 727/09, AP Nr. 21 zu § 174 BGB, der hierin eine „unnötige Hürde“ der Rechtsprechung erblickt, auf die

Zwar ist Vertretung bei der Inkennissetzung zulässig, dies allerdings nur unter engen Voraussetzungen. Damit eine Inkenntnissetzung durch den kündigenden Vertreter als Vertreter bei der Inkenntnissetzung den Anforderungen des § 174 S. 2 BGB genügt, muss dieser zur Inkenntnissetzung bevollmächtigt sein und sich i.S.v. § 174 S. 1 BGB hierüber bei der Inkenntnissetzung ausweisen.[835] Der Kündigende kann daher im Einzelfall als Vertreter bei der Inkenntnissetzung anzusehen sein. Dies wird jedoch häufig am Nachweis seiner Legitimation hierzu scheitern.

Selbst wenn der Kündigende die Voraussetzungen für eine Vertretung bei der Inkenntissetzung erfüllt, ist eine Information über die Bevollmächtigung im Kündigungsschreiben selbst aber zu spät. Sie genügt den Anforderungen des § 174 S. 2 BGB in zeitlicher Hinsicht nicht, da die Inkenntnissetzung vor Vornahme des Rechtsgeschäfts zu erfolgen hat.[836]

IV. Exkurs: Inkenntnissetzung von der Bevollmächtigung zur Inkenntnissetzung durch Berufung in eine „üblicherweise zur Inkenntnissetzung berechtigende Stellung“

§ 174 BGB ist auf den in Kenntnis setzenden Vertreter anwendbar.[837] Schon nach den Motiven soll jedoch durch die Norm keine Beschwer für den Rechtsverkehr eintreten[838]. Daher muss es auch bei der Inkenntnissetzung durch den Vertreter möglich sein unter Zuhilfenahme der Figur der üblicherweise berechtigenden Stellung eine Inkenntnissetzung anzunehmen.

Die Inkenntnissetzung über die *Bevollmächtigung zur Inkenntnissetzung* durch das Berufen eines Mitarbeiters in eine Stellung, mit der diese Rechtsmacht üblicherweise einhergeht, hat den Anforderungen des § 174 S. 2 BGB zu genügen. Entscheidend kommt es darauf an, wann von einer solchen Stellung auszugehen ist. In entsprechender Anwendung der Grundsätze zur Charakteristik einer „üblicherweise zur Kündigung berechtigenden“ Stellung kommt es für die Einordnung einer Stellung als „üblicherweise zur Inkenntnissetzung berechtigenden“ auf folgende Kriterien an:

---

gesetzlich angeordnete Informationslast jedoch nicht eingeht; siehe i.Ü. dazu oben: § 8 B.

835 Siehe dazu oben: § 8 D. II.

836 Siehe dazu oben: § 8 A. II. 2. b.

837 Siehe oben: § 8 D.

838 Vgl. Mot. I. Allgemeiner Theil, S. 240.

Die Stellung muss mit der Information der Arbeitnehmer hinsichtlich struktureller betrieblicher Fragen und dabei speziell mit der Information über Bevollmächtigungsfragen befasst sein. Nur auf diese Weise kann sich überhaupt eine Üblichkeit einstellen, die ein gewisses Vertrauen der Belegschaft in die Informationen der Stelleninhaber mit sich bringt.

Darüber hinaus muss für die Stellung eine Nähe zum Arbeitgeber charakteristisch sein. Sie muss sozusagen für die Weitergabe von Informationen des Arbeitgebers „federführend" sein. Rein berichtende und selbst initiierte Tätigkeit ist von Vornherein nicht ausreichend. Vielmehr muss sich der Arbeitgeber dieser Möglichkeit gerade als Verlängerung seines Informationsbegeherens bedienen. Es muss zum Ausdruck kommen, dass der Arbeitgeber die von der Stellung weitergegebenen Informationen gegen sich gelten lassen will.

Letztlich dürfen keine Zweifel an der Inkenntnissetzungsbevollmächtigung bestehen, wobei es entscheidend auf den Einzelfall ankommt. Die genannten Voraussetzungen sind kumulativ zu erfüllen und anhand einer Einzelfallwürdigung unter Berücksichtigung der Gesamtumstände zu prüfen. Überdies muss der Arbeitnehmer Kenntnis von der Stelleninhaberschaft haben.

Auch hinsichtlich der Inkenntnissetzung durch Berufung eines Mitarbeiters in eine Stellung, die üblicherweise zur Inkenntnissetzung berechtigt, liegt die Beweislast beim Arbeitgeber. Unsicherheiten gehen – wie bei der „üblicherweise zur Kündigung berechtigenden Stellung" – zu seinen Lasten.

C. Inkenntnissetzung durch Verweis auf vom Arbeitgeber bereitgestellte Wahrnehmungswege

Neben der Möglichkeit, die Belegschaft ausdrücklich über die Bevollmächtigung eines Vertreters zu informieren, kann der Arbeitgeber auch „Wahrnehmungswege" bereitstellen, über die sich die Belegschaft über die Vertretungsverhältnisse informieren kann. Als typische Wahrnehmungswege haben sich in der Praxis das Intranet, das Internet, das „Schwarze Brett" und sonstige betriebliche Aushangflächen herauskristallisiert.[839] Der jeweilige Arbeitgeber ist frei darin, neue

839 Vgl. zu der Möglichkeit der Inkenntnissetzung durch Bereitstellung von Wahrnehmungswegen: BAG, Urt. v. 20.9.2006 – 6 AZR 82/06, NZA 2007, 377 (381); BAG, Urt. v. 14.4.2011 – 6 AZR 727/09, NZA 2011, 683 (685); LAG Rheinland-Pfalz, Urt. v. 9.4.2013 – 6 Sa 529/12, juris Rn. 38; LAG Schleswig-Holstein, Teilurt. v. 25.4.2013 – 5 Sa 309/12, juris; *S. Müller*, LAGE § 174 BGB 2002 Nr. 1, S. 14; *Raif*, ArbRAktuell 2013, 454; *Schmiegel/Yalçin*, ZTR 2011, 395 (402).

„Wahrnehmungswege“ zu schaffen.[840] Die Terminologie „Wahrnehmungsweg“ resultiert aus dem Umstand, dass der Arbeitnehmer die Information selbstständig wahrnehmen muss, die Bereitstellung und Hinführung zur Information, mithin der Weg zur Wahrnehmung aber Sache des Arbeitgebers ist.[841] Die Nutzung von Wahrnehmungswegen zur Inkenntnissetzung ist im Regelfall auch mit den Grundsätzen der Inkenntnissetzung nach § 174 S. 2 BGB vereinbar. Das folgt daraus, dass die Grenze der arbeitgeberbezogenen Informationsbelastung dort zu sehen ist, wo der Arbeitgeber seinen Arbeitnehmern die Kenntnisnahme hinsichtlich der Information ermöglicht. Die Arbeitnehmer dürfen jedoch nicht selbst nach den Informationen über die Vertretungsmacht suchen müssen.[842] Die Bereitstellung von Wahrnehmungswegen hält sich demnach solange in der Regelung des § 174 S. 2 BGB bis die Grenze der Selbstforschung der Information durch den Arbeitgeber erreicht ist.[843] Ein so geschöpfter Wahrnehmungsweg muss die Information selbstredend auch tatsächlich enthalten.[844] Das Bereitstellen eines Wahrnehmungswegs durch den Arbeitgeber genügt allein jedoch nicht den Anforderungen an die Inkenntnissetzung nach § 174 S. 2 BGB.[845] Vielmehr muss der Arbeitgeber den/die Arbeitnehmer auf diesen Wahrnehmungsweg verweisen (siehe dazu: I.), und der Wahrnehmungsweg selbst darf nicht zur Aushöhlung der Anforderungen an die Inkenntnissetzung und damit des § 174 S. 2 BGB führen (siehe dazu: II.).[846]

---

840 *Klostermann-Schneider*, in: *Uffmann/Dahm* (Hrsg.), Vielfalt oder Chaos, 2013, S. 145 (149).

841 Vgl. dazu *Klostermann-Schneider*, in: *Uffmann/Dahm* (Hrsg.), Vielfalt oder Chaos, 2013, S. 145 (149).

842 Siehe dazu oben: § 3 B. II. und § 8 B. II.; vgl. i.Ü. *Klostermann-Schneider*, in: *Uffmann/Dahm* (Hrsg.), Vielfalt oder Chaos, 2013, S. 145 (149) m.N.

843 BAG, Urt. v. 20.9.2006 – 6 AZR 82/06, NZA 2007, 377 (381); BAG, Urt. v. 14.4.2011 – 6 AZR 727/09, NZA 2011, 683 (684 f.); *Klostermann-Schneider*, in: *Uffmann/Dahm* (Hrsg.), Vielfalt oder Chaos, 2013, S. 145 (149); *Schmiegel/Yalçin*, ZTR 2011, 395 (403).

844 BAG, Urt. v. 14.4.2011 – 6 AZR 727/09, NZA 2011, 683 (686).

845 BAG, Urt. v. 20.9.2006 – 6 AZR 82/06, NZA 2007, 377 (381); BAG, Urt. v. 14.4.2011 – 6 AZR 727/09, NZA 2011, 683 (685 f.); *Klostermann-Schneider*, in: *Uffmann/Dahm* (Hrsg.), Vielfalt oder Chaos, 2013, S. 145 (149); vgl. *Schmiegel/Yalçin*, ZTR 2011, 395 (403).

846 Vgl. BAG, Urt. v. 20.9.2006 – 6 AZR 82/06, NZA 2007, 377 (381); BAG, Urt. v. 14.4.2011 – 6 AZR 727/09, NZA 2011, 683 (685 f.); LAG Rheinland-Pfalz, Urt. v. 9.4.2013 – 6 Sa 529/12, juris Rn. 38; vgl. auch *S. Müller*, LAGE § 174 BGB 2002 Nr. 1, S. 14 ff.; *Klostermann-Schneider*, in *Uffmann/Dahm* (Hrsg.), Vielfalt oder Chaos, 2013, S. 145 (149 f.).

I. Verweis auf den Wahrnehmungsweg

1. *Grundanforderungen*

Ausgangspunkt für die Frage, welche Anforderungen an den Verweis des Arbeitgebers zu stellen sind, ist § 174 BGB selbst. Für eine Inkenntnissetzung durch einen Verweis auf bereitgestellte Wahrnehmungswege bedarf es daher einer direkten Information durch den Arbeitgeber an die Arbeitnehmer (Unmittelbarkeit der Inkenntnissetzung), dass es diesen Wahrnehmungsweg überhaupt gibt. Nur so kommt der Arbeitnehmer in die Situation, zu wissen, dass es besondere, die Vertretungslage des Arbeitgebers betreffende Informationen gibt. Dies ist der erste Impuls zur Mitwirkung an der späteren Informationswahrnehmung durch den Arbeitnehmer.[847] Weiter muss der Verweis die Information darüber enthalten, dass das Beschreiten dieses bereitgestellten Wegs zur Information über die Bevollmächtigungslage führt.[848] Hierdurch konkretisiert sich der anfängliche Mitwirkungsimpuls zur Mitwirkungsobliegenheit.[849] Beschreitet der Arbeitnehmer diesen Weg nicht, kann er sich, wenn dieser Weg die Information über die Vertretungslage tatsächlich enthält, nicht auf die Unkenntnis der Information berufen. Er ist dann in Kenntnis gesetzt. Schließlich wurde ihm die Wahrnehmung der Information durch den Arbeitgeber ermöglicht. Mehr verlangt auch § 174 BGB nicht.[850]

An den Verweis sind daher diese Grundanforderungen zu stellen. Durch diese wird sichergestellt, dass es nicht zu einer Informationlastverschiebung vom Arbeitgeber auf den/die Arbeitnehmer kommt. Der Arbeitnehmer darf – wie bei der Inkenntnissetzung generell – insoweit nicht erst die Vertretungslage erforschen müssen. Dies bezieht sich darauf, ob es eine Information über die Vertretungsverhältnisse gibt, was der Arbeitgeber mit dem Verweis meint und/oder

847 *Klostermann-Schneider*, in: *Uffmann/Dahm* (Hrsg.), Vielfalt oder Chaos, 2013, S. 145 (149).

848 Vgl. BAG, Urt. v. 14.4.2011 – 6 AZR 727/09, NZA 2011, 683 (685 f.); LAG Rheinland-Pfalz, Urt. v. 9.4.2013 – 6 Sa 529/12, juris Rn. 38; *S. Müller*, LAGE § 174 BGB 2002 Nr. 1, S. 14; *Klostermann-Schneider*, in: *Uffmann/Dahm* (Hrsg.), Vielfalt oder Chaos, S. 145 (149); *Ramrath*, Anm. zu BAG, Urt. v. 14.4.2011 – 6 AZR 727/09, AP Nr. 21 zu § 174 BGB.

849 *Klostermann-Schneider*, in: *Uffmann/Dahm* (Hrsg.), Vielfalt oder Chaos, 2013, S. 145 (152); auch *Ramrath*, Anm. zu BAG, Urt. v. 14.4.2011 – 6 AZR 727/09, AP Nr. 21 zu § 174 BGB sieht das Problem der mangelnden Veranlassung des Arbeitnehmers an der Mitwirkung der Informationserlangung.

850 Siehe schon oben: § 6 D. I. und § 8 A. I.

welcher konkrete Weg bei Befolgung des Verweises zu beschreiten ist. Andernfalls geht der Aufwand für den/die Arbeitnehmer über die reine Informationswahrnehmung und die notwendige Mitwirkung an dieser hinaus. Die Grenze zur Selbstforschung wird überschritten. Dieser Aufwand ist mit dem Gesetz jedoch nicht mehr in Einklang zu bringen.

Der Verweis muss daher im Einzelfall bestimmt, zweifelsfrei und konkret ausgestaltet sein. „Je konkreter die Aufforderung (…), desto eher sind die Anforderungen an ein Inkenntnissetzen i.S.v. § 174 S. 2 BGB erfüllt.“[851] Der zu beschreitende Weg muss ohne Weiteres auffindbar und nutzbar sein.

2. *Zeitliche Anforderungen, insbesondere Aktualität der Information*

Zeitlich gesehen muss der Verweis des Arbeitgebers im Vorfeld des Kündigungszugangs erfolgen, was sich aus den Anforderungen an die Inkenntnissetzung ergibt.[852] Eine Inkenntnissetzung, die zeitlich erst nach der Kündigung erfolgt, genügt den Anforderungen des § 174 S. 2 BGB schon nach dem Wortlaut („*hatte*“) nicht.[853]

Besonderheiten ergeben sich jedoch in Bezug auf die Aktualität der Information bzw. die Aktualisierbarkeit der Kenntnis. Diese Problematik veranschaulicht folgendes Beispiel:

In einem Betrieb des Arbeitgebers A sind 100 Arbeitnehmer angestellt. In diesem Betrieb ist ein Intranet eingerichtet, auf das alle Arbeitnehmer Zugriff haben. Nach dem Arbeitsvertrag sind die Arbeitnehmer verpflichtet, sich regelmäßig über die Vertretungsverhältnisse, insbesondere hinsichtlich der sie betreffenden Arbeitsvertragsfragen, zu informieren. Am 1.3. des Jahres erhält Arbeitnehmer B eine Kündigung, die vom ordnungsgemäß Bevollmächtigten X unterzeichnet ist. B hatte erst kurz vor der Kündigung im Intranet die Vertretungsregeln eingesehen, und von einer Legitimation des X war dort nichts zu lesen. Vielmehr war dort wie stets zuvor der Mitarbeiter Y zur Kündigung der Arbeitnehmer der Hierarchiestufe des Arbeitnehmers B als berechtigt ausgewiesen. Tatsächlich ist X seit dem 1.3. des Jahres im Intranet als kündigungsberechtigt ausgewiesen. Arbeitnehmer B will die Kündigung zurückweisen, da ihm keine Vollmachtsurkunde von X vorgelegt wurde, und er auch nicht vom Arbeitgeber über die Bevollmächtigung des X unterrichtet wurde.

---

851 S. *Müller*, LAGE § 174 BGB 2002 Nr. 1, S. 17.

852 Siehe oben unter: § 8 A. II. 1.; vgl. auch BAG, Urt. v. 14.4.2011 – 6 AZR 727/09, NZA 2011, 683 (686); S. *Müller*, LAGE § 174 BGB 2002 Nr. 1, S. 14; *Schmiegel/Yalçin*, ZTR 2011, 395 (399).

853 Siehe oben unter: § 8 A. II. 1.

Die im Beispielsfall aufgeworfene Frage kann in zwei Richtungen gelöst werden: Entweder stellt man sich auf den Standpunkt, dass allein der Verweis auf den Wahrnehmungsweg und dessen Bereitstellung eine Inkenntnissetzung auslösen. So argumentiert etwa *S. Müller*, dass der Arbeitgeber auch im Zeitpunkt des Kündigungszugangs die Informationsquelle mit den Vertretungsregeln bereitzustellen habe. Sei im Zeitpunkt des Kündigungszugangs keine Kenntnisnahme mehr möglich, stehe § 174 S. 2 BGB der Zurückweisung nicht entgegen.[854] *S. Müller* hat zwar eine andere Lage im Blick, nämlich dass die Mitteilung, auf die sich der Arbeitgeber beruft, im Zeitpunkt des Kündigungszugangs nicht mehr existiert. Gleichwohl geben seine Ausführungen Anlass dazu, sich mit der Frage der zeitlichen Zumutbarkeit der Wahrnehmung auseinanderzusetzen. Ließe man den Verweis auf den bereitgestellten Wahrnehmungsweg allein für eine Inkenntnissetzung genügen, würde die Inkenntnissetzung unabhängig davon eintreten, wann sich die Information änderte und wann der Arbeitnehmer sich über die Information letztmalig unterrichtete. Wie oft und in welchen zeitlichen Abständen dem Arbeitnehmer die Wahrnehmung zumutbar ist, bliebe unberücksichtigt. Der Arbeitnehmer B aus dem Beispielsfall könnte danach die Kündigung nicht wirksam nach § 174 S. 1 BGB zurückweisen. Er wäre i.S.v. § 174 S. 2 BGB in Kenntnis gesetzt.

Oder man stellt sich auf den Standpunkt, dass eine Inkenntnissetzung nur dann erfolgen kann, wenn die aktuelle Information zeitlich gesehen zumutbar durch den/die Arbeitnehmer hätte wahrgenommen werden können. Dies ließe sich etwa realisieren, indem die Verpflichtung zur Mitwirkung zeitlich konkretisiert wird oder Änderungen entsprechend gesondert mitgeteilt werden. Danach wäre der Arbeitnehmer B im Beispielsfall ohne Hinzutreten von Treuwidrigkeitstatsachen in der Lage, die Kündigung durch X nach § 174 S. 1 BGB wirksam zurückzuweisen.

Die Lösung hat sich an den Grundsätzen zur Inkenntnissetzung ohne Zwischenschaltung von Wahrnehmungswegen zu orientieren. Ausgehend davon ergibt sich folgende Situation: Setzt der Arbeitgeber den Arbeitnehmer mittels Mitteilung direkt von der Bevollmächtigung (hier: des Y) in Kenntnis, ist es der Widerruf dieser Mitteilung durch den Arbeitgeber, der ihre Wirkung entfallen lässt (vgl. § 171 Abs. 2 BGB). Die neue Information (hier: X ist bevollmächtigt) kassiert die alte (hier: Y ist bevollmächtigt).[855] Im Rahmen der Inkenntnissetzung durch Verweis auf vom Arbeitgeber bereitgestellte Wahrnehmungswege ist diese

854 *S. Müller*, LAGE § 174 BGB 2002 Nr. 1, S. 17.
855 Siehe zum Widerruf unten: I. III.

Annahme jedoch nicht interessengerecht. Es bedürfte dieses Wegs nicht, wenn der Arbeitgeber Änderungen weiterhin direkt an den Arbeitnehmer mitteilen müsste. Infolgedessen sind die Besonderheiten dieser Inkenntnissetzungsform zu berücksichtigen: Die neue Information kann im Falle der Inkenntnissetzung unter Zwischenschaltung eines Wahrnehmungswegs ohne direkte Mitteilung an den Arbeitnehmer an das Ende dieses Wegs gestellt werden. Die Mitwirkung des Arbeitnehmers verschiebt sich so von der reinen Informationswahrnehmung nach Empfang der Information hin zum Abruf einer bereitgestellten Information. Nicht die Mitteilung über die Bevollmächtigung ist Impuls für die Mitwirkung des Arbeitnehmers. Es ist schon der Verweis auf den Wahrnehmungsweg und die Aufforderung, diesen zu beschreiten, der die Mitwirkung des Arbeitnehmers auslöst. Ändert sich die Bevollmächtigungslage, informiert der Arbeitgeber anders als im Grundfall des § 174 S. 2 BGB den Arbeitnehmer hiervon nicht gesondert. Er tauscht die Information über die Bevollmächtigung lediglich aus.

Es ist die Eigenart dieser Inkenntnissetzungsmöglichkeit, die die Mitwirkung des Arbeitnehmers an der Aktualisierung seiner Kenntnis notwendig macht. Abgesichert wird dieses Erfordernis zwar dadurch, dass der Weg zur Information stets gewährt werden muss.[856] Diese Form der Mitwirkung des Arbeitnehmers an seiner Kenntnis über die Bevollmächtigungslage kann jedoch wegen der Grundsätze der Informationslastverteilung[857] nicht grenzenlos sein. Sie hält sich (nur) solange in den Grenzen des § 174 S. 2 BGB, bis die (überwiegende) Informationslast auf den Arbeitnehmer übergeht. Für die Bewertung, wann die Mitwirkung des Arbeitnehmers schon Selbstforschung und wann sie noch Wahrnehmung einer bereitgestellten Information ist, kommt es auf den Einzelfall an. Gewisse Grenzen lassen sich jedoch ziehen:

Es wird nach den Grundsätzen der Informationslastverteilung keinesfalls reichen, den Arbeitnehmer darauf zu verweisen, sich *immer* auf dem Laufenden zu halten, was die Bevollmächtigungsfragen angeht. In diesem Extremfall müsste sich der Arbeitnehmer rund um die Uhr über die Vertretungsverhältnisse informieren. Dieser Aufwand ist ihm nicht zumutbar. Auch eine Verpflichtung des Arbeitnehmers, sich „*regelmäßig*" über die Vertretungsverhältnisse mit Hilfe des Wahrnehmungswegs zu informieren, ist nicht ausreichend. Insoweit ist der Verweis zu unbestimmt und führt wie im Beispielsfall dazu, dass kurzfristige Änderungen nur per Zufall durch den Arbeitnehmer wahrgenommen

---

856 Vgl. BAG, Urt. v. 14.4.2011 – 6 AZR 727/09, NZA 2011, 683 (686).

857 Siehe oben: § 8 B.

werden können. Zwar reicht die Möglichkeit der Kenntnisnahme für eine Inkenntnissetzung aus, im Regelfall wird es aber keinen Anlass geben, täglich oder gar mehrmals täglich nach den das eigene Arbeitsverhältnis betreffenden Vertretungsregeln zu schauen. Gegen die Verpflichtung des Arbeitnehmers sich in konkretisierten zumutbaren regelmäßigen Abständen, wie bspw. jeden 1. Montag im Monat, zu informieren, spricht hingegen nichts.

Nach alledem genügt die abstrakte Wahrnehmungsmöglichkeit nicht für eine Inkenntnissetzung, wenn sie sich konkret nur schwerlich realisieren lässt. Insoweit ist dem die Wahrnehmung obliegenden Arbeitnehmer eine „Wahrnehmunsgkarenz" einzuräumen. Andernfalls würde ihm zugerechnet, was er aus zeitlichen Gründen nicht wahrnehmen kann. Dies reicht für eine Inkenntnissetzung nicht aus.[858] Eine „Wahrnehmunsgkarenz" ist auch für den Fall der konkretisierten Intervalle der Wahrnehmung erforderlich, wenn sich zwischen den geforderten Wahrnehmungszeitpunkten die Vertretungslage ändert und kein Hinweis des Arbeitgebers auf diese Änderung erfolgt ist.

Es ist das Fazit zu ziehen, dass die Wahrnehmung der am Ende eines Wahrnehmungswegs bereitgestellten Information dem Arbeitnehmer auch zeitlich gesehen zumutbar sein muss. Er kann nicht darauf verwiesen werden, sich stets und ständig über die Vertretungsverhältnisse zu informieren. Dies würde die Grundsätze der Informationslastverteilung konterkarieren. Es genügt daher insbesondere nicht allein, dass der Wahrnehmungsweg zum Zeitpunkt des Kündigungszugangs besteht und Informationen über die Kündigungsbevollmächtigung bereithält.

II. Einzelne Wahrnehmungswege

1. Generelle Anforderungen an einen Wahrnehmungsweg, insbesondere Zumutbarkeit

Der einzelne Wahrnehmungsweg muss durch den/die Arbeitnehmer jederzeit zumutbar zu beschreiten sein. Er muss die Information tatsächlich *vor der Kündigung* enthalten. Der Zugang zur Information muss eröffnet sein. Ist das Beschreiten des Wegs für den/die Arbeitnehmer nicht zumutbar, kommt es zu einer von § 174 BGB nicht akzeptierten Informationlastverschiebung.[859] Das

858 Siehe zur Inkenntnissetzung durch Zurechnung von Kenntnis: B. I. 2.

859 Siehe zur Informationslastverteilung schon oben: § 8 B.; vgl. BAG, Urt. v. 14.4.2011 – 6 AZR 727/09, NZA 2011, 683 (685 f.); LAG Rheinland-Pfalz, Urt. v. 9.4.2013 – 6 Sa 529/12, juris Rn. 38; *S. Müller*, LAGE § 174 BGB 2002 Nr. 1, S. 14, 16 f.; *Klostermann-Schneider*, in: *Uffmann/Dahm* (Hrsg.), Vielfalt oder Chaos, 2013, S. 145 (150).

kann bspw. der Fall sein, wenn der Aufwand zum Beschreiten des Wegs den Arbeitnehmer schon vom Beschreiten abhält.[860] Die Wahrnehmung der Information über die Kündigungsbevollmächtigung kann auch dadurch unzumutbar erschwert werden, dass diese nur eine von vielen Informationen am Ende des Wahrnehmungswegs ist.[861] Kann sich der Arbeitnehmer nicht jederzeit,[862] also stets zu den Betriebszeiten, auf den bereitgestellten Weg begeben, ist die Aktualität seiner Inkenntnissetzung davon abhängig, wann er den Weg das letzte Mal zumutbar beschreiten konnte. Hat sich nach diesem Zeitpunkt die Vertretungslage geändert, kann es zu Nachweis- und Inkenntnissetzungsproblemen kommen. Würde zwar die neue Vertretungslage nach Beschreiten des Wahrnehmungswegs ersichtlich, fehlt es aber an der Möglichkeit, diesen Weg (bspw. aus technischen Gründen) zu beschreiten, gilt die letzte davor für den konkreten Arbeitnehmer wahrnehmbare Information. Andernfalls würde dem Arbeitnehmer etwas zugerechnet, was er nicht einmal wahrnehmen konnte. Eine Kenntniszurechnung genügt i.R.d. § 174 S. 2 BGB jedoch genauso wenig[863] wie die zufällige Kenntnisverschaffung durch Dritte[864].

2. *Konkrete Wahrnehmungswege*

a. *Das „Schwarze Brett" und Aushangflächen im Betrieb*

Verweist der Arbeitgeber die Arbeitnehmer darauf, sich über die Vertretungsverhältnisse im Betrieb/Unternehmen am „Schwarzen Brett" zu informieren, ist dies im Grunde ausreichend für eine Inkenntnissetzung.[865] Zwar liegt es nicht im Erwartungshorizont des Arbeitnehmers, eine Information über Kündigungsbevollmächtigungen auf dem „Schwarzen Brett" anzutreffen.[866] Dies ist jedoch unschädlich. Der Arbeitgeber verweist den Arbeitnehmer schließlich gerade im

860 LAG Rheinland-Pfalz, Urt. v. 9.4.2013 – 6 Sa 529/12, juris Rn. 38; *Klostermann-Schneider*, in: *Uffmann/Dahm* (Hrsg.), Vielfalt oder Chaos, 2013, S. 145 (150).

861 Vgl. *S. Müller*, LAGE § 174 BGB 2002 Nr. 1, S. 16 f.

862 Vgl. hierzu LAG Rheinland-Pfalz, Urt. v. 9.4.2013 – 6 Sa 529/12, juris Rn. 38.

863 Siehe zur Kenntniszurechnung oben: § 9 B. I. 2.

864 Siehe oben: § 8 B. I.

865 BAG, Urt. v. 3.7.2003 – 2 AZR 235/02, NZA 2004, 427 (431); *Bartholomä*, Anm. zu BAG, Urt. v. 14.4.2011 – 6 AZR 727/09, BB 2011, 2236 (2239); *Klostermann-Schneider*, in: *Uffmann/Dahm* (Hrsg.), Vielfalt oder Chaos, 2013, S. 145 (150 f.); kritisch *Gravenhorst*, jurisPR-ArbR 41/2006 Anm. 4; *Schmiegel/Yalçin*, ZTR 2011, 395 (402).

866 LAG Köln, Urt. v. 3.5.2002 – 4 Sa 1285/01, NZA-RR 2003, 194 (195); LAG Rheinland-Pfalz, Urt. v. 29.1.2008 – 8 Sa 265/08, juris Rn. 42; LAG Niedersachsen, Urt. v. 25.6.2010 – 10 Sa 46/10, NZA-RR 2011, 22 (23); *Schmiegel/Yalçin*, ZTR 2011, 395

Vorfeld darauf, sich am „Schwarzen Brett“ über die Kündigungsbevollmächtigung zu unterrichten. Problematisch ist insoweit jedoch, dass das „Schwarze Brett“ eine Anschlagfläche ist, die ihrer Charakteristik nach zu Großteilen auch der Belegschaft gebührt.[867] Daher unterliegt die arbeitgeberseitige Information einem hohen Verlustrisiko bzw. der Gefahr der Verdeckung durch andere Informationen (der Belegschaft).[868] Daneben kann in der Informationsflut, die hinsichtlich „Schwarzer Bretter“ zu besorgen steht, eine die Inkenntnissetzung vereitelnde Unübersichtlichkeit entstehen. Muss der Arbeitnehmer auf dem „Schwarzen Brett“ erst nach der Information suchen, ist die Grenze zur Selbstforschung schnell überschritten. Zu Recht weist *S. Müller*[869] darauf hin, dass die Unübersichtlichkeit einer Informationsquelle den Nachforschungsaufwand erhöht und damit im Einzelfall die Grenzen der Inkenntnissetzung aushöhlt.

Verweist der Arbeitgeber den Arbeitnehmer hingegen für die Informationswahrnehmung auf von ihm dominierte Aushangflächen (bspw. Arbeitgebermitteilungen in einem Schaukasten), besteht das Risiko des Informationsverlusts nicht.[870]

Der Arbeitgeber muss Sorge dafür tragen, dass der Standort der Aushangfläche klar und unverwechselbar *im Verweis* zum Ausdruck kommt.[871] Der Aufwand muss für das Erreichen der bereitgestellten Aushangfläche dem jeweiligen Arbeitnehmer zumutbar sein. Zu denken ist etwa an behindertengerechte/barrierefreie sowie räumlich nahe bzw. lokale Aushangflächen.[872] Auch bei Arbeitnehmern vorhandene Sprachbarrieren und ähnliche Besonderheiten sind beim Verweis auf den Wahrnehmungsweg und bei der Information über die Bevollmächtigung selbst zu berücksichtigen.

---

(402); a.A. *Ramrath*, Anm. zu BAG, Urt. v. 14.4.2011 – 6 AZR 727/09, AP Nr. 21 zu § 174 BGB.

867 Vgl. LAG Köln, Urt. v. 3.5.2002 – 4 Sa 1285/01, NZA-RR 2003, 194 (195); LAG Berlin, Urt. v. 28.6.2006 – 15 Sa 632/06, NZA-RR 2007, 15 (17); LAG Rheinland-Pfalz, Urt. v. 29.1.2008 – 8 Sa 265/08, juris Rn. 42; *Klostermann-Schneider*, in: *Uffmann/Dahm* (Hrsg.), Vielfalt oder Chaos, 2013, S. 145 (150); *Schmiegel/Yalçin*, ZTR 2011, 395 (402).

868 *Klostermann-Schneider*, in: *Uffmann/Dahm* (Hrsg.), Vielfalt oder Chaos, 2013, S. 145 (151).

869 *S. Müller*, LAGE § 174 BGB 2002 Nr. 1, S. 16 f.

870 *Klostermann-Schneider*, in: *Uffmann/Dahm* (Hrsg.), Vielfalt oder Chaos, 2013, S. 145 (151); vgl. auch *Schmiegel/Yalçin*, ZTR 2011, 395 (402); *Wolff/Lahr*, DB 2007, 470 (471).

871 Vgl. *Schmiegel/Yalçin*, ZTR 2011, 395 (402).

872 Vgl. *Klostermann-Schneider*, in: *Uffmann/Dahm* (Hrsg.), Vielfalt oder Chaos, 2013, S. 145 (151).

b. Intranet und Internet

Der rein abstrakte Hinweis des Arbeitgebers, die Informationen über die Vertretungslage seien im Intranet bzw. Internet einsehbar, genügt den Anforderungen an die Inkenntnissetzung nicht.[873] Die Informationsvielfalt und die damit einhergehende „Seitenvielfalt“ des Intranets bzw. des Internets erfordern bei rein abstrakt gehaltenen Hinweisen einen Erforschungsaufwand des Arbeitnehmers. Dieser ist durch ihn nicht zu leisten, was schon aus den Grundsätzen der Informationslastverteilung folgt[874]. Infolgedessen muss sich ein Hinweis konkret auf eine im Intranet bzw. Internet einsehbare Information richten. Dazu wird es i.d.R. erforderlich sein, einen statischen Link bzw. eine statische Adresse mitzuteilen.[875]

Im Übrigen bestehen gegen die Wahl dieses Wahrnehmungswegs keine Bedenken.[876] Zu beachten ist jedoch Folgendes: Etwaige Link- bzw. Adressänderungen des konkreten Wahrnehmungspfads liegen wegen der Grundsätze der Informationslastverteilung im Risikobereich des Arbeitgebers. Es obliegt ihm, über Änderungen gesondert zu informieren. Auch die technische Erreichbarkeit ist ein dem Wahrnehmungsweg immanentes Risiko, das den Arbeitgeber trifft.

c. Der leicht erreichbare Vorgesetzte

Das BAG hat in seiner Entscheidung vom 14.4.2011[877] mit dem „leicht erreichbaren Vorgesetzten“ einen weiteren (potentiellen) Wahrnehmungsweg ausdrücklich benannt. Der Arbeitgeber kann den Arbeitnehmer nicht *wirksam* darauf verweisen, sich über die Vertretungsverhältnisse hinsichtlich der Kündigung seines Arbeitsverhältnisses bei einem Vorgesetzten zu informieren. Zum einen ist der Mensch keine bei der Abfrage neutral informierende Informationsquelle.[878] Das Risiko einer (un)bewussten Fehlinformation ist diesem Wahrnehmungsweg

---

873 BAG, Urt. v. 20.9.2006 – 6 AZR 82/06, NZA 2007, 377 (381); *Klostermann-Schneider*, in: *Uffmann/Dahm* (Hrsg.), Vielfalt oder Chaos, 2013, S. 145 (150); *Schmiegel/Yalçin*, ZTR 2011, 395 (402).

874 Siehe oben: § 8 B. II.

875 *Bartholomä*, Anm. zu BAG, Urt. 14.4.2011 – 6 AZR 727/09, BB 2011, 2236 (2239); *Klostermann-Schneider*, in: *Uffmann/Dahm* (Hrsg.), Vielfalt oder Chaos, 2013, S. 145 (150); vgl. auch *Schmiegel/Yalçin*, ZTR 2011, 395 (402).

876 Vgl. nur BAG, Urt. v. 14.4.2011 – 6 AZR 727/09, NZA 2011, 683 (686).

877 BAG, Urt. v. 14.4.2011 – 6 AZR 727/09, NZA 2011, 683 (686).

878 *Klostermann-Schneider*, in: *Uffmann/Dahm* (Hrsg.), Vielfalt oder Chaos, 2013, S. 145 (151).

immanent.[879] Die fehlende Quellenneutralität gefährdet mithin den Informationsgehalt.[880] Aus dem Blickwinkel des Arbeitnehmers heraus ist zu bedenken, dass die Rückfrage bei einem Vorgesetzten nicht in jedem Falle zumutbar ist.[881] Man stelle sich vor, der nachfragende Arbeitnehmer und der leicht erreichbare Vorgesetzte stünden in einem Dauerkonflikt. Bereits die Befürchtung des Arbeitnehmers, dass unangenehme Nachfragen gestellt werden könnten, ist geeignet, diesen davon abzuhalten, sich auf diesem Weg über die Kündigungsbevollmächtigung zu informieren.[882]

III. Inkenntnissetzung bei Konkurrenz zwischen mehreren Wahrnehmungswegen

Denkbar ist es, dass in einem Betrieb/Unternehmen verschiedene Wahrnehmungswege durch den Arbeitgeber bereitgestellt werden und der Arbeitnehmer darauf verwiesen wird, sich mit Hilfe dieser alternativ über die Vertretungslage bzw. Kündigungsbevollmächtigung zu informieren. Ein solches „Angebot" durch den Arbeitgeber ist solange unproblematisch wie die Wahrnehmungswege die gleiche Information bereithalten.

Problematisch für die Inkenntnissetzung sind jedoch sich widersprechende Informationen. In Anbetracht dessen, dass der Arbeitnehmer keine Kenntnis von der Kündigungsbevollmächtigung nehmen muss[883], sind für ihn die wahrnehmbaren Informationen gleichrangig und zwar unabhängig davon, ob er sie wahrgenommen hat. Es verbleibt in den Widerspruchsfällen immer eine dem Arbeitgeber zuzulastende Wahrscheinlichkeit dafür, dass der jeweils andere kündigungsbevollmächtigt ist.

Selbst wenn der Arbeitnehmer nur eine von mehreren Informationen tatsächlich eingesehen hat, ändert sich daran nichts. Im Falle des Verweises auf mehrere Wahrnehmungswege ist dem Arbeitnehmer die Wahrnehmung der Information über jeden der Wege *möglich*. Auch ohne seine tatsächliche Kenntnisnahme von der Information am Ende des widersprechenden Wegs gilt er als von der anderen Information in Kenntnis gesetzt. Die tatsächlich wahrgenommene Information

879 *Klostermann-Schneider*, a.a.O.

880 *Klostermann-Schneider*, a.a.O.

881 *Klostermann-Schneider*, in: *Uffmann/Dahm* (Hrsg.), Vielfalt oder Chaos, 2013, S. 145 (151); kritisch zu dieser Möglichkeit auch *Ramrath*, Anm. zu BAG, Urt. v. 14.4.2011 - 6 AZR 727/09, AP Nr. 21 zu § 174 BGB, der bei Personenidentität des Vertreters und des Vorgesetzten den Sinn des § 174 S. 2 BGB gefährdet sieht.

882 *Klostermann-Schneider*, a.a.O.

883 Siehe oben: § 8 A. I.

ist als widersprüchlich anzusehen. Hängt es doch nur vom Zufall ab, welche der Informationen im Einzelfall wahrgenommen wird. Mithin ist der Arbeitnehmer nicht in Kenntnis gesetzt. Für ihn wären schließlich zwei (oder mehrere) sich widersprechende Informationen wahrnehmbar gewesen: Für den Fall, dass der Arbeitnehmer tatsächlich nur die Kündigungsbevollmächtigung des Nicht-Kündigenden wahrgenommen hat, liegt dieses Ergebnis auf der Hand. Er weiß schließlich nur von der Kündigungsbevollmächtigung des anderen.

Für den Fall, dass dem Arbeitnehmer zufällig von demjenigen gekündigt wird, dessen Kündigungsbevollmächtigung er tatsächlich wahrgenommen hat, hat er auf den ersten Blick keine Ungewissheit über die Bevollmächtigung des Handelnden. Hierüber ist er ja gerade informiert. Dass ein Arbeitnehmer in diesem Falle tatsächlich die Kündigung zurückweist, ist äußerst unwahrscheinlich. Die beratenden Anwälte können jedoch, wenn sie erkennen, dass mehrere Wahrnehmungswege mit unterschiedlichen Informationen zum konkret Kündigungsbevollmächtigten bestehen, die Geltendmachung des Zurückweisungsrechts anregen. Schließlich ist der Arbeitnehmer – abstrakt gesehen – nur widersprüchlich informiert. Er kann in diesem Fall *faktisch* keine Gewissheit haben. Nur zufälligerweise decken sich die wahrgenommene Information und die tatsächliche Vertretungslage.

D. Inkenntnissetzung durch Eintragung eines Prokuristen in das Handelsregister und die dortige Bekanntmachung

Ist ein Mitarbeiter zum Prokuristen bestellt, ergibt sich der Umfang seiner Vertretungsmacht aus dem Gesetz. Es bedarf aber einer gesonderten Information über die Person des Prokuristen[884], um die Arbeitnehmer von der Bevollmächtigung des Prokuristen in Kenntnis zu setzen (§ 174 S. 2 BGB). Ob die Dokumentation der Prokura im Handelsregister eine Inkenntnissetzung i.S.v. § 174 S. 2 BGB ist bzw. eine solche überflüssig werden lässt, ist umstritten (siehe dazu: sogleich).

Einigkeit besteht in jedem Fall darüber, dass die Anmeldung zur Eintragung in das Handelsregister gemäß § 12 HGB keine in Kenntnis setzende Wirkung hat.[885] Da die Anmeldung gegenüber dem Registergericht erfolgt (§§ 12, 53 Abs. 1 HGB), ist das auch folgerichtig. Schließlich bedarf es, wie oben

884 Siehe oben: § 5 C. I. 2. a. und § 9 B. II. 2. b.

885 *Beck*, Erklärung von Kündigung und Abmahnung, S. 73; *Klostermann-Schneider*, in: *Uffmann/Dahm* (Hrsg.), Vielfalt oder Chaos, 2013, S. 145 (159); *Lux*, NZA-RR 2008, 393 (398). In eine andere Richtung tendiert hingegen *Pusch*, RdA 2005, 170 (173), nach dessen Ansicht „beispielsweise die vom Vertretenen veranlasste Eintragung der

festgestellt, der Information zumindest auch in Richtung des Erklärungsempfängers.[886]

Umstritten ist jedoch, ob die Eintragung des Prokuristen in das Handelsregister und seine dortige Bekanntmachung (wegen § 15 Abs. 2 S. 2 HGB für einen Zeitraum > 15 Tage) in Kenntnis setzende Wirkung i.S.d. § 174 S. 2 BGB hat oder eine Inkenntnissetzung generell überflüssig werden lässt.

Große Teile der Literatur[887] und die Rechtsprechung[888] haben sich dafür ausgesprochen, dass die Eintragung des Prokuristen in das Handelsregister die Vorlage einer Vollmachtsurkunde bzw. eine weitergehende Inkenntnissetzung überflüssig macht. Hiergegen hat sich ein vor allem aus methodischer Sicht gehaltvoller Gegenstrom gebildet.[889]

Bevollmächtigung oder deren öffentliche Bekanntmachung" für eine Inkenntnissetzung genügt.

886 Siehe oben unter: § 8 C.

887 KR/*Friedrich*, § 13 KSchG Rn. 345; EBJS/*Gehrlein*, § 15 HGB Rn. 18, der jedoch nicht klar macht, ob er § 174 BGB überhaupt anwenden will; Baumbach/Hopt/*Hopt*, § 49 HGB Rn. 1; Staub/*Joost*, § 48 HGB Rn. 66; Staub/*Koch*, § 15 HGB Rn. 82; Soergel/*Leptien*, § 174 BGB Rn. 2; ErfK/*Müller-Glöge*, § 620 BGB Rn. 27; Koller/Roth/Morck/*Roth*, § 15 HGB Rn. 18; Staudinger/*Schilken*, § 174 BGB Rn. 11; MüKo-BGB/*Schramm*, § 174 BGB Rn. 4 und 7 f.; Bamberger/Roth/*Valenthin*, § 174 BGB Rn. 11; *Brehsan/Gohrke/Opolony*, ZIP 2001, 773 (780); *Diller*, FA 1999, 106 (107); *Jentsch/Lostermann*, AuA 2012, 90 (91); *Joost*, Anm. zu BAG, Urt. v. 11.7.1991 - 2 AZR 107/91, EWiR 1992, 541 (542); *Lohr*, MDR 2000, 620 (622); *S. Müller*, FA 2013, 37 (38); *Ramrath*, Anm. zu BAG, Urt. v. 14.4.2011 - 6 AZR 727/09, AP Nr. 21 zu § 174 BGB; *Springer*, BB 2012, 1477 (1479). Nicht ganz eindeutig äußert sich hierzu *Hohmeister*, ArbuR 1992, 143 (146), ob er § 174 BGB überhaupt auf den Prokuristen anwenden will, indem er in Bezugnahme organschaftlicher/gesetzlicher Vertreter Folgendes konstatiert: „Die obigen Ausführungen müssen im übrigen auch für die Prokura gelten.". In diese Richtung tendiert wohl auch *Flume*, AT 2 (1979), § 49 2b, S. 825.

888 St. Rspr.: BAG, Urt. v. 11.7.1991 - 2 AZR 107/91, NZA 1992, 449 (450 ff.); BAG, Urt. v. 18.10.2000 - 2 AZR 627/99, NZA 2001, 219 (220); BAG, Urt. v. 20.9.2006 - 6 AZR 82/06, NZA 2007, 377 (383); BAG, Urt. v. 21.5.2008 - 8 AZR 84/07, NZA 2008, 753 (754); BAG, Urt. v. 14.4.2011 - 6 AZR 727/09, NZA 2011, 683 (685). Schon angedeutet, aber noch offen gelassen hatte dies das BAG in seinem Urt. v. 9.5.1985 - 2 AZR 355/84, juris Rn. 48 ff., insbes. Rn. 52.

889 *Beck*, Erklärung von Kündigung und Abmahnung, S. 73 ff.; *Boecken*, Anm. zu BAG, Urt. v. 11.7.1991 - 2 AZR 107/91, EzA § 174 BGB Nr. 9, S. 15 ff.; *Klostermann-Schneider*, in: *Uffmann/Dahm* (Hrsg.), Vielfalt oder Chaos, 2013, S. 145 (158 ff.); *Lux*, NZA-RR 2008, 393 (398).

I. H.A.: Inkenntnissetzung durch Eintragung und Bekanntmachung

Nach der h.A.[890] genügt es für eine erfolgreiche Inkenntnissetzung bzw. bedarf es einer solchen schon gar nicht mehr, wenn der Prokurist in das Handelsregister eingetragen und dort bekannt gemacht worden ist.[891]

Der Dritte müsse die im Register verlautbarte Lage gegen sich gemäß § 15 Abs. 2 S. 1 HGB gelten lassen.[892] Die Norm des § 15 HGB gelte auch i.R.d. § 174 S. 2 BGB, was sich aus ihrem Wortlaut sowie Sinn und Zweck ergebe.[893] Der Zweck des § 15 HGB liege in der zuverlässigen Unterrichtung der Öffentlichkeit über für diese nur schwer erkennbare rechtserhebliche Verhältnisse. Durch diese solle die Sicherheit und Leichtigkeit des Rechtsverkehrs gefördert werden.[894]

Darüber hinaus wirke die Norm des § 15 Abs. 2 S. 1 HGB auch zuungunsten Dritter. Diese seien geschützt, da sie nur richtige Tatsachen gegen sich gelten lassen müssten. Daher treten die Wirkungen auch im Zusammenhang mit § 174 BGB ein.[895] Sinn und Zweck des § 174 BGB stehen dem nicht entgegen. Die nach § 174 S. 2 BGB erforderliche Kenntnis des Erklärungsempfängers von der Prokuraerteilung werde durch § 15 Abs. 2 HGB im Interesse der Sicherheit und Leichtigkeit des Rechtsverkehrs (nach Ablauf der Frist des § 15 Abs. 2 S. 2 HGB) fingiert.[896]

Schließlich ergebe sich auch nicht dadurch etwas anderes, dass das einseitige Rechtsgeschäft i.R.e. Arbeitsverhältnisses vorgenommen wird. § 15 HGB

890 Siehe die in Fn. 887 und 888 Genannten – insoweit vorrangig mit Bezug auf BAG, Urt. v. 11.7.1991 – 2 AZR 107/91, NZA 1992, 449 ff., jedoch ohne weitere Argumente in die Diskussion einzuführen.

891 Es wird bisweilen nicht immer deutlich, ob der Prokurist wegen § 15 Abs. 2 HGB oder aber wegen der Innehabung einer „üblicherweise zur Kündigung berechtigenden Stellung" keine Vollmachtsurkunde vorlegen muss, ohne gleichzeitig eine Zurückweisung nach § 174 S. 2 BGB fürchten zu müssen. Vgl. bspw. MüKo-BGB/*Schramm*, § 174 BGB Rn. 4 und 7 f.; Bamberger/Roth/*Valenthin*, § 174 BGB Rn. 11.

892 BAG, Urt. v. 11.7.1991 – 2 AZR 107/91, NZA 1992, 449 (451); BAG, Urt. v. 14.4.2011 – 6 AZR 727/09, NZA 2011, 683 (685); Staub/*Koch*, § 15 HGB Rn. 82; dem BAG folgend: *Bartholomä*, Anm. zu BAG, Urt. 14.4.2011 – 6 AZR 727/09, BB 2011, 2236 (2239); *Joost*, Anm. zu BAG, Urt. v. 11.7.1991 – 2 AZR 107/91, EWiR 1992, 541 (542).

893 BAG, Urt. v. 11.7.1991 – 2 AZR 107/91, NZA 1992, 449 (451); Staub/*Koch*, § 15 HGB Rn. 82.

894 BAG, a.a.O.

895 BAG, a.a.O.

896 BAG, Urt. v. 11.7.1991 – 2 AZR 107/91, NZA 1992, 449 (451); BAG, Urt. v. 14.4.2011 – 6 AZR 727/09, NZA 2011, 683 (685).

gelte auch, wenn der Arbeitnehmer als Nichtkaufmann mit einem Kaufmann in rechtsgeschäftlichen Beziehungen steht. Die Prokura umfasse wegen § 49 HGB auch die Kündigung eines Arbeitsverhältnisses.[897]

Nach dieser Ansicht ist im Falle der Eintragung und Bekanntmachung des Prokuristen eine Inkenntnissetzung nach § 174 S. 2 BGB erfüllt. Die durch den Prokuristen ausgesprochene Kündigung könnte der Arbeitnehmer trotz tatsächlicher Unkenntnis von der Prokura des Kündigenden nicht zurückweisen.

II. A.A.: Keine Inkenntnissetzung durch Eintragung und Bekanntmachung

Nach der Gegenmeinung[898] ist der Erklärungsempfänger nicht dadurch in Kenntnis gesetzt, dass die Prokura in das Handelsregister eingetragen und dort bekannt gemacht worden ist. Das folge daraus, dass die Norm des § 15 Abs. 2 HGB die Anforderungen, die § 174 S. 2 BGB stellt, nicht überwinden könne.[899]

Das wiederum resultiere schon daraus, dass mittels § 15 Abs. 2 HGB, wenn überhaupt[900], nur die Kenntnis des Erklärungsempfängers fingiert werde. Eine lediglich zugerechnete oder fingierte Kenntnis könne letztlich tatsächliche Kenntnis nicht ersetzen. Daher sei eine solche Fiktion auch nicht geeignet, den Zweck des § 174 BGB – (sofortige) Gewissheit über die tatsächliche Bevollmächtigungslage zu vermitteln – zu erreichen. Vielmehr bedürfe es dazu der tatsächlichen Kenntnisvermittlung.[901]

---

897 BAG, Urt. v. 11.7.1991 – 2 AZR 107/91, NZA 1992, 449 (451); *Joost*, Anm. zu BAG, Urt. v. 11.7.1991 – 2 AZR 107/91, EWiR 1992, 541 (542).

898 Siehe die in Fn. 889 Genannten.

899 *Boecken*, Anm. zu BAG, Urt. v. 11.7.1991 – 2 AZR 107/91, EzA § 174 BGB Nr. 9, S. 15 ff., 18 f.; *Kliemt*, Formerfordernisse, S. 225, der aber einen gänzlich anderen Lösungsweg geht – siehe dazu oben: § 5 C. I. 2. b. aa. (2); *Klostermann-Schneider*, in: *Uffmann/Dahm* (Hrsg.), Vielfalt oder Chaos, 2013, S. 145 (159 f.); *Lux*, NZA-RR 2008, 393 (398).

900 *Lux*, NZA-RR 2008, 393 (396 f.); *ders.*, DStR 2006, 1968 (1969, 1970 f.) – wenn auch in anderem Kontext –, bestreitet sogar dies, u. a. indem er ausführt: „§ 15 Abs. 2 S. 1 HGB bestimmt lediglich, dass der Dritte die Tatsache gegen sich gelten lassen muss, nicht aber, dass er die Tatsache als bekannt (!) gegen sich gelten lassen muss.".

901 *Beck*, Erklärung von Kündigung und Abmahnung, S. 75 f.; *Klostermann-Schneider*, in: *Uffmann/Dahm* (Hrsg.), Vielfalt oder Chaos, 2013, S. 145 (160); i.E. auch *Boecken*, Anm. zu BAG, Urt. v. 11.7.1991 – 2 AZR 107/91, EzA § 174 BGB Nr. 9, S. 15 ff., 18 f., wenngleich dieser nicht die Fiktion über § 15 Abs. 2 HGB angreift, sondern den Kenntnisverschaffungsakt (S. 19).

Des Weiteren könne die Handelsregistereintragung allein eine Inkenntnissetzung nicht bedingen, fehle es insoweit doch schon an einem vom Gesetz vorgeschriebenen vollmachtgeberseitigen (unmittelbaren) Akt zur Kundgabe der Bevollmächtigung in Richtung des Erklärungsempfängers.[902]

Bestritten wird in diesem Kontext außerdem – wenn auch nur von wenigen Autoren –, dass § 15 Abs. 2 HGB im Verhältnis zu Arbeitnehmern überhaupt gelten könne.[903] Dies wird im Wesentlichen wie folgt begründet:

Eine Anwendung des § 15 Abs. 2 HGB trage zunächst schon dem Schutzgedanken des Arbeitsrechts nicht ausreichend Rechnung.[904] Die Norm erfasse den Fall, dass Dritte mit einem Unternehmen in Rechtsbeziehungen treten. Für Außenstehende seien Arbeitnehmer keine Dritten, sondern dem Unternehmen zugeordnet. Schließlich umfasse das Unternehmen Personal und Sachmittel. Für die unternehmensinternen rechtlichen Beziehungen sei § 15 HGB hingegen nicht konzipiert.[905]

III. Eigene Stellungnahme

Die überzeugenderen Argumente hat die Gegenansicht für sich. Die Zurückweisung nach § 174 S. 2 BGB ist nicht automatisch dadurch ausgeschlossen, dass der Prokurist in das Handelsregister eingetragen und dort bekannt gemacht ist.

Es bleibt dabei nicht unbesehen, dass dem Prokuristen generell § 15 Abs. 2 HGB zu Gute kommt. Im hier behandelten Kontext geht es jedoch um die besonderen Beziehungen zwischen Arbeitgeber und Arbeitnehmer bzw. die Lösung dieser Beziehungen durch Kündigung. Schon insoweit ist es zweifelhaft, ob § 15 Abs. 2 HGB überhaupt gegenüber Arbeitnehmern im Kontext ihres Arbeitsverhältnisses Anwendung finden kann. Dazu müssten Arbeitnehmer Dritte i.S.d. Norm sein. Dies wird zu Recht bestritten.[906] Sind doch Arbeitnehmer durch ihre Tätigkeit für den Arbeitgeber dessen Lager zuzurechnen und damit wenn überhaupt „Zweite“. Damit sind sie dann aber nicht Dritte i.S.d. Norm.

---

902 *Beck*, Erklärung von Kündigung und Abmahnung, S. 73 ff. und insbesondere S. 77; *Boecken*, Anm. zu BAG, Urt. v. 11.7.1991 – 2 AZR 107/91, EzA § 174 BGB Nr. 9, S. 15 ff.; *Klostermann-Schneider*, in: *Uffmann/Dahm* (Hrsg.), Vielfalt oder Chaos, 2013, S. 145 (159 f.); *Lux*, NZA-RR 2008, 393 (398).

903 Kittner/Däubler/Zwanziger/*Däubler*, §§ 164–181 BGB Rn. 18; *Beck*, Erklärung von Kündigung und Abmahnung, S. 76 f. m.w.N.

904 Kittner/Däubler/Zwanziger/*Däubler*, §§ 164–181 BGB Rn. 18.

905 *Beck*, Erklärung von Kündigung und Abmahnung, S. 77 m.N.

906 Siehe die in Fn. 903 Genannten.

Aber auch unabhängig von dieser Frage kann § 15 Abs. 2 HGB keine Inkenntnissetzung bedingen. Neben den Argumenten der Gegenmeinung („fehlende Unmittelbarkeit der Inkenntnissetzung", „Arbeitnehmer ist kein Dritter i.S.d. § 15 Abs. 2 HGB" und „nur unzureichende Kenntnisfiktion über § 15 Abs. 2 HGB") kommt hinzu, dass die gesetzlich angeordnete Informationslastverteilung des § 174 BGB bei Zulassung der Inkenntnissetzung durch die Handelsregistereintragung und die diesbezügliche Bekanntmachung unterwandert würde.

Nach dieser Informationslastverteilung liegt sowohl i.R.d. § 174 S. 1 BGB[907] als auch i.R.d. § 174 S. 2 BGB[908] die Informationslast hinsichtlich der Legitimation des (konkreten) Vertreters beim Vertretenen. Die Grenze der Informationsbelastung des Vollmachtgebers ist dort erreicht, wo er eine Kenntnisnahmemöglichkeit geschaffen und die Kenntnisnahme angeregt und ermöglicht hat.[909]

Diesen Grundsätzen hält die durch den Arbeitgeber bewirkte Eintragung des Prokuristen nicht stand: Zwar besteht mit dem Handelsregister eine Einsichtnahme- und damit auch Kenntnisnahmemöglichkeit. Diese wurde aber nicht vom Vollmachtgeber geschaffen, sondern besteht unabhängig von seinem Zutun. Insofern hat er noch keinen Informationsbeitrag geleistet. Selbst wenn man davon ausgehen würde, dass sich der Arbeitgeber das Register bzw. seinen Inhalt zu eigen macht und den Arbeitnehmer konkret darauf verweist, ergeben sich wiederum Zumutbarkeitsprobleme für den Arbeitnehmer (siehe dazu sogleich unter: IV. 2.). Da die Eintragung im Register selbst wiederum keine Mitteilung an den konkreten Erklärungsempfänger/Arbeitnehmer ist,[910] sind die Anforderungen der Informationslastverteilung insoweit nicht erfüllt. Unternimmt der Arbeitgeber aber nichts, um den spezifischen Arbeitnehmer oder aber auch die Belegschaft insgesamt zu unterrichten, kann er sich seiner Informationslast nicht entledigen. Es verbleibt dabei, dass er den/die Arbeitnehmer über die Person des Prokuristen in Kenntnis setzen muss.

IV. Auswege aus dem „Inkenntnissetzungsdilemma"

Dass der zuvor unter III. erhobene Befund ein unbefriedigender für die arbeitsrechtliche Praxis ist, lässt sich nicht bestreiten. Schon das BAG konzentriert sich bei seiner Auslegung des § 174 BGB immer wieder auf die Frage, ob das jeweilige

907 Siehe dazu oben: § 6 D. I.
908 Siehe dazu oben: § 8 B. II.
909 Siehe dazu oben: § 8 B. II.
910 Siehe dazu oben: § 8 C. II.

Vorgehen nicht den Arbeitgeber über Gebühr strapaziert.[911] Die Vorgehensweise des BAG ist kritikwürdig.[912] Soll nach der gesetzlichen Konzeption doch das schutzwürdige Interesse des Arbeitnehmers im Vordergrund stehen. Das ist aber das Gewissheitsinteresse des Arbeitnehmers und nicht das Aufwandsminimierungsinteresse des Arbeitgebers.[913] Im Folgenden wird ein in der Norm des § 174 BGB liegender Lösungsansatz aufgezeigt, der eine Kenntnisfiktion über § 15 Abs. 2 HGB überflüssig werden lässt und die praktischen Gesetzmäßigkeiten im Blick behält. Vorab wird der Blick der Frage zugewandt, ob es für eine Inkenntnissetzung (schon) genügen kann, wenn der Vertreter den Handelsregisterauszug vorlegt (1.). Anschließend wird in Anlehnung an die Inkenntnissetzung durch die Bereitstellung von Wahrnehmungswegen (siehe oben: C.) geprüft, ob der Arbeitgeber den Arbeitnehmer dadurch in Kenntnis setzen kann, dass er ihn darauf verweist, das Handelsregister einzusehen (2.). Weiter wird in Anlehnung an die Untersuchung zur Inkenntnissetzung durch Berufung in eine Stellung, die üblicherweise zur Kündigung berechtigt (siehe oben: B.) festgestellt, dass es unter gewissen Voraussetzungen für eine Inkenntnissetzung genügt, einen Mitarbeiter zum Prokuristen zu berufen und dessen Berufung im Betrieb/ Unternehmen bekannt zu machen (3.).

1. Inkenntnissetzung durch Vorlage des Ausdrucks des Handelsregistereintrags

Wie oben gezeigt,[914] ersetzt der Handelsregisterauszug die Vollmachtsurkunde nicht. Jedoch könnte die Vorlage in Kenntnis setzende Wirkung haben. Der Ausdruck erfüllt die inhaltlichen Anforderungen, die an die Mitteilung über die Bevollmächtigung zu stellen sind. Er gibt nämlich die Person des Prokuristen kund und qualifiziert die konkrete Vertretungsmacht als Prokura. Wegen der gesetzlich vorgegebenen und unbeschränkbaren Reichweite der Prokura (§§ 49, 50 HGB) ist dem Gewissheitsinteresse des Arbeitnehmers insoweit auch entsprochen.[915]

Die Zurückweisung ist jedoch aus folgenden Gründen weiterhin möglich, eine Inkenntnissetzung mithin nicht erfolgt:[916]

---

911 Vgl. BAG, Urt. v. 14.4.2011 – 6 AZR 727/09, NZA 2011, 683 (686).

912 *Klostermann-Schneider*, in: *Uffmann/Dahm* (Hrsg.), Vielfalt oder Chaos, 2013, S. 145 (165).

913 *Klostermann-Schneider*, in: *Uffmann/Dahm* (Hrsg.), Vielfalt oder Chaos, 2013, S. 145 (165).

914 Siehe oben: § 6 E.

915 Siehe oben: § 5 C. I. 2.

916 Vgl. aber die in Fn. 534 Genannten.

Der Arbeitnehmer ist durch die Vorlage des Handelsregisterausdrucks nicht unmittelbar durch den Arbeitgeber (Vollmachtgeber) in Kenntnis gesetzt, denn der Handelsregisterausdruck ist nicht direkt und zielgerichtet durch den Arbeitgeber in Richtung des Arbeitnehmers kundgetan.[917]

Dem Registerausdruck liegt außerdem eine andere Charakteristik zugrunde, als sie die Mitteilung i.R.d. § 174 S. 2 BGB im Blick hat. Er wird jedem Interessierten auf Antrag ausgestellt (§ 9 Abs. 4 S. 1 HGB). Grundlage des Ausdrucks ist die Handelsregistereintragung. Diese ist wiederum selbst keine unmittelbare Kundgabe der Bevollmächtigung an die Belegschaft i.S.d. § 174 S. 2 BGB. Indem der Arbeitgeber den Prokuristen zur Handelsregistereintragung anmeldet, setzt er seine Belegschaft wie gezeigt[918] nicht in Kenntnis. Wenn aber die Grundlage der in Kenntnis setzenden Mitteilung (= die Anmeldung zur Eintragung) schon nicht direkt und zielgerichtet ist, ist es der Ausdruck ihres Ergebnisses umso weniger.

Aber auch aus Erwägungen zum Zeitpunkt der Inkenntnissetzung[919] und ihrer „gewissheitsstiftenden Wirkung"[920] folgt, dass die Vorlage des Handelsregisterausdrucks das Zurückweisungsrecht nicht ausschließt.

Die Inkenntnissetzung per Handelsregisterausdruck müsste zeitlich der Kündigung vorausgehen, um den Anforderungen des Gesetzes zu genügen. Bedenkt man, dass sich zwischen der Vorlage (im Vorfeld des Rechtsgeschäfts) und der Vornahme des Rechtsgeschäfts die Vertretungs- und auch die Registerlage ändern können, ist die „gewissheitsstiftende Wirkung" der Vorlage eines (nun nicht mehr aktuellen) Handelsregisterausdrucks zweifelhaft. Ändert sich zwischenzeitlich die Vertretungssituation und die Registerlage, steht letztere im Widerspruch zum Handelsregisterausdruck. Wo Widersprüche bestehen, ist für Gewissheit aber solange kein Raum, bis die Widersprüche aufgelöst sind.

Selbst wenn aber keine Änderung der Vertretungslage eingetreten ist, dokumentiert der Ausdruck immer nur den Status zum Ausdruckzeitpunkt. Die mangelnde Aktualität lässt die gewissheitsstiftende Wirkung entfallen.

Die Vorlage des Handelsregisterausdrucks könnte allenfalls dann gewissheitsstiftende Wirkung haben, wenn ihm eine vertrauensschützende (Rechtsschein-) Wirkung zukommen würde. Dies ist aber nicht der Fall: Die Mitteilung per Handelsregisterausdruck hat weder die Wirkung wie sie in § 171 Abs. 2 BGB zum

---

917 Siehe zur Unmittelbarkeit der Inkenntnissetzung: § 8 C.

918 Siehe oben: C. I. 1. und D.

919 Siehe zum Zeitpunkt der Inkenntnissetzung: § 8 A. II.

920 Siehe zur Wirkung der Inkenntnissetzung und den Anforderungen an die Inkenntnissetzung: § 8.

Ausdruck kommt, noch unterfällt sie dem Schutz des § 15 HGB. Die Norm des § 172 Abs. 2 BGB ist auf den Handelsregisterausdruck nicht anwendbar.[921]

§ 171 Abs. 2 BGB kommt weder direkt noch analog zur Anwendung. Das ergibt sich aus folgenden Gesichtspunkten: Der Ausdruck stammt nicht vom Vollmachtgeber, sondern vom Registergericht. Eine Kundgabe ohne ein zielgerichtetes Tätigwerden des Vollmachtgebers kann nicht als Kundgabe per besonderer Mitteilung i.S.d. § 171 Abs. 1 Alt. 1 BGB qualifiziert werden. Die Zielgerichtetheit der Kundgabe setzt das Bewusstsein über das Handeln voraus. Dieses Bewusstsein liegt auf Seiten des Arbeitgebers im Hinblick auf den Handelsregisterausdruck allenfalls abstrakt und als ein antizipiertes vor. Schließlich kann er lediglich wissen, dass jedermann in der Lage ist, sich einen Ausdruck von der Handelsregisterlage zu beschaffen. Er kann im Regelfall aber nicht den konkreten Kundgabeempfänger vorhersehen.

Auch § 15 HGB hilft nicht weiter. Die Norm ist auf den Handelsregisterausdruck nicht zugeschnitten.[922] Sie betrifft allein im Register (nicht) eingetragene Tatsachen. Es fehlt dem Handelsregisterausdruck daher die vertrauensschützende (Rechtsschein-)Wirkung.

Hinzu kommt, dass der Arbeitgeber nicht einmal Einfluss darauf hat, ob der Ausdruck gefertigt wird. Nach § 9 Abs. 4 HGB kann der Ausdruck von jedermann veranlasst werden. Eine solche Konstellation hat § 174 S. 2 BGB aber nicht im Blick. Ganz im Gegenteil: Im Rahmen der Inkenntnissetzung genügt die zufällige Kenntniserlangung auf Seiten des Arbeitnehmers gerade nicht. Zur Gefahr einer solchen nur zufälligen Kenntniserlangung kommt es aber durch den Handelsregisterausdruck, wenn dieser von jedermann verbreitet werden kann/wird. Diese Gefahr lässt die Eignung eines Handelsregisterausdrucks zur Inkenntnissetzung entfallen.

Auch eine öffentliche Kundgabe, wie sie in § 171 Abs. 1 Alt. 2 BGB geregelt ist, genügt für die Inkenntnissetzung nicht.[923] Insoweit genügt die Vorlage des Handelsregisterausdrucks durch den Vertreter genausowenig wie die öffentliche Kundgabe den Anforderungen des § 174 S. 2 BGB.

Demnach ist eine Inkenntnissetzung durch die Vorlage des Handelsregisterausdrucks vor der Vornahme des einseitigen Rechtsgeschäfts nicht möglich. Mangels vertrauensschützender Wirkung kann er keine Gewissheit über die bestehende Vertretungslage vermitteln. Infolgedessen ist die Zurückweisung der

921 Siehe oben: § 6 E. I.

922 Siehe oben: § 6 E. I.

923 Siehe oben: § 8 C. II.

Kündigung nicht durch die Vorlage eines Handelsregisterausdrucks durch den Prokuristen nach § 174 S. 2 BGB ausgeschlossen.

2. *Inkenntnissetzung durch den Verweis des Arbeitgebers auf die Einsichtnahme in das Handelsregister*

Eine interessengerechte Lösung könnte darin zu sehen sein, dass der Arbeitgeber den/die Arbeitnehmer auf das Handelsregister verweist und sie hierdurch von der Kenntnisnahmemöglichkeit informiert. Das Handelsregister würde als ein – nicht vom Arbeitgeber bereitgestellter – „Wahrnehmungsweg"[924] fungieren. Informiert der Vollmachtgeber den Erklärungsempfänger davon, dass im Register Prokura eingetragen ist, setzt er einen ersten Informationsimpuls.[925] Für sich genommen reicht dieser jedoch nicht aus. Der Erklärungsempfänger muss das Register selbst einsehen, um die Information zu erhalten. Auch hiervon muss er informiert sein. Nur wenn der Vollmachtgeber ihn auch hierauf (die Einsichtnahmeobliegenheit) verwiesen hat, kommt der Erklärungsempfänger nämlich zu der Erkenntnis, an der Inkenntnissetzung mitwirken zu müssen.

Die Zulässigkeit des Verweises auf die Einsichtnahme des Handelsregisters begegnet Bedenken: Nur ausnahmsweise und in engen Grenzen kann der Erklärungsempfänger darauf verwiesen werden, an der Informierung mitzuwirken. Die Mitwirkung muss dem Arbeitnehmer auch zumutbar sein. Dabei ist wiederum zu beachten, dass die Wahrnehmung der jeweiligen Information nur dort zumutbar ist, wo sie jederzeit leicht erreichbar einsehbar ist.[926]

Die Einsichtnahme des Handelsregisters ist dem Arbeitnehmer auch nach Verweis durch den Arbeitgeber nicht zumutbar. Die örtliche Einsicht beim Registergericht ist mit den Unwägbarkeiten der Registerzuständigkeit und etwaiger räumlicher Distanzen verbunden. Die Einsicht per Internet unter www.handelsregister.de setzt das technische Verständnis und die technische Ausstattung des Einsehenden voraus. Überdies erfordern derartige Abrufe zunächst eine Registrierung und sind kostenpflichtig[927]. Weiter bedarf es der Kenntnis davon,

---

924 Siehe zur Inkenntnissetzung durch Verweis auf vom Arbeitgeber bereitgestellte Wahrnehmungswege oben: C.

925 Die Anmeldung zum Handelsregister genügt den Anforderungen an den Verweis nicht, siehe oben: D.

926 Siehe dazu oben: C. II. 1.

927 Die Höhe der Abrufgebühren über das Registerportal richtet sich nach den Nrn. 1140, 1141 des Kostenverzeichnisses des Justizverwaltungskostengesetzes (JVKostG). Der Abruf von Abdrucken über www.handelsregister.de kostet gem. Nr. 1140 bspw. 4,50 €. Die Kosten für die Erteilung von Ausdrucken oder Fertigung von Kopien

dass es diese Formen der Einsichtnahme (örtliches Register beim Registergericht/Internet) tatsächlich gibt. Hinzu kommt, dass das Handelsregister grundsätzlich kein Publikationsinstrument zwischen Privaten i.S.v. Verbrauchern ist. Es steht daher zu befürchten, dass diese weder das Handelsregister als Institution noch dessen Abrufbarkeit bzw. Abrufmöglichkeit kennen. Nur für den Fall, dass der Arbeitgeber all diese Voraussetzungen geschaffen bzw. Hindernisse beseitigt hat, ist überhaupt an die Zulässigkeit einer Inkenntnissetzung mit Hilfe des Registers zu denken. Selbst dann aber ist zu beachten, dass der Zeitpunkt der Einsichtnahme und der Aktualisierungsaufwand des Arbeitnehmers hinsichtlich der im Register verlautbarten Information die Zumutbarkeit des Wahrnehmungswegs regelmäßig ausschließen.

Für das Arbeitsrecht ist einschränkend allenfalls eine am Funktionsgrad des Arbeitnehmers orientierte Betrachtung der Zumutbarkeit der Handelsregistereinsicht zu erwägen: Je mehr der jeweilige Arbeitnehmer mit kaufmännischen Vorgängen befasst ist, desto eher ist es ihm zumutbar, wie ein Kaufmann behandelt zu werden – zumindest hinsichtlich der Einsicht des Handelsregisters. Auch mit dieser Einschränkung ist die Kündigungpraxis der Prokuristen nicht wesentlich erleichert. Schließlich spricht auch bei einem entsprechenden Funktionsgrad die Kostenpflichtigkeit von Registerauszügen gegen eine Zumutbarkeit. Eine kostenfreie Einsichtnahme ist nur in der Geschäftsstelle des Registergerichts bei dem Registergericht, in dessen Bezirk das Unternehmen seinen Sitz hat, während der Dienststunden möglich. Diese örtliche Einsicht ist aber – wie bereits ausgeführt – unzumutbar.

3. *Ausweg: Inkenntnissetzung durch Mitteilung über die Berufung eines Prokuristen*

Dem Arbeitgeber verbleibt – neben der direkten Mitteilung – die Möglichkeit, seine Arbeitnehmer von der Prokura eines Mitarbeiters dadurch in Kenntnis zu setzen, dass er die Person des Prokuristen über „Wahrnehmungswege“ kundgibt. Insoweit sind die Anforderungen an die Inkenntnissetzung durch den Verweis auf vom Arbeitgeber bereitgestellte Wahrnehmungswege zu beachten.[928]

---

aus einem Register richtet sich nach den Nrn. 17000 ff. des Kostenverzeichnisses des Gerichts- und Notarkostengesetz (GNotKG). Je nach Form (Papier – amtlicher Ausdruck, beglaubigte oder unbeglaubigte Kopie – oder elektronisch übermittelte Datei – beglaubigt oder unbeglaubigt –) fallen Gebühren zwischen 5,00 € unf 20,00 € an.

928 Siehe oben unter: C.

Es gelten jedoch hinsichtlich der mitzuteilenden Information Besonderheiten: Der Prokurist ist aufgrund der Unbeschränkbarkeit der Prokura gegenüber Dritten vom Umfang her als ein „jederzeit Kündigungsberechtigter" einzuordnen.[929] Für eine Inkenntnissetzung genügt es, dass der Arbeitgeber die *Person in der Stellung* (den Stelleninhaber) über die betriebsüblichen Wege[930] mitteilt.

Nicht ausreichend ist es jedoch für eine Inkenntnissetzung, dass der Prokurist die Kündigung mit ppa. unterzeichnet.[931] Hierin allein liegt keine Inkenntnissetzung über seine Bestellung zum Prokuristen. Wegen der Grundsätze der Informationslastverteilung bedarf es einer Inkenntnissetzung durch den Arbeitgeber oder aber durch einen vom Prokuristen personenverschiedenen anderen Vertreter des Arbeitgebers.[932] Nur unter engen Voraussetzungen kann der Prokurist den Arbeitgeber bei der Inkennissetzung über seine Berufung vertreten.[933] Selbst wenn man die Inkenntnissetzung durch den Kündigenden (Prokurist) hinsichtlich seiner Stellung in Vertretung für den Arbeitgeber zulässt, ist Folgendes zu beachten: Für den Fall, dass der Prokurist als Vertreter des Arbeitgebers die Belegschaft hinsichtlich seiner Prokuristenstellung informieren will, muss er dies entweder mittels Vollmachtsurkunde[934] (§ 174 S. 1 BGB) oder im Vorfeld und nicht erst in der jeweiligen Kündigung tun (§ 174 S. 2 BGB)[935].

V. Ergebnis zu D.

Eine Inkenntnissetzung durch die Eintragung des Prokuristen in das Handelsregister und seine dortige Bekanntmachung ist nicht möglich. Dass der Prokurist den Ausdruck eines Handelsregisterauszugs vorlegt, genügt ebenso wenig für eine Inkenntnissetzung wie der Verweis des Arbeitgebers an die Belegschaft, das Handelsregister einzusehen. Allein dadurch, dass der Arbeitgeber über die Person des Prokuristen informiert, kann er seine Belegschaft von der Bevollmächtigung in Kenntnis setzen.

929 Siehe oben unter: § 5 C. I. 2. a.

930 Siehe oben unter: C. II.

931 Vgl. LG München I, Urt. v. 14.11.1973 – 25 O 246/73, juris Rn. 35; vgl. i.Ü. zur Zulässigkeit der Vertretung bei der Inkenntnissetzung und in Kenntnis setzende Vertretungsanzeige oben unter: § 8 D.

932 Siehe oben unter: § 8 B.

933 Siehe oben unter: § 8 D. II.

934 Siehe oben unter: § 6 E.

935 Siehe oben unter: C. I. 2.

E. Inkenntnissetzung durch vom Vertreter vorgelegte formell unzureichende „Vollmachtsurkunden“

Eine weitere Möglichkeit der Inkenntnissetzung könnte in der Vorlage formell unzureichender Vollmachtsurkunden *durch den Vertreter* erblickt werden. In dem Falle, dass der Vertreter bei Vornahme des Rechtsgeschäfts eine nur unzureichende Vollmachtsurkunde (fehlende eigenhändige Unterzeichnung des Arbeitgebers, Kopie etc.) vorlegt, steht dem Arbeitnehmer ein Zurückweisungsrecht gemäß § 174 S. 1 BGB zu. Das Zurückweisungsrecht ist aber nach § 174 S. 2 BGB ausgeschlossen, wenn der Arbeitnehmer von der Bevollmächtigung in Kenntnis gesetzt wurde.

Indem der Vertreter eine (nur) formell unzureichende Urkunde vorlegt, die inhaltlich gesehen umfassend informiert, bekommt der Arbeitnehmer alle Informationen über die Berechtigung zur Vornahme der Kündigung. Er ist mithin von der Bevollmächtigung informiert. Eine Inkenntnissetzung i.S.v. § 174 S. 2 BGB ist hierdurch jedoch nicht erreicht. Zum einen ist es der Arbeitgeber, der über die Bevollmächtigung informieren muss.[936] Zum anderen liefe die Norm des § 174 S. 1 BGB leer, wenn nicht ausreichende Vollmachtsurkunden über den Umweg der Inkenntnissetzung das Zurückweisungsrecht ausschalten könnten. Das ergibt das Zusammenspiel des S. 1 und des S. 2 der Norm. Die gesetzliche Regelung hat die Authentizität der Information im Blick. Die hohen formellen Anforderungen des § 174 S. 1 BGB (eigenhändig unterzeichnete Vollmachtsurkunde)[937] sind i.R.d. § 174 S. 2 BGB nur deswegen nicht gestellt, weil es in diesem Rahmen der Arbeitgeber selbst ist, der informiert. Die Authentizität der Information ist durch das Auftreten des Arbeitgebers erreicht. Informiert aber der Arbeitgeber nicht durch direkte und zielgerichtete Mitteilung seine Belegschaft von der Bevollmächtigung, handelt also ein anderer an seiner Stelle, bedarf es der eigenhändigen Unterzeichung der Vollmachtsurkunde als authentischem Nachweis (§ 174 S. 1 BGB) oder einer ordnungsgemäßen Vertretung bei der Inkenntnissetzung.[938]

Anders als vom OLG Frankfurt[939] entschieden reicht es nicht aus, dem Erklärungsempfänger zur Kenntnis zu bringen, dass der Kündigende zur Vornahme von (irgendwelchen) Rechtsgeschäften (bspw. Abschluss von Verträgen) bevollmächtigt ist und ihm den konkreten Umfang der Vertretungsmacht durch

936 Siehe oben unter: § 8 B.

937 Siehe oben unter: § 6 A. II. 2. d.

938 Siehe zu den Anforderungen an diese oben unter: § 8 D. II.

939 OLG Frankfurt, Urt. v. 17.3.1995 - 10 U 98/94, NJW-RR 1996, 10.

Vorlage einer Kopie der Vollmacht bei Vornahme des Rechtsgeschäfts durch den Vertreter mitzuteilen. Die Kopie erfüllt nicht die Anforderungen der Vorlage der Vollmachtsurkunde i.S.d. § 174 S. 1 BGB. Sie kann nach den obigen Ausführungen auch nicht als in Kenntnis setzende Mitteilung gesehen werden. Denn der Vertreter kann grundsätzlich keine Inkenntnissetzung über seine Vertretungsmacht bewirken.[940]

F. Ausnahmsweise mittelbare Inkenntnissetzung, insbesondere durch Attribut-Zertifikate

Fraglich ist, wie Situationen zu bewerten sind, an denen der Vertretene nur mittelbar beteiligt ist, sich die Inkenntnissetzung aber durch ein Handeln des Vertreters ergibt (ohne jedoch gesondert die Anforderungen des § 174 BGB zu erfüllen). Relevant ist diese Konstellation vor allem für die Verwendung von Attribut-Zertifikaten durch den Verteter in seiner Signatur, in denen er als kündigungsbevollmächtigt ausgewiesen wird.[941]

In der Verwendung von Attribut-Zertifikaten durch den Vertreter liegt unter zwei Voraussetzungen eine wirksame Inkenntnissetzung i.S.v. § 174 S. 2 BGB vor: Der Vertreter hat die Signatur mit Attribut-Zertifikat gegenüber dem Arbeitnehmer im Vorfeld der Kündigung verwendet. Das für den elektronischen Rechtsverkehr erforderliche Einverständnis auf Seiten des Arbeitnehmers ist anzunehmen.[942] Das für die Inkenntnissetzung erforderliche Handeln des Vertretenen liegt im Einrichtenlassen des Attribut-Zertifikats für den Vertreter. Dadurch soll gerade zielgerichtet eine Kenntnis über dessen Kündigungsbevollmächtigung vermittelt werden. Diese Information ist hinsichtlich des Adressatenkreises (Belegschaft) und des Rechtsgeschäfts (Kündigung) konkretisiert. Dass der Arbeitnehmer die in Kenntnis setzende Information vom Vertreter selbst erhält, ist insoweit unschädlich. Der Vertreter selbst hat nämlich keinen Einfluss auf die Information über die Kündigungsbevollmächtigung. Hoheit über die Information hat allein der Vertretene, ohne den ein Attribut-Zertifikat nicht eingerichtet wird (vgl. § 5 Abs. 2 S. 2 und S. 3 SigG) und der ein eingerichtetes Attribut-Zertifikat jederzeit sperren lassen kann (vgl. § 3 Abs. 2 S. 1 SigV). Der Vertreter präsentiert daher – nicht anders als eine Aushangfläche oder Internet-/Intranetseite

---

940 Siehe zur Ausnahme oben unter: § 8 D.

941 Siehe zu Attribut-Zertifikaten oben: § 6 B. I. 2. b. cc.

942 Vgl. oben: § 8 II. zum Zeitpunkt der Inkenntnissetzung und § 6 B. I. 3. e. zum Ausschluss im konkreten Einzelfall aufgrund des Aspekts der Freiwilligkeit der Teilnahme am elektronischen Rechtsverkehr.

– lediglich eine vorgefertigte Information des Vertretenen, sodass eine wirksame Inkenntnissetzung vorliegt. Es handelt sich insoweit nicht um eine Vertretung bei der Inkenntnissetzung. Der Vertreter ist unerlässlicher Bestandteil der Inkenntnissetzung und nimmt sie nicht wie sonst mit einer eigenen Willenserklärung vor. Er ist auch kein Bote. Er überbringt nicht nur eine Erklärung des Arbeitgebers. Vielmehr wählt er den Empfängerkreis der Information selbst aus und behält partiell Selbstständigkeit hinsichtlich der Inkenntnissetzung. Attribut-Zertifikate verschaffen dem Erklärungsempfänger Gewissheit in gleich hohem Maß wie eine Vollmachtsurkunde. Dies wird durch die entsprechende Anwendbarkeit des § 172 Abs. 2 BGB gewährleistet.

G. Inkenntnissetzung durch Mitteilung auf der Mitarbeiterversammlung und im Rahmen ähnlicher betrieblicher Foren

Immer wieder ist zu lesen, dass eine Inkenntnissetzung auch dadurch erreicht werden kann, dass der Arbeitgeber den Kündigungsberechtigten auf einer Mitarbeiterversammlung vorstellt bzw. „einführt".[943] Eine solche Inkenntnissetzung durch den Arbeitgeber hält sich zweifelsohne im Gesetz. Denn § 174 S. 2 BGB fordert keine besondere Form für die Inkenntnissetzung. Infolgedessen reicht eine rein mündliche Mitteilung über die Bevollmächtigung aus.[944]

Zweifel an der Inkenntnissetzung durch eine Mitteilung des Arbeitgebers auf einer Versammlung treten jedoch dort auf, wo Arbeitnehmer krankheits-, freizeit-/urlaubs- oder arbeitsbedingt nicht an der Versammlung und damit an der Inkenntnissetzung teilnehmen (können). Die insoweit anzutreffende Ansicht[945], auch diese Arbeitnehmer sind in Kenntnis gesetzt, kann aus folgenden Gründen nicht bzw. nur eingeschränkt überzeugen: Wer nicht anwesend ist, erhält keine durch den Arbeitgeber (auch) an ihn gerichtete Information. Die nur zufällige Kenntnis, etwa durch Informationsaustausch mit anderen Arbeitnehmern,

---

943 Vgl. BAG, Urt. v. 28.10.2010 – 2 AZR 392/08, AP Nr. 48 zu § 23 KSchG 1969 (II 3 a der Gründe); LAG Köln, Urt. v. 7.7.1993 – 2 Sa 280/93, NZA 1994, 419 (420); LAG Baden-Württemberg, Urt. v. 15.11.2012 – 18 Sa 68/12, juris Rn. 75; KR/*Friedrich*, § 13 KSchG Rn. 345; ErfK/*Müller-Glöge*, § 620 BGB Rn. 24; Tschöpe/*Schulte*, Teil 3 D Rn. 58a; *Schmiegel*/*Yalçin*, ZTR 2011, 395 (401).

944 Siehe zu den Risiken der mündlichen Inkenntnissetzung oben unter: § 8 A. I.

945 LAG Köln, Urt. v. 7.7.1993 – 2 Sa 280/93, NZA 1994, 419 (420); LAG Baden-Württemberg, Urt. v. 15.11.2012 – 18 Sa 68/12, juris Rn. 75; KR/*Friedrich*, § 13 KSchG Rn. 345; Tschöpe/*Schulte*, Teil 3 D Rn. 58a.

genügt für eine Inkenntnissetzung wegen der Grundsätze der Informationslastverteilung nicht.[946]

Anzutreffen ist weiter die Ansicht, schon die Einladung zu einer Betriebsversammlung genüge für eine Inkenntnissetzung, wenn die *Teilnahmemöglichkeit an dieser besteht.*[947] Dann aber muss die Einladung diesen „Tagesordnungspunkt“ klar benennen. Zwar hat der Arbeitgeber gemäß § 43 Abs. 2 S. 3 BetrVG über das Personal- und Sozialwesen zu berichten, gleichwohl genügt die Berichterstattung in der Versammlung allein nicht zur Inkenntnissetzung des Abwesenden. Schließlich muss der Arbeitgeber nach § 43 Abs. 2 S. 1 BetrVG unter Angabe der Tagesordnungspunkte laden. Wird die Thematik der Bevollmächtigungsinformation in der Einladung (Tagesordnung) nicht klar herausgestellt, hat der Arbeitnehmer gar keinen konkreten, sondern nur einen abstrakten Anlass zur Mitwirkung bei der Inkenntnissetzung über die Bevollmächtigung. Es bedarf jedoch gerade i.R.d. Inkenntnissetzung eines konkreten Impulses zur Wahrnehmungsmitwirkung.[948]

Wenn der nicht anwesende Arbeitnehmer aber nicht in Kenntnis gesetzt werden kann, hat das auch Auswirkungen auf die Vorgehensweise des Arbeitgebers im Rahmen solcher Inkenntnissetzungen.[949] Per Protokoll, sicherheitshalber durch Gegenzeichnung der Arbeitnehmer autorisiert, muss der Arbeitgeber sicherstellen, wer an- bzw. abwesend war. Nur so ist klar und transparent, wen er überhaupt mit seiner Information erreicht hat, letztlich also wen er in Kenntnis gesetzt hat. Ohne diese Sicherung wird es dem Arbeitgeber schwer fallen, überhaupt beweisen zu können, dass der jeweilige Arbeitnehmer in Kenntnis gesetzt wurde.

Hat der Arbeitgeber ein solches Protokoll gefertigt bzw. fertigen lassen, kann er anhand des Datenbefunds die abwesenden Arbeitnehmer gesondert über die Bevollmächtigungslage informieren. Um die Anforderungen des § 174 S. 2 BGB zu erfüllen, genügt es, dass der Arbeitgeber die abwesenden Mitarbeiter darauf verweist, sich durch Einsichtnahme des Protokolls über die Mitarbeiterversammlung zu informieren. Dazu muss das Protokoll die Information über die Bevollmächtigungslage tatsächlich enthalten. Das Protokoll fungiert insoweit als „Wahrnehmungsweg“. Infolgedessen sind die Anforderungen an die

946 Siehe oben unter: § 8 B. I.

947 LAG Baden-Württemberg, Urt. v. 15.11.2012 – 18 Sa 68/12, juris Rn. 75; *Schmiegel/Yalçin*, ZTR 2011, 395 (401).

948 Siehe oben unter: C. I. 1.

949 Vgl. auch *Schmiegel/Yalçin*, ZTR 2011, 395 (401).

Inkenntnissetzung durch den Verweis auf vom Arbeitgeber bereitgestellte Wahrnehmungswege einzuhalten.[950]

Tritt der Arbeitgeber bzw. die Geschäftsleitung in persona gar nicht auf, sondern lässt er bzw. sie sich auf der Versammlung vertreten, sind die Besonderheiten hinsichtlich der Vertretung bei der Inkenntnissetzung zu beachten[951]. Der Vertreter muss sich daher entweder über die Bevollmächtigung zur Inkenntnissetzung ausweisen. Oder der Arbeitgeber muss die Arbeitnehmer zuvor (= vor der Inkenntnissetzung hinsichtlich der Kündigungsberechtigung) über die Bevollmächtigung zur Inkenntnissetzung informieren. Dies kann etwa dadurch geschehen, dass der Arbeitgeber die Arbeitnehmer direkt darüber informiert, dass der Referent auf der Mitarbeiterversammlung zu Bevollmächtigungsfragen spricht. Der Arbeitgeber kann die Arbeitnehmer auch darauf verweisen, sich über die Bevollmächtigung zur Inkenntnissetzung über von ihm bereitgestellte Wahrnehmungswege zu unterrichten. Es gelten insoweit die oben aufgezeigten Leitlinien.[952] Schließlich genügt, dass der Arbeitgeber den Referenten in eine „üblicherweise zur Inkenntnissetzung (über Bevollmächtigungsfragen) berechtigende Stellung" berufen hat und die Stelleninhaberschaft des Referenten den Arbeitnehmern klar ist.[953]

Auch aus Zumutbarkeitserwägungen[954] spricht – anders als bei der Nachfrage beim Vorgesetzten[955] – nichts gegen die Inkenntnissetzung durch einen Vertreter (Referenten) des Arbeitgebers. Der Referent auf einer Versammlung informiert auf Initiative des Arbeitgebers arbeitnehmerübergreifend ohne konkrete Nachfrage abstrakt über die Bevollmächtigungslage. Seine grundsätzliche Neutralität ist somit nicht in Zweifel gezogen.

H. Konzernweite Inkenntnissetzung

Am 25.2.2014 entschied das LAG Schleswig-Holstein[956], dass es für eine Inkenntnissetzung i.S.d. § 174 S. 2 BGB nicht genügt, dass der Konzernarbeitgeber einen Arbeitnehmer eines der Konzernunternehmen von der Kündigungsberechtigung einer seiner Mitarbeiter informiert. Es bedürfe vielmehr eines Handelns

950 Siehe oben unter: C. I.
951 Siehe dazu oben unter: § 8 D. II.
952 Siehe oben: C. I. 1.
953 Siehe zu dieser Möglichkeit oben: B. IV.
954 Siehe oben: § 8 B. II.
955 Siehe oben: C. II. 2. c.
956 LAG Schleswig-Holstein, Urt. v. 25.2.2014 – 1 Sa 252/13, juris.

des Vollmachtgebers. Dies war in dem der Entscheidung zugrunde liegenden Fall der Arbeitgeber des zu kündigenden Arbeitnehmers.

Dem LAG ist in seiner Entscheidung uneingeschränkt zu folgen: Der Arbeitgeber ist der originär Kündigungsberechtigte. Arbeitgeber ist das jeweilige Unternehmen, nicht der „Konzern". Eine Delegation dieser Berechtigung muss er seiner Belegschaft gegenüber bekannt machen, soll eine Kündigung nicht in die Gefahr der Zurückweisung geraten. Die Inkenntnissetzung durch andere Personen als den Arbeitgeber ist nur unter den Voraussetzungen der Vertretung bei der Inkenntnissetzung möglich.[957] Daran ändert sich auch in einem Konzern nichts.

Die konzernweite Inkenntnissetzung ist nach alledem nur unter engen Voraussetzungen möglich.

I. Konkurrenz zwischen verschiedenen in Kenntnis setzenden Informationen

Kursieren verschiedene sich widersprechende Informationen über die Bevollmächtigungslage, ergeben sich zwischen den jeweiligen Informationen Konkurrenzen. Diese Konkurrenzen sind zugunsten der Gewissheit über die Bevollmächtigungslage aufzulösen.

I. Grundsatz der Spezialität

Zunächst ist der Grundsatz der Spezialität ausschlaggebend. Danach ist diejenige Information, die in Kenntnis setzende, der der Arbeitgeber diesen Charakter ausdrücklich oder konkludent zugewiesen hat. Hat er die Belegschaft etwa darauf verwiesen, sich selbst über einen bestimmten Wahrnehmungsweg zu informieren, sind andere Informationen, die zwar kursieren, auf die der Arbeitgeber aber nicht entsprechend hingewiesen hat, als allgemeinere nicht maßgeblich. Hat der Arbeitgeber hingegen eine (persönliche) Mitteilung an die Belegschaft gemacht, obwohl auch ein Verweis auf einen Wahrnehmungsweg oder eine andere Inkenntnissetzungsart besteht, gilt Folgendes: Die Information des Arbeitgebers durch Mitteilung ist immer spezieller als jede abgestufte Form der Inkenntnissetzung, die eine Mitwirkung bei der Informationserlangung erfordert. Das hat seinen Grund darin, dass § 174 S. 2 BGB die Informationslast dem Arbeitgeber zuweist. Soll der Arbeitnehmer mehr tun als nur eine ihm mitgeteilte Information zur Kenntnis zu nehmen – etwa die Information selbst erst abfragen, um

957 Siehe oben unter: § 8 D. II.; Der Arbeitgeber kann sich auch eines Boten bedienen.

sie wahrzunehmen –, handelt es sich um einen nur im Ausnahmefall zulässigen Inkenntnissetzungsakt. Kommt der Arbeitgeber seiner Informationslast schon durch eine (persönliche) Mitteilung vollumfänglich nach, bedarf es einer solchen Ausnahme (weitergehende Mitwirkung der Arbeitnehmer) nicht.

II. Grundsatz der Aktualität

Enthalten mehrere gleichrangige Mitteilungen/Inkenntnissetzungen verschiedene Informationen, kommt es zwangsläufig zu einem Widerspruch. Dieser Widerspruch ist zugunsten der aktuellen Information aufzulösen, liegt doch in ihr ein Widerruf der alten Information.[958]

Der Grundsatz der Aktualität hilft dann nicht weiter, wenn der Arbeitnehmer nicht alle Informationsquellen eingesehen hat. In diesem Falle besteht – abstrakt gesehen – ein Widerspruch, der dem Arbeitnehmer nur bei Wahrnehmung aller Informationen zur Inkenntnissetzung aufgefallen wäre. Wie bei der Konkurrenz zwischen Informationen verschiedener Wahrnehmungswege ist es schon die Möglichkeit der Kenntnisnahme, die die Gewissheitsanforderungen zu erfüllen vermag. Bestehen mehrere gleichrangige Informationen, scheitert eine Inkenntnissetzung daher regelmäßig daran, dass der Arbeitnehmer gar nichts von der Ablösung der alten durch die neue Mitteilung weiß, sondern vielmehr nur eine Information kennt, die aber abstrakt im Widerspruch zur tatsächlichen Lage steht.[959]

III. Widerruf einer, mehrerer oder aller Informationen

Widerruft der Arbeitgeber eine (die einzige) in Kenntnis setzende Information bzw. alle in Kenntnis setzenden Informationen, muss er den allgemeinen Regeln (§ 171 Abs. 2 BGB) folgend den Widerruf so kund tun, wie er die Bevollmächtigung kund getan hat.[960] Andernfalls besteht hinsichtlich dieser Mitteilung ein Rechtsschein. Dieser Rechtsschein vermittelt die gewissheitsstiftende Wirkung, die i.R.d. § 174 BGB verlangt wird. Hat er eine Mitteilung an die Belegschaft vorgenommen, muss er danach auch durch Mitteilung widerrufen. Im Falle von Inkenntnissetzungswegen muss er über diese auch den Widerruf bekannt geben bzw. den Verweis wie vorgenommen widerrufen. Der Widerruf ist wie die Inkenntnissetzung selbst auch konkludent möglich[961] mit der Folge, dass das

958 Vgl. dazu unten: III.

959 Siehe zur Konkurrenz bei mehreren Wahrnehmungswegen oben unter: C. III.

960 Siehe oben: § 2 B. III.

961 Vgl. § 8 A. I.

Berufen eines neuen Mitarbeiters in eine Stellung grundsätzlich die Berufung des alten Stelleninhabers widerruft (Abberufung). Etwas anderes gilt ausnahmsweise für Stellungen, die mehrere Personen gleichzeitig nebeneinander innehaben können, bspw. mehrere Prokuristen in einem Unternehmen. Weiter kann auch eine Mitteilung über die (Neu-)Bevollmächtigung den Widerruf der vorherigen Vollmacht enthalten.[962]

Widerruft der Arbeitgeber mehrere, aber nicht alle Informationen ist durch Auslegung zu ermitteln, ob die nicht widerrufenen Informationen weiterhin und jetzt exklusiv bestehen sollen oder ob der Arbeitgeber generell eine neue Bevollmächtigungssituation schaffen will. Im letzten Fall gehen Zweifel zulasten des Arbeitgebers, was sich aus den Grundsätzen der Informationslastverteilung ergibt. Dies hat zur Folge, dass im Zweifel die noch bestehenden Informationen für die Inkenntnissetzung maßgebend bleiben.

962 Siehe schon zuvor unter: I.

§ 10. Die Treuwidrigkeit der Zurückweisung nach § 242 BGB

Trotz Bestehen eines Zurückweisungsrechts kann dessen Geltendmachung treuwidrig gemäß § 242 BGB und damit ausgeschlossen sein.[963]

Der Ausschluss der Zurückweisung wegen Treuwidrigkeit wird insbesondere für Fälle angenommen, in denen sich der Erklärungsempfänger auf die Ungewissheit hinsichtlich der bestehenden Vertretungsmacht beruft, obwohl er sie zuvor (jahrelang) anerkannt und gegen sich gelten lassen bzw. auf sie vertraut hat. Abgesehen von den Fällen, in denen Tatsachen die Vermutung nahe legen, dass sich an dieser zuvor anerkannten Lage etwas geändert hat, ist die Zurückweisung ausgeschlossen.[964]

Im Zuge von Kündigungen von Arbeitsverhältnissen ist es kaum denkbar, dass der Arbeitnehmer zuvor (nachweisbar) anerkannt hat, dass der Vertreter ihm kündigen darf und ihm damit die Kündigungsbevollmächtigung für seinen spezifischen Fall gewiss ist.[965] Denn weiß der Arbeitnehmer, dass die Kündigung ihm vergleichbarer Arbeitnehmer durch diesen Vertreter üblich ist, schließen schon die Grundsätze zur „üblicherweise zur Kündigung berechtigenden Stellung" eine Zurückweisungsmöglichkeit aus.[966] Wo diese Grundsätze nicht greifen, vermag aber auch die Treuwidrigkeit nicht beweisbar sein. Eine Treuwidrigkeitseinrede wird insoweit grundsätzlich nicht durchgreifen können.[967]

Schmiegel/Yalçin ziehen eine Treuwidrigkeit in Betracht, wenn die Kündigungsbevollmächtigung etwa durch eine eigene Tätigkeit im Personal- und Verwaltungsbereich oder in der Beschäftigtenvertretung *eindeutig* bekannt ist.[968] Dabei wird jedoch aktuelles Wissen vorausgesetzt, und es dürfen im Kündigungszeitpunkt keine Anhaltspunkte bestehen, dass sich an der bekannten Situation

---

963 Soergel/*Leptien*, § 174 BGB Rn. 5; MüKo-BGB/*Schramm*, § 174 BGB Rn. 9; *Schmiegel/Yalçin*, ZTR 2011, 395 (399).

964 Soergel/*Leptien*, § 174 BGB Rn. 5; MüKo-BGB/*Schramm*, § 174 BGB Rn. 9.

965 Vgl. auch *Schmiegel/Yalçin*, ZTR 2011, 395 (401).

966 Siehe dazu oben: B.

967 In der Tendenz ist auch bei *Wagner/Mann*, BB 2012, 2842 (2843), angedeutet, dass die Kriterien, die i.R.d. üblicherweise zur Kündigung berechtigenden Stellung herangezogen werden, mit dem Fall der Treuwidrigkeit korrespondieren.

968 *Schmiegel/Yalçin*, ZTR 2011, 395 (401).

etwas geändert haben könnte.[969] Dies ist folgerichtig, da es sich um einen Fall der sicheren Kenntnis handelt. Ersichtlich wird an dieser Konstellation, dass es sich um einen seltenen Ausnahmefall für eine spezifische Personengruppe handelt.

In einem Fall des LAG Schleswig-Holstein[970] kam es zu folgender Ausnahmekonstellation: In einem Vorprozess legte der kündigende Vertreter dem Arbeitnehmer die Originalvollmachtsurkunde über seine Kündigungsbevollmächtigung vor. Bei der auf die erste Kündigung folgenden zweiten Kündigung durch denselben Vertreter wurde nur eine Fotokopie der Vollmachtsurkunde vorgelegt. Der Arbeitnehmer wies diese Kündigung nun wegen Nichtvorlage einer (Original-) Vollmachtsurkunde zurück. Das LAG urteilte, dass die Zurückweisung treuwidrig ist. Wesentliches Argument war dabei, dass der Vertreter innerhalb einer ständigen Geschäftsbeziehung wiederholt entsprechende Handlungen vorgenommen hat.[971] Dieser Entscheidung des LAG ist aus folgenden Gründen nicht zu folgen:

Eine im Vorfeld der Kündigung vorgelegte Urkunde genügt den Anforderungen des § 174 S. 1 BGB nicht. Eine Fotokopie erfüllt die Anforderungen des § 174 S. 1 BGB ebenso wenig. Die Aktualität der Kündigungsbevollmächtigung kann so nämlich nicht gewährleistet werden.[972]

§ 174 BGB liefe leer, wollte man durch ein vorheriges ordnungsgemäßes Verhalten (Vorlage der Vollmachtsurkunde erfolgt) auf eine Berechtigung zu einem späteren Zeitpunkt schließen.[973] Dass sich der Arbeitnehmer darauf beruft, dass ihm nicht gewiss sei, dass der ihn Kündigende bevollmächtigt ist, ist für sich genommen nicht treuwidrig. Nur die nachgewiesene Kenntnis von der Bevollmächtigung *im Kündigungszeitpunkt* schließt das Berufen auf die Ungewissheit aus.

Noch weiter als das LAG Schleswig-Holstein geht *Beck*, der der Ansicht ist, dass ein Berufen auf die Zurückweisungsmöglichkeit ausgeschlossen ist, wenn der Arbeitnehmer nicht die ihm zumutbare Aufklärung über die Berechtigung zur Kündigung unternommen hat.[974] Darüber hinaus bestehe eine Vermutung, dass der Kündigende tatsächlich bevollmächtigt ist.[975] Diese Annahmen verstoßen gegen die gesetzliche Konzeption des § 174 BGB, die gerade eine Nachforschung durch den Arbeitnehmer vermeiden will.[976] Ließe man eine

969 *Schmiegel/Yalçin*, ZTR 2011, 395 (401).

970 Vgl. aber LAG Schleswig-Holstein, Urt. v. 27.1.2010 – 3 Sa 285/09, juris Rn. 34.

971 LAG Schleswig-Holstein, Urt. v. 27.1.2010 – 3 Sa 285/09, juris Rn. 34.

972 Siehe dazu oben: § 6 D.

973 Siehe hierzu schon oben: § 6 D. III.

974 *Beck*, Erklärung von Kündigung und Abmahnung, S. 83 ff., insbesondere S. 84.

975 *Beck*, Erklärung von Kündigung und Abmahnung, S. 83 f.

976 Siehe oben: § 8 B. II. und § 9 C. I.

Inkenntnissetzung ausscheiden, weil der Arbeitnehmer die Vertretungsverhältnisse erst selbst erfoschen muss, um die Information zu bekommen und ließe man die Zurückweisung nur zu, wenn der Arbeitnehmer selbst geforscht hat, würde die gesetzliche Systematik und Konzeption pervertiert. Vor allem wird die Anforderung an die Inkenntnissetzung, dass diese gleichwertig zur Vorlage einer Vollmachtsurkunde sein muss, ins Gegenteil verkehrt. Es besteht nämlich gerade nicht, wie von *Beck*[977] angenommen, eine Vermutung dahingehend, dass der Kündigende tatsächlich bevollmächtigt ist. Dann würde § 174 BGB nämlich vorsehen, dass (nur) in Zweifelsfällen eine Vorlage der Vollmachtsurkunde verlangt werden könnte. § 174 S. 2 BGB zielt zudem auf eine sichere Kenntnis des Erklärungsempfängers ab.[978] Eine solche schließt die Annahme einer generellen Vermutung, dass ein Kündigender bevollmächtigt ist, per se aus.

Eine Zurückweisung ist auch nicht treuwidrig, wenn bekanntermaßen ein wichtiger Grund für eine außerordentliche Kündigung vorliegt oder weil durch die Ausübung des Zurückweisungsrechts die Kündigungserklärungsfrist des § 626 Abs. 2 BGB verstreicht.[979] Denn wer sich als Arbeitgeber der Vorteile einer Arbeitsteilung bedient, hat auch die Risiken zu tragen, die damit einhergehen. § 174 BGB soll gerade die Ungewissheit hinsichtlich der Legitimation des Handelnden ausräumen, unabhängig davon, um welches einseitige Rechtsgeschäft es sich handelt. Ein Verstreichen der Kündigungserklärungsfrist wird überdies nicht allein durch die Ausübung des Zurückweisungsrechts bedingt. Die Ausübung des Zurückweisungsrechts hat unverzüglich in einer zeitlich knapp bemessenen Frist zu erfolgen.[980] Die Kündigungserklärungsfrist verstreicht erst, wenn der Kündigungserklärungszeitraum (vom Arbeitgeber) zu weit ausgereizt wird. Hat der Arbeitgeber bzw. dessen Vertreter bei Ausreizung der Kündigungserklärungsfrist die Anforderungen an den Legitimationsnachweis i.S.d. § 174 BGB nicht erfüllt, fällt dies allein in seine Risikosphäre.

Neben der Treuwidrigkeit des Berufens auf das Zurückweisungrecht selbst kann auch die Zurückweisungserklärung treuwidrig sein. Dies ist bspw. der Fall, wenn die Zurückweisung derart versteckt in einem Schreiben enthalten ist, dass davon auszugehen ist, sie soll vom Empfänger übersehen werden.[981]

---

977 *Beck*, Erklärung von Kündigung und Abmahnung, S. 83 f.

978 Vgl. oben unter: § 8 B. I.; vgl. auch *Bickel*, Anm. zu BAG, Urt. v. 30.5.1972 – 2 AZR 298/71, SAE 1973, 118 (119).

979 *Schmiegel/Yalçin*, ZTR 2011, 395 (399).

980 Siehe dazu oben: § 7 A.

981 ArbG Heilbronn, Urt. v. 18.10.2012 – 2 Ca 71/12, juris Rn. 105 ff.

5. Teil: Zusammenfassung der Einzelergebnisse in Thesen

Arten der Kündigungsberechtigung

1. Die **Berechtigung, Arbeitsverhältnisse zu kündigen**, steht originär den Vertragsparteien zu. Das Kündigungsrecht ist höchstpersönlich. Es kann nicht übertragen werden. Der Arbeitgeber kann sich bei der Vornahme der Kündigung rechtsgeschäftlich vertreten lassen. Daneben kann die Vertretungsmacht auch gesetzliche oder organschaftliche sein.

Kündigung bei zweifelhafter Kündigungsberechtigung

2. Spricht der Vertreter die Kündigung ohne den Nachweis seiner Vertretungsmacht aus, können **Zweifel an dessen Kündigungsberechtigung** entstehen. Es stellen sich zwei Fragen: Handelt der Vertreter ohne Vertretungsmacht oder dokumentiert er seine tatsächlich bestehende Vertretungsmacht nicht hinreichend nach außen.

3. Die Wirksamkeit der Kündigung des Vertreters ohne Vertretungsmacht richtet sich allein nach § 180 BGB. Nach hier vertretener Ansicht ist die Kündigung im Regelfall gemäß § 180 S. 1 BGB unwirksam. Sie kann nur ausnahmsweise vom Arbeitgeber gemäß § 180 S. 2 BGB genehmigt werden. Dies ist jedoch nur dann der Fall, wenn der Arbeitnehmer Kenntnis vom Mangel der Vertretungsmacht hat. Ohne eine solche Kenntnis tritt die endgültige Unwirksamkeit des Rechtsgeschäfts ipso jure ein. Entgegen verbreiteter Ansicht genügt es für die Genehmigung nach § 180 S. 2 BGB nicht, dass die Kündigung nicht (rechtzeitig) beanstandet wurde oder sich der Arbeitnehmer mit dem Handeln des Vertreters einverstanden erklärte. Die enge Fassung des § 180 S. 2 BGB ist aus historischen und systematischen Erwägungen heraus geboten.

   Die Genehmigung einer außerordentlichen Kündigung muss innerhalb der Zwei-Wochen-Frist des § 626 Abs. 2 S. 1 BGB erteilt werden. Die Genehmigung einer ordentlichen Kündigung muss innerhalb der Kündigungsfrist erteilt werden. Andernfalls verkürzt die rückwirkende Kraft der Genehmigung die Kündigungsfrist zulasten des Arbeitnehmers.

4. Unter § 174 BGB fällt der Fall, dass der Vertreter seine tatsächlich bestehende Vertretungsmacht nicht hinreichend nach außen dokumentiert. Weist der Kündigungsempfänger die Kündigung zurück, ist sie unwirksam. Sie kann nicht genehmigt werden.

Zweck des § 174 BGB

5. § 174 BGB schützt das Gewissheitsinteresse des Arbeitnehmers dahingehend, ob die Kündigung im Hinblick auf die Vertretungslage wirksam ist. Bestehen Zweifel an der Berechtigung des Vertreters, kann der Arbeitnehmer die Kündigung zurückweisen und seine Ungewissheit beseitigen.

Anwendungsbereich des § 174 BGB

6. **§ 174 BGB** ist auf einseitige empfangsbedürftige Rechtsgeschäfte direkt und auf rechtsgeschäftsähnliche Handlungen entsprechend **anwendbar**. Beanstandet oder weist ein Vertreter ein einseitiges Rechtsgeschäft zurück, ist § 174 BGB auf die Beanstandung bzw. Zurückweisung anwendbar.

7. Auf von einem **Boten** überbrachte einseitige Rechtsgeschäfte ist § 174 BGB nach hier vertretener Ansicht nicht anwendbar, wenn sie eigenhändig vom Erklärenden unterzeichnet wurden. Ungewissheit an der Legitimation des Boten kann insoweit nicht entstehen.

8. Im **arbeitsrechtlichen Kontext** ist die Kündigung von Arbeitsverhältnissen der wichtigste Anwendungsfall des **§ 174 BGB**. Zum einen ist die Norm auf die Kündigung von Arbeitsverhältnissen durch einen Vertreter anwendbar. Zum anderen ist § 174 BGB auch auf Kündigungen, denen der Betriebsrat widersprochen hat anwendbar, wenn der Arbeitgeber seiner Pflicht zur Zuleitung einer Abschrift der Stellungnahme des Betriebsrats an den Arbeitnehmer nach § 102 Abs. 4 BetrVG nicht nachkommt.

9. Unbestritten ist die Anwendbarkeit des § 174 BGB auf das Zustimmungsersuchen des Vertreters des Arbeitgebers beim Betriebsrat gemäß § 103 Abs. 1 BetrVG. Nach hier vertretener Ansicht ist § 174 BGB außerdem anzuwenden, wenn der Vertreter den Betriebsrat gemäß § 102 Abs. 1 BetrVG von der Kündigung unterrichtet. Die wirksame Unterrichtung löst Rechtsfolgen (Fristlauf für den Widerspruch) aus, auf die sich der Betriebsrat einstellen können muss. Er hat daher ein schützenswertes Interesse an der Wirksamkeit des Vertreterhandelns und damit der Unterrichtung.

Bevollmächtigung als Anwendbarkeitsvoraussetzung

10. § 174 BGB setzt die **Bevollmächtigung des Vertreters** voraus. Dies folgt schon aus dem Wortlaut. Aus dem Erfordernis der Bevollmächtigtung folgt für die Anwendung des § 174 BGB Folgendes:

a) Eine Kündigung durch den **Vertreter ohne Vertretungsmacht** unterfällt allein dem Anwendungsbereich des § 180 BGB.
b) Auf die **gesetzliche Vertretung** ist § 174 BGB nicht anwendbar. Die Erteilung der Vertretungsmacht beruht nicht auf einer Willensentscheidung des Vertretenen. Sie ist damit nicht Bevollmächtigung. Ein Nachweis durch eine Vollmachtsurkunde ist mithin nicht möglich.
c) Auf die **organschaftliche Vertretung** ist § 174 BGB aus den unter b) dargestellten Gründen nicht anwendbar. Des Weiteren sprechen der Wortlaut, die systematische Stellung und der Zweck des § 174 BGB gegen die Anwendbarkeit. Der Erklärungsempfänger bedarf nicht des Schutzes der Norm. Er wird durch Eintragung der Vertretungsverhältnisse in die jeweiligen öffentlichen Register und die gesetzlich angeordnete Unbeschränkbarkeit der Vertretungsmacht nach außen hinreichend geschützt.

11. § 174 BGB ist auf die **Prokura** (§§ 48 ff. HGB) unabhängig von der Eintragung in das Handelsregister anwendbar. Dass die Prokura nach außen hin unbeschränkbar gemäß § 49 f. HGB ist, ändert hieran nichts. Sie ist Sonderfall der rechtsgeschäftlichen Vertretungsmacht. Nach hier vertretener Ansicht führt für den Fall der in das Handelsregister eingetragenen Prokura auch die Kenntnisfiktion § 15 Abs. 2 HGB zu keinem anderen Ergebnis. § 15 Abs. 2 HGB ist nicht lex specialis zu § 174 BGB. Im Falle unechter Gesamtvertretung ist § 174 BGB nicht anwendbar.

12. § 174 BGB ist nicht direkt auf die Vertretung der **Gesellschaft bürgerlichen Rechts** anwendbar. Die Gesellschaft bürgerlichen Rechts ist rechtsfähig und kann Arbeitgeberin sein. Die Vertretung der Gesellschaft bürgerlichen Rechts ist als organschaftliche Vertretung zu qualifizieren.

13. § 174 BGB ist nach hier vertretener Ansicht und entgegen der h.A. auch nicht analog auf die **Gesellschaft bürgerlichen Rechts** anwendbar. Zwar ist das von § 174 BGB geschützte Interesse (siehe 5.) bei der Vertretung der Gesellschaft bürgerlichen Rechts – anders als bei den übrigen Personengesellschaften und den Kaptalgesellschaften – betroffen (Interessenvergleichbarkeit). Es besteht in Ermangelung eines Registers ein Defizit hinsichtlich der Publizität der Gesellschaftsverhältnisse, das Existenz, Identität, Gesellschafterbestand und die Vertretungslage betrifft. Eine Regelung besteht insoweit nicht (Regelungslücke). Für eine Analogie fehlt es allerdings an der Planwidrigkeit der Regelungslücke. Der Gesetzgeber hat 2009 mit dem ERVGBG eine gesetzliche Regelung geschaffen, um u.a. die Probleme

i.R.d. organschaftlichen Vertretung der Gesellschaft bürgerlichen Rechts bei Grundstücksgeschäften zu lösen, sodass von einem Bewusstsein des Gesetzgebers hinsichtlich der aus der Publizitätslosigkeit resultierenden Schwierigkeiten auszugehen ist.

14. § 174 BGB ist analog auf **zur Alleinvertretung ermächtigte Gesamtvertreter** anzuwenden. Bei Gesellschaften mit im Register publizierter Vertretungslage ist es möglich, dass (nur) gesamtvertretungsberechtigte Vertreter einer Gesellschaft einen oder mehrere von ihnen zur Alleinvertretung ermächtigen. Dies führt zu einer (gesetzlich zulässigen) Abweichung von der im Register publizierten Vertretungs- und Rechtslage, da die Alleinvertretungsmacht selbst nicht in das Register eingetragen wird.

15. Im Falle von vom Vollmachtgeber des (Haupt-)Vertreters gestatteter **Unterbevollmächtigung** ist § 174 BGB anwendbar, wenn der Unterbevollmächtigte ein einseitiges Rechtsgeschäft vornimmt.

Vorlage der Vollmachtsurkunde

16. § 174 S. 1 BGB fordert die Vorlage einer den Vertreter legitimierenden **Vollmachtsurkunde**.

Vollmachtsurkunde

17. An die Vollmachtsurkunde i.S.d. § 174 S. 1 BGB sind die gleichen Anforderungen zu stellen wie an diejenige nach § 172 BGB. Es handelt sich dabei um die schriftlich verkörperte Erklärung des Vollmachtgebers über die Bevollmächtigung, die diesen als Aussteller erkennen lässt und zur Beweiserbringung geeignet und bestimmt ist. **Inhaltlich** muss die Vollmachtsurkunde sowohl Auskunft über die **Person des Vertreters** als auch über deren **Rechtsmacht** geben. Das Gesetz schreibt für die Vollmachtsurkunde nicht ausdrücklich die Einhaltung einer bestimmten **Form** vor. Es ist bei der Vollmachtsurkunde nichtsdestotrotz aus systematischen und teleologischen Gesichtspunkten von einer Schriftformbedürftigkeit i.S.d. § 126 BGB auszugehen. Vor allem wegen der Rechtsscheinwirkungen gemäß § 172 Abs. 2 BGB ist eine hinreichende Warnung des Ausstellers und der Schutz vor Übereilung bei der Ausstellung geboten. Dies wird durch die Textform i.S.d. § 126b Alt. 1 BGB nicht gewährleistet. Der vertretene Arbeitgeber muss die Vollmachtsurkunde daher eigenhändig unterzeichnen.

18. Elektronische Vollmachtsnachweise können derzeit noch nicht anstelle einer Vollmachtsurkunde i.S.d. § 174 S. 1 BGB eingesetzt werden.
    a) Elektronische Dokumente sind keine Urkunden im herkömmlichen Sinne.
    b) Die schriftförmige Vollmachtsurkunde kann derzeit (noch) nicht durch ein elektronisches Dokument ersetzt werden. Zwar kann die **Schriftform** i.S.d. § 126 BGB gemäß § 126 Abs. 3 BGB durch die elektronische Form i.S.d. § 126a BGB ersetzt werden, wenn sich nicht aus dem Gesetz ein anderes ergibt. Die eigenhändige Unterschrift wird dabei durch eine qualifizierte elektronische Signatur nach § 2 Nr. 3 SigG als Funktionsäquivalent ersetzt. Durch die qualifizierte elektronische Signatur wird der erforderliche Warnzweck der Schriftform jedoch (noch) nicht erreicht.
    c) Wird künftig von der Erfüllung der Warnfunktion durch Signaturen ausgegangen, muss die Verwendung der elektronischen Form in jedem konkreten Einzelfall mit ausdrücklichem oder konkludentem **Einverständnis** der Beteiligten erfolgen. Der Arbeitgeber kann den Arbeitnehmer daher nicht im Wege des Direktionsrechts verpflichten, im Falle der Kündigung einen elektronischen Vollmachtsnachweis entgegennehmen zu müssen.
    d) Die Erstellung eines elektronischen Vollmachtsnachweises mittels Nutzung eines **Unterschriftenpads** genügt nicht den Anforderungen an die Form der Vollmachtsurkunde nach den §§ 126 Abs. 3, 126a BGB. Durch Nutzung eines Unterschriftenpads können sämtliche Formzwecke der Schriftform erfüllt werden. Jedoch wird weder die Schriftform i.S.d. § 126 BGB (mangels entsprechender Urkundseigenschaft) noch die elektronische Form i.S.d. § 126a BGB (mangels qualifizierter elektronischer Signatur) gewahrt. In Ermangelung einer planwidrigen Regelungslücke scheidet eine Analogie in Form einer teleologischen Extension zu §§ 126, 126a BGB aus.

19. Zur Erleichterung der Kündigungspraxis ist es möglich, **Blankovollmachtsurkunden** und **Inhaberurkunden** einzusetzen.
    a) Sowohl eine durch den Vertreter ausgefüllte Blankovollmachtsurkunde als auch eine Inhabervollmachtsurkunde können den Anforderungen des § 174 S. 1 BGB genügen. Voraussetzung dafür ist, dass diese Urkunden als Vollmachtsurkunden i.S.d. § 174 S. 1 BGB qualifiziert werden können. Dazu müssen sie dem Vertreter **willentlich ausgehändigt** werden.

b) Bei **Blankovollmachtsurkunden** ist zu beachten, dass die dem Vertreter gewährte **Ausfüllungsermächtigung** der Schriftform bedarf. Grundsätzlich ist die Ausfüllungsermächtigung formfrei (§§ 164 ff. BGB analog). Sie bedarf für die Ausfüllung einer Blankovollmachtsurkunde ausnahmsweise der Schriftform. Andernfalls kann der Warnzweck, der auch schon zur Schriftformbedürftigkeit der Vollmachtsurkunde selbst geführt hat, nicht erreicht werden.

c) Bei **Blankovollmachtsurkunden** ist zu differenzieren, ob diese **verdeckt oder offen ausgefüllt** wurden. Im Falle offener Ausfüllung kann eine Vollmachtsurkunde i.S.d. § 174 S. 1 BGB nur entstehen, wenn sowohl die Blankovollmachtsurkunde als auch die Ausfüllungsermächtigung eigenhändig vom Arbeitgeber unterzeichnet wurden. Im Falle verdeckter Ausfüllung kommt es für die Entstehung der Vollmachtsurkunde nur auf die eigenhändige Unterzeichnung der Blankovollmachtsurkunde an. In dieser Konstellation ist die Formwirksamkeit der Ausfüllungsermächtigung irrelevant.

Vorlage

20. Unter der **„Vorlage" der Vollmachtsurkunde** versteht man die Handlung des Vertreters, durch die der Erklärungsempfänger den Urkundeninhalt durch eigene Wahrnehmung unmittelbar zur Kenntnis nehmen kann. Dem Arbeitnehmer muss eine angemessene Zeit zur Einsicht der Vollmachtsurkunde gewährt werden. Es muss ihm ermöglicht werden, den Inhalt der Urkunde gedanklich nachvollziehen zu können. Ein tatsächliches Einsehen und eine tatsächliche Kenntnisnahme durch den Arbeitnehmer sind nicht erforderlich. Es ist die privatautonome Entscheidung des Arbeitnehmers, ob er die Urkunde einsieht.

21. Die **Vollmachtsurkunde** ist im **Original** oder als eine die Urschrift der Urkunde ersetzende Ausfertigung (vgl. § 47 BeurkG) vorzulegen. Vervielfältigungen wie Kopie, Fax oder beglaubigte Abschrift sind nicht ausreichend. Sie belegen nur, dass eine Vollmacht (irgendwann) einmal erteilt war, nicht jedoch, ob diese aktuell noch besteht. Bloße Hinweise des Vertreters auf seine Vollmacht und dass die Vollmachtsurkunde (irgendwo) einsehbar sei, genügen nicht.

22. Füllt der Vertreter die **Blankovollmachtsurkunde** vor den Augen des Arbeitnehmers (offene Blankettlage) aus, hat er die schriftförmige **Ausfüllungsermächtigung** (siehe 19.) analog § 174 S. 1 BGB vorzulegen. Andernfalls

können auf Seiten des Arbeitnehmers Zweifel an der Legitimation verbleiben. Es besteht daher eine mit dem Ausgangsfall des § 174 S. 1 BGB vergleichbare Interessenlage.

23. Die **Vorlage der Vollmachtsurkunde** i.S.d. § 174 S. 1 BGB muss im **Zeitpunkt** der Vornahme der Kündigung erfolgen. Eine nachgereichte Vollmachtsurkunde zwischen Vornahmezeitpunkt und Zurückweisung reicht nicht aus. Dies folgt aus dem Wortlaut, historischen Aspekten sowie dem Schutzzweck der Norm. Eine Vorlage der Vollmachtsurkunde unmittelbar vor der Vornahme der Kündigung ist ausreichend, wenn der Zeitraum zwischen der Vorlage und der sich daran anschließenden Vornahme des Rechtsgeschäfts nicht unverhältnismäßig groß ist. Eine wenige Stunden vor der Vornahme erfolgte Vorlage der Vollmachtsurkunde ist in jedem Fall noch ausreichend und gewissheitsbringend.

24. Ein formgerechter **elektronischer Vollmachtsnachweis** kann in Ermangelung einer praktikablen Vorlagemöglichkeit nicht geführt werden. Die Übersendung qualifiziert signierter elektronischer Dokumente kann den erforderlichen Zeitpunkt der Vorlage nicht wahren. Das Vorzeigen solcher Dokumente samt Überprüfung der Signatur auf einem Anzeigegerät gewährleistet die Aktualität der Information über die Vollmacht nicht. Qualifiziert signierte elektronische Dokumente mit Attribut über die Vertretungsmacht können zwar eine aktuelle Information bieten, lassen sich aber nicht den Erfordernissen der Vorlagesituation entsprechend einsetzen.

25. Der Nachweis der **Prokura** muss durch die Vorlage einer Vollmachtsurkunde erfolgen. Andere Nachweise wie eine beglaubigte Abschrift oder ein amtlicher Handelsregisterausdruck genügen nicht. Auch dass der Prokurist vor den Augen des Arbeitnehmers in Echtzeit eine elektronische Abfrage des Handelsregisters vornimmt und das Abfrageergebnis ausdruckt und dem Arbeitnehmer vorlegt, reicht nicht aus. Eine der Vollmachtsurkunde vergleichbare Wirkung wird in diesen Fällen weder über § 15 HGB noch über § 172 Abs. 2 BGB direkt/analog erreicht.

26. Selbst wenn man – anders als hier (siehe 12./13.) – die Anwendbarkeit des § 174 BGB auf die Vertretung bei der **Gesellschaft bürgerlichen Rechts** bejaht, wird die Gewissheit über die Kündigungsberechtigung nicht erreicht. Konsequenterweise führt eine Anwendung des § 174 BGB dazu, dass eine Kündigung, die von Vertretern einer Gesellschaft bürgerlichen Rechts ausgesprochen wird, immer zurückgewiesen werden kann:

a) Weder die Vorlage des **Gesellschaftsvertrags** (trotz analoger Anwendung des § 172 Abs. 2 BGB) noch etwaiger **Bestätigungs-/Ermächtigungserklärungen** der Gesellschafter können Gewissheit auf Seiten des Arbeitnehmers erzeugen. Es verbleiben immer Restzweifel hinsichtlich Vertretungsberechtigung, Bestand sowie Identifizierbarkeit der Gesellschaft.
b) Eine im höchsten Maß gewissheitsstiftende Möglichkeit des Nachweises der Vertretungsmacht des Vertreters liegt in einer lückenlosen **Legitimations- und Nachweiskette** vom (dann aber gezwungenermaßen schriftförmigen) Ur-Gesellschaftsvertrag hin zur letzten gesellschaftsvertraglichen Änderung. Der mit der Dokumentation verbundene Aufwand ist nicht zu rechtfertigen.
c) Allein der **Gesetzgeber** kann diesen Missstand beseitigen, Er ist daher aufgefordert, weitere Regelungen zum Abbau der Ungewissheit im Rechtsverkehr mit der Gesellschaft bürgerlichen Rechts zu schaffen.

27. Alleinvertretungsberechtigten Gesamtvertretern bei im Register publizierten Vertretungsverhältnissen dient die Ermächtigungsurkunde als Nachweis für ihre Kündigungsberechtigung. In dieser bestätigen die übrigen Gesellschafter oder organschaftlichen Vertreter die erforderliche Vertretungsmacht des Vertreters. Aus dem jeweiligen Register ergeben sich deren Identität sowie die Aktualität der Gesellschafter- und Vertreterlage.

28. Ein zulässig bevollmächtigter **Untervertreter** (siehe 15.) muss neben der Untervollmachtsurkunde auch die Hauptvollmachtsurkunde, die die Bevollmächtigung des Hauptvertreters durch den Arbeitgeber dokumentiert, vorlegen.

Geltendmachung des Zurückweisungsrechts

29. Die Zurückweisung i.S.d. § 174 S. 1 BGB muss **unverzüglich**, d.h. ohne schuldhaftes Zögern, erklärt werden. Dem zurückweisenden Arbeitnehmer kann grundsätzlich nur eine Frist von wenigen Tagen gewährt werden. Die Zurückweisung in einer Klageschrift ist daher regelmäßig nicht unverzüglich. Eine längere Frist als eine Woche kommt nur in Ausnahmefällen in Betracht. Der Arbeitnehmer hat dann das Vorliegen besonderer Umstände zu beweisen. Für die Wahrung der Frist ist der Zeitpunkt des Zugangs der Zurückweisungserklärung maßgeblich.

30. Die Zurückweisung muss **aus dem Grund** der mangelnden oder mangelhaften Vorlage der Vollmachtsurkunde erfolgen. Die Zurückweisungserklärung kann zusammen mit anderen Erklärungen abgegeben werden. Sie kann sich auch per Auslegung aus den Umständen ergeben. In einer Beanstandungserklärung i.S.v. § 180 BGB ist i.d.R. eine Zurückweisungserklärung enthalten. In der Zurückweisung selbst ist keine Beanstandungserklärung wegen Fehlens der Vertretungsmacht enthalten. Dies ist auch nicht erforderlich. Handelt der Vertreter ohne Vertretungsmacht, ist das Rechtsgeschäft unwirksam nach § 180 S. 1 BGB. Hat der Erklärungsempfänger ausnahmsweise Kenntnis vom Mangel der Vertretungsmacht, entfaltet die Zurückweisung keine Wirkung. Der Erklärungsempfänger ist schon wegen seiner Kenntnis vom (richtigen) Mangel nicht schutzwürdig.

Grundsätze der Inkenntnissetzung

31. Die Inkenntnissetzung muss **der Vorlage der Vollmachtsurkunde vergleichbar** über die Vertretungslage informieren bzw. ein gleichwertiger Ersatz für diese sein. Das ergibt sich aus der Systematik der Norm. Für die Inkenntnissetzung i.S.d. § 174 S. 2 BGB ist keine besondere **Form** vorgeschrieben. Sie kann ausdrücklich und konkludent erfolgen. Eine besondere Mitteilung i.S.d. § 171 Abs. 1 Alt. 1 BGB ist nicht erforderlich. Die Grundsätze der besonderen Mitteilung gelten aber auch für die in Kenntnis setzende Mitteilung. Daher muss die Inkenntnissetzung gezielt erfolgen. Der Arbeitnehmer muss die Möglichkeit zur Kenntnisnahme der Mitteilung über die Bevollmächtigung haben (siehe 17.).

32. Die Inkenntnissetzung muss vor Vornahme der Kündigung erfolgen. Dass der Arbeitgeber die Information zum **Zeitpunkt** der Vornahme aktualisiert ist nicht erforderlich. Bis zum Widerruf der Bevollmächtigungsinformation gilt die mitgeteilte Lage (vgl. § 171 Abs. 2 BGB). Die erstmalige Inkenntnissetzung bei Vornahme der Kündigung oder unmittelbar davor ist nicht möglich.

33. Der Arbeitgeber trägt die **Informationslast** bei der Inkenntnissetzung. Die Mitteilung zur Inkenntnissetzung muss unmittelbar, direkt und zielgerichtet auf die Inkenntnissetzung des Arbeitnehmers ausgerichtet sein. Die öffentliche Bekanntmachung der Bevollmächtigung genügt ebenso wenig wie die rein zufällige Kenntniserlangung durch den Arbeitnehmer. Die Informationslast des Arbeitgebers ist nicht uferlos. Sie endet dort, wo der Arbeitgeber

alles ihm Mögliche und im Einzelfall Nötige getan hat, um dem Erklärungsempfänger die Kenntnisnahme zu ermöglichen.

34. Der Arbeitgeber kann sich bei der Inkenntnissetzung eines **Erklärungsboten** oder eines **Vertreters** bedienen. In beiden Fällen sind die Grundsätze des § 174 BGB (analog) wiederum anzuwenden (siehe zu den Besonderheiten beim Boten aber 7.).

35. Unabhängig von der Inkenntnissetzungsart muss die Mitteilung in jedem Fall über die **Vertretungsmacht** sowie den **Vertreter** informieren.

Möglichkeiten der Inkenntnissetzung

Möglichkeiten durch den Arbeitgeber

36. Die Inkenntnissetzung kann durch **Mitteilung der Bevollmächtigung zur Kündigung im Arbeitsvertrag** erfolgen. Inkenntnissetzungsklauseln in Formulararbeitsverträgen unterfallen nicht der AGB-Kontrolle nach den §§ 305 ff. BGB. Es handelt sich um eine einseitige Mitteilung des Arbeitgebers und nicht um Vertragsbedingungen.
Zwei Fallgestaltungen sind zu unterscheiden:
    a) Der **Kündigungsbevollmächtigte** wird **namentlich** im Arbeitsvertrag benannt. Hinsichtlich der Inkenntnissetzung bestehen keine Bedenken.
    b) Der Arbeitgeber widmet im Arbeitsvertrag **lediglich eine Stellung** zu einer zur Kündigung berechtigenden. Die konkrete Person lässt er offen: Der Arbeitgeber muss den Arbeitnehmer über die konkrete Person des Stelleninhabers gesondert informieren. Andernfalls liegt keine das Zurückweisungsrecht ausschließende Inkenntnissetzung vor.

37. Die Inkenntnissetzung kann auch darin liegen, dass der Arbeitgeber einen Mitarbeiter in eine **„üblicherweise zur Kündigung berechtigende Stellung"** beruft.
    a) Nach der h.A. muss sich der Arbeitnehmer die Kenntnis der Bevollmächtigung zurechnen lassen, wenn eine solche Berufung erfolgt ist und ihm der Stelleninhaber bekannt ist. Es soll nicht darauf ankommen, dass der Arbeitnehmer von der Kündigungsbevollmächtigung oder der Charakteristik der Stellung weiß. Nach hier vertretener Ansicht genügt die reine Kenntniszurechnung für eine Inkenntnissetzung nicht. Das ergibt sich aus der Auslegung des § 174 BGB, wonach die Kenntnis ermöglicht und nicht fingiert werden soll. Dieser Ansicht ist daher nicht zu folgen.

b) Im Zusammenhang mit der h.A. wird nach *Ulrici* Folgendes vertreten: Gewissheit über die Vertretungslage und damit die Wirksamkeit der Kündigung könne auch über das Institut der Anscheinsvollmacht und den daraus resultierenden Zurechnungsfolgen erreicht werden. Diesem Ansatz ist jedoch nicht zu folgen: Ein Erfahrungssatz dahingehend, dass dort, wo der der Anschein der Vertretungsmacht besteht, Ungewissheit auf Seiten des Arbeitnehmers nicht bestehen kann, existiert nicht.

c) Nach hier vertretener Ansicht ist die Inkenntnissetzung durch Berufung in eine „üblicherweise zur Kündigung berechtigende Stellung" ausnahmsweise im Einzelfall aus systematischen und teleologischen Gesichtspunkten zuzulassen. Andernfalls würden die Anforderungen des § 174 BGB eine vom Gesetzgeber nicht beabsichtigte Beschwer für den Rechtsverkehr etablieren. Der Arbeitnehmer ist auch hinreichend geschützt. Denn der Arbeitgeber ist dafür beweispflichtig, dass sich der zu bewertende Fall als ein Fall der „üblicherweise zur Kündigung berechtigenden Stellung" darstellt (siehe 38.).

38. Bislang besteht keine Klarheit darüber, wann es sich um eine **„üblicherweise zur Kündigung berechtigende Stellung"** handelt. In Fortentwicklung der Kriterien der Rechtsprechung müssen zumindest folgende Kriterien kumulativ gegeben sein:

a) Die Stellung muss mit Personalangelegenheiten und dabei speziell mit Kündigungen befasst sein.

b) Für die Stellung muss eine Leitungsfunktion charakteristisch sein.

c) Es dürfen im Einzelfall keine Zweifel an einer Kündigungsberechtigung bestehen. Das Bestehen einer Branchenüblichkeit ist zu berücksichtigen und Indiz für das Vorliegen einer üblicherweise zur Kündigung berechtigenden Stellung. Diese Branchenüblichkeit muss sich in der betrieblichen Wirklichkeit widerspiegeln.

39. Für die Inkenntnissetzung mittels einer üblicherweise zur Kündigung berechtigenden Stellung gilt: Der Arbeitnehmer muss von der **Stellung** und der **Person des Stelleninhabers** in Kenntnis gesetzt sein (siehe bereits 35/36.). Kennt der Arbeitnehmer den Stelleninhaber und dessen Stellung, kommt es für die Inkenntnissetzung allein auf die Charakteristik dieser Stellung als kündigungsberechtigende an.

40. Die Berufung eines Mitarbeiters in die Stellung des **Personalleiters** ist nicht automatisch als eine Inkenntnissetzung nach § 174 S. 2 BGB anzusehen. Es

kommt im Einzelfall darauf an, dass der zur Kündigung bevollmächtigte Personalleiter auch tatsächlich derjenige ist, der im jeweiligen Betrieb/Unternehmen Arbeitsverhältnisse dieser Art kündigt.

41. Die Stellung des **Prokuristen** ist – im Falle von Einzelprokura – eine immer bzw. jederzeit zur Kündigung berechtigende, da sich die Kündigungsberechtigung aus dem Gesetz ergibt (vgl. § 49 Abs. 1 HGB).

42. Der **Generalbevollmächtigte** hat der Charakteristik nach eine abstrakt üblicherweise zur Kündigung berechtigende Stellung inne. Diese Üblichkeit muss sich aber zusätzlich auch im konkreten Einzelfall realisieren, da die Rechtsmacht des Generalbevollmächtigten im Gegensatz zum Prokuristen nicht gesetzlich festgelegt ist. Bestehen Zweifel, gehen diese zulasten des Arbeitgebers.

43. Beruft der Arbeitgeber einen Mitarbeiter in die Stellung des **Handlungsbevollmächtigten**, ist damit allein keine Inkenntnissetzung erreicht. Dem Handlungsbevollmächtigten kann auch nur ein schmaler Grad an Kompetenz eingeräumt werden. Es ist nicht in jedem Fall gesagt, dass er auch kündigungsberechtigt ist. Etwas anderes kann sich dann ergeben, wenn der Arbeitgeber nachweisen kann, dass es sich um eine konkret üblicherweise zur Kündigung berechtigende Stellung handelt, d.h. es in seinem Betrieb/Unternehmen üblich ist, dass der Handlungsbevollmächtigte zur Kündigung berechtigt ist.

44. Ist ein Mitarbeiter in die Stellung des **Niederlassungsleiters** berufen, ist die Belegschaft dadurch nicht automatisch von der Kündigungsberechtigung des aktuellen Stelleninhabers in Kenntnis gesetzt. Die Stellung des Niederlassungsleiters muss aufgrund der Typizität der Branche, des Unternehmens oder des Betriebs überhaupt üblicherweise zur Kündigung berechtigen (können).

Möglichkeiten durch Vertreter

45. Für den Fall, dass der Arbeitnehmer von der Berufung eines Mitarbeiters in eine **„üblicherweise zur Kündigung berechtigende Stellung" oder eine gewidmete Stellung** informiert wurde, der **Kündigende** aber **selbst** über seine **Stelleninhaberschaft** informieren soll/will, sind die Grundsätze zur Inkenntnissetzung zu beachten (siehe 31.-35.). Die Inkenntnissetzung über die Stelleninhaberschaft in der Kündigungserklärung ist daher in jedem Fall zu spät.

46. Lässt sich der Arbeitgeber bei der Inkenntnissetzung vertreten (siehe 34.), kann er von der Bevollmächtigung zur Inkenntnissetzung auch **konkludent** informieren. Es genügt, wenn er einen Mitarbeiter **in eine Stellung beruft** mit der diese Rechtsmacht üblicherweise einhergeht. Eine solche Stellung muss mit der Informierung der Arbeitnehmer hinsichtlich struktureller betrieblicher Fragen und dabei speziell mit der Information über Bevollmächtigungsfragen befasst sein. Überdies muss sie eine Nähe zum Arbeitgeber aufweisen, d.h. für die Weitergabe von Informationen des Arbeitgebers „federführend" sein. Zudem dürfen keine Zweifel an der Inkenntnissetzungsbevollmächtigung bestehen, wobei es entscheidend auf den Einzelfall ankommt. Der Arbeitnehmer muss Kenntnis von der Stellung und der Person des Stelleninhabers haben.

Inkenntnissetzung über Wahrnehmungswege

47. Der Arbeitgeber kann seine Belegschaft auch dadurch in Kenntnis setzen, dass er „**Wahrnehmungswege**" bereitstellt und auf diese verweist. Über diese kann die Belegschaft über die Vertretungsverhältnisse informiert werden. Die Anforderungen an die Inkenntnissetzung über Wahrnehmungswege folgen den allgemeinen Grundsätzen zur Inkenntnissetzung (siehe 31.-35.). Besondere Bedeutung kommt der Informationslastverteilung zu. Danach darf der Arbeitnehmer für eine wirksame Inkenntnissetzung nicht erst nach der Information suchen müssen.

48. Hieraus ergeben sich im Einzelnen folgende Voraussetzungen:
    a) Der **Verweis auf den Wahrnehmungsweg** muss die Information darüber enthalten, dass das Beschreiten dieses bereitgestellten Wegs zur Information über die Bevollmächtigungslage führt. Er muss den Weg im Einzelfall bestimmt, zweifelsfrei und konkret benennen. Zeitlich gesehen muss der Verweis des Arbeitgebers im Vorfeld des Kündigungszugangs erfolgen. Die Wahrnehmung der am Ende eines Wahrnehmungswegs bereitgestellten Information muss dem Arbeitnehmer auch zeitlich gesehen zumutbar sein. Der Arbeitnehmer kann daher nicht darauf verwiesen werden, sich stets und ständig oder aber pauschal „regelmäßig" über die aktuellen Vertretungsverhältnisse (selbst) zu informieren. Bei Änderungen der Information ohne gesonderten Hinweis auf diese Aktualisierung ist dem die Wahrnehmung obliegenden Arbeitnehmer eine „Wahrnehmungskarenz" einzuräumen.
    b) Der/die Arbeitnehmer müssen den jeweiligen **Wahrnehmungsweg** jederzeit, d.h. zu den Betriebszeiten beschreiten können. Das Beschreiten muss ihm/ihnen zumutbar sein. Die Information muss schon vor der

Kündigung auf dem Weg bereitgestellt worden sein. Der Aufwand zur Informationserlangung darf den Arbeitnehmer nicht vom Beschreiten des Wegs abhalten. Eine unzumutbare Erschwerung kann zudem darin liegen, dass die Information über die Kündigungsbevollmächtigung nur eine von vielen ist und zwischen diesen untergeht.

Einzelne Wahrnehmungswege

49. Verweist der Arbeitgeber den Arbeitnehmer darauf, sich über die Vertretungsverhältnisse im Betrieb/Unternehmen am **„Schwarzen Brett“** zu informieren, ist dies im Grunde ausreichend für eine Inkenntnissetzung. Allerdings ist zu beachten, dass die Inkenntnissetzung nicht infolge von Unübersichtlichkeit oder Informationsflut/Informationsverlust vereitelt wird. Soll dieses Risiko vermieden werden, kann der Arbeitgeber seine Arbeitnehmer auf von ihm dominierte **Aushangflächen** verweisen. Der Standort der Aushangfläche muss in jedem Fall klar und unverwechselbar im Verweis zum Ausdruck kommen. Der Aufwand für das Erreichen der bereitgestellten Aushangfläche muss dem jeweiligen Arbeitnehmer auch zumutbar sein, bspw. im Hinblick auf räumliche Distanzen und Barrierefreiheit.

50. Verweist der Arbeitgeber den/die Arbeitnehmer darauf, sich im **Internet bzw. Intranet** über die Vertretungsverhältnisse zu informieren, ist Folgendes zu beachten: Aufgrund der Informationslastverteilung und der Grenze zur Selbstforschung ist ein statischer Link bzw. eine statische Adresse mitzuteilen. Link- bzw. Adressänderungen des konkreten Wahrnehmungspfads sowie eine technisch bedingte Unerreichbarkeit der Information liegen in der Risikosphäre des Arbeitgebers.

51. Der Arbeitnehmer kann vom Arbeitgeber nicht wirksam darauf verwiesen werden, sich über die Vertretungsverhältnisse hinsichtlich der Kündigung seines Arbeitsverhältnisses bei einem **(leicht erreichbaren) Vorgesetzten** zu informieren. Der Informationsgehalt wird durch mangelnde Quellenneutralität gefährdet. Für den Arbeitnehmer kann überdies eine Hemmschwelle bestehen, sich an den Vorgesetzten zu wenden.

52. Stellt der Arbeitgeber in einem Betrieb/Unternehmen verschiedene Wahrnehmungswege bereit und verweist er die Arbeitnehmer darauf, sich mit Hilfe dieser alternativ über die Vertretungslage bzw. Kündigungsbevollmächtigung zu informieren, kann eine **Konkurrenz zwischen mehreren Wahrnehmungswegen** entstehen. Keine Inkenntnissetzung ist erfolgt, wenn das Beschreiten der Wahrnehmungswege

widersprüchliche Informationen hervorbrachte. Widersprüche vermitteln keine Gewissheit i.S.d. § 174 S. 2 BGB. Dies gilt unabhängig davon, ob der Arbeitnehmer diesen Widerspruch kannte oder ob er nur eine Information wahrgenommen hat.

Möglichkeiten der Inkenntnissetzung im Zusammenhang mit der Prokura

53. Die **Anmeldung zur Eintragung des Prokuristen** in das Handelsregister gemäß § 12 HGB hat keine in Kenntnis setzende Wirkung. Es mangelt an einer Information zumindest auch in Richtung des Arbeitnehmers.

54. Nach hier vertretener Ansicht ist der Arbeitnehmer auch nicht dadurch in Kenntnis gesetzt, dass die Prokura **in das Handelsregister eingetragen und** dort **bekannt gemacht** worden ist. Dies hat folgende Gründe:

    § 15 Abs. 2 HGB fingiert die Kenntnis des Erklärungsempfängers. Dadurch wird die von § 174 BGB bezweckte Gewissheit nicht erreicht. Überdies findet § 15 Abs. 2 HGB gegenüber Arbeitnehmern im Kontext ihres Arbeitsverhältnisses keine Anwendung. Arbeitnehmer sind nicht Dritte i.S.d. Norm. Zudem fehlt der für eine Inkenntnissetzung erforderliche unmittelbare Akt des Arbeitgebers, der die Bevollmächtigung (zumindest auch) in Richtung des Arbeitnehmers kund gibt. Außerdem würde die gesetzlich angeordnete Informationslastverteilung des § 174 BGB bei Zulassung der Inkenntnissetzung durch die Handelsregistereintragung und die diesbezügliche Bekanntmachung unterwandert.

55. Die **Vorlage des Handelsregisterausdrucks** hat keine in Kenntnis setzende Wirkung. Der Arbeitnehmer ist nicht unmittelbar durch den Arbeitgeber in Kenntnis gesetzt. Der Handelsregisterausdruck ist nicht direkt und zielgerichtet durch den Arbeitgeber in Richtung des Arbeitnehmers kundgetan. Die Inkenntnissetzung durch Vorlage des Handelsregisterausdrucks müsste zeitlich der Kündigung vorausgehen, um den Anforderungen des Gesetzes zu genügen. Ein im Vorfeld des Rechtsgeschäfts vorgelegter Handelsregisterausdruck kann jedoch keine Gewissheit über die Vertretungslage bringen, da er nur den Status zum Ausdruckzeitpunkt abbildet. Eine vertrauensschützende (Rechtsschein-)Wirkung i.S.v. §§ 171 Abs. 2, 172 Abs. 2 BGB, 15 HGB und damit gewissheitsstiftende Wirkung kommt dem Handelsregisterausdruck nicht zu.

56. Keine Inkenntnissetzung erfolgt durch den **Verweis des Arbeitgebers auf die Einsichtnahme in das Handelsregister**. Die Einsichtnahme des Handelsregisters ist dem Arbeitnehmer auch nach Verweis durch den

Arbeitgeber unzumutbar. Die örtliche Einsicht beim Registergericht ist mit den Unwägbarkeiten der Zuständigkeit und etwaiger räumlicher Distanzen verbunden. Die Einsicht per Internet unter www.handelsregister.de setzt sowohl das technische Verständnis als auch die technische Ausstattung des Arbeitnehmers voraus. Überdies erfordern derartige Abrufe zunächst eine Registrierung und sind kostenpflichtig. Weiter bedarf es bereits der Kenntnis des Arbeitnehmers, dass es die genannten Einsichtnahmemöglichkeiten tatsächlich gibt. Hinzu kommt, dass das Handelsregister grundsätzlich kein Publikationsinstrument zwischen Privaten i.S.v. Verbrauchern ist. Auch eine am Funktionsgrad des Arbeitnehmers orientierte Betrachtung führt nicht zur Zumutbarkeit der Einsichtnahme.

57. Durch **Mitteilung über die Berufung eines Prokuristen** ist eine wirksame Inkenntnissetzung möglich. Da der Prokurist ein jederzeit Kündigungsberechtigter ist (siehe 41.), genügt für die Inkenntnissetzung, dass der Arbeitgeber den Stelleninhaber (Person) über die betriebsüblichen Wege mitteilt. Wegen der Grundsätze der Informationslastverteilung (siehe 33.) sowie des für die Inkenntnissetzung erforderlichen Zeitpunkts (siehe 32.) genügt es nicht, wenn der Prokurist die Kündigung mit ppa. unterzeichnet.

Möglichkeiten der Inkenntnissetzung: Sonderfälle

58. Die Inkenntnissetzung kann nicht durch **vom Vertreter vorgelegte formell unzureichende „Vollmachtsurkunden"** erfolgen. Die Information muss bei der Inkenntnissetzung aus dem Lager des Arbeitgebers stammen (siehe 31.-35.). Überdies liefe die Norm des § 174 S. 1 BGB leer, wenn unzureichende Vollmachtsurkunden über den Umweg der Inkenntnissetzung das Zurückweisungsrecht ausschalten könnten.

59. Die **mittelbare Inkenntnissetzung durch Attribut-Zertifikate** genügt den Anforderungen des § 174 S. 2 BGB. Indem der Arbeitgeber das Attribut-Zertifikat für den Vertreter einrichten lässt, soll gerade zielgerichtet eine Kenntnis über dessen Kündigungsbevollmächtigung vermittelt werden. Vorausgesetzt ist jedoch, dass der Vertreter die Signatur mit Attribut-Zertifikat gegenüber dem Arbeitnehmer im Vorfeld der Kündigung verwendet hat und das für den elektronischen Rechtsverkehr erforderliche Einverständins des Arbeitnehmers vorliegt.

60. Die Inkenntnissetzung kann durch **Mitteilung auf der Mitarbeiterversammlung und im Rahmen ähnlicher betrieblicher Foren** erfolgen. Der Arbeitgeber kann sich dabei unter Beachtung des § 174 BGB vertreten lassen (siehe 34. und 46.). Arbeitnehmer, die krankheits-, freizeit-/urlaubs- oder

arbeitsbedingt nicht an der Versammlung teilnehmen, sind jedoch nicht wirksam über die Kündigungsbevollmächtigung in Kenntnis gesetzt. Dies folgt aus den Grundsätzen der Inkenntissetzung (siehe 31.-35.). Ausnahmsweise kann schon die Einladung zu einer Betriebsversammlung eine Inkenntnissetzung darstellen. Dazu muss die Einladung den Tagesordnungspunkt der Bevollmächtigungsinformation klar benennen und der Abwesende die Teilnahmemöglichkeit haben.

61. Die **konzernweite Inkenntnissetzung** ist nur unter den Voraussetzungen der Vertretung bei der Inkenntnissetzung möglich. Für eine Inkenntnissetzung genügt nicht, dass der Konzernarbeitgeber einen Arbeitnehmer eines der Konzernunternehmen von der Kündigungsbevollmächtigung einer seiner Mitarbeiter in Kenntnis setzt. Es bedarf eines Handelns des Vollmachtgebers – dem Arbeitgeber des zu kündigenden Arbeitnehmers –.

Konkurrenzen

62. Stehen **verschiedene in Kenntnis setzende Informationen in Konkurrenz** hat eine Auflösung zugunsten der Gewissheit über die Vertretungslage zu erfolgen. Dies entspricht der gesetzlichen Konzeption, die die Gewissheit des Erklärungsempfängers schützt (siehe 5.). Für die Auflösung der Konkurrenzen gelten der Grundsatz der Spezialität und der Aktualität.

63. Nach dem **Grundsatz der Spezialität** gilt die Information, der der Arbeitgeber den in Kenntnis setzenden Charakter ausdrücklich oder konkludent zugewiesen hat. Die Mitteilung des Arbeitgebers geht jeder abgestuften Form der Inkenntnissetzung vor.

64. Bei charakteristisch gleichrangigen Informationen gilt der **Grundsatz der Aktualität**. Eine neue Information löst die alte ab. Ein solcher Widerruf der alten Information muss den allgemeinen Regeln (§ 171 Abs. 2 BGB) folgend so kund getan werden, wie die Bevollmächtigung kund getan wurde. Widerruft der Arbeitgeber mehrere, aber nicht alle Informationen, ist durch Auslegung zu ermitteln, ob die nicht widerrufenen Informationen weiterhin und jetzt exklusiv bestehen sollen oder ob der Arbeitgeber generell eine neue Bevollmächtigungssituation schaffen will. Hat der Arbeitnehmer nicht alle Informationsquellen eingesehen, widersprechen sich diese aber, kann eine Lösung nicht nach zeitlichen Gesichtspunkten erfolgen. Vielmehr gehen die Unsicherheiten zulasten des Arbeitgebers (siehe 52.).

Treuwidrigkeit der Zurückweisung nach § 242 BGB

65. Trotz Bestehen eines Zurückweisungsrechts kann das Berufen auf die Zurückweisung ausnahmsweise treuwidrig nach § 242 BGB sein. Neben der **Treuwidrigkeit** des Berufens auf das Zurückweisungrecht selbst kann vor allem die Zurückweisungserklärung treuwidrig sein. Hauptanwendungsfall der Zurückweisung wegen Treuwidrigkeit ist die Konstellation, in der sich der Erklärungsempfänger auf die Ungewissheit hinsichtlich der bestehenden Vertretungsmacht beruft, obwohl er sie zuvor (jahrelang) anerkannt und gegen sich gelten lassen hat.

Literaturverzeichnis

Ascheid, Reiner / Preis, Ulrich / Schmidt, Ingrid (Hrsg.), Kündigungsrecht, Großkommentar zum gesamten Recht der Beendigung von Arbeitsverhältnissen, 4. Aufl., München 2012 (zitiert: APS/*Bearbeiter* nach Teil, Kapitel und Rn.).

Bärmann, Wohnungseigentumsgesetz: WEG, Kommentar, bearb. v. *Armbrüster, Christian / Becker, Matthias / Klein, Michael u.a.*, 12. Aufl., München 2013 (zitiert: Bärmann/*Bearbeiter* nach § und Rn.).

Bärwaldt, Roman, Mitwirkung des Prokuristen bei der Handelsregisteranmeldung der ihm erteilten Prokura (Besprechung von BayObLG, Beschl. v. 19.6.1973 - BReg 2 Z 21/73), NJW 1997, 1404–1406.

Bamberger, Heinz Georg / Roth, Herbert (Hrsg.), Kommentar zum Bürgerlichen Gesetzbuch: BGB, Beck'scher Online-Kommentar, Edition: 31, Stand: 1.5.2014, München (zitiert: Bamberger/Roth/*Bearbeiter* nach § und Rn.).

Bartholomä, Ute, Kein Inkenntnissetzen durch Mitteilung der Kündigungsbefugnis im Arbeitsvertrag (Anmerkung zu BAG, Urt. v. 14.4.2011 - 6 AZR 727/09), BB 2011, 2236–2239.

Baumbach, Handelsgesetzbuch mit GmbH & Co., Handelsklauseln, Bank- und Börsenrecht, Transportrecht (ohne Seerecht), Kommentar, bearb. v. *Hopt, Klaus J. / Kumpan, Christoph / Merkt, Hanno u.a.*, 36. Aufl., München 2014 (zitiert: Baumbach/Hopt/*Bearbeiter* nach § und Rn.).

Bayer, Walter, Zur Form bei der Bevollmächtigung zur Ergänzung einer Bürgschaftsurkunde (Anmerkung zu BGH, Urt. v. 29.2.1996 - IX ZR 153/95, NJW 1996, 1467), DZWir 1996, 505–506.

Beck, Matthias, Die Erklärung von Kündigung und Abmahnung durch den Arbeitgeber, zugleich Diss. iur. (Saarbrücken 1996), Frankfurt a.M. 1997 (zitiert: *Beck*, Erklärung von Kündigung und Abmahnung nach S.).

Becker, Matthias, Feststellung und Verkündung fehlerhafter Beschlüsse durch den Verwalter, ZWE 2012, 297–302.

Bender, Wolfgang / Schmidt, Jan, KSchG 2004: Neuer Schwellenwert und einheitliche Klagefrist, NZA 2004, 358–366.

Benedict, Jörg, Wi(e)der die Formwirksamkeit der Blankettbürgschaft (Besprechung von BGH, Urt. v. 29.2.1996 - IX ZR 153/95, NJW 1996, 1467), JURA 1999, 78–83.

Benzer, kein Vorname, Anmerkung zu RG, Urt. v. 25.4.1934 - V 32/34, JW 1934, 2394.

Berghoff, Silke, Die organschaftliche Vertretung der Gesellschaft bürgerlichen Rechts, zugleich Diss. iur. (Marburg 2005), Baden-Baden 2005 (zitiert: *Berghoff,* Organschaftliche Vertretung nach S.).

Bettendorf, Jörg, Elektronische Dokumente und Formqualität, RNotZ 2005, 277–294.

Beuthien, Volker, Gibt es eine organschaftliche Stellvertretung?, NJW 1999, 1142–1146.

Beuthien, Volker, Zur Grundlagenungewissheit des deutschen Gesellschaftsrechts, NJW 2005, 855–860.

Bickel, Dietrich, Zur Frage, wann ein Inkenntnissetzen i.S.d. § 174 S. 2 BGB durch den Arbeitgeber vorliegt (Anmerkung zu BAG, Urt. v. 30.5.1972 – 2 AZR 298/71), SAE 1973, 118–121.

Bielenski, Harald / Hartmann, Josef / Pfarr, Heide / Seifert, Hartmut, Die Beendigung von Arbeitsverhältnissen: Wahrnehmung und Wirklichkeit. Neue empirische Befunde über Formen, Ablauf und soziale Folgewirkungen, AuR 2003, 81–91.

Binder, Jens-Hinrich, Gesetzliche Form, Formnichtigkeit und Blankett im bürgerlichen Recht, AcP 207 (2007), 155–197.

Binding, Jörg, Die elektronische Form im Arbeitsrecht, Baden-Baden 2004 (zitiert: *Binding,* Elektronische Form nach S.).

Boecken, Winfried, Zur Anwendbarkeit des § 15 Abs. 2 S. 1 HGB im Rahmen von § 174 S. 2 BGB (Anmerkung zu BAG, Urt. v. 11.7.1991 – 2 AZR 107/91, NZA 1992, 449), EzA § 174 BGB Nr. 9.

Boemke, Burkhard / Luke, Joachim / Ulrici, Bernhard, Fallsammlung zum Schwerpunktbereich Arbeitsrecht. Koalitionsrecht, Betriebsverfassungsrecht, Arbeitsgerichtliches Verfahren, Berlin u.a. 2008 (zitiert: *Boemke/Luke/Ulrici,* Fallsammlung zum Schwerpunktbereich Arbeitsrecht nach S.).

Boemke, Burkhard, Privatautonomie im Arbeitsvertragsrecht, NZA 1993, 532–538.

Boemke, Burkhard, Zurückweisung einer Kündigung durch Bevollmächtigten wegen fehlender Inkenntnissetzung über Kündigungsberechtigung eines Niederlassungsleiters (Anmerkung zu BAG, Urt. v. 14.4.2011 – 6 AZR 727/09), jurisPR-ArbR 35/2011 Anm. 4.

Boente, Walter / Riehm, Thomas, Das BGB im Zeitalter digitaler Kommunikation – Neue Formvorschriften, JURA 2001, 793–798.

Bork, Reinhard, Allgemeiner Teil des Bürgerlichen Gesetzbuchs, 2. Aufl., Tübingen 2006 (zitiert: *Bork,* AT BGB (2006) nach Rn.).

Brehsan, Godo / Gohrke, Thomas / Opolony, Bernhard, Der ausreichende Nachweis ordnungsgemäßer Bevollmächtigung nach § 174 BGB aus anwaltlicher Sicht, ZIP 2001, 773–781.

Brenner, Achim, Die Rechtsscheinhaftung des Vertretenen bei Aushändigung und Vorlage der Vollmacht im Sinne von § 172 Abs. 1 BGB, BWNotZ 2001, 186–189.

Bülow, Peter, Blankobürgschaft und Rechtsscheinzurechnung (Besprechung von BGH, Urt. v. 29.2.1996 - IX ZR 153/95, NJW 1996, 1467), ZIP 1996, 1694–1697.

Bunke, Caspar, Fragen der Vollmachtserteilung zur Stimmrechtsausübung nach §§ 134, 135 AktG, AG 2002, 57–72.

Busch, David-Alexander, Zurückweisung einer Abmahnung bei Nichtvorlage der Originalvollmacht nach § 174 S. 1 BGB?, GRUR 2006, 477–480.

Bydlinski, Franz, Juristische Methodenlehre und Rechtsbegriff, 2. Aufl., Wien u. a. 1991 (zitiert: *Bydlinski*, Methodenlehre (1991) nach S.).

Canaris, Claus-Wilhelm, Die Vertrauenshaftung im deutschen Privatrecht, München 1971 (Nachdruck 1981), (zitiert: *Canaris*, Vertrauenshaftung nach S.).

Canaris, Claus-Wilhelm, Die Übertragung des Regelungsmodells der §§ 125–130 HGB auf die Gesellschaft bürgerlichen Rechts als unzulässige Rechtsfortbildung contra legem (Besprechung von BGH, Urt. v. 24.2.2003 - II ZR 385/99 und BGH, Urt. v. 7.4.2003 - II ZR 56/02), ZGR 2004, 69–125.

Clanget, Oliver, Papierlos beglaubigen, Teil III. Die qualifizierte elektronische Signatur, MDÜ 2011, 46–49.

Däubler, Wolfgang / Bonin, Birger / Deinert, Olaf, AGB-Kontrolle im Arbeitsrecht. Kommentar zu den §§ 305 bis 310 BGB, 3. Aufl., München 2010 (zitiert: Däubler/Bonin/Deinert/*Bearbeiter* nach § und Rn.).

Deggau, Hans-Georg, § 174 BGB – eine ungenutzte Vorschrift, JZ 1982, 796–798.

Diller, Martin, Zurückweisung der Kündigung nach § 174 BGB, FA 1999, 106–109.

Diller, Martin, Der Arbeitnehmer der GbR!? (Besprechung von BGH, Urt.v. 29.1.2001 - II ZR 331/00), NZA 2003, 401–407.

Ebbing, Frank, Schriftform und E-Mail, CR 1996, 271–278.

Ebenroth, Carsten Thomas / Boujong, Karlheinz / Joost, Detlev / Strohn, Lutz (Begr./Hrsg.), Handelsgesetzbuch: HGB, Kommentar, Band 1: §§ 1–342e, 2. Aufl., München 2008 (zitiert: EBJS/*Bearbeiter* nach § und Rn.).

Eckardt, Diederich, Die Blankettbürgschaft, JURA 1997, 189–196.

Einsele, Dorothee, Formerfordernisse bei mehraktigen Rechtsgeschäften, DNotZ 1996, 835–866.

Einsele, Dorothee, Die neuen Formerfordernisse im Mietrecht, Gedächtnisschrift für Jürgen Sonnenschein. 22. Januar 1938 bis 6. Dezember 2000, Berlin 2003, S. 117–140.

Erfurter Kommentar zum Arbeitsrecht, hrsg. *v. Müller-Glöge, Rudi / Preis, Ulrich / Schmidt, Ingrid,* 14. Aufl., München 2014 (zitiert: ErfK/*Bearbeiter* nach § und Rn.).

Erman, BGB Kommentar, hrsg. v. *Westermann, Harm-Peter / Grunewald, Barbara / Maier-Reimer, Georg,* Bd. I §§ 1–758, AGG, UklaG, 13. Aufl., Köln 2011 (zitiert: Erman/*Bearbeiter* nach § und Rn.).

Ernst & Young (Hrsg.), Entwicklung der Dax-30-Unternehmen im Geschäftsjahr 2012. Eine Analyse wichtiger Bilanzkennzahlen, http://www.ey.com/Publication/vwLUAssets/Dax-30-Unternehmen_2012/$FILE/Dax30_Praesentation_2012.pdf letzter Zugriff: 28.09.2014.

Faust, Volker, Die Arbeitslosigkeit und ihre psychosozialen Folgen, http://www.psychosoziale-gesundheit.net/seele/pdf/Internet2-Arbeitslosigkeit.pdf letzter Zugriff: 28.09.2014.

Feldmann, Karl, Haftung und Anfechtung bei mißbräuchlich ausgefüllten Blankourkunden des Bürgerlichen Rechts, Diss. Frankfurt a.M. 1955 (zitiert: *Feldmann,* Mißbräuchlich ausgefüllte Blankourkunden nach S.).

Fikentscher, Wolfgang / Heinemann, Andreas, Schuldrecht, 10. Aufl., Berlin 2006 (zitiert: *Fikentscher/Heinemann,* Schuldrecht (2006) nach § und Rn.).

Fischer, Gerfried, Die Blanketterklärung. Eine typologische Untersuchung, zugleich Diss. iur. (Göttingen 1973), Göttingen 1975 (zitiert: *G. Fischer,* Blanketterklärung nach S.).

Fischer, Gerfried, Formnichtigkeit der Blankobürgschaft (Besprechung von BGHZ 132, 119), JuS 1998, 205–208.

Fischer, Peter, Die dogmatische Stellung der Blanketterklärung, Diss. Bonn 1969 (zitiert: *P. Fischer,* Blanketterklärung nach S.).

Fissenewert, Peter (Hrsg.), Der Prokurist – Rechte und Pflichten. Haftungsfallen kennen und vermeiden, 3. Aufl., Freiburg 2013 (zitiert: Fissenewert/*Bearbeiter* nach S.).

Flume, Werner, Allgemeiner Teil des Bürgerlichen Rechts. Zweiter Band: Das Rechtsgeschäft, 3. Aufl., Berlin u.a. 1979 (zitiert: *Flume,* AT 2 (1979) nach § und S.).

Fornasier, Matteo / Werner, Stephan, Die „anderen Gründe" für die Rechtsunwirksamkeit einer Kündigung im Rahmen des § 4 S. 1 KSchG, NJW 2007, 2729–2734.

Fringuelli, Pietro / Wallhäuser, Matthias, Formerfordernisse beim Vertragsschluss im Internet, CR 1999, 93–101.

Geibel, Stefan J., Die Beschränkung der Vertretungsmacht mit Wirkung gegenüber Dritten bei Stiftung und GbR, ZJS 2009, 339–345.

Geis, Ivo, Zivilprozeßrechtliche Aspekte des elektronischen Dokumentenmanagements, CR 1993, 653–658.

Geis, Ivo, Die digitale Signatur, NJW 1997, 3000–3004.

Genenger, Angie, Die beschränkte Reichweite der einheitlichen Klagefrist des § 4 Satz 1 KSchG, RdA 2010, 274–280.

Geschwandtner, Marcus / Titze, Thomas, Stimmrechtsvertretung in der Generalversammlung (Teil I), Genossenschafts-Kurier 2003/2, S. 35 ff.

Gravenhorst, Wulf, § 174 BGB analog bei Organvertretern? (Anmerkung zu LAG Hamburg, Urt. v. 30.9.2003 – 3 Sa 56/02), jurisPR-ArbR 32/2004 Anm. 3.

Grobys, Marcel / von Steinau-Steinrück, Robert, Kündigung – Zurückweisung wegen mangelnder Vollmachtsvorlage (Anmerkung zu BAG, Urt. v. 14.4.2011 – 6 AZR 727/09), NJW-Spezial 2011, 402–403.

Gross, Roland / Thon, Horst / Ahmad, Natascha u. a., BetrVG. Kommentar zum Betriebsverfassungsgesetz, 2. Aufl., München 2008 (zitiert: Gross/Thon/Ahmad/Woitaschek/*Bearbeiter* nach § und Rn.).

Gruhn, Volker / Wolff-Marting, Vincent / Köhler, André u. a., Elektronische Signaturen in modernen Geschäftsprozessen. Schlanke und effiziente Prozesse mit eigenhändigen elektronischen Unterschriften realisieren, Wiesbaden 2007 (zitiert: *Gruhn/Wolff-Marting/A. Köhler u. a.*, Elektronische Signaturen nach S.).

Günther, Thomas, Legitimationsprüfungen bei Erben, Betreuern und Bevollmächtigten, NJW 2013, 3681–3686.

Hartmann, Frank, Moderne Kommunikationsmittel im Zivilrecht. Auseinandersetzung mit dem Schriftformerfordernis des BGB nach der Schriftformreform, zugleich Diss. iur. (Augsburg 2006), Hamburg 2006 (zitiert: *Hartmann*, Moderne Kommunikationsmittel nach S.).

Häublein, Martin, § 174 S. 1 BGB - eine (Haftungs-)Falle nicht nur für Rechtsanwälte (Besprechung von BGH, Urt. v. 9.11.2001 - LwZR 4/01), NJW 2002, 1398–1399.

Häublein, Martin, Vertretung in der Wohnungseigentümerversammlung: Erteilung einer Untervollmacht durch einen selbst nicht teilnahmeberechtigten Bevollmächtigten, ZMR 2012, 849–851.

Heil, Hans-Jürgen, Die Gesellschaft bürgerlichen Rechts als Kommanditistin und zu möglichen Folgewirkungen der sog. Gruppenlehre für das Erbrecht und das Grundbuchrecht (Anmerkung zu BGH, Beschl. v. 16.7.2001 – II ZB 23/00), DNotZ 2002, 60–68.

Heil, Hans-Jürgen, Das Grundeigentum der Gesellschaft bürgerlichen Rechts – res extra commercium?, NJW 2002, 2158–2160.

Helm, Johann Georg / Wagner, Horst, Fremdgeschäftsführung und -vertretung bei Personenhandelsgesellschaften, BB 1979, 225–233.

Henssler, Martin/ Strohn, Lutz (Hrsg.), Gesellschaftsrecht, 2. Aufl., München 2014 (zitiert: Henssler/Strohn/*Bearbeiter* nach § und Rn.).

Henssler, Martin/ Willemsen, Heinz J. / Kalb, Heinz-Jürgen (Hrsg.), Arbeitsrecht Kommentar, 5. Aufl., Köln 2012 (zitiert: HWK/*Bearbeiter* nach § und Rn.).

Herresthal, Carsten, Formbedürftigkeit der Vollmacht zum Abschluss eines Verbraucherdarlehens – BGH, NJW 2001, 1931; 2963, JuS 2002, 844–850.

Hertel, Christian, Zur Grundbuchfähigkeit einer GbR (Anmerkung zu BGH, Beschl. v. 4.12.2008 – V ZB 74/08, DNotZ 2009, 115), DNotZ 2009, 121–129.

Heun, Sven-Erik, Elektronisch erstellte oder übermittelte Dokumente und Schriftform, CR 1995, 2–7.

Hirsch, Christoph, BGB Allgemeiner Teil, 7. Aufl., Baden-Baden 2012 (zitiert: *Hirsch,* BGB Allgemeiner Teil (2012) nach S. und Rn.).

Hochmann, Stephan, Elektronische Signatur. Technische Darstellung, rechtliche Entwicklung und praktischer Einsatz anhand von Beispielen, Bielefeld 2001 (zitiert: *Hochmann,* Elektronische Signatur nach S.).

Hoeren, Thomas / Sieber, Ulrich / Holznagel, Bernd (Hrsg.), Handbuch Multimedia-Recht, Rechtsfragen des elektronischen Geschäftsverkehrs, 36. Ergänzungslieferung, München (September) 2013 (zitiert: Hoeren/Sieber/Holznagel/*Bearbeiter* nach Teil und Rn.).

Hoeren, Thomas, Unterschriftenpad und Schriftform. Zugleich Überlegungen zur Zukunft gesetzlicher Formvorschriften, Festschrift für Heinz Holzhauer, Recht als Erbe und Aufgabe: Heinz Holzhauer zum 21. April 2005, Berlin 2005, S. 538–548.

Hoeren, Thomas, Unterschriftenpads in der Kranken- und Lebensversicherung – Zur Vereinbarkeit der Verwendung eigenhändig unterzeichneter elektronischer Dokumente mit den Formvorschriften für den Vertragsabschluss in der Kranken- und Lebensversicherung, ZVersWiss 2011, 1–18.

Hofmann, Klaus / Fladung, Armin / van Ghemen, Markus, Der Prokurist. Handels-, Arbeits- und Steuerrecht, 8. Aufl., Frankfurt am Main 2007 (zitiert: *Hofmann/Fladung/van Ghemen,* Prokurist (2007) nach S.).

Hohmeister, Frank-Udo, Die Zurückweisung einer Kündigung gem. § 174 BGB, ArbuR 1992, 143–147.

Howald, Bert, Formale Anforderungen an Kündigungen – Form, Kündigungsberechtigung, Zugang, öAT 2012, 246–249.

Hromadka, Wolfgang / Maschmann, Frank, Arbeitsrecht Band 1. Individualarbeitsrecht, 5. Aufl., Berlin u.a. 2012 (zitiert: *Hromadka/Maschmann*, ArbR 1 (2012) nach § und Rn.).

Hromadka, Wolfgang / Sieg, Rainer, SprAuG, Kommentar zum Sprecherausschussgesetz, 3. Aufl., München 2014 (zitiert: *Hromadka/Sieg* nach § und Rn.).

Hueck, Alfred / Nipperdey, Hans Carl, Lehrbuch des Arbeitsrechts. Erster Band, 7. Aufl., Berlin u.a., 1963 (zitiert: *A. Hueck/Nipperdey*, Lehrbuch des ArbR I (1963) nach § und S.).

Hueck, Götz, Zur Frage der Ermächtigung eines von mehreren Gesamtvertretern zum alleinigen Ausspruch einer Kündigung (Anmerkung zu BAG, Urt. v. 18.12.1980 – 2 AZR 980/78), AP Nr. 4 zu § 174 BGB.

Jakobs, Horst Heinrich, Wirksamkeit einer Kündigung bei nicht nachgewiesener Bevollmächtigung des Kündigenden zur Abgabe der Kündigungserklärung (Anmerkung zu BAG, Urt. v. 30.5.1972 – 2 AZR 298/71, NJW 1972, 1877), AP Nr. 1 zu § 174 BGB.

Jakobs, Horst Heinrich / Schubert, Werner (Hrsg.), Die Beratung des Bürgerlichen Gesetzbuches in systematischer Zusammenstellung der unveröffentlichten Quellen. Allgemeiner Teil: §§ 1–240, 2. Teilband, Berlin 1985 (zitiert: *Jakobs/Schubert*, Beratung des BGB, AT/2 nach S.).

Jauernig, Othmar (Hrsg.), Bürgerliches Gesetzbuch mit Allgemeinem Gleichbehandlungsgesetz (Auszug), Kommentar, 15. Aufl., München 2014 (zitiert: Jauernig/*Bearbeiter* nach § und Rn.).

Jentsch, Martina / Lostermann, Jan, Wer darf unterzeichnen?, AuA 2012, 90–92.

Joost, Detlev, Kündigung eines Arbeitnehmers durch Einzelprokuristen – Zurückweisung der Kündigung gemäß § 174 BGB (Anmerkung zu BAG, Urt. v. 11.7.1991 – 2 AZR 107/91, NZA 1992, 449), EWiR 1992, 541–542.

juris PraxisKommentar BGB, hrsg. v. *Herberger, Maximilian / Martinek, Michael / Rüßmann, Helmut u. a.*, 6. Aufl., Saarbrücken 2012

Band 1 Allgemeiner Teil (hrsg. v. *Vieweg, Klaus*)

Band 2.3 Schuldrecht (hrsg. v. *Rüßmann, Helmut*)

(zitiert: jurisPK-BGB/*Bearbeiter* nach § und Rn.).

Kanzleiter, Rainer, Anforderungen an die Unterschriften von Beteiligten und Notar unter der notariellen Niederschrift. Zugleich Anmerkungen zum Urt. des OLG Stuttgart v. 14.11.2001 – 3 U 123/01, DNotZ 2002, 520–527.

Keim, Christopher, Das Ende der Blankobürgschaft? (Besprechung von BGH, Urt. v. 29.2.1996 – IX ZR 153/95, NJW 1996, 1467), NJW 1996, 2774–2776.

Kindl, Johann, Rechtsscheintatbestände und ihre rückwirkende Beseitigung, zugleich Habil. (Augsburg 1998), Berlin u.a. 1999 (zitiert: *Kindl*, Rechtsscheintatbestände nach S.).

Kindl, Johann, Zu Möglichkeiten, die Haftung einer Gesellschaft bürgerlichen Rechts auf das Gesellschaftsvermögen zu beschränken (Anmerkung zu OLG Stuttgart, Urt. v. 9.11.2001 – 2 U 138/01), WuB II J. § 705 BGB 3.02.

Kirsch, Rolf / Strybny, Derk, „Tücken" bei der Betriebsratsanhörung im Zusammenhang mit Kündigungen, BB 2005, Beilage Nr. 14, S. 10–15.

Kittner, Michael / Däubler, Wolfgang / Zwanziger, Bertram (Hrsg.), KSchR – Kündigungsschutzrecht, Kommentar, 8. Aufl., München 2011 (zitiert: Kittner/Däubler/Zwanziger/*Bearbeiter* nach § und Rn.).

Klein, Olaf, Die Kündigung „i.A." – Kennzeichen mangelnder Schriftform?, NZA 2004, 1198–1200.

Kliemt, Michael, Formerfordernisse im Arbeitsverhältnis, zugleich Diss. iur. (Köln 1994), Heidelberg 1995 (zitiert: *Kliemt*, Formerfordernisse nach S.).

Klostermann-Schneider, Christian, § 174 BGB – Aus den Augen, aus dem Sinn?, in: *Uffmann, Katharina / Dahm, Katharina* (Hrsg.), Vielfalt oder Chaos, – Aktuelle Probleme und Entwicklungen im deutschen und europäischen Arbeitsrecht, Tübingen 2013, S. 145–165.

Köhl, Dietmar, Der Prokurist in der unechten Gesamtvertretung, NZG 2005, 197–200.

Köhler, Helmut / Bornkamm, Joachim, Gesetz gegen den unlauteren Wettbewerb: UWG mit PAngV, UKlaG, DL-InfoV, 32. Aufl., München 2014 (zitiert: Köhler/Bornkamm/*Bearbeiter* nach § und Rn.).

Köhler, Helmut, Die Problematik automatisierter Rechtsvorgänge, insbesondere von Willenserklärungen, AcP 182 (1982), 126–171.

Köhler, Helmut, Zur beweisrechtlichen Bewertung eines oberhalb des Urkundentexts angebrachten handschriftlichen Namenszuges (Anmerkung zu BGH, Urt. v. 20.11.1990 – XI ZR 107/89), JZ 1991, 408–410.

Köhler, Matthias, Zu den Anforderungen an ein Inkenntnissetzen gemäß § 174 S. 2 BGB (Anmerkung zu BAG, Urt. v. 14.4.2011 – 6 AZR 727/09), EWiR 2011, 771–772.

Könemann, Sandra, Aktuelle Probleme bei der Kündigung – Annahmeverweigerung und fehlende Originalvollmacht (Teil 1), juris-AnwZert ArbR 2/2011 Anm. 1.

Körber, Christian / Schaub, Peter, § 15 HGB in der Fallbearbeitung, JuS 2012, 303–309.

Körber, Torsten / Effer-Uhe, Daniel Oliver, Anforderungen an den Nachweis der Vertretungsmacht von Prokuristen und GbR-Gesellschaftern bei der Gründung von Kapitalgesellschaften, DNotZ 2009, 92–103.

Koller, Ingo / Roth, Wulf-Henning / Morck, Winfried (Hrsg.), Handelsgesetzbuch: HGB, Kommentar, 7. Aufl., München 2011 (zitiert: Koller/Roth/Morck/*Bearbeiter* nach § und Rn.).

KR – Gemeinschaftskommentar zum Kündigungsrecht und zu sonstigen kündigungsschutzrechtlichen Vorschriften, bearb. v. *Etzel, Gerhard / Bader, Peter / Fischermeier, Ernst u. a.*, 10. Aufl., München 2013 (zitiert: KR/*Bearbeiter* nach § und Rn.).

Krafka, Alexander / Kühn, Ulrich, Registerrecht, Handbuch, 9. Aufl., München 2013 (zitiert: *Krafka/Kühn*, Registerrecht nach Teil, Abschnitt und Rn.).

Kreße, Bernhard, Zur Frage der Auslegung und Rechtsfolge von Beanstandung und Zurückweisung im Namen Dritter vorgenommener einseitiger Rechtsgeschäfte (Anmerkung zu BGH, Beschl. v. 25.10.2012 – V ZB 5/12, NJ 2013, 207), NJ 2013, 208–209.

Krückmann, Paul, Das Bürgerliche Gesetzbuch. Textausgabe mit Verweisungen, Leipzig 1901.

Kümmel, Egbert, Zur Vertretung der Wohnungseigentümer in der Versammlung, ZWE 2000, 292–295.

Küttner, Personalbuch 2014, hrsg. v. *Röller, Jürgen*, 21. Aufl., München 2014 (zitiert: Küttner/*Bearbeiter* nach Stichwort und Rn.).

Kuhn, Martin, Vollmacht und Genehmigung beim Grundstückskaufvertrag, RNotZ 2001, 305–328.

Kurek, Michael, Kündigung: Vollmacht des kündigenden GbR-Gesellschafters muss offengelegt werden! (Anmerkung zu OLG Brandenburg, Urt. v. 23.10.2012 – 6 U 29/12), IMR 2013, 67.

Langner, Olaf / Gotham, Meike, Unterliegt die Anmeldeerklärung gemäß § 16 GmbHG den Vorschriften des § 174 BGB?, GmbHR 2004, 891–893.

Larenz, Karl, Methodenlehre der Rechtswissenschaft, 6. Aufl., Berlin u.a. 1991 (zitiert: *Larenz*, Methodenlehre (1991) nach S.).

Lautner, Konrad, Auswirkungen der Rechts- und Parteifähigkeit der (Außen-) Gesellschaft bürgerlichen Rechts auf die notarielle Tätigkeit im Grundstücksverkehr, MittBayNot 2001, 425–437.

Lautner, Konrad, Rechtsfähigkeit ohne Grundbuchfähigkeit? – Das Dilemma der Außengesellschaft bürgerlichen Rechts im Grundstücksrecht (Besprechung von BayObLG, Beschl. v. 8.9.2004 – 2Z BR 139/04), MittBayNot 2005, 93–100.

Lautner, Konrad, Alles wieder beim Alten? – Die gesetzliche Neuregelung zur Teilnahme der Gesellschaft bürgerlichen Rechts am Grundstücksverkehr, DNotZ 2009, 650–677.

Lautner, Konrad, Grundstückserwerb durch Gesellschaften bürgerlichen Rechts unter Geltung der gesetzlichen Neuregelungen des ERVGBG (Besprechung von OLG München, Beschl. v. 5.2.2010 – 34 Wx 116/09 und OLG Saarbrücken, Beschl. v. 26.2.2010 – 5 W 371/09–134), MittBayNot 2010, 286–292.

Leder, Ulrike, Die Beendigung von Arbeitsverhältnissen im öffentlichen Dienst, zugleich Diss. iur. (Bielefeld 2008), Berlin 2008 (zitiert: *Leder*, Beendigung von Arbeitsverhältnissen nach S.).

Leipold, Dieter, Einige Bemerkungen zur Rechts- und Parteifähigkeit der BGB-Gesellschaft und des nicht eingetragenen Vereins, Festschrift für Claus-Wilhelm Canaris zum 70. Geburtstag, Band II, München 2007, S. 221–244.

Leßmann, Herbert, Die Vertretung bei den sog. Vorgesellschaften. Gesellschafter- und Verkehrsschutzinteressen nach dem neuen Binnenhaftungskonzept, JURA 2004, 367–373.

Leue, Arne, Die neuen Formvorschriften des Privatrechts, zugleich Diss. iur. (Münster 2002), Münster 2003 (zitiert: *Leue*, Formvorschriften nach S.).

Leuring, Dieter, Die Zurückweisung von einseitigen Rechtsgeschäften des Aufsichtsrats nach § 174 BGB (Besprechung von OLG Düsseldorf, Urt. v. 17.11.2003 – I-15 U 225/02), NZG 2004, 120–123.

Lohr, Martin, Kündigung des Arbeitsvertrags – Zurückweisung wegen fehlender Vollmachtsurkunde, MDR 2000, 620–625.

Lorenz, Stephan, Grundwissen – Zivilrecht: Die Vollmacht, JuS 2010, 771–774.

Lorenz, Stephan, Grundwissen – Zivilrecht: Stellvertretung, JuS 2010, 382–385.

Lüke, Wolfgang, Prüfung von Stimmrechtsvollmachten, ZWE 2012, 193–201.

Lux, Jochen, Kenntnisfiktion qua Eintragung im Handelsregister?, DStR 2006, 1968–1973.

Lux, Jochen, Ausschluss des Zurückweisungsrechts nach § 174 S. 2 BGB wegen Eintragung im Handelsregister?, NZA-RR 2008, 393–398.

Malzer, Hans Michael, Zivilrechtliche Form und prozessuale Qualität der digitalen Signatur nach dem Signaturgesetz, DNotZ 1998, 96–121.

Markgraf, Jochen / Kießling, Arne, Gesellschaften als Parteien im Zivilprozess, JuS 2010, 312–317.

Medicus, Dieter, Keine Wahrung der Form des § 766 BGB durch Blankounterschrift nebst mündlich erteilter Vollmacht zur Ausfüllung des Blanketts (Anmerkung zu BGH, Urt. v. 29.2.1996 – IX ZR 153/95), WuB I F1a. – Bürgschaft 11.96.

Merle, Werner, Zur Vertretung beim gemeinschaftlichen Stimmrecht, ZWE 2007, 125–133.

Mertens, Bernd, Die Reichweite gesetzlicher Formvorschriften im BGB, JZ 2004, 431–439.

Meyer, Michael / Reufels, Martin J., Prozesstaktische Erwägungen bei Vollmachtsproblemen, NZA 2011, 5–10.

Mirwald, Carolin, Das Schriftformerfordernis bei Kündigungen gemäß § 623 BGB, juris-AnwZert ArbR 5/2008 Anm. 1.

Molitor, Erich, Die Kündigung unter besonderer Berücksichtigung der Kündigung des Arbeitsvertrages, 2. Aufl., Mannheim 1951 (zitiert: *Molitor*, Kündigung (1951) nach S.).

Moll, Wilhelm (Hrsg.), Münchener Anwalts Handbuch Arbeitsrecht, 3. Aufl., München 2012 (zitiert: Moll/*Bearbeiter* nach § und Rn.).

Morgenroth, Christine, Arbeitsidentität und Arbeitslosigkeit – ein depressiver Zirkel, in: Aus Politik und Zeitgeschichte B 6–7/2003, S. 17–24.

Morhard, Thilo, Wirksame Einzel-Bevollmächtigung der Vorstände von Genossenschaften, MittBayNot 1987, 17–19.

Motive zu dem Entwurfe eines Bürgerlichen Gesetzbuches für das Deutsche Reich/1, Allgemeiner Theil, Amtliche Ausgabe, 2. unveränderte Aufl., Berlin 1888 (zitiert als: Mot. I Allgemeiner Theil nach S.).

Müller, Gerd, Zu den Grenzen der analogen Anwendbarkeit des § 172 BGB in den Fällen des Blankettmißbrauchs und den sich daraus ergebenden Rechtsfolgen, AcP 181 (1981), 515–544.

Müller, Stefan, Die Zurückweisung nach § 174 Satz 1 BGB im Kündigungsrecht, FA 2013, 37–40.

Müller, Stefan, Zurückweisung einer Kündigung wegen fehlender Vollmachtsvorlage (Anmerkung zu LAG Rheinland-Pfalz, Urt. v. 9.4.2013 – 6 Sa 529/12), LAGE § 174 BGB 2002 Nr. 1, S. 11–19.

Mugdan, Benno (Hrsg.), Die gesammten Materialien zum Bürgerlichen Gesetzbuch für das Deutsche Reich, I. Band. Einführungsgesetz und Allgemeiner Theil, Berlin 1899

(zitiert: *Mugdan*, Bd. I. nach S.).

Münchener Handbuch des Gesellschaftsrechts, hrsg. v. *Gummert, Hans / Weipert, Lutz*, 3. Aufl., München 2009

Bd. 1 – BGB-Gesellschaft, Offene Handelsgesellschaft, Partnerschaftsgesellschaft, Partenreederei, EWIV

(zitiert: MüHb-GesellschaftsR/*Bearbeiter* nach § und Rn.).

Münchener Kommentar zum Aktiengesetz, hrsg. v. *Goette, Wulf / Habersack, Mathias*, 4. Aufl., München 2014 Bd. 2 – §§ 76–117 · MitbestG · DrittelbG

(zitiert: MüKo-AktG/*Bearbeiter* nach § und Rn.).

Münchener Kommentar zum Bürgerlichen Gesetzbuch, hrsg. v. *Säcker, Franz Jürgen / Rixecker, Roland*

Bd. 1 – Allgemeiner Teil §§ 1–240, 3. Aufl., München 1993; 6. Aufl., München 2012

Bd. 2 – Schuldrecht · Allgemeiner Teil §§ 241–432, 6. Aufl., München 2012
Bd. 5 – Schuldrecht · Besonderer Teil III §§ 705–853, 6. Aufl., München 2013
(zitiert: MüKo-BGB/*Bearbeiter* nach § und Rn.).

Münchener Kommentar zum Gesetz betreffend die Gesellschaften mit beschränkter Haftung – GmbHG, hrsg. v. *Fleischer, Holger / Goette, Wulf*, München 2012

Bd. 2 – §§ 35–52

(zitiert: MüKo-GmbHG/*Bearbeiter* nach § und Rn.).

Münchener Kommentar zum Handelsgesetzbuch, hrsg. *v. Schmidt, Karsten*, 3. Aufl., München 2010

Bd. 1 – Erstes Buch. Handelsstand §§ 1–104a

(zitiert: MüKo-HGB/*Bearbeiter* nach § und Rn.).

Nägele, Stefan / Gertler, Nils Fabian, Der „neue" § 167 ZPO und seine Auswirkungen im Arbeitsrecht, NZA 2010, 1377–1380.

Neuschäfer, Claudia, Blankobürgschaft und Formnichtigkeit. Die dogmatische Einordnung der Blanketterklärung und die Grenzen der Rechtsscheinhaftung bei Formnichtigkeit am Beispiel des Bürgschaftsblanketts, zugleich Diss. iur. (Marburg 2003), Frankfurt a.M. 2004 (zitiert: *Neuschäfer*, Blankobürgschaft nach S.).

Nies, Günter, Praxistip, NZM 1998, 221–222.

Noack, Ulrich, Digitaler Rechtsverkehr: Elektronische Signatur, elektronische Form und Textform, DStR 2001, 1893–1897.

Nöcker, Gregor, Urkunden und EDI-Dokumente, CR 2000, 176–182.

Nomos Handkommentar Arbeitsrecht: Individualarbeitsrecht mit kollektivrechtlichen Bezügen, hrsg. v. *Däubler, Wolfgang / Hjort, Jens Peter / Schubert, Michael u. a.*, 3. Aufl., Baden-Baden 2013 (zitiert: HK-ArbR/*Bearbeiter* nach § und Rn.).

Nomos Handkommentar Bürgerliches Gesetzbuch, hrsg. v. *Schulze, Reiner / Dörner, Heinrich / Ebert, Ina u. a.*, 7. Aufl., Baden-Baden 2011 (zitiert: HK-BGB/*Bearbeiter* nach § und Rn.).

Nomos Kommentar Bürgerliches Gesetzbuch: BGB, Band 1: Allgemeiner Teil §§ 1–240 und EGBGB, hrsg. v. *Heidel, Thomas / Hüßtege, Rainer / Mansel, Heinz-Peter u.a.*, 2. Aufl., Baden-Baden 2011 (zitiert: NK-BGB/*Bearbeiter* nach § und Rn.).

Nomos Handkommentar Kündigungsschutzrecht, hrsg. v. *Fiebig, Stefan / Gallner, Inken / Mestwerdt, Wilhelm u.a.*, 4. Aufl., Baden-Baden 2012 (zitiert: HaKo-KSchR/*Bearbeiter* nach § und Rn.).

Oberndörfer, Julian, Digitale Wertpapiere im Licht der neuen Formvorschriften des BGB, CR 2002, 358–362.

Oertel, Klaus, Elektronische Form und notarielle Aufgaben im elektronischen Rechtsverkehr, MMR 2001, 419–423.

Oetker, Hartmut (Hrsg.), Kommentar zum Handelsgesetzbuch (HGB), 3. Aufl., München 2013 (zitiert: Oetker/*Bearbeiter* nach § und Rn.).

Orlowski, Peter, Die arbeitsrechtliche Stellung des Prokuristen, Diss. Bielefeld 2003 (zitiert: *Orlowski*, Stellung des Prokuristen nach S.).

Oschmiansky, Frank, Faule Arbeitslose? Zur Debatte über Arbeitsunwilligkeit und Leistungsmissbrauch, in: Aus Politik und Zeitgeschichte B 6–7/2003, S. 10–16.

Palandt, Bürgerliches Gesetzbuch: BGB mit Nebengesetzen, Kommentar, bearb. v. *Bassenge, Peter / Brudermüller, Gerd / Ellenberger, Jürgen u.a.*, 73. Aufl., München 2014 (zitiert: Palandt/*Bearbeiter* nach § und Rn.).

Pawlowski, Hans-Martin, Die gewillkürte Stellvertretung. Eine juristische Entdeckung der deutschen Rechtswissenschaft, JZ 1996, 125–132.

Pawlowski, Hans-Martin, Zur Formbedürftigkeit der Bevollmächtigung zur Ergänzung eines Bürgschaftsblanketts (Anmerkung zu BGH, Urt. v. 29.2.1996 – IX ZR 153/95, NJW 1996, 1467), JZ 1997, 309–312.

Petersen, Jens, Einseitige Rechtsgeschäfte, JURA 2005, 248–251.

Pfister, Clemens, Erfordernis des Vollmachtsnachweises bei Abmahnschreiben (Besprechung von OLG Frankfurt, Beschl. v. 26.7.2001 – 6 W 132/01), WRP 2002, 799–801.

Plate, Jürgen, Das gesamte examensrelevante Zivilrecht. Für Studenten und Rechtsreferendare, 5. Aufl., Berlin u.a. 2011 (zitiert: *Plate*, Examensrelevantes Zivilrecht (2011) nach S.).

Plewe, Lutz-Ingo, Die gesetzlichen Formen des Rechtsgeschäfts. Eine Bestandsaufnahme zu Beginn des 21. Jahrhunderts, zugleich Diss. iur. (Bonn 2003), Aachen 2003 (zitiert: *Plewe*, Gesetzliche Formen nach S.).

Prütting, Hanns / Wegen, Gerhard / Weinreich, Gerd (Hrsg.), BGB Kommentar, 9. Aufl., München 2014 (zitiert: PWW/*Bearbeiter* nach § und Rn.).

Pusch, Martin, Vollmachtsnachweis bei Abberufung und Kündigung von Vorstandsmitgliedern, RdA 2005, 170–176.

Raab, Thomas, Der erweiterte Anwendungsbereich der Klagefrist gemäß § 4 KSchG, RdA 2004, 321–333.

Raif, Alexander, Zurückweisung einer Kündigung wegen fehlender Vollmachtsvorlage, ArbRAktuell 2013, 454.

Raif, Alexander, Auf die Vollmacht kommt es an: Zurückweisung von Kündigungen nach § 174 BGB, ArbRAktuell 2013, 587.

Ramrath, Ulrich, Mitteilung der Kündigungsbefugnis im Arbeitsvertrag – Inkenntnissetzen (Anmerkung zu BAG, Urt. v. 14.4.2011 - 6 AZR 727/09), AP Nr. 21 zu § 174 BGB.

Rapp, Christiane, Rechtliche Rahmenbedingungen und Formqualität elektronischer Signaturen, zugleich Diss. iur. (München 2001), München 2002 (zitiert: *Rapp*, Rahmenbedingungen und Formqualität nach S.).

Reinicke, Dietrich / Tiedtke, Klaus, Die Haftung des Blankettgebers aus dem abredewidrig ausgefüllten Blankett im bürgerlichen Recht (Besprechung von BGH, Urt. v. 12.1.1984 - IX ZR 83/82, NJW 1984, 798), JZ 1984, 550–554.

Richardi, Reinhard (Hrsg.), Betriebsverfassungsgesetz: BetrVG mit Wahlordnung, Kommentar, 14. Aufl., München 2014 (zitiert: Richardi/*Bearbeiter* nach § und Rn.).

Riezler, Erwin, Die Blankettunterschrift, AcP 95 (1904), 357–378.

Rimmelspacher, Bruno, Prozeßvollmacht und materiell-rechtliche Willenserklärung (Anmerkung zu BAG, Urt. v. 10.8.1977 – 5 AZR 394/76), AP Nr. 2 zu § 81 ZPO.

Röger, Hendrik, Gesetzliche Schriftform und Textform bei arbeitsrechtlichen Erklärungen, NJW 2004, 1764–1767.

Rösler, Patrick, Formbedürftigkeit der Vollmacht, NJW 1999, 1150–1153.

Roßnagel, Alexander, Das neue Recht elektronischer Signaturen – Neufassung des Signaturgesetzes und Änderung des BGB und der ZPO, NJW 2001, 1817–1826.

Roßnagel, Alexander, Keine Wahrung der Schriftform bei Unterzeichnung auf einem elektronischen Schreibtablett (Anmerkung zu OLG München, Urt. v. 4.6.2012 - 19 U 771/12), NJW 2012, 3586.

Rühlicke, Lars, Gesamthand, rechtsfähige Personengesellschaft, juristische Person und Wohnungseigentümergemeinschaft. Ein Beitrag zur Dogmatik der Rechtsfähigkeit, ZWE 2007, 261–271.

Rüthers, Bernd, Rechtstheorie. Begriff, Geltung und Anwendung des Rechts, 3. Aufl., München 2007 (zitiert: *B. Rüthers*, Rechtstheorie (2007) nach S. und Rn.).

Ruhwinkel, Sebastian, Erwerb von Grundstückseigentum durch Gesellschaften bürgerlichen Rechts oder – partes pro toto (Besprechung von BGH, Urt. v. 25.9. 2006 – II ZR 218/05), MittBayNot 2007, 92–96.

Schäder, Gerhard, Die Zurückweisung mangels ordnungsgemäßer Bevollmächtigung bei Ausspruch einer Kündigung (§ 174 BGB), ArbRB 2007, 151–154.

Schaub, Arbeitsrechts-Handbuch. Systematische Darstellung und Nachschlagewerk für die Praxis, bearb. v. *Koch, Ulrich / Linck, Rüdiger / Treber, Jürgen u. a.*, 15. Aufl., München 2013 (zitiert: Schaub ArbR-Hb/*Bearbeiter* nach § und Rn.).

Schaub, Bernhard, Stellvertretung bei Handelsregisteranmeldungen, MittBayNot 1999, 539–546.

Schiemann, Gottfried, Das Rechtsgeschäft, *Staudinger* Eckpfeiler des Zivilrechts, 4. Aufl., Berlin 2012 (zitiert: *Schiemann*, in: *Staudinger*, Eckpfeiler, 2012, C. Das Rechtsgeschäft nach Rn.).

Schmid, Michael, Anmerkung zur Entscheidung BGH vom 08.12.2005, IX ZR 296/01, IBR 2006, 174.

Schmidt, Karsten, Offene Stellvertretung. Der „Offenkundigkeitsgrundsatz“ als Teil der allgemeinen Rechtsgeschäftslehre, JuS 1987, 425–433.

Schmiegel, Dorothee / Yalçin, Ünal, Zurückweisung einer Kündigung gemäß § 174 BGB unter Berücksichtigung der Besonderheiten im öffentlichen Dienst, ZTR 2011, 395–403.

Schmitz, Heribert, Signaturpad – Ersatz für Unterschrift?, NVwZ 2013, 410–412.

Schmolke, Klaus Ulrich, Grundfälle zum Bürgschaftsrecht, JuS 2009, 585–589.

Schumann, Hans-Heinrich, Zur Anwendung des § 174 BGB auf tarifliche Ausschlussfristen (Anmerkung zu BAG, Urt. v. 14.8.2002 – 5 AZR 341/01, NJW 2003, 236), EWiR 2003, 145–146.

Schütte, Reinhard, Pflichten des Betriebsrats und des Arbeitgebers im Anhörungsverfahren nach § 102 II 4 BetrVG und § 102 IV BetrVG, NZA 2011, 263–267.

Schürnbrand, Jan / Weiß, André, Land in Sicht? – Die Gesellschaft bürgerlichen Rechts im Grundbuch, ZJS 2009, 607–613.

Schwarz, Günter Christian, Die Gesamtvertreterermächtigung – Ein zivil- und gesellschaftsrechtliches Rechtsinstitut, NZG 2001, 529–539.

Seidel, Ulrich, Dokumentenschutz im elektronischen Rechtsverkehr (I), CR 1993, 409–414.

Sieber, Stefanie / Nöding, Toralf, Die Reform der elektronischen Unterschrift, ZUM 2001, 199–210.

Siegel, Julius, Die Blanketterklärung: ihre juristische Konstruktion und ihre Behandlung nach dem materiellen Recht und dem Prozessrecht, Diss. München 1908 (zitiert: *Siegel,* Blanketterklärung nach S.).

Soergel, Bürgerliches Gesetzbuch mit Einführungsgesetz und Nebengesetzen, Kommentar, hrsg. v. *Siebert, Wolfgang,*

Bd. 2 – Allgemeiner Teil 2. §§ 104–240, 13. Aufl., Stuttgart 1999

Bd. 11/1 – Schuldrecht 9/1. §§ 705–758, 13. Aufl., Stuttgart 2011

(zitiert: Soergel/*Bearbeiter* nach § und Rn.).

Specks, Georg, Vollmachtsbeschränkungen bei der Gesellschaft bürgerlichen Rechts, NZG 2009, 293–295.

Spindler, Gerald / Schuster, Fabian (Hrsg.), Recht der elektronischen Medien, Kommentar, 2. Aufl., München 2011 (zitiert: Spindler/Schuster/*Bearbeiter* nach § und Rn.).

Springer, Nina, Wirksame Kündigung: Achtung bei Erklärung, Termin und Zustellung der Kündigung!, BB 2012, 1477–1481.

Staub, Handelsgesetzbuch: HGB, hrsg. v. *Canaris, Claus-Wilhelm / Habersack, Mathias / Schäfer, Carsten,*

Band 1: Einleitung, §§ 1–47b, 5. Aufl., Berlin u.a. 2009

Band 2: §§ 48–104, 5. Aufl., Berlin u.a. 2008

(zitiert: Staub/*Bearbeiter* nach § und Rn.).

Staudinger, Kommentar zum Bürgerlichen Gesetzbuch, Neubearbeitung 2009 (zitiert: Staudinger/*Bearbeiter* nach § und Rn.).

Steinbeck, Anja, Grundfälle zum Personengesellschaftsrecht, JuS 2012, 10–16 (1. Teil), 105–112 (2. Teil), 199–203 (3. Teil).

Steffek, Felix, Die Gesellschaft bürgerlichen Rechts im Grundbuch, ZIP 2009, 1445–1456.

Tschöpe, Ulrich (Hrsg.), Anwalts-Handbuch Arbeitsrecht, 7. Aufl., Köln 2011 (zitiert: Tschöpe/*Bearbeiter* nach Teil und Rn.).

Ulmer, Peter / Timmann, Henrik, Zur Anwendbarkeit des Verbraucherkreditgesetzes auf die Mitverpflichtung Dritter, Festschrift für Heinz Rowedder zum 75. Geburtstag, München 1994, S. 503–528.

Ulrich, Gustav-Adolf, Die Abmahnung und der Vollmachtsnachweis, WRP 1998, 258–262.

Ulrici, Bernhard, Zurückweisung wegen fehlender Vorlage einer Vollmachtsurkunde (Anmerkung zu BAG, Urt. v. 14.08.2002 – 5 AZR 341/01), BB 2003, 51–53.

Ulrici, Bernhard, Dreiwochenfrist auch für die Klage wegen Vertretungsmängeln der Kündigung, DB 2004, 250–252.

Ulrici, Bernhard, BB-Kommentar: „Der scheinbar klare Wortlaut des § 4 S. 1 KSchG bedarf der teleologischen Reduktion“ (Anmerkung zu BAG, Urt. v. 26.3.2009 – 2 AZR 403/07), BB 2009, 2151–2152.

Ulrici, Bernhard, Beginn der Klagefrist nach Kündigung durch vollmachtlosen Vertreter (Anmerkung zu BAG, Urt. v. 6.9.2012 – 2 AZR 858/11), jurisPR-ArbR 17/2013 Anm. 1.

Ulrici, Bernhard, Keine Zurückweisung der Betriebsratsanhörung (Anmerkung zu BAG, Urt. v. 13.12.2012 – 6 AZR 348/11), jurisPR-ArbR 25/2013 Anm. 1.

Wagner, Eric / Mann, Marius, Tipps und Tricks zur Kündigung von Verträgen, BB 2012, 2842–2844.

Wank, Rolf, Arbeitsrecht und Handelsrecht im HGB, JA 2007, 321–326.

Wertenbruch, Johannes, Zur Zurückweisung nach § 174 S. 1 BGB der Erklärung des alleinvertretungsberechtigten Gesellschafters einer Personengesellschaft (Anmerkung zu BGH, Urt. v. 9.11.2001 – LwZR 4/01, WM 2001, 2442–2444), WuB II J. § 705 BGB 1.02.

Wertenbruch, Johannes, Publizität der Vertretungsmacht eines GbR-Geschäftsführers, DB 2003, 1099–1102.

Wertenbruch, Johannes, Die organschaftliche Vertretung der GbR, NZG 2005, 462–464.

Westerhoff, Rudolf, Wie begründen wir Formnichtigkeit?, AcP 184 (1984), 341–384.

Westpfahl, Lars, Vorlage der Vollmachtsurkunde bei Ausspruch der Kündigung (Anmerkung zu LAG Köln, Teilurt. v. 31.8.2000 – 6 Sa 862/00), EWiR 2001, 707–708.

Westphalen, Friedrich von, Die Prokura – Erteilung, Umfang, Mißbrauch und Erlöschen, DStR 1993, 1186–1188.

Willemsen, Heinz Josef, Betriebsübergang – Rechtsanwaltskanzlei (Anmerkung zu BAG, Urt. v. 30.10.2008 – 8 AZR 397/07), AP Nr. 358 zu § 613a BGB.

Willer, Holger, Die Auswirkungen der Reform des § 4 KSchG und der Kostenrechtsnovelle auf den arbeitsgerichtlichen Bestandsschutzprozess, Diss. Tübingen 2009 (zitiert: *Willer*, Auswirkungen der Reform nach S).

Wimmer-Leonhardt, Susanne, Rechtsfragen der Blankourkunde, JuS-Lernbogen 11/1999, L 81–L 85.

Wolff, Alexander / Lahr, Melanie, Vollmacht – Kündigungsbefugnis – Zurückweisung – Schwarzes Brett – Niederlassungsleiter (Anmerkung zu LAG Berlin, Urt. v. 28.6.2006 – 15 Sa 632/06), DB 2007, 470–471.

Zeller, Otto, Zusammenstellung der gutachterlichen Aeußerungen zu dem Entwurf eines Bürgerlichen Gesetzbuchs, Band I: Aeußerungen zum Allgemeinen Theil, Neudruck der Ausgabe 1890, Osnabrück 1967 (zitiert: *Zeller*, Bd. I. nach S.).

Zimmer, Maximilian, Die Gesellschaft bürgerlichen Rechts im Grundbuch, MDR 2009, 237–240.

Zimmermann, Birgit, Interne und externe Beschränkungen der Vertretungsmacht beim Ausspruch von Kündigungen, ZTR 2007, 119–127.

Rechtsprechungsverzeichnis

Datum und Art der Entscheidung	**Aktenzeichen**	**Fundstelle**
RG, Urt. v. 18.2.1904	VI 172/03	RGZ 57, 66–69
RG, Urt. v. 25.4.1906	V 447/05	RGZ 63, 230–236
RG, Urt. v. 2.11.1907	V 6/07	RGZ 66, 430–433
RG, Urt. v. 17.2.1910	IV 241/09	DJZ 15 (1910), 594–595
RG, Urt. v. 12.10.1910	III 60/10	RGZ 74, 263–269
RG, Urt. v. 10.12.1919	V 249/19	RGZ 97, 273–276
RG, Urt. v. 23.5.1922	VII 492/21	RGZ 104, 358–362
RG, Urt. v. 25.9.1922	VI 78/22	RGZ 105, 183–186
RG, Urt. v. 14.6.1929	VII 561/28	RGZ 124, 383–386
RG, Urt. v. 22.9.1931	VII 506/30	RGZ 133, 229–234
RG, Beschl. v. 22.12.1931	II B 30/31	RGZ 134, 303–308
RG, Urt. v. 25.4.1934	V 32/34	JW 1934, 2394–2395
RG, Urt. v. 11.3.1937	IV 308/36	JW 1937, 2036
BGH, Urt. v. 31.3.1954	II ZR 57/53	NJW 1954, 1158
BGH, Urt. v. 10.3.1955	II ZR 309/53	BGHZ 16, 394–400 = NJW 1955, 825
BGH, Urt. v. 14.2.1957	VII ZR 250/56	NJW 1957, 750–752
BGH, Urt. v. 12.12.1960	II ZR 255/59	BGHZ 34, 27–31 = WM 1961, 80–81
BGH, Urt. v. 5.3.1963	VI ZR 123/62	BGHZ 39, 156–162 = NJW 1963, 1099
BGH, Urt. v. 11.7.1963	VII ZR 120/62	BGHZ 40, 65–71 = NJW 1963, 1971
BGH, Urt. v. 15.4.1965	II ZR 73/62	BeckRS 1965, 31177225 = WM 1965, 795–796
BGH, Urt. 3.2.1967	III ZB 14/66	BGHZ 47, 68–74 = NJW 1967, 1124
BGH, Urt. v. 12.7.1968	V ZR 161/66	BB 1969, 293
BGH, Urt. v. 18.3.1970	V ZR 84/67	DB 1970, 1126

Datum und Art der Entscheidung	Aktenzeichen	Fundstelle
BAG, Urt. v. 30.5.1972	2 AZR 298/71	AP Nr. 1 zu § 174 BGB = NJW 1972, 1877
LG München, Urt. v. 14.11.1973	25 O 246/73	juris = BeckRS 1973, 00457
BAG, Urt. v. 16.10.1974	4 AZR 29/74	AP Nr. 1 zu § 705 BGB = NJW 1975, 710–711
BGH, Urt. v. 6.3.1975	II ZR 80/73	BGHZ 64, 72–78 = NJW 1975, 1117
BayObLG, Beschl. v. 25.3.1975	BReg 2 Z 10/75	BayObLGZ 1975, 137–142 = MDR 1975, 759–760
BAG, Urt. v. 9.10.1975	2 AZR 332/74	AP Nr. 8 zu § 626 BGB = DB 1976, 441–442
BAG, Urt. v. 10.8.1977	5 AZR 394/76	AP Nr. 2 zu § 81 ZPO
BAG, Urt. v. 30.5.1978	2 AZR 633/76	AP Nr. 2 zu § 174 BGB = BB 1979, 166–167
BGH, Urt. v. 23.2.1979	V ZR 171/77	NJW 1979, 2306–2307
BGH, Urt. v. 30.4.1979	II ZR 137/78	BGHZ 74, 240–244 = NJW 1979, 1821–1822
BAG, Urt. v. 31.8.1979	7 AZR 674/77	AP Nr. 3 zu § 174 BGB
BGH, Urt. v. 20.12.1979	VII ZR 77/78	BGHZ 76, 76–80 = NJW 1980, 698–699
BAG, Urt. v. 18.12.1980	2 AZR 980/78	AP Nr. 4 zu § 174 BGB = NJW 1981, 2374–2375
BGH, Urt. v. 12.3.1981	III ZR 60/80	NJW 1981, 1727–1729
BGH, Urt. v. 26.3.1981	VII ZR 160/80	BGHZ 80, 222–228 = NJW 1981, 1953–1955
BGH, Urt. v. 30.4.1982	V ZR 104/81	BGHZ 83, 395–401 = NJW 1982, 1639–1640
BGH, Urt. v. 25.11.1982	III ZR 92/81	NJW 1983, 1542
BVerwG, Beschl. v. 16.8.1983	1 CB 19/81	MDR 1984, 256
BGH, Urt. v. 12.1.1984	IX ZR 83/82	NJW 1984, 798–799
KG Berlin, Beschl. v. 15.1.1985	1 W 475/84	OLGZ 1985, 184–188 = DNotZ 1986, 290–293

Datum und Art der Entscheidung	Aktenzeichen	Fundstelle
BAG, Urt. v. 9.5.1985	2 AZR 355/84	juris = BeckRS 1985, 30713638
BGH, Urt. v. 25.11.1985	II ZR 115/85	WM 1986, 315–316 = NJW-RR 1986, 778–779
BAG, Urt. v. 26.3.1986	7 AZR 585/84	AP Nr. 2 zu § 180 BGB = NJW 1987, 1038–1039
BGH, Urt. v. 10.10.1986	V ZR 247/85	NJW 1987, 1069–1070
BGH, Urt. v. 15.10.1987	III ZR 235/86	BGHZ 102, 60–67 = NJW 1988, 697–699
BFH, Urt. v. 10.3.1988	IV R 218/85	BFHE 153, 195 = DB 1988, 1684
BAG, Urt. v. 29.6.1988	7 AZR 180/87	AP Nr. 6 zu § 174 BGB = NVwZ 1988, 1165–1167
BAG, Urt. v. 29.6.1989	2 AZR 482/88	AP Nr. 7 zu § 174 BGB = NZA 1990, 63–64
BGH, Urt. v. 19.9.1989	XI ZR 10/89	NJW 1990, 390–392
OLG Zweibrücken, Beschl. v. 12.4.1990	3 W 9/90	NJW-RR 1990, 931–932
KG Berlin, Beschl. v. 6.6.1990	24 W 1227/90	OLGZ 1990, 421–425 = NJW-RR 1991, 53–55
BGH, Urt. v. 20.11.1990	XI ZR 107/89	BGHZ 113, 48–54 = NJW 1991, 487–489
OLG Nürnberg, Beschl. v. 4.1.1991	3 W 3523/90	NJW-RR 1991, 1393–1394
BGH, Urt. v. 29.5.1991	VIII ZR 214/90	BGHZ 114, 360–367 = NJW 1991, 2552–2253
BGH, Urt. v. 9.7.1991	XI ZR 218/90	NJW 1991, 3141–3142
LAG Hamm, Urt. v. 10.7.1991	2 Sa 588/90	LAGE § 174 BGB Nr. 4
BAG, Urt. v. 11.7.1991	2 AZR 107/91	AP Nr. 9 zu § 174 BGB = NZA 1992, 449–452
BAG, Urt. v. 29.10.1992	2 AZR 460/92	AP Nr. 10 zu § 174 BGB = NZA 1993, 307–308
BAG, Urt. v. 18.2.1993	2 AZR 482/92	juris = BeckRS 1993, 30743950

Datum und Art der Entscheidung	**Aktenzeichen**	**Fundstelle**
LAG Köln, Urt. v. 7.7.1993	2 Sa 280/93	NZA 1994, 419–420
KG Berlin, Beschl. v. 14.10.1994	5 W 3075/94	juris = BeckRS 1995, 00192
LAG Düsseldorf, Urt. v. 22.2.1995	4 Sa 1817/94	LAGE § 174 BGB Nr. 7 = NZA 1995, 994–995
OLG Frankfurt, Urt. v. 17.3.1995	10 U 98/94	NJW-RR 1996, 10
OLG München, Urt. v. 4.8.1995	21 U 5934/94	NJW-RR 1997, 904–905
BGH, Urt. v. 29.2.1996	IX ZR 153/95	BGHZ 132, 119–132 = NJW 1996, 1467–1470
BGH, Urt. v. 2.5.1996	III ZR 50/95	NJW 1996, 1960–1961
BGH, Urt. v. 14.6.1996	V ZR 85/95	NJW 1996, 2503–2504
BAG, Urt. v. 6.2.1997	2 AZR 128/96	AP Nr. 10 zu § 620 BGB = NZA 1997, 655–656
BGH, Urt. v. 20.3.1997	IX ZR 83/96	NJW 1997, 1779–1780
LAG Hessen, Urt. v. 25.3.1997	9 Sa 2097/96	juris = BeckRS 1997, 30872149
BGH, Urt. v. 2.6.1997	II ZR 81/96	BGHZ 135, 387–393 = NJW 1997, 2592–2593
BAG, Urt. v. 20.8.1997	2 AZR 518/96	AP Nr. 11 zu § 620 BGB = NZA 1997, 1343–1346
BGH, Urt. v. 24.9.1997	XII ZR 234/95	BGHZ 136, 357–373 = NJW 1998, 58–62
LAG Hessen, Urt. v. 27.11.1997	5 Sa 24/97	juris = BeckRS 1997, 15200
BAG, Urt. v. 11.12.1997	8 AZR 699/96	ArbuR 1998, 202
LAG München, Urt. v. 19.12.1997	8 Sa 733/96	juris = BeckRS 1997, 30773280
BAG, Urt. v. 22.1.1998	2 AZR 267/97	AP Nr. 11 zu § 174 BGB = NZA 1998, 699–701
LAG Hessen, Beschl. v. 29.1.1998	5 TaBV 122/97	juris = BeckRS 1998, 30448584
BGH, Urt. v. 5.3.1998	III ZR 183/96	NJW 1998, 1854–1857

Datum und Art der Entscheidung	**Aktenzeichen**	**Fundstelle**
BGH, Urt. v. 1.4.1998	XII ZR 278/96	BGHZ 138, 239–247 = NJW 1998, 1857–1860
LAG Hamm, Urt. v. 11.1.1999	17 Sa 2007/98	juris = BeckRS 1999, 40411
BAG, Urt. v. 11.3.1999	2 AZR 427/98	AP Nr. 150 zu § 626 BGB = NZA 1999, 818–823
BGH, Urt. v. 22.10.1999	V ZR 401/98	BGHZ 143, 42–51 = NJW 2000, 506–509
OLG Stuttgart, Beschl. v. 21.2.2000	3 Ss 87/00	NStZ-RR 2001, 24–25
OLG Frankfurt, Urt. v. 16.3.2000	16 U 69/99	NJW-RR 2001, 1004–1006
LAG Hessen, Urt. v. 20.6.2000	9 Sa 1899/99	LAGE § 174 BGB Nr. 11 = NZA-RR 2000, 585–586
OLG Brandenburg, Urt. v. 27.7.2000	6 W 18/00	juris = BeckRS 2005, 14686
LAG Köln, Urt. v. 31.8.2000	6 Sa 862/00	LAGE § 174 BGB Nr. 12 = ZIP 2001, 433–435
BGH, Urt. v. 17.10.2000	X ZR 97/99	BGHZ 145, 343–352 = NJW 2001, 289–291
BAG, Urt. v. 18.10.2000	2 AZR 627/99	AP Nr. 9 zu § 626 BGB = NZA 2001, 219–221
BGH, Urt. v. 27.10.2000	V ZR 172/99	NJW 2001, 220–221
BGH, Urt. v. 29.1.2001	II ZR 331/00	BGHZ 146, 341–361 = NJW 2001, 1056–1061
BAG, Urt. v. 5.4.2001	2 AZR 159/00	AP Nr. 171 zu § 626 BGB – Krankheit = NZA 2001, 954–959
BGH, Urt. v. 19.7.2001	IX ZR 62/00	NJW 2001, 3190–3192
BGH, Urt. v. 23.10.2001	XI ZR 63/01	BGHZ 149, 80–89 = NJW 2002, 368–370
BGH, Urt. v. 9.11.2001	LwZR 4/01	NJW 2002, 1194–1196
LAG Köln, Urt. v. 3.5.2002	4 Sa 1285/01	NZA-RR 2003, 194–196
BGH, Urt. v. 14.5.2002	XI ZR 155/01	NJW 2002, 2325–2327

Datum und Art der Entscheidung	Aktenzeichen	Fundstelle
BAG, Urt. v. 14.8.2002	5 AZR 341/01	AP Nr. 16 zu § 174 BGB = NJW 2003, 236–237
BVerfG, Beschl. v. 2.9.2002	1 Bv. 1103/02	NJW 2002, 3533
BAG, Urt. v. 7.11.2002	2 AZR 493/01	AP Nr. 18 zu § 620 BGB
LAG Mecklenburg-Vorpommern, Urt. v. 9.12.2002	5 Sa 192/02	juris = BeckRS 2002, 16500
BGH, Urt. v. 18.12.2002	VIII ZR 72/02	NJW 2003, 963–965
BGH, Urt. v. 24.2.2003	II ZR 385/99	BGHZ 154, 88–95 = NJW 2003, 1445–1447
BGH, Urt. v. 26.3.2003	IV ZR 222/02	BGHZ 154, 283–288 = NJW 2003, 1594–1596
BGH, Urt. v. 27.5.2003	IX ZR 283/99	NJW-RR 2004, 337–339
BAG, Urt. v. 3.7.2003	2 AZR 235/02	NZA 2004, 427–432
LAG Hamburg, Urt. v. 30.9.2003	3 Sa 56/02	juris = BeckRS 2003, 31056102
BGH, Urt. v. 23.3.2004	XI ZR 194/02	NJW 2004, 2378–2381
BGH, Urt. v. 26.3.2004	V ZR 90/03	NJW-RR 2004, 952–954
LAG Köln, Urt. v. 30.3.2004	5 (13) Sa 1380/03	juris
BGH, Urt. v. 20.4.2004	XI ZR 164/03	NJW 2004, 2745–2748
LG München I, Urt. v. 13.10.2004	9 O 17631/04	BeckRS 2007, 01298
BAG, Urt. v. 1.12.2004	5 AZR 597/03	AP Nr. 14 zu § 50 ZPO = NJW 2005, 1004–1005
BAG, Urt. v. 10.2.2005	2 AZR 584/03	AP Nr. 18 zu § 174 BGB = ZTR 2005, 658–661
BGH, Urt. v. 14.2.2005	II ZR 11/03	DStR 2005, 614–615 = DB 2005, 822–823
LAG Köln, Urt. v. 16.11.2005	8 Sa 832/05	LAGE § 180 BGB 2002 Nr. 1
BAG, Urt. v. 12.1.2006	2 AZR 179/05	AP Nr. 54 zu § 1 KSchG 1969 = NZA 2006, 980–985

Datum und Art der Entscheidung	**Aktenzeichen**	**Fundstelle**
BGH, Beschl. v. 26.1.2006	V ZB 132/05	NJW 2006, 2189–2191
BGH, Urt. v. 25.4.2006	XI ZR 219/04	NJW 2006, 1957–1960
BGH, Urt. v. 12.5.2006	V ZR 97/05	NJW 2006, 2843–2845
LAG Berlin, Urt. v. 28.6.2006	15 Sa 632/06	NZA-RR 2007, 15–17
BAG, Urt. v. 20.9.2006	6 AZR 82/06	AP Nr. 19 zu § 174 BGB = NZA 2007, 377–384
LAG Mecklenburg-Vorpommern, Urt. v. 5.10.2006	1 Sa 161/06	juris
BGH, Urt. v. 10.10.2006	KZR 26/05	NJW-RR 2007, 1705–1707
OLG Düsseldorf, Urt. v. 21.11.2006	I-20 U 22/06, 20 U 22/06	ZUM-RD 2007, 579–581
LAG Bremen, Urt. v. 22.11.2006	2 Sa 205/06	juris = BeckRS 2009, 68136
OLG Hamm, Urt. v. 25.1.2007	21 U 79/06	juris = BeckRS 2008, 06249
BAG, Urt. v. 19.4.2007	2 AZR 180/06	AP Nr. 20 zu § 174 BGB = NZA-RR 2007, 571–579
BGH, Urt. v. 3.5.2007	IX ZR 218/05	NJW 2007, 2490–2493
OLG Hamburg, Urt. v. 19.7.2007	3 U 241/06	GRUR-RR 2008, 370–372
OLG München, Beschl. v. 11.12.2007	34 Wx 91/07	NJW-RR 2008, 245–247
BGH, Urt. v. 25.1.2008	V ZR 63/07	NJW 2008, 1378–1380
LG Paderborn, Urt. v. 25.1.2008	2 O 10/08	juris = BeckRS 2009, 21027
BGH, Urt. v. 11.2.2008	II ZR 67/06	NJW-RR 2008, 704–706
LAG Hessen, Urt. v. 28.3.2008	3 Sa 61/08	juris = BeckRS 2011, 71374
BAG, Urt. v. 21.5.2008	8 AZR 84/07	NZA 2008, 753–757
BGH, Urt. v. 27.5.2008	XI ZR 149/07	NJW 2008, 3355–3357
LAG Hamm, Urt. v. 11.6.2008	18 Sa 302/08	juris = BeckRS 2008, 55960

Datum und Art der Entscheidung	Aktenzeichen	Fundstelle
KG Berlin, Beschl. v. 16.6.2008	3 Ws (B) 13/08	juris
BGH, Urt. v. 19.6.2008	III ZR 46/06	NJW-RR 2008, 1484–1488
BGH, Urt. v. 17.7.2008	I ZR 109/05	NJW 2009, 765–769
LG Frankfurt, Urt. v. 26.8.2008	3–5 O 339/07	BB 2008, 2141–2143
LG Frankfurt, Urt. v. 28.10.2008	3–5 O 113/08	BB 2009, 406–408
BAG, Urt. v. 30.10.2008	8 AZR 397/07	AP Nr. 358 zu § 613a BGB = NZA 2009, 485–489
BGH, Beschl. v. 4.12.2008	V ZB 74/08	BGHZ 179, 102–114 = NJW 2009, 594–598
LAG Mecklenburg-Vorpommern, Urt. v. 24.2.2009	5 Sa 256/08	NZA-RR 2009, 528–530
LAG Hessen, Urt. v. 9.3.2009	16/3 Sa 1336/08	juris = BeckRS 2009, 68217
BAG, Beschl. v. 25.3.2009	7 ABR 2/08	AP Nr. 73 zu § 5 BetrVG 1972 = NJW 2010, 313–317
BAG, Urt. v. 26.3.2009	2 AZR 403/07	NZA 2009, 1146–1148
LAG Hamm, Urt. v. 29.5.2009	7 Sa 1643/08	Juris = BeckRS 2009, 74999
OLG München, Beschl. v. 10.9.2009	34 Wx 44/09	FGPrax 2009, 260–262
OLG Brandenburg, Beschl. v. 20.9.2009	2 Ss (OWi) 129B/09	Juris = BeckRS 2009, 26373
LAG Schleswig-Holstein, Urt. v. 27.1.2010	3 Sa 285/09	Juris = BeckRS 2011, 66415
BGH, Urt. v. 19.5.2010	I ZR 140/08	NJW-RR 2011, 335–338
LAG Niedersachsen, Urt. v. 25.6.2010	10 Sa 46/10	NZA-RR 2011, 22–24
OLG München, Beschl. v. 17.8.2010	34 Wx 98/10	NZG 2010, 1263–1265
BAG, Urt. v. 9.9.2010	2 AZR 582/09	ZTR 2011, 113–115

Datum und Art der Entscheidung	Aktenzeichen	Fundstelle
BAG, Urt. v. 16.12.2010	2 AZR 485/08	NZA 2011, 571–575
OLG Stuttgart, Urt. v. 29.9.2010	9 U 35/10	Juris = BeckRS 2011, 04084
AG Hannover, Urt. v. 26.10.2010	483 C 3145/10	ZWE 2011, 145–146
BAG, Urt. v. 28.10.2010	2 AZR 392/08	AP Nr. 48 zu § 23 KSchG 1969 = BB 2011, 1339–1342
OLG Hamm, Beschl. v. 2.11.2010	I-15 W 440/10	ZIP 2010, 2245–2248
OLG Köln, Beschl. v. 13.12.2010	2 Wx 137/10	RNotZ 2011, 160–166
BGH, Beschl. v. 20.1.2011	V ZB 266/10	DNotZ 2011, 361–363
BGH, Urt. v. 8.2.2011	II ZR 263/09	BGHZ 188, 233–248 = NJW 2011, 2040–2044
LAG Baden-Württemberg, Urt. v. 25.3.2011	7 Sa 8/11	juris = BeckRS 2011, 73687
BAG, Urt. v. 14.4.2011	6 AZR 727/09	AP Nr. 21 zu § 174 BGB = NZA 2011, 683–686
LAG Baden-Württemberg, Urt. v. 12.5.2011	21 Sa 119/10	Juris
LAG Hessen, Urt. v. 23.5.2011	16 Sa 36/11	NZA-RR 2011, 519–521
LAG Rheinland-Pfalz, Urt. v. 8.6.2011	8 Sa 612/10	juris = BeckRS 2011, 78243
LAG Berlin-Brandenburg, Urt. v. 29.6.2011	15 Sa 735/11	juris = BeckRS 2011, 76124
OLG München, Beschl. v. 20.7.2011	34 Wx 131/10	NZG 2011, 1144–1146
LAG Hessen, Urt. v. 25.7.2011	17 Sa 116/11	juris = BeckRS 2011, 78179
LAG Hessen, Urt. v. 25.7.2011	17 Sa 123/11	juris = BeckRS 2011, 78182
LG Mainz, Beschl. v. 15.8.2011	306 T 129/08	ZWE 2011, 462–466

Datum und Art der Entscheidung	Aktenzeichen	Fundstelle
LAG Hessen, Urt. v. 31.10.2011	17 Sa 1667/10	juris = BeckRS 2012, 68407
LAG Hessen, Urt. v. 31.10.2011	17 Sa 8/11	juris = BeckRS 2012, 68410
BAG, Urt. v. 8.12.2011	6 AZR 354/10	AP Nr. 22 zu § 174 BGB = NZA 2012, 495–499
LG Hildesheim, Beschl. v. 12.12.2011	5 T 278/11	juris = BeckRS 2012, 24133
LAG Mecklenburg-Vorpommern, Urt. v. 28.2.2012	2 Sa 290/11	NZA-RR 2012, 350–351
LAG Baden-Württemberg, Urt. v. 28.3.2012	20 Sa 47/11	LAGE § 102 BetrVG 2001 Nr. 16 = BeckRS 2012, 69167
OLG München, Urt. v. 4.6.2012	19 U 771/12	NJW 2012, 3584–3586
LAG Rheinland-Pfalz, Urt. v. 17.8.2012	9 Sa 85/12	juris = BeckRS 2012, 74693
BAG, Urt. v. 6.9.2012	2 AZR 858/11	NZA 2013, 524–527
ArbG Heilbronn, Urt. v. 18.10.2012	2 Ca 71/12	juris = BeckRS 2012, 76069
OLG Brandenburg, Urt. v. 23.10.2012	6 U 29/12	juris = BeckRS 2012, 24712
BGH, Beschl. v. 25.10.2012	V ZB 5/12	NJW 2013, 297–299
LAG Baden-Württemberg, Urt. v. 15.11.2012	18 Sa 68/12	juris = BeckRS 2013, 72408
BAG, Urt. v. 13.12.2012	6 AZR 348/11	AP Nr. 166 zu § 102 BetrVG 1972 = NZA 2013, 669–678
BAG, Urt. v. 13.12.2012	6 AZR 608/11	AP Nr. 23 zu § 620 BGB Kündigungserklärung
LAG Rheinland-Pfalz, Urt. v. 9.4.2013	6 Sa 529/12	ZTR 2013, 571–573
BAG, Urt. v. 25.4.2013	6 AZR 49/12	AP Nr. 1 zu § 343 InsO

Datum und Art der Entscheidung	**Aktenzeichen**	**Fundstelle**
LAG Schleswig-Holstein, Teilurt. v. 25.4.2013	5 Sa 309/12	juris = BeckRS 2013, 71712
LAG Hamm, Urt. v. 16.5.2013	17 Sa 1708/12	juris = BeckRS 2013, 69891
LAG Hamm, Urt. v. 16.5.2013	17 Sa 310/13	juris = BeckRS 2013, 69958
BAG, Urt. v. 25.9.2013	10 AZR 270/12	NZA 2014, 41–45
BAG, Urt. v. 26.9.2013	2 AZR 843/12	juris = BeckRS 2014, 67649
BGH, Urt. v. 20.2.2014	III ZR 443/13	MDR 2014, 452–453
LAG Schleswig-Holstein, Urt. v. 25.2.2014	1 Sa 252/13	juris = BeckRS 2014, 68045

Abkürzungsverzeichnis

a.A.	andere Ansicht(en)
a.a.O.	am angegebenen Ort
a.E.	am Ende
a.F.	alte(r) Fassung
Abl.	Amtsblatt der Europäischen Union
Abs.	Absatz
AcP	Archiv für die civilistische Praxis
AG	Aktiengesellschaft; Die Aktiengesellschaft (Zeitschrift); Amtsgericht
AGB	Allgemeine Geschäftbedingung(en)
AktG	Aktiengesetz
Alt.	Alternative
Anm.	Anmerkung
AnwBl	Anwaltsblatt
AnwZert ArbR	AnwaltZertifikatOnline Arbeitsrecht (juris)
AP	Arbeitsrechtliche Praxis
APS	*Ascheid/Preis/Schmidt*, Kündigungsrecht, Großkommentar
ArbR	Arbeitsrecht
ArbRAktuell	Arbeitsrecht Aktuell (Zeitschrift)
ArbRB	Arbeits-Rechts-Berater (Zeitschrift)
ArbR-Hb	*Schaub*, Arbeitsrechts-Handbuch
ArbuR	Arbeit und Recht (Zeitschrift)
Art.	Artikel
AuA	Arbeit und Arbeitsrecht (Zeitschrift)
Aufl.	Auflage
AuR	Arbeit und Recht (Zeitschrift)
BAG	Bundesarbeitsgericht
BAGE	Entscheidungen des Bundesarbeitsgerichts
BayObLG	Bayerisches Oberstes Landesgericht
BayObLGZ	Entscheidungen des Bayerischen Obersten Landesgerichts in Zivilsachen

BB	Betriebs-Berater (Zeitschrift)
Bearb.	Bearbeiter
bearb.	bearbeitet
BeckRS	Beck-Rechtsprechung
Begr.	Begründer
Beschl.	Beschluss
BetrVG	Betriebsverfassungsgesetz
BeurkG	Beurkundungsgesetz
BFH	Bundesfinanzhof
BFHE	Sammlung der Entscheidungen des Bundesfinanzhofs
BGB	Bürgerliches Gesetzbuch
BGBl.	Bundesgesetzblatt
BGH	Bundesgerichtshof
BGHZ	Entscheidungssammlung des Bundesgerichtshofes in Zivilsachen
BR	Bundesrat
BR-Drucks.	Bundesratsdrucksache
bspw.	beispielsweise
BT	Bundestag
BT-Drucks.	Bundestagsdrucksache
BVerwG	Bundesverwaltungsgericht
BWNotZ	Zeitschrift für das Notariat in Baden-Württemberg
bzgl.	bezüglich
bzw.	beziehungsweise
CR	Computer und Recht (Zeitschrift)
d.h.	das heißt
DAX	Deutscher Aktienindex
DB	Der Betrieb (Zeitschrift)
Diss.	Dissertation
DJZ	Deutsche Juristen-Zeitung
DNotZ	Deutsche Notar-Zeitschrift
Drucks.	Drucksache
DStR	Deutsches Steuerrecht (Zeitschrift)

DZWir	Deutsche Zeitschrift für Wirtschafts- und Insolvenzrecht
e.A.	eine Ansicht
e.V.	eingetragener Verein
EBJS	*Ebenroth/Boujong/Joost/Strohn*, Kommentar zum Handelsgesetzbuch
EG	Europäische Gemeinschaft
EGHGB	Einführungsgesetz zum Handelsgesetzbuch
EHUG	Gesetz über elektronische Handelsregister und Genossenschaftsregister sowie das Unternehmensregister
Einf.	Einführung
ErfK	Erfurter Kommentar zum Arbeitsrecht
ERVGBG	Gesetz zur Einführung des elektronischen Rechtsverkehrs und der elektronischen Akte im Grundbuchverfahren sowie zur Änderung weiterer grundbuch-, register- und kostenrechtlicher Vorschriften
etc.	et cetera (lateinisch für: und die übrigen Dinge)
EWiR	Entscheidungen zum Wirtschaftsrecht
EzA	Entscheidungssammlung zum Arbeitsrecht
f.	folgende (Einzahl)
FA	Fachanwalt Arbeitsrecht (Zeitschrift)
FernUSG	Fernunterrichtsschutzgesetz
ff.	folgende (Mehrzahl)
FGPrax	Praxis der Freiwilligen Gerichtsbarkeit (Zeitschrift)
Fn.	Fußnote
FormVorschrAnpG	Gesetz zur Anpassung der Formvorschriften des Privatrechts und anderer Vorschriften an den modernen Rechtsgeschäftsverkehr
FS	Festschrift
GBO	Grundbuchordnung
GbR	Gesellschaft bürgerlichen Rechts
GenG	Genossenschaftsgesetz
GesellschaftsR	Gesellschaftsrecht

GewO	Gewerbeordnung
ggf.	gegebenenfalls
GmbH	Gesellschaft mit beschränkter Haftung
GmbHG	Gesetz betreffend die Gesellschaften mit beschränkter Haftung
GmbHR	GmbH-Rundschau (Zeitschrift)
GNotKG	Gesetz über Kosten der freiwilligen Gerichtsbarkeit für Gerichte und Notare (Gerichts- und Notarkostengesetz)
GRUR	Gewerblicher Rechtsschutz und Urheberrecht (Zeitschrift)
GRUR-RR	Gewerblicher Rechtsschutz und Urheberrecht Rechtsprechungs-Report
GS	Gedächtnisschrift
h.A.	herrschende Ansicht
h.L.	herrschende Lehre
h.M.	herrschende Meinung
Habil.	Habilitation
HaKo-KSchR	Nomos Handkommentar Kündigungsschutzrecht
HGB	Handelsgesetzbuch
HK-ArbR	Nomos Handkommentar Arbeitsrecht
HK-BGB	Nomos Handkommentar Bürgerliches Gesetzbuch
Hrsg.	Herausgeber
hrsg.	herausgegeben
HRV	Verordnung über die Einrichtung und Führung des Handelsregisters
Hs.	Halbsatz
HWK	*Henssler/Willemsen/Kalb,* Arbeitsrecht Kommentar
i.d.F.	in der Fassung
i.E.	im Ergebnis
i.R.d.	im Rahmen des/der
i.R.e.	im Rahmen eines/einer
i.R.v.	im Rahmen von
i.S.d.	im Sinne des/der
i.S.e.	im Sinne eines/einer

i.S.v.	im Sinne von
i.Ü.	im Übrigen
i.V.	in Vertretung
i.V.m.	in Verbindung mit
IBR	Immobilien- und Baurecht (Zeitschrift)
IMR	Immobilien- und Mietrecht (Zeitschrift)
insbes.	insbesondere
JA	Juristische Arbeitsblätter (Zeitschrift)
JURA	Juristische Ausbildung (Zeitschrift)
jurisPK	juris PraxisKommentar
jurisPR-ArbR	juris PraxisReport Arbeitsrecht
JuS	Juristische Schulung (Zeitschrift)
JVKostG	Gesetz über Kosten in Angelegenheiten der Justizverwaltung (Justizverwaltungskostengesetz)
JW	Juristische Wochenschrift (Zeitschrift)
JZ	Juristenzeitung
KG	Kommanditgesellschaft
KR	Gemeinschaftskommentar zum Kündigungsrecht und zu sonstigen kündigungsschutzrechtlichen Vorschriften
KSchG	Kündigungsschutzgesetz
KSchR	Kündigungsschutzrecht
LAG	Landesarbeitsgericht
LAGE	Entscheidungen der Landesarbeitsgerichte
LG	Landgericht
li. Sp.	linke Spalte
lit.	littera (Buchstabe)
LS	Leitsatz
m.N.	mit Nachweis(en)
m.w.N.	mit weiteren Nachweisen
m.z.N.	mit zahlreichen Nachweisen
MDR	Monatsschrift für Deutsches Recht

MDÜ	Mitteilungen für Dolmetscher und Übersetzer (Zeitschrift)
Mio.	Million(en)
MittBayNot	Mitteilungen des Bayerischen Notarvereins, der Notarkasse und der Landesnotarkammer Bayern (Zeitschrift)
MMR	Multimedia und Recht (Zeitschrift)
Mot.	Motive
MüHb-GesellschaftsR	Münchener Handbuch des Gesellschaftsrechts
MüKo	Münchener Kommentar
MüKo-AktG	Münchener Kommentar zum Aktiengesetz
MüKo-BGB	Münchener Kommentar zum Bürgerlichen Gesetzbuch
MüKo-GmbHG	Münchener Kommentar zum Gesetz betreffend die Gesellschaften mit beschränkter Haftung
MüKo-HGB	Münchener Kommentar zum Handelsgesetzbuch
Nachw.	Nachweis(e)
NJ	Neue Justiz (Zeitschrift)
NJOZ	Neue Juristische Online-Zeitschrift
NJW	Neue Juristische Wochenschrift
NJW-RR	NJW-Rechtsprechungsreport Zivilrecht
NK-BGB	Nomos Kommentar Bürgerliches Gesetzbuch: BGB
Nr.	Nummer
Nrn.	Nummern
NStZ	Neue Zeitschrift für Strafrecht
NStZ-RR	NStZ-Rechtsprechungsreport Strafrecht
NVwZ	Neue Zeitschrift für Verwaltungsrecht
NZA	Neue Zeitschrift für Arbeitsrecht
NZA-RR	NZA-Rechtsprechungsreport Arbeitsrecht
NZG	Neue Zeitschrift für Gesellschaftsrecht
NZI	Neue Zeitschrift für das Recht der Insolvenz und Sanierung
NZM	Neue Zeitschrift für Miet- und Wohnungsrecht
o.g.	oben genannte(r)
öAT	Zeitschrift für das öffentliche Arbeits- und Tarifrecht

OHG	offene Handelsgesellschaft
OLG	Oberlandesgericht
OLG-NL	OLG-Rechtsprechung Neue Länder für Brandenburg, Mecklenburg-Vorpommern, Sachsen, Sachsen-Anhalt, Thüringen
OLGZ	Entscheidungen der Oberlandesgerichte in Zivilsachen einschließlich der freiwilligen Gerichtsbarkeit
PIN	Personenidentifikationsnummer
ppa.	per procura autoritate (lateinisch für: mit der Macht einer Prokura)
PWW	*Prütting/Wegen/Weinreich*, BGB Kommentar
RdA	Recht der Arbeit (Zeitschrift)
re. Sp.	rechte Spalte
Reg-E	Regierungsentwurf
RG	Reichsgericht
RGZ	Entscheidungen des Reichsgerichts in Zivilsachen
RL	Richtlinie
Rn.	Randnummer(n)
RNotZ	Rheinische Notar-Zeitschrift
Rspr.	Rechtsprechung
S.	Seite(n)
s.o.	siehe oben
SAE	Sammlung arbeitsrechtlicher Entscheidungen
SigG	Gesetz über die Rahmenbedingungen für elektronische Signaturen (Signaturgesetz)
SigV	Verordnung zur elektronischen Signatur (Signaturverordnung)
SprAuG	Sprecherausschussgesetz
st.	ständig(e)
Teilbd.	Teilband
Teilurt.	Teilurteil
u.a.	und andere(s); unter anderem

u.U.	unter Umständen
Unterabs.	Unterabsatz
Urt.	Urteil
UWG	Gesetz gegen den unlauteren Wettbewerb
v.	vom/von
v.a.	vor allem
Verh. d. BR	Verhandlung(en) des Bundesrats
Verh. d. BT	Verhandlung(en) des Bundestags
vgl.	vergleiche
Vor; Vorb.	Vorbemerkung
VVG	Versicherungsvertragsgesetz
Wahlp.	Wahlperiode
WEG	Wohnungseigentumsgesetz
WM	Wertpapier-Mitteilungen (Zeitschrift)
WRP	Wettbewerb in Recht und Praxis (Zeitschrift)
WuB	Entscheidungssammlung zum Wirtschafts- und Bankrecht
WuM	Wohnungswirtschaft und Mietrecht (Zeitschrift)
ZGR	Zeitschrift für Unternehmens- und Gesellschaftsrecht
ZIP	Zeitschrift für Wirtschaftsrecht und Insolvenzpraxis
ZJS	Zeitschrift für das Juristische Studium
ZMR	Zeitschrift für Miet- und Raumrecht
ZPO	Zivilprozessordnung
ZTR	Zeitschrift für Tarif-, Arbeits- und Sozialrecht des öffentlichen Dienstes
ZUM	Zeitschrift für Urheber- und Medienrecht
ZUM-RD	Zeitschrift für Urheber- und Medienrecht, Rechtsprechungsdienst
ZVersWiss	Zeitschrift für die gesamte Versicherungswissenschaft
ZWE	Zeitschrift für Wohnungseigentumsrecht

Schriften zum deutschen und europäischen Arbeitsrecht

Herausgegeben von Frank Bayreuther

Band 1 Petra Hamann: Die Kündigung wegen häufiger Kurzerkrankungen. 2009.

Band 2 Robert K. Strecker: „Turboprämie" und Sozialplan. 2009.

Band 3 Julia Rath: Die pauschale Abgeltung von Überstunden im Arbeitsvertrag. 2010.

Band 4 Jens Jensen: Der Freiwilligkeitsvorbehalt bei Entgeltleistungen. Rechtsdogmatik und AGB-Kontrolle. 2010.

Band 5 Enrico Meier: Die unterlassene Änderungskündigung als Unwirksamkeitsgrund der Beendigungskündigung. 2011.

Band 6 Jonas Zäh: Die arbeitsrechtlichen Aspekte des § 11 Wertpapiererwerbs- und Übernahmegesetz. Unter Berücksichtigung der Frage, unter welchen Voraussetzungen der Bieter bei einem öffentlichen Angebot i.S.d. WpÜG verpflichtet ist, Angaben zu seinen Absichten zu machen. 2011.

Band 7 Claudia Voggenreiter: Betriebliche Mitbestimmung im Diskriminierungsrecht. 2011.

Band 8 Lars Weinbrenner: Der Sonderkündigungsschutz im Pflegezeitgesetz. 2011.

Band 9 Julian Schmidt: Quotenorientierte Einstellungs- und Beförderungsentscheidungen nach § 5 AGG. Eine rechtsvergleichende Untersuchung positiver Maßnahmen und US-amerikanischer Affirmative Action. 2012.

Band 10 Hendrik Gülker: Die Geltungserstreckung günstigerer Tarifverträge im Anwendungsbereich des AentG. Eine verfassungsrechtliche Analyse. 2012.

Band 11 Steffen Jankowiak: Das behördliche Betriebsübergangsverlangen nach Art. 4 Abs. 5 Verordnung (EG) Nr. 1370/2007 bei der Vergabe von Aufträgen im öffentlichen Personenverkehr. 2012.

Band 12 Falko Daub: Das Erwerberkonzept. Arbeitsrechtliche Aspekte von Erwerberkonzepten bei der übertragenden Sanierung. 2013.

Band 13 Marthe J. Schwarzbach: Die Geltung von Tarifverträgen in Frankreich. 2013.

Band 14 Esther Kollar: Gesundheitsschutz als Aufgabe der Betriebs- und Tarifparteien. Eine Untersuchung zu Beteiligungs- und Mitbestimmungsrechten aus dem Betriebsverfassungsgesetz und zur Zulässigkeit einer tarifvertraglich etablierten Arbeitnehmervertretung zum Gesundheitsschutz. 2015.

Band 15 Oliver Deeg: Die Verwirkung im Individualarbeitsrecht. 2015.

Band 16 Daniel Heimann: Der Verzicht des Arbeitnehmers auf das Widerspruchsrecht nach § 613a Abs. 6 BGB. Mechanismus, Wirkung, Ausübungsmodalitäten und rechtliche Grenzen des Verzichts. 2015.

Band 17 Max Ludwig Mälzer: Die kollektivarbeitsrechtlichen Bezüge des Allgemeinen Gleichbehandlungsgesetzes. 2015.

Band 18 Christian Klostermann-Schneider: § 174 BGB: Zurückweisung der vom Bevollmächtigten vorgenommenen Kündigung eines Arbeitsverhältnisses und ihre Grenzen. 2015.

www.peterlang.com

www.ingramcontent.com/pod-product-compliance
Ingram Content Group UK Ltd.
Pitfield, Milton Keynes, MK11 3LW, UK
UKHW021834290926
8980IPUK00004B/451

9 783631 665558